Fußballkindergarten

Hinweise

Aus Gründen der besseren Lesbarkeit haben wir uns entschlossen, durchgängig die männliche (neutrale) Anredeform zu nutzen, die selbstverständlich die weibliche mit einschließt.

Das vorliegende Buch wurde sorgfältig erarbeitet. Dennoch erfolgen alle Angaben ohne Gewähr. Weder der Autor noch der Verlag können für eventuelle Nachteile oder Schäden, die aus den im Buch vorgestellten Informationen resultieren, Haftung übernehmen.

Sollte diese Publikation Links auf Websiten Dritter enthalten, so übernehmen wir für deren Inhalte keine Haftung, da wir uns diese nicht zu eigen machen, sondern lediglich auf deren Stand zum Zeitpunkt der Erstveröffentlichung verweisen.

NIKLAS LÜDEMANN

FUSSBALL KINDERGARTEN

THEORIE UND PRAXIS

100 TRAININGSFORMEN

FÜR BAMBINI, G- UND F-JUNIOREN

Meyer & Meyer Verlag

Fußballkindergarten
Bibliografische Information der Deutschen Nationalbibliothek
Die Deutsche Nationalbibliothek verzeichnet diese Publikation in der
Deutschen Nationalbibliografie; detaillierte bibliografische Daten sind im Internet
über http://dnb.d-nb.de abrufbar.

Auckland, Beirut, Dubai, Hägendorf, Hongkong, Indianapolis, Kairo, Kapstadt,
Manila, Maidenhead, Neu-Delhi, Singapur, Sydney, Teheran, Wien
Member of the World Sport Publishers' Association (WSPA)

Gesamtherstellung: Print Consult GmbH, München

FSC
www.fsc.org
MIX
Paper from
responsible sources
FSC® C084279

ISBN 978-3-8403-7762-4
E-Mail: verlag@m-m-sports.com
www.dersportverlag.de

INHALT

1 EINLEITUNG

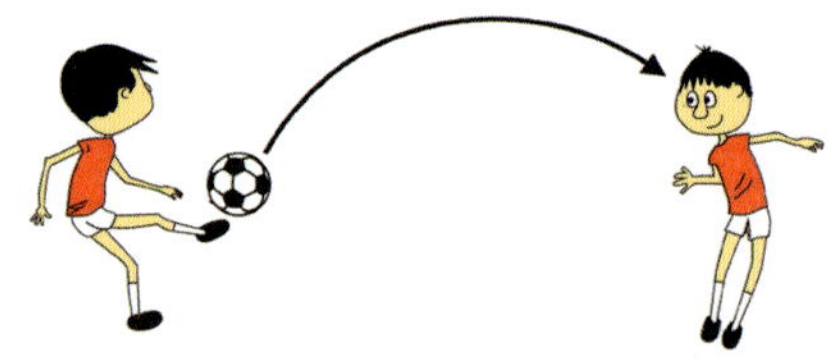

Das Betreten des Schulhofs gleicht dem Eintritt in ein Fußballstadion. Der Topstürmer hat den Ball am Fuß, lässt zwei Gegenspieler aussteigen und zieht ab. Der Ball rast in einer fiesen Flugkurve auf den Torwart zu und schlägt schließlich im Tor ein. Der Torschütze zeigt seinen eigens einstudierten Torjubel vor den Fans und läuft dann wieder auf seine Position, um den nächsten Angriff der Gegner abzuwehren.

Der Unterschied zum echten Fußballstadion besteht lediglich in den Rahmenbedingungen. So ist das Tor mit zwei Schulranzen markiert, der Ball ist aus Plastik und ein Werbegeschenk einer Supermarktkette. Die Fans sind dabeistehende Kinder, die nicht mitspielen wollen oder dürfen. Die Kinder haben während des Spiels auf dem Schulhof die Zeit vergessen. Einige spielen stundenlang, bis sie von ihren Eltern abgeholt werden. Sie haben Spaß am Spiel. Es ist die Einfachheit des Fußballs, die jedem überall die Möglichkeit bietet, teilzuhaben und die bei Kindern eine unbändige Motivation auslöst, das Spiel zu spielen.

Aus den grundsätzlichen Verhaltensweisen von Kindern im Bambini-, G- und F-Junioren-Alter lassen sich wertvolle und notwendige Ableitungen zum Trainings- und Spielbetrieb in den jeweiligen Altersbereichen gewinnen. Die Kinder im Alter von 4-8 Jahren zeichnen sich grundlegend durch einen hohen Spieltrieb, einen großen Bewegungsdrang, verminderte Konzentrations- und Aufmerksamkeitsspannen und einen umfassenden kreativen Ideenreichtum aus. So haben viele Kinder ein fortwährendes Bedürfnis nach Bewegung und dem freien Spiel. Ihnen fällt es schwer, langen Ausführungen und Erklärungen des Trainers zu folgen.

Die Aufgabe eines Trainers im Bambini-, G- und F-Junioren-Bereich muss es daher sein, die natürliche Motivation, den Spieltrieb und Bewegungsdrang sowie die Kreativität zu erhalten und zu fördern. Zusätzlich hat der Trainer die Möglichkeit, über eine kindgerechte Vermittlung und Aufgabenstruktur trotz der kurzen Aufmerksamkeitsspanne ein reibungsloses, spaßvolles und wirksames Kindertraining anzubieten.

Wir, die im Kinderfußball tätig sind, haben eine große Verantwortung gegenüber unseren Spielern. Wir sind es den Kindern schuldig, uns mit ihren Bedürfnissen und Wünschen, ihren Entwicklungsstadien sowie individuellen Verhaltensweisen auseinanderzusetzen und unser Handeln genau wie das Training daran anzupassen. Die Kinder sind es, die im Vordergrund stehen müssen. Wir als Trainer sind aufgefordert, die eigenen Erfahrungen im Fußball und die großen Visionen des Leistungssports nicht als Gradmesser für das eigene Handeln im Kinderfußball zu betrachten.

Die allermeisten Kinder sind hochgradig eigenmotiviert, wenn es ums Fußballspielen geht. Diese Motivation ist das größte Gut im Kinderfußball. Wir Trainer haben eine Verantwortung den Kindern gegenüber, den Reiz des Fußballspiels zu erhalten und nicht durch das Training zu zerstören. Wir sind nur Helfer und Unterstützer, denn die Kinder wissen auch im jungen Alter schon sehr genau, worauf es im Fußball ankommt. Nämlich darauf, Tore zu schießen und Tore zu verhindern.

Der nachfolgende Theorieteil geht auf diverse Bereiche des Kinderfußballs ein. Dabei soll vor allem ein Verständnis für die Bedürfnisse der Kinder und die damit einhergehenden Inhalte erzeugt werden. Alle Inhalte entspringen sportwissenschaftlichen Erkenntnissen und umfassenden Praxiserfahrungen. Im zentralen Interesse aller Überlegungen und Empfehlungen stehen dabei die Kinder. Alle Bemühungen im Kinderfußball müssen sich stets am Entwicklungs- und Leistungsstand der Teilnehmer orientieren.

Das Buch versucht, in diesem Zusammenhang viele Vorschläge und Handlungsoptionen für die Praxis zu geben, um den Trainer zu befähigen, sein Training und sein Verhalten an die Kinder anzupassen. Dabei werden die Bereiche der Motivation, des Trainings, des Spielbetriebs, der Vermittlung, des Trainers und der Praxis berührt. Abschließend soll eine Weiterführung zum Bolzplatzfußball wertvolle Ansätze aus einer langsam schwindenden Spielkultur für die Gestaltung des Kinderfußballs geben.

2 MOTIVATION

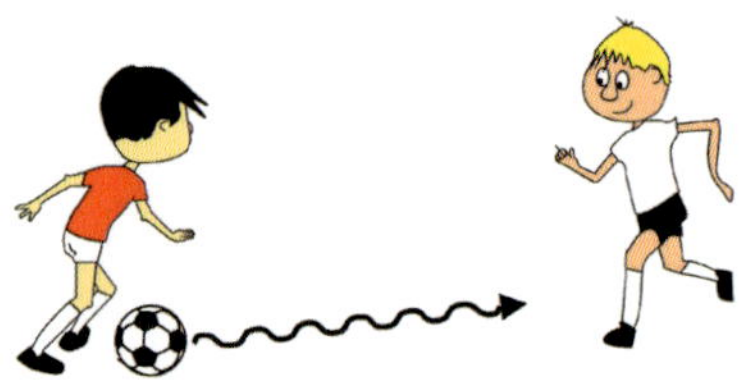

Es steht 2:1 für das Team von Max. Die Gegner sind im Ballbesitz. Der beste Spieler der Gegner dribbelt auf Max zu und versucht, ihn auszuspielen. Max ist der letzte Mann. Er setzt zur Grätsche an und spitzelt den Ball im allerletzten Moment ins Aus. Erst als er wieder aufsteht, bemerkt Max, dass seine neue Jeanshose nun ein Loch am Knie hat. Er hatte ganz vergessen, dass das Spiel nicht auf dem Sportplatz, sondern auf dem Schulhof stattfindet und dass es gar nicht um die Weltmeisterschaft geht. Verschwitzt, aber glücklich, geht Max vom Feld. Sein Team hat gewonnen.

Kinder sind grundsätzlich motiviert. Besonders kleinere Kinder spielen zumeist bis zur Erschöpfung, ungeachtet der Rahmenbedingungen. Sie benötigen keine Motivation durch andere Kinder oder Erwachsene. Ihre Motivation ist intrinsisch.

Intrinsische Motivation entsteht immer dann, wenn keine von der Handlung trennbaren Konsequenzen vorliegen. So sind Neugier, Exploration, Spontanität, Interesse und Freude an der Sache Indikatoren für die intrinsische Motivation.

Demgegenüber steht die extrinsische Motivation. Sie ergibt sich aus externen Bekräftigungen, Versprechungen und Drohungen. Die intrinsische Motivation ist die stärkste Motivationsform.

Im Kontext des Trainings geht es also darum, Freude an der Sache zu entfachen sowie den Kindern Möglichkeiten zur Exploration und zur Neugier zu geben. Im Umkehrschluss sollte nach Möglichkeit auf externe Motivatoren verzichtet werden.

Der Motivation ist im Kontext des Kinderfußballs eine enorme Relevanz zuzuschreiben. Sie ist die Basis für den Lernerfolg, eine langfristige Bindung an den Sport und vor allem für den Übertrag des Fußballs in andere Lebensbereiche. Die intrinsische Motivation, also der Spaß an der Sache, muss stets erhalten bleiben. Auch im Kontext der fußballspezifischen Weiterentwicklung von Kindern sollte der Trainer stets Raum und Möglichkeiten für intrinsische Motivation geben, um die Kinder langfristig für den Fußball zu begeistern.

In der Detailbetrachtung kann die Motivation durch die psychologischen Basisbedürfnisse soziale Eingebundenheit, Kompetenzerleben und Autonomieerleben genauer erklärt werden. Bei der sozialen Eingebundenheit geht es darum, sich mit anderen verbunden zu fühlen, umsorgt zu werden und für andere zu sorgen. Der Trainer muss demnach sicherstellen, dass die Kinder untereinander eine enge Verbundenheit fühlen und füreinander sorgen.

Kompetenzerleben meint, die Wirkungsmächtigkeit des eigenen Verhaltens zu spüren und Herausforderungen zu suchen. Auf dieses Basisbedürfnis der Kinder kann der Trainer am stärksten eingehen. Die Art und Schwierigkeit der Aufgabenstellungen darf dabei nicht das Leistungsvermögen der Kinder übersteigen. Über entsprechend lobendes und bestärkendes Verhalten kann der Trainer das Bedürfnis nach Kompetenz bedienen.

Das Autonomieerleben beschreibt das Gefühl, selbst Ausgangspunkt der eigenen Handlungen zu sein. So sollen die eigenen Interessen berücksichtigt werden und die Handlung als Ausdruck des eigenen Selbst gelten. Der Trainer muss den Kindern demnach Entscheidungs- und Handlungsfreiräume lassen. So können freiheitliche Trainingsformen bemüht werden, Mitsprache in Mannschaftsaufstellungen gewährt werden oder weitere Kompetenz- und Entscheidungsbereiche in die Hand der Kinder gelegt werden.

Im Hinblick auf die Basisbedürfnisse wird klar, warum Kinder eine grundsätzliche Motivation besitzen, Fußball zu spielen. Das Spiel bedient im besten Fall alle psychologischen Grundbedürfnisse. Es sind zumeist die Trainer, die durch langweilige, einengende und zu schwierige Trainings- und Spielformen die Motivation der Kinder einschränken. In diesem Zusammenhang liegt die Verantwortung beim Trainer, die Motivation der Kinder nie aus den Augen zu verlieren und alle Inhalte auf die Wirkung der psychologischen Basisbedürfnisse soziale Eingebundenheit, Kompetenz- und Autonomieerleben zu überprüfen und gegebenenfalls anzupassen.

3 TRAINING

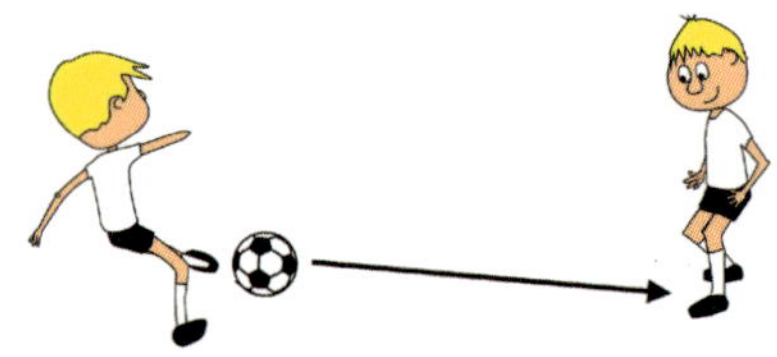

Lenny und Paul warten. Sie stehen mit anderen Kindern ihrer Mannschaft in einer Schlange und warten darauf, dass sie an der Reihe sind. Heute üben sie das Passen, hat der Trainer gesagt. Das sei im Spiel nicht gut genug gewesen, lautete die Begründung. Noch sind sechs Kinder vor Lenny in der Schlange. Er beginnt, sich mit Paul zu unterhalten. Nach einiger Zeit ruft der Trainer Lennys Namen. Er war an der Reihe und hat durch das Gespräch mit Paul seinen Einsatz verpasst. Der Trainer schickt die beiden zur Strafe eine Runde laufen.

Alle inhaltlichen Bausteine einer Trainingseinheit mit Bambini, G- und F-Junioren richten sich nach dem individuellen Entwicklungsstand der Kinder. Dieser kann auch innerhalb einer Mannschaft bisweilen sehr unterschiedlich sein. Die Aufgabe des Trainers ist es, ein breites Aufgabenspektrum anzubieten, sodass jedes Kind im Rahmen seiner Möglichkeiten freudvoll an der Trainingseinheit teilnehmen kann.

Die Gruppeneinteilung, die Aufgabenstellung und die entsprechende Organisation im Trainingsalltag können entscheidenden Einfluss auf den Verlauf einer Trainingseinheit nehmen. Die Einteilung der Kinder in leistungs- und entwicklungshomogene Gruppen, die Vermeidung oder Verkürzung von Stand- und Wartezeiten, eine einfache und spielerische Aufgabenstellung und -gestaltung, viele Erfolgserlebnisse und wechselnde Spielangebote beeinflussen das Verhalten der Kinder positiv im Sinne einer freudvollen Trainingseinheit.

Das Training mit Bambini, G- und F-Junioren besteht grundsätzlich aus den Bausteinen Koordination, Ballschule, später auch aus einigen technischen Elementen sowie dem freien Spiel. Der zeitliche Umfang der Bausteine im Verhältnis zueinander hängt dabei ebenfalls stark vom Entwicklungsstand der Gruppe ab.

Im Bambini- und G-Junioren-Bereich nehmen koordinative Elemente eher einen größeren Anteil ein als die Ballschule. Das freie Spiel verliert in keiner Altersgruppe seine Bedeutung und gehört als fester Bestandteil in jede Trainingsstunde.

3.1 BEWEGUNGSSCHULE

Vor 20 Jahren war vielfältige Bewegung im jungen Kindesalter ein wesentlicher Bestandteil des Alltags. Der Weg zur Schule oder zum Kindergarten wurde zumeist zu Fuß oder mit dem Fahrrad umgesetzt. Die Freizeitaktivitäten fanden zumeist draußen ohne direkte Aufsicht Erwachsener statt.

Die Lebenswelt der Kinder hat sich grundlegend verändert. Durch erhöhten Medienkonsum, teilweise übervorsichtige Eltern und die schulische Ganztagsbetreuung entfallen wesentliche Bestandteile des selbstständigen Bewegens. Über Schulsport, Sportkurse im Ganztagsbereich und den Vereinssport soll dem Bewegungsmangel entgegengewirkt werden. Für das Sporttreiben im Kontext des Fußballtrainings ergeben sich für den Trainer neue Herausforderungen.

Zusätzlich zu den herkömmlichen Elementen des Fußballtrainings gibt es einen erhöhten Bedarf an grundlegender Koordinationsschulung.

Auf theoretischer Ebene geht es darum, Gewandtheit und Geschicklichkeit im Sinne der koordinativen Fähigkeiten nach Blume (1978) auszubilden. Dazu gehört die Differenzierungsfähigkeit, Orientierungsfähigkeit, Reaktionsfähigkeit, Kopplungsfähigkeit, Rhythmisierungsfähigkeit, Umstellungsfähigkeit und Gleichgewichtsfähigkeit.

So gilt es, den Kindern ein Körpergefühl über einfache Bewegungsaufgaben und Kleine Spiele zu vermitteln. Laufaufgaben in Staffeln oder als Fangspiel, Springen, Rollen, Werfen, Klettern, Raufen und Fangen sind erste sinnvolle Begleiter des Trainings mit Bambini, G- und F-Junioren. Auch sportartübergreifende Spiele, das Spiel mit unterschiedlichen Bällen und das Seilspringen wirken auf die Koordination der Kinder ein.

Über unterschiedliche Feldformen, Zonen sowie verschiedenfarbige Markierungshütchen oder Leibchen kann auf die Orientierung der Kinder eingewirkt werden. Für den Trainer ist es im Kontext der Koordinationsschulung wichtig, den natürlichen Bewegungsdrang der Kinder nicht über Warteschlangen oder lange Erklärungen zu bremsen, sondern gewinnbringend für das Training zu nutzen und in die gewünschten Bahnen zu lenken.

3.2 BALLSCHULE

Während die Koordinationsschulung im Bambini-, G- und F-Junioren-Alter annähernd gleichermaßen wichtig ist, unterscheiden sich die Anforderungen an die Technikausbildung der Kinder hinsichtlich der verschiedenen Altersbereiche. Im Bambini-Bereich und in den Anfängen der G-Junioren gilt es grundsätzlich, den Ball mit dem Fuß kontrolliert fortbewegen zu können. So liegt der Fokus der Ausbildung auf einem spielerischen Kennenlernen des Balls im Sinne erster Dribblingaufgaben.

Außerdem können bereits Torabschlüsse eingestreut werden. Entwicklungsbedingt fällt es kleineren Kindern schwer, den Fokus auf die Gruppe zu richten und so beispielsweise freistehende Mitspieler zu erkennen. Auch aus diesem Grund bietet es sich je nach Entwicklungsstand der Kinder auch erst in einem späteren Altersbereich an, das technische Element des Passspiels einzuführen.

Im älteren G- und im F-Junioren-Alter können weitere technische Elemente erlernt werden. So können verschiedene Arten der Ballführung, verschiedene Schusstechniken, Finten und erste Elemente des Passspiels ins Training aufgenommen werden. Weiterhin ist die spielerische Vermittlung elementar für das freudvolle Lernen.

Der Trainer kann hinsichtlich der korrekten technischen Ausführung zwar ein Mindestmaß an Genauigkeit ansetzen, sollte allerdings keine längeren Korrekturen anbringen. Viele Kinder lernen durch das Ausprobieren und korrigieren eigenständig, sodass der Trainer, je nach Situation, nur kleinere Hinweise geben muss.

Alle Aufgaben in der Technikvermittlung sollten weitestgehend ohne Warte- und Standzeiten auskommen. Neben der zunehmend abfallenden Trainingseffektivität durch die Abnahme der Nettotrainingszeit sind Wartezeiten für

Kinder schlichtweg langweilig. So entstehen ungewollte Nebenschauplätze, indem sich die Kinder andere Beschäftigungen suchen, die zumeist den Trainingsfluss stören. Die Wartezeiten können durch mehrfache Aufbauten einer Übung minimiert werden. Zusätzlich sind Aufgabenstellungen möglich, in denen sich die Kinder frei in einem Feld bewegen können und so ein Training ohne jegliche Stand- und Wartezeiten möglich wird.

Die sportliche Technik vollzieht sich dabei in drei Stadien. Am Anfang steht die Grobkoordination. In dieser Phase wird der Grundablauf der Bewegung erlernt. Im Stadium der Feinkoordination kann die erlernte Bewegung unter konstanten Bedingungen abgerufen werden. Ist das Stadium der Feinstkoordination erreicht, so kann die Bewegung auch unter wechselnden Bedingungen ausgeführt werden.

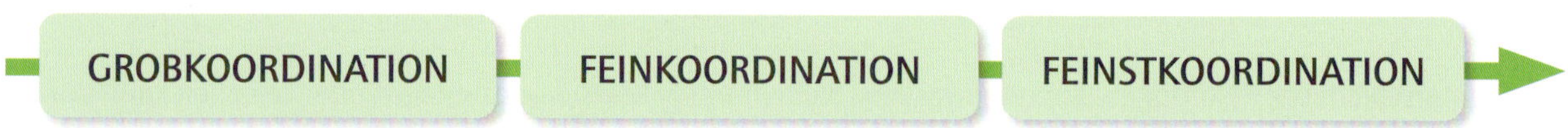

Abb. 1: Lernphasen der Bewegungskoordination

Neben der Wiederholungszahl und dem grundsätzliche Vollzug des Techniklernens spielt auch ein situativer Technikansatz eine wichtige Rolle beim Erlernen von Bewegungen. Für die fußballspezifischen Techniken des Passspiels, des Torschusses, des Dribblings, des Kopfballs, des Flugballs und des Fintierens bestehen präzise Technikleitbilder, anhand derer die jeweilige Technik visualisiert erlernt werden soll. In der Detailbetrachtung von Technik und ihrem Zweck ergibt sich jedoch der erwähnte situative Ansatz. So muss Technik zweckmäßig sein und zur Problemlösung beitragen. Dabei spielt die konkrete Ausführung weniger eine Rolle als das Erreichen einer effektiven Spiellösung.

Für das Techniklernen im Kinderfußball leiten sich aus dieser Sichtweise der fußballspezifischen Technik wichtige Erkenntnisse und Handlungsempfehlungen ab. So sollte bei den Kindern ab der älteren F-Jugend zwar ein Grundverständnis der einzelnen Basistechniken bestehen. Allerdings ist es in diesem Alterssegment nicht angebracht, Technikleitbilder als Referenz anzulegen und entsprechend detailliert zu korrigieren.

Der Trainer sollte seinen Fokus demnach eher auf die Wirksamkeit der angewendeten Technik legen und gemeinsam mit dem Kind gegebenenfalls alternative Lösungen für die jeweilige Situation erarbeiten. Das Verhältnis von Üben und Spielen muss dabei stets in einem entwicklungs- und altersgerechten Rahmen bleiben. Das Spielen muss in diesem Kontext den überwiegenden Teil der Trainingszeit einnehmen, wohingegen Übungsphasen kurzweilig, variantenreich und motivierend gestaltet werden müssen, um ein effektives und freudvolles Lernen zu ermöglichen.

3.3 FREIES SPIEL

Das freie Spiel hat einen großen zeitlichen Anteil im Training mit Bambini, G- und F-Junioren. Die Spieleranzahl, das Spielfeld, die Regeln und die Tore nehmen grundlegenden Einfluss auf die Wirksamkeit des Spiels. So sollten vor allem kleine Zahlenverhältnisse bis hin zum 4 gegen 4 gewählt werden, um jedem Spieler eine angemessene Zahl an Ballkontakten zu ermöglichen.

Cooper (2006) konnte zeigen, dass im Vergleich von Spielen im 8 gegen 8 zum 4 gegen 4 die Aktionszahlen deutlich erhöht sind. So kamen beispielsweise 260 % mehr Torschüsse, 280 % mehr Dribblings und Finten und 500 % mehr Tore im 4 gegen 4 vor. In diesem Zusammenhang spielt auch die Feldgröße eine Rolle.

Kleine Felder führen zu erhöhten Aktionszahlen der einzelnen Spieler und beeinflussen das Spielverhalten. Je kleiner das Feld ist, desto herausfordernder werden die Spielhandlungen. Mit den Regeln kann der Trainer Einfluss auf die Wirksamkeit des freien Spiels im Training nehmen.

Dabei kann die grundsätzliche Frage nach Seiten- und Toraus gestellt werden. Insbesondere bei kleineren Kindern kostet das Ballholen und die korrekte Ausführung der Spielfortsetzung viel Zeit. Ein Verzicht auf konkrete Spielfeldgrenzen erhöht demnach die Nettospielzeit erheblich. Auch ohne Spielfeldbegrenzung agieren die Spieler zumeist im angedachten Spielraum, denn der Torerfolg ist in der Spielfeldmitte am wahrscheinlichsten.

Ein begleitendes Coaching durch den Trainer kann in diesem Zusammenhang ebenfalls einen Beitrag zum Verzicht auf Spielfeldbegrenzungen leisten. So kann der Trainer durch kleine Hinweise fortwährend zur Akzentuierung der Spielfeldmitte als zentralen Spielraum beitragen.

Auch bei den Toren kann der Trainer verschiedenartige Elemente einsetzen. Grundsätzlich geht es darum, den Kindern viele Erfolgserlebnisse zu ermöglichen. Zu wenige oder zu kleine Tore haben in diesem Zusammenhang eine gegenteilige Wirkung. Als Tore sind im Altersbereich der Bambini, G- und F-Junioren Jugendtore, große und kleine Minitore, Stangen, Hütchen, Dribbellinien, Bänke, Kästen und Wände möglich.

Über sinnvoll gewählte Organisationsformen können die Spieler maximal vom freien Spiel profitieren. Dabei sollten alle Spieler in kleinen Zahlenverhältnissen zeitgleich spielen können, denn auch hier gehen Wartezeiten zulasten der Spieler.

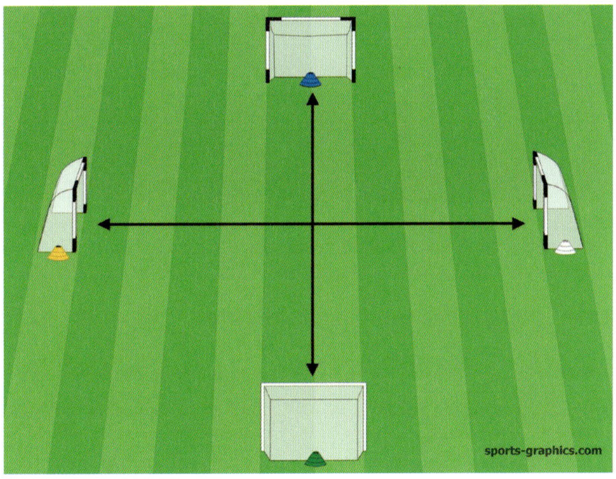

Abb. 2: Doppelter Feldaufbau

Kleine Turniere wirken sich in diesem Zusammenhang auch positiv auf die Motivation der Spieler aus. Einen erhöhten kognitiven Anspruch stellt ein Spielfeld, auf dem vier oder mehr Teams zeitgleich spielen (vgl. Abb. 2). Jedem Team wird dabei ein Tor und ein gegnerisches Team zugeordnet. In dieser Organisation finden mehrere Spiele unabhängig voneinander im selben Spielraum statt. Der Trainer hat so die Möglichkeit, viele Kinder auf einer begrenzten Fläche zu beschäftigen, ohne dabei ein Kind aus den Augen lassen zu müssen.

Sobald Kinder Spielfeldgrenzen problemlos erkennen und einhalten können, ergibt sich ein weiteres praxiserprobtes Tool für die Anwendung im Bereich des freien Spiels. Über unterschiedliche Feldformen kann bestimmtes Spielverhalten der Kinder provoziert werden, ohne dass der Trainer in großem Maße intervenieren oder das Spielverhalten regulieren muss. Durch verschiedene Feldformen ergeben sich spezifische Positionierungen sowie konkrete und wiederkehrende Spielhandlungen. Darüber hinaus lässt sich im Hinblick auf die Orientierung der Kinder ein konkreter Transfer zum gewöhnlichen Spielfeldaufbau erkennen.

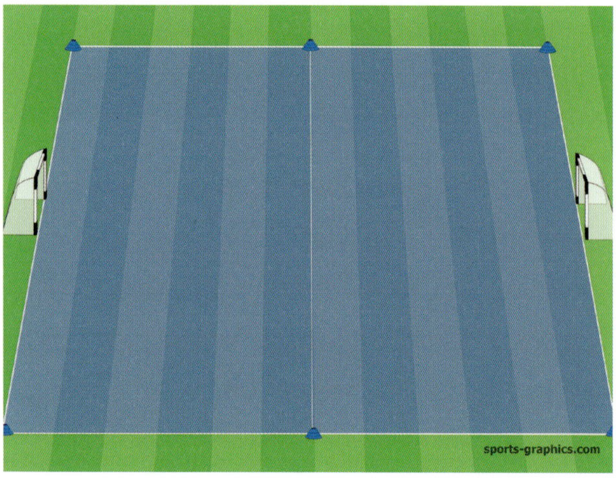

Abb. 3: Spielfeld Quadrat

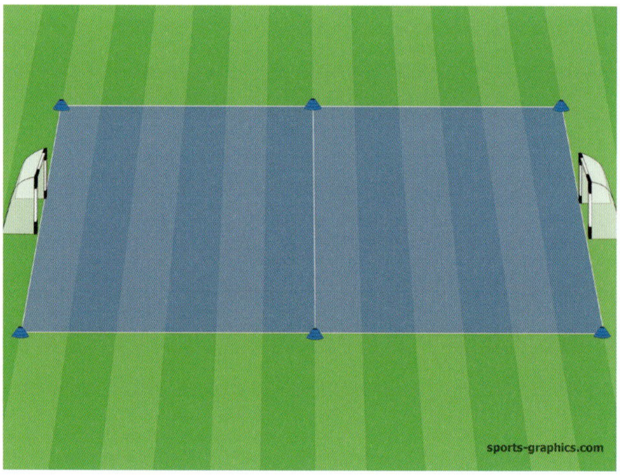

Abb. 4: Spielfeld Schlauch

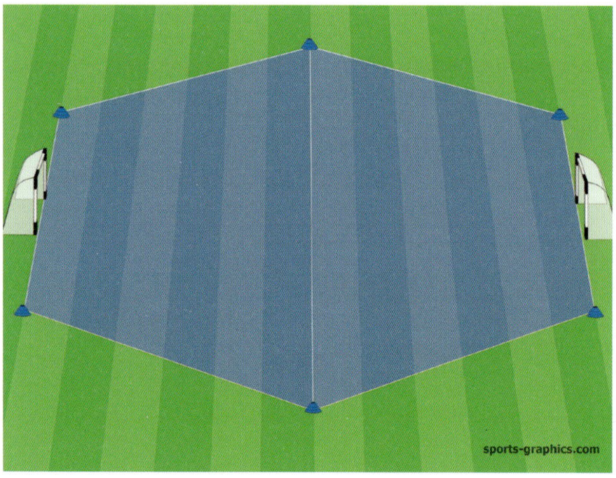

Abb. 5: Spielfeld Diamant

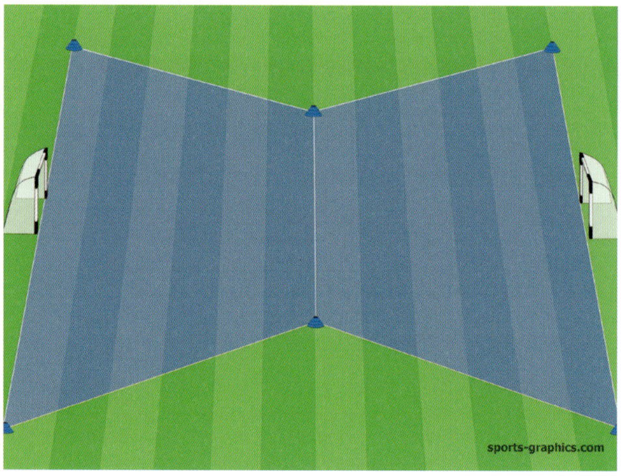

Abb. 6: Spielfeld Sanduhr

Über die unterschiedlichen Feldformen können somit Positionierungen in Höhe und Breite des Spielfelds angelegt werden (vgl. Abb. 3 und Abb. 4). In Bezug auf die unterschiedlichen Verhaltensweisen der Spieler wird in schlauchförmigen Spielfeldern allein durch die Form des Spielfelds eine höhere Zahl tiefer Dribblings, vertikaler Pässe und Toraktionen zu beobachten sein als in einem quadratischen Spielfeld.

Darüber hinaus sind noch weitere Spielfeldformen denkbar (vgl. Abb. 5 und Abb. 6). Die trichterförmig zulaufenden Spielfeldlinien helfen den Spielern dabei, ihre offensiven Bemühungen stets in Richtung des Tors auszurichten. Besonders im Kinderfußball können die Spielfeldformen einen Beitrag zur gezielten Provokation bestimmter Verhaltensweisen leisten, ohne dabei den Ideenreichtum, den Spielwitz und die Kreativität der Kinder einzuschränken.

Den Mehrwert des freien Spiels und der Spielformen gegenüber den Übungsformen erklärt das Spielkompetenzmodell. Das Modell besteht im Wesentlichen aus drei Phasen. Die Wahrnehmung steht am Anfang jeder Spielhandlung. Über taktile, akustische und vor allem visuelle Reize werden Informationen zur Situation gesammelt. So muss der Spieler die eigene Bewegung, die Bewegungen anderer Spieler, den Spielraum und das Tor wahrnehmen. Auf

Grundlage der gesammelten Informationen trifft der Spieler eine Entscheidung für eine Handlung. Die Umsetzung der Handlung steht am Ende des Spielkompetenzmodells und meint die motorische Ausführung der getroffenen Entscheidung.

Das Spielkompetenzmodell ist im Laufe der Zeit noch um die Komponenten Antizipieren und Interpretieren erweitert worden. Die Antizipation vollzieht sich dabei nach der Wahrnehmung und meint die Vorausahnung einer Situation aufgrund der gesammelten Informationen. Die Interpretation steht nach der Umsetzung und sieht einen Evaluationsprozess der Handlung vor.

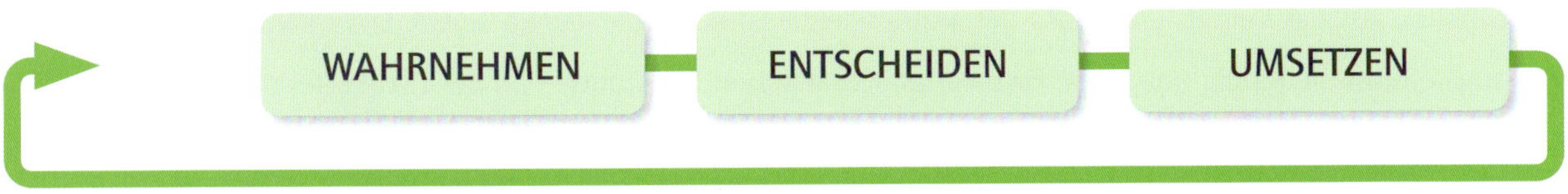

Abb. 7: Spielkompetenzmodell

Die Spielkompetenz wird hauptsächlich in Spielformen oder im freien Spiel angesteuert. In Übungsformen fehlt die Komponente der Entscheidung, da ein Großteil der Handlungen vorgegeben ist. Spielformen und das freie Spiel sind dabei für das Training der Wahrnehmung und für die Entscheidungsfindung unverzichtbar. Auch in Bezug auf die Umsetzung hält das Spiel im Gegensatz zur Übungsform ganz andere Anforderungen bereit.

Mit sich ständig ändernden Situationen ist der Spieler dazu aufgefordert, adäquate technische Lösungen umzusetzen. Auch die Anforderungen des Gegner,- Zeit,- Raum- und Präzisionsdrucks an die Spieler können in Übungsformen nur bedingt hergestellt werden, sodass auch vor diesem Hintergrund die dauerhafte Umsetzung von Spielen und Spielformen unerlässlich ist.

4 VERMITTLUNG

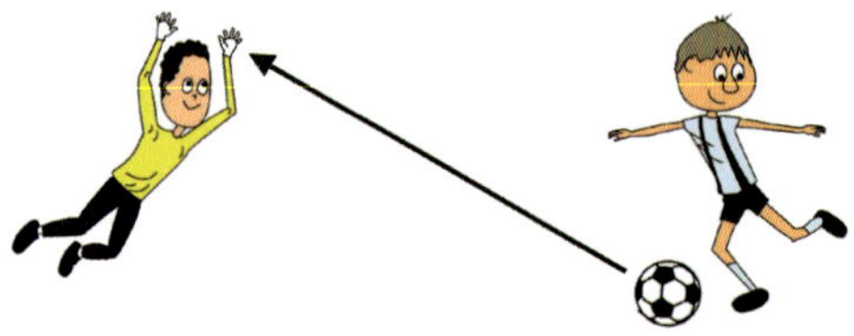

Moritz sitzt mit seinen Mannschaftskameraden in der Kabine. Gleich beginnt das Spiel. Der Trainer steht an der Taktiktafel und erklärt die Strategie für die erste Halbzeit. Der Trainer redet von Flügelzangen, abkippenden Mittelfeldspielern und Raumverteidigung. Moritz versteht nur Bahnhof. Er schaut seine Mitspieler an. Ihnen scheint es nicht viel besser zu gehen. „Alles verstanden?", fragt der Trainer zum Abschluss. Alle Kinder nicken und verlassen die Kabine.

Im Hinblick auf die Vermittlung muss der Trainer seine Sprache, die Länge seiner Erklärungen und die Inhalte genauestens an die Kinder anpassen. Fachwörter, Floskeln und Erklärungen an der Taktiktafel sollten in diesem Zusammenhang in den Hintergrund rücken. Vielmehr besteht der Zugang zu den Kindern über eine bildliche Sprache. Beispiele und Sätze mit klarem Aufforderungscharakter helfen, die Kinder für Aufgaben zu sensibilisieren.

Auch die Stellung zur Gruppe spielt eine wichtige Rolle. So sollte der Trainer sich auf die Augenhöhe der Kinder begeben und dafür sorgen, dass sich hinter seinem Rücken keine beachtenswerten Aktionen vollziehen. Kinder schweifen mit ihrem Blickfeld gerne ab, sodass ein parallel laufendes Spiel oder Training gleichbedeutend mit einer möglichen Ablenkung ist.

Der individuelle Bezug zum einzelnen Kind hilft ebenfalls, einen inhaltlichen Zugang zu den Kindern zu bekommen. Die Verbindung einer Verhaltensweise mit der eines Lieblingsspielers, des Lieblingsteams oder der eines bekannten Tiers hilft dabei, ein differenziertes Verständnis und Interesse für eine bestimmte Thematik zu akzentuieren. Der Trainer muss demnach seine Vermittlung planen, verbildlichen und mit Beispielen belegen. Eine kindgerechte Vermittlung ist die Grundlage einer jeden Trainingseinheit.

4.1 VERMITTLUNG IM TRAINING

Der Trainer kann durch kindgerechte Vermittlungsansätze einen reibungslosen Ablauf der Trainingseinheit und des Spielbetriebs forcieren. Dabei geht es vor allem darum, der geringen Konzentrationsfähigkeit der Kinder entgegenzuwirken. Der Trainer hat in diesem Zusammenhang die Möglichkeit, die einzelnen Trainingseinheiten mit Themen aus der Lebenswelt der Kinder zu verknüpfen.

Der Feldaufbau und jede gestellte Aufgabe innerhalb des Trainings hat somit einen direkten Bezug zum kreativen Themenschwerpunkt. Den Kindern fällt es durch diese Herangehensweise leichter, sich zu konzentrieren. Zusätzlich nehmen die Kinder die Aufgabenstellung aufmerksamer auf, verstehen diese besser und können sie anschließend erfolgreich in die Praxis übertragen.

Vermehrt tragen die Kinder auch eigene Ideen in sich. Der Trainer kann die Kreativität der Kinder nutzen, um diese in die Praxis zu übertragen und so Trainingseinheiten auf der Grundlage des kindlichen Ideenreichtums umzusetzen.

Ein weiteres Vermittlungstool im Training mit Bambini, G- und F-Junioren sind verschiedene Wettkampfformen. Aufgaben aus allen inhaltlichen Bereichen können durch Wettkämpfe aufgewertet werden. Die Kinder reagieren motivational auf die Möglichkeit, zu gewinnen oder zu verlieren. In jedem Fall setzen die Kinder die gestellten Aufgaben schneller und engagierter um. Es sollte im Rahmen der kindlichen Entwicklung auf Strafen für Verlierer in Wettkämpfen verzichtet werden. Es ist dahin gehend eher zielführend, eine Belohnung für den Gewinner eines Wettkampfs auszuloben.

Bei der Vermittlung von koordinativen oder technischen Elementen ergibt sich das Vormachen durch den Trainer als geeignete Möglichkeit des Lehrens. Für Kinder im Speziellen ist es schwierig, theoretische Erklärungen in die Praxis umzusetzen. Die Nachahmung von gesehenen Bewegungen ermöglicht den Kindern einen einfachen Übertrag in die Praxis. Auch hier können die Kinder wieder eigenständig aktiv werden.

Einzelne Bewegungen können von Kindern vorgeschlagen oder vorgemacht werden. Die Einbindung der Kinder wirkt sich dabei positiv auf die Aufmerksamkeit und Motivation der Gruppe aus. Eine induktive Lehr- und Lernmethode kann in diesem Zusammenhang bereits in den Altersbereichen der Bambini, G- und F-Junioren zur Anwendung kommen.

Durch trainerseitige Fragen und entsprechende Antworten der Kinder kann ein längerfristiger Lernprozess initiiert werden. Statt einer deduktiven, also einer entsprechend vorgebenden Vermittlung werden die Kinder so in Lernprozesse eingebunden und zur eigenständigen Lösungsfindung animiert.

Neben der Vermittlung im Sinne einer Erklärung und dem zugehörigen Verständnisprozess bestehen in enger Anlehnung an Kap. 3 auch Praxismodelle der Trainingsgestaltung, die Kindern das Lernen erleichtern.

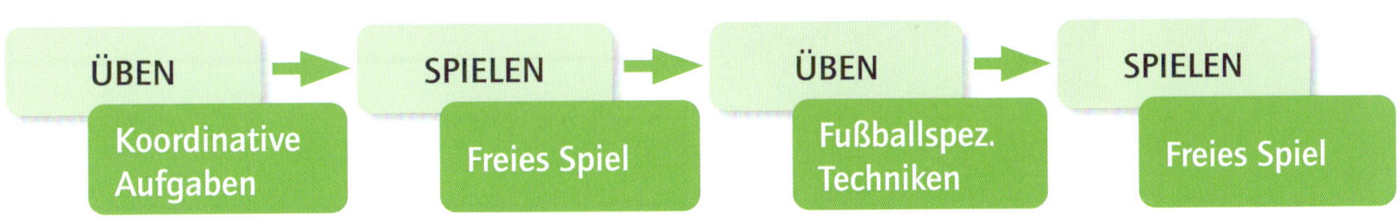

Abb. 8: Fußballspezifisches Vermittlungsmodell

So ist ein stetiger Wechsel des Übens und des Spielens insofern sinnvoll, als dass eine abwechslungsreiche Aufgabenstruktur sich ebenso positiv auf den Trainingsverlauf auswirkt wie eine stetige Unterbrechung der konzentrationsintensiven Übungsphasen durch freiheitliche Spielsequenzen.

4.2 VERMITTLUNG IM WETTKAMPF

Im Kontext des Wettkampfs, also des Spielbetriebs, ergeben sich verschiedene Herausforderungen für den Trainer. Anders als im Training sind die Kinder verhältnismäßig aufgeregt und unruhig. Diese Tatsache erschwert die Vermittlung einzelner Inhalte. Die Ziele von Trainern im Kontext des Wettkampfs und der zugehörigen Vermittlung können höchst unterschiedlich sein. In Abhängigkeit von der Gruppe kann es um eine erste Zuweisung von Positionen, um Verhaltensweisen auf dem Spielfeld oder lediglich um das Regelwerk und die Spielfeldbegrenzung gehen.

Zur Vermittlung der Mannschaftsaufstellung hat sich die Verbildlichung durch das Hochhaus in der Praxis bewährt (vgl. Abb. 10: Hochhaus). Kleinere Kinder können zumeist wenig mit den eigentlichen Namen der Spielpositionen anfangen. In einigen Fällen sind sie noch nicht in der Lage, rechts und links voneinander zu unterschieden, sodass ein klassisches Verlesen der Aufstellung wenig wirkungsvoll ist.

Das Hochhaus mit seinen unterschiedliche Etagen und Wohnungen kann dabei helfen, den Kindern ein Gefühl für ihre Positionierung auf dem Spielfeld zu geben. So ist jedes Kind einer Wohnung im Hochhaus zugeordnet. Um Positionssprünge zu vermeiden, kann der Trainer den Kindern beispielsweise auftragen, nur den jeweiligen Nachbarn über, unter oder neben der eigenen Wohnung zu besuchen. Das führt dazu, dass die Kinder einander auf dem Spielfeld zwar helfen, jedoch trotzdem ihre Position ungefähr halten können.

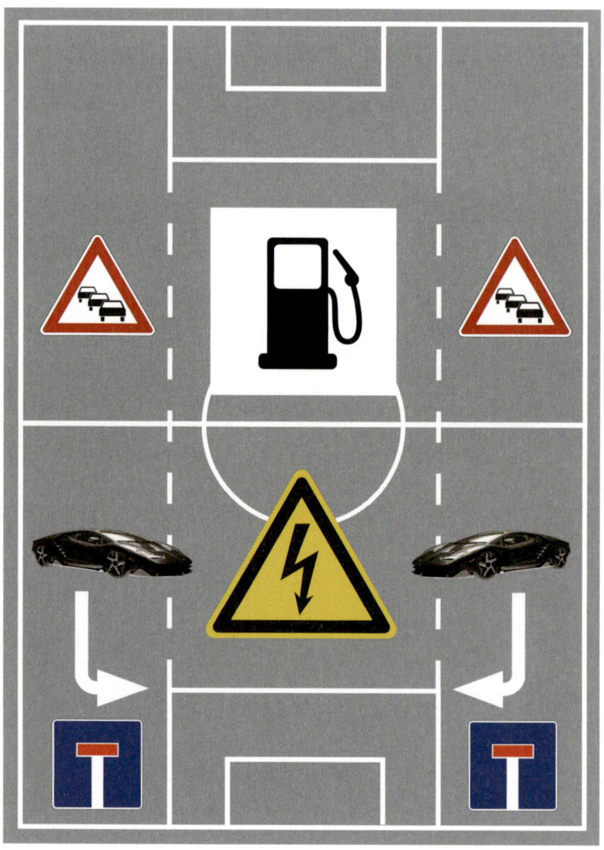

Abb. 9: Straßenverkehr

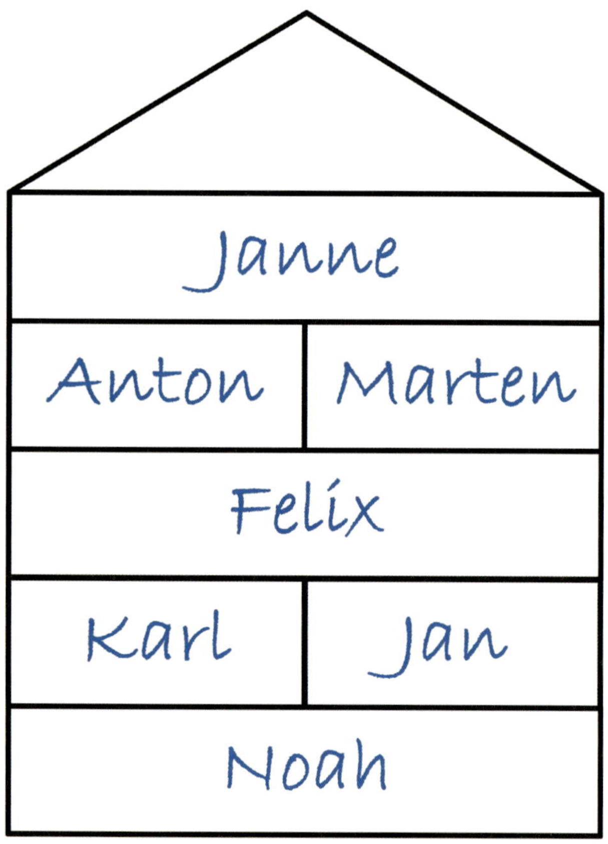

Abb. 10: Hochhaus

Ein weiteres Vermittlungstool besteht in der Einteilung des Spielfelds in Zonen und deren anschließende Verknüpfung mit spezifischen Verhaltensweisen. So können auch hier Themenbereiche der kindlichen Fantasie aufgegriffen werden, um die Kinder für verschiedene Verhaltensweisen auf dem Spielfeld zu sensibilisieren.

So können einzelne Themenspielfelder entstehen, anhand derer die Kinder das Verhalten in den einzelnen Zonen des Spielfelds kennenlernen sollen (vgl. Abb. 9: Straßenverkehr).

Im dargestellten Beispielfeld zum Straßenverkehr sind unterschiedliche Verhaltensweisen visualisiert. Zunächst sind die Spielfeldecken durch das Straßenschild „Sackgasse" gekennzeichnet. So soll vermieden werden, dass die Kinder in die Spielfeldecken dribbeln oder passen. Der Sportwagen mit den Abbiegepfeilen soll im Umkehrschluss Tempodribblings auf der Außenbahn, aber auch die Akzentuierung der Spielfeldmitte und des gegnerischen Strafraums bewirken.

Die Schilder „Achtung Stau" und „Tankstelle" stehen für gewünschtes Verhalten in der eigenen Spielfeldhälfte. So sollen die gegnerischen Spieler auf der Außenbahn verlangsamt und gestoppt werden. Eigene Angriffe können im Spielfeldzentrum der eigenen Hälfte wieder neu aufgebaut, verbildlicht „betankt" werden.

Die Einflussnahme des Trainers während des Spiels vom Seitenrand ist nur begrenzt möglich und sollte demnach von Trainerseite im Rahmen gehalten werden. So muss es ein Ziel des Kinderfußballs sein, die Kinder bei der eigenständigen Entscheidungsfindung auf dem Spielfeld zu bestärken.

Im Umkehrschluss ist die verbale Vorgabe von Handlungen vonseiten des Trainers unangebracht. Der Trainer sollte lediglich lobend, bestärkend oder aus organisatorischen Gründen verbal ins Spielgeschehen eingreifen. Viele Kinder sind in den jüngeren Altersstrukturen nicht in der Lage, die Anweisungen vom Trainer adäquat zu verarbeiten und umzusetzen. Entsprechend ist es sogar möglich, dass der Trainer durch einen hilfreich gemeinten Zuruf vom Spielfeldrand die Situation verkompliziert und dem Spieler das Zutrauen in die eigene Entscheidungsfindung nimmt.

5 SPIELBETRIEB

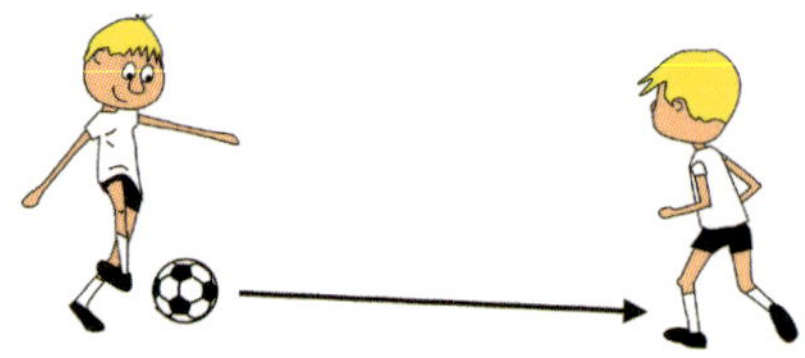

Jan ist aufgeregt. Heute hat er sein erstes richtiges Fußballspiel. Nach dem Aufwärmen verkündet der Trainer die Mannschaftsaufstellung. Jan ist Auswechselspieler. In den letzten Minuten der ersten Halbzeit ruft der Trainer Jan zu sich und wechselt ihn als Verteidiger ein. Jan läuft auf das Spielfeld. Seine Mannschaft liegt schon deutlich in Führung. Der Ball ist zumeist in der gegnerischen Spielfeldhälfte. Tim und Moritz, die beiden besten Spieler der Mannschaft, spielen sich den Ball gekonnt zu. Moritz schiebt den Ball am Ende des Angriffs ins Tor. Dann pfeift der Schiedsrichter zur Halbzeit. Jan hatte noch keinen Ballkontakt.

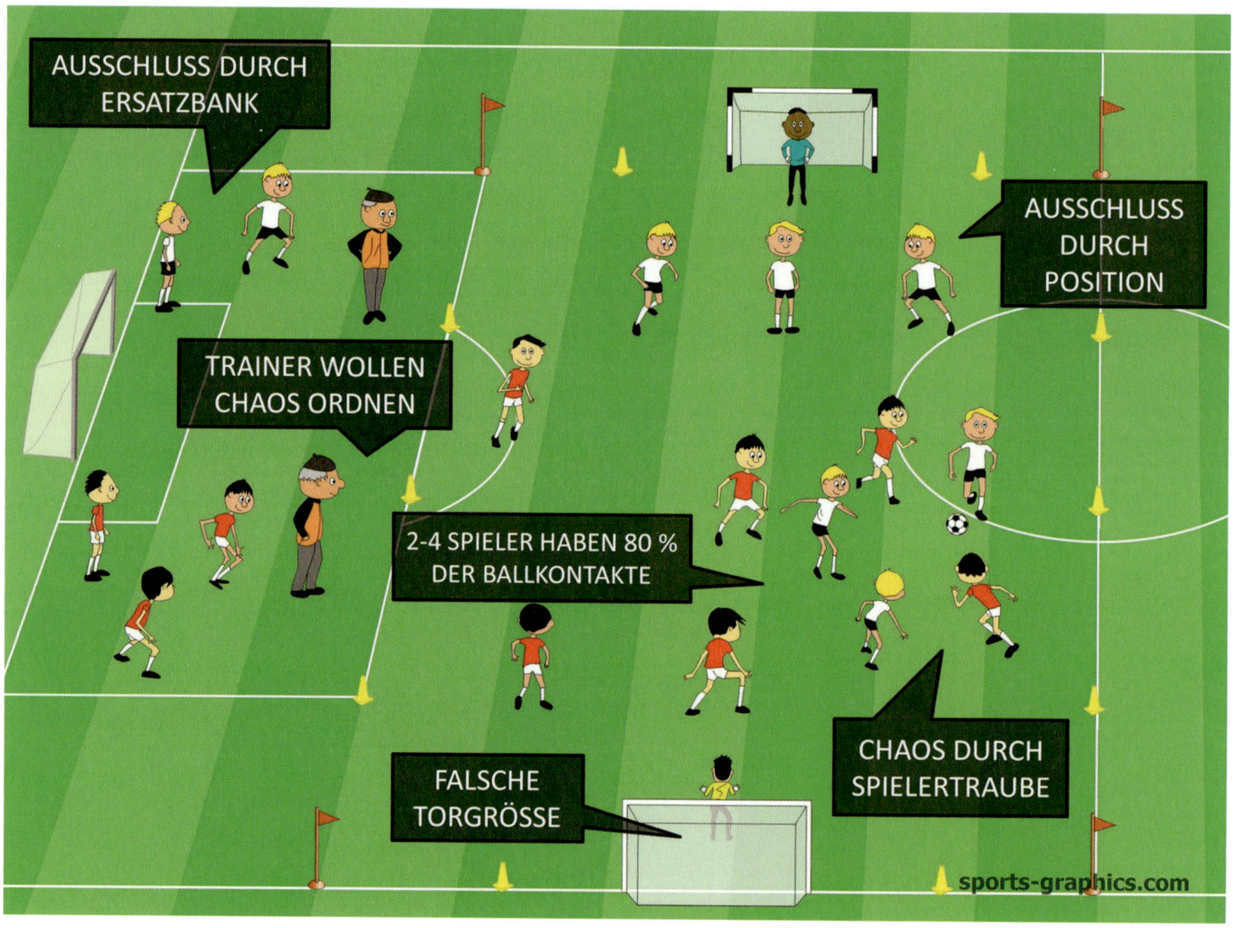

Abb. 11: F-Jugend im 7 gegen 7 (nach Wein, 2016)

Im Zusammenhang mit dem Spielbetrieb können hinsichtlich der fußballspezifischen Ausbildung der Kinder richtungsweisende Maßnahmen eingeleitet werden. Ähnlich zum freien Spiel im Training sollten auch im Spielbetrieb Wettkämpfe in möglichst kleinen Zahlenverhältnissen umgesetzt werden. Je nach Landesverband werden unterschiedliche Möglichkeiten angeboten.

Der Trainer sollte bei der Mannschaftsmeldung im Sinne der Kinder entscheiden und ihnen so das Maximum an Ballkontakten, Aktionen und Erfolgserlebnissen ermöglichen. Das Spiel im 7 gegen 7 über den halben Platz zählt so zu den eher überholten Spielformaten im Kinderfußball (vgl. Abb. 11). Vielmehr treten Spielformen in kleineren Zahlenverhältnisse auf Minitore und ohne Torhüter in den Vordergrund.

Die Organisationsform des FUNiño© (Wein, 2016) umfasst dabei alle Anforderungen an einen kindgerechten Wettkampf. Über Spielfeste mit vielen kleinen Feldern kann mit geringem Organisationsaufwand die maximale Spielzeit für die Kinder generiert werden.

5.1 AUSBILDUNGSORIENTIERUNG

Im Kinderfußball können grundsätzlich zwei unterschiedliche Strömungen festgestellt werden. Hier stehen sich Ausbildungs- und Ergebnisorientierung gegenüber. Beide Philosophien unterscheiden sich grundlegend voneinander. Dabei steht bei der Ergebnisorientierung vor allem der kurzfristige Erfolg im Vordergrund, während es bei der Ausbildungsorientierung um die Sicherstellung des langfristigen Erfolgs geht. Die Ausbildungsphilosophie sieht dabei vor, Kinder positionsunabhängig, ganzheitlich, selbstbestimmt und vor allem kindgerecht auszubilden.

Somit ist es im Spielbetrieb unabhängig von der ausgewählten oder vorgegebenen Spielform empfehlenswert, fortwährende Positionsrotationen bei den Kindern anzustreben. So sollte es im Bambini-, G- und F-Junioren-Bereich keine festen Positionierungen geben, auch wenn die Kinder eine bestimmte Position favorisieren. Im Sinne der Ausbildung und Entwicklung der Kinder ist es wichtig, die wechselnden Anforderungen, Räumlichkeiten und Dimensionen der unterschiedlichen Positionen kennen und beherrschen zu lernen.

Um Kinder ganzheitlich ausbilden zu können, ist es wichtig, die Spielzeiten gleichmäßig zu verteilen. Auch bei knappen Spielständen oder Rückständen müssen alle Spieler die gleiche Spielzeit bekommen, um eine leistungsbezogene Homogenität herzustellen, die zum späteren Zeitpunkt, beispielsweise bei einem Wechsel auf das größere Feld, einen entscheidenden Beitrag zum langfristigen Erfolg haben kann.

Ähnlich wie im Training ist es auch im Spielbetrieb möglich, die Kinder einzubinden. Beispielsweise können die Kinder sich eigenständig für eine Aufstellung entscheiden. Wird dabei vom Trainer eingefordert, dass die Kinder in jedem Spiel oder in jeder Halbzeit unterschiedliche Positionen ausfüllen müssen, handeln die Spieler selbstständig im Sinne der Positionsrotation.

5.2 KINDGERECHTE SPIELREGELN

Die geltenden Spielregeln haben einen entscheidenden Einfluss auf den Spielverlauf und das Spielerverhalten. Genau wie bei den Spielformaten kommen in den unterschiedlichen Landesverbänden auch verschiedene Regeln zum Tragen. Dabei sind besonders die Spielfortsetzungen an einigen Stellen für den Kinderspielbetrieb nicht geeignet und sollten, zumindest in eigenorganisierten Turnieren und Spielen, angepasst werden.

Der Einwurf ist dabei das gravierendste Beispiel. Vermehrt fällt es den Kindern schwer, eine Entscheidung zwischen den potenziellen Anspielern zu treffen. Durch die Organisationsform des Einwurfs besteht für das einwerfende Team eine Unterzahlsituation, welche die Entscheidungsfindung der Kinder nicht unbedingt erleichtert.

Die Idee einer hohen, geworfenen Spielfortsetzung als Einwurf bringt im Kinderfußball zudem insofern Probleme mit sich, als dass der zugeworfene Ball von den Kindern kaum verarbeitet werden kann. So kommt es zu Kopfbällen, die im Kinderfußball vermieden werden müssen und zu unkontrollierten Spielhandlungen, die oft erneute Ausbälle zur Folge haben.

Empfehlenswert wäre in diesem Kontext eine Spielfortsetzung im Sinne des Einpassens, besser noch eines Eindribbelns. Durch die Spielfortsetzung am Boden mit dem Fuß kommen in der Folge kontrollierte und berechenbare Spielhandlungen zustande, die der Natur des Kinderfußballs mehr entsprechen.

Weitere Regelanpassungen sind stark vom Niveau der Kinder abhängig. In diesem Zusammenhang kann beispielsweise der Torwartabstoß reglementiert werden. Vermehrt ist zu beobachten, dass Torhüter den Ball über alle anderen Spieler hinweg in den gegnerischen Strafraum schießen, wo der Stürmer den Ball dann verwertet. In diesem Falle können Regeln zum Einsatz kommen, die den Torwartabstoß nur als Wurf oder nicht über die Mittellinie erlauben. Weitere Überlegungen können dahin gehen, dass auch der Torwart den Ball analog zur seitlichen Spielfortsetzung eindribbeln oder einpassen muss.

5.3 AUFWÄRMEN

Das Aufwärmen vor einem Spiel oder Turnier hat einen vergleichsweise geringen Effekt auf die Spielleistung. Trotz alledem sollte auch das Aufwärmen in einem kindgerechten Rahmen stattfinden. Eine muskuläre Erwärmung ist nicht nötig. Die Muskulatur ist noch in einem anfänglichen Entwicklungsstadium, sodass Muskelverletzungen bei Kindern der angesprochenen Altersstruktur die absolute Ausnahme sind.

Das Aufwärmen muss in diesem Alterssegment vor allem kognitive Ansprüche an die Spieler stellen. Es erfüllt also vielmehr einen aufweckenden und anregenden Zweck. Zusätzlich kann den Kindern durch entsprechende Rituale oder ein lobendes, wertschätzendes Trainerverhalten die letzte Aufregung vor dem Spiel genommen werden.

Zum Aufwärmen können entsprechend kleine Fangspiele, einfache fußballspezifische Aufgaben oder ein freies Spiel umgesetzt werden. Warte- und Standzeiten sind genau wie im Training zu vermeiden.

6 TRAINER

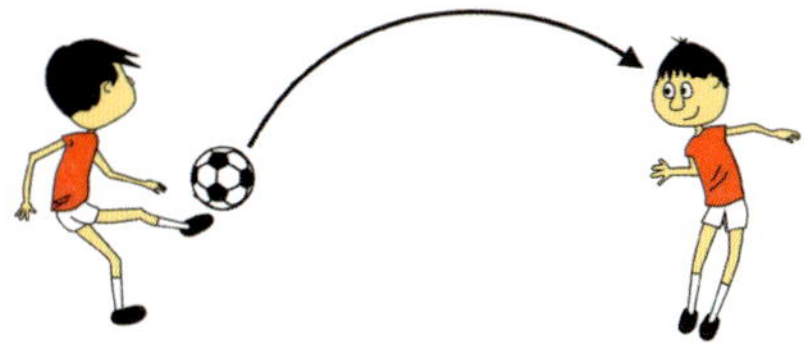

„Pass zu Tom", schallt es über den Fußballplatz. Das Kommando kommt vom Trainer. Marc, der den Ball am Fuß hat, schaut sich um. Er sieht Tom und setzt zum Pass an. Im letzten Moment erkennt Marc, dass sich ein Gegenspieler daran macht, Tom zu decken. Marc behält den Ball nun doch am Fuß und versucht, den vor ihm stehenden Verteidiger auszuspielen. Er verliert den Ball. Marcs Trainer ist sauer. „Ich habe doch gleich gesagt, du sollst passen!", ruft er. Marc fragt sich, ob der Trainer Toms Gegenspieler wohl bemerkt hat.

Im Selbstverständnis eines Trainers geht vermehrt der eigentliche Fokus verloren. Die zentrale Frage dreht sich dabei um die Ausrichtung aller Anstrengungen eines Trainers. Die Kinder sollten bei der Beantwortung aller Fragen stets im Mittelpunkt des Interesses stehen. Der Trainer nimmt dabei eher die Rolle des Begleiters und Unterstützers, aber auch die des Trösters, Streitschlichters, Mitspielers, Spaßmachers, Freunds und Vorbilds ein. Es geht dabei vordergründig darum, entsprechend der kindlichen Bedürfnisse zu handeln und sowohl auf als auch neben dem Platz einen passenden Rahmen für ein Training mit Bambini, G- und F-Junioren zu bieten.

Atmosphärisch sollte das Trainings- und Wettkampfklima dabei vor allem angstfrei, ohne Leistungsdruck, also freudvoll, gestaltet sein. Der Trainer sollte in diesem Zusammenhang für ein wertschätzendes und faires Miteinander unter den Kindern sorgen und auch selbst eine entsprechende Vorbildfunktion innerhalb der Gruppe einnehmen. In Bezug auf die Ausgestaltung des Trainings sollten die beschriebenen Grundsätze der Vermittlung und der Inhaltsbausteine einfließen und an die Altersstruktur sowie das Niveau der Gruppe angepasst werden.

Der Trainer ist innerhalb des Trainings aufgerufen, die Kinder und den Fußball in den Mittelpunkt zu stellen und entsprechend die Erklär-, Stand- und Wartezeiten zu minimieren. Besonders in diesem Zusammenhang sollte sich der Trainer als Begleiter verstehen und den Kindern viel Spaß, freie Entfaltungsmöglichkeiten sowie viele Aktions- und Spielzeiten ermöglichen.

Im Umgang mit den Eltern ist diplomatisches Geschick gefragt. Einigen Eltern fällt es schwer, dem Kind Aufgaben zuzutrauen und es unbeobachtet im Training zu belassen. Immer wieder gibt es Versuche der Einflussnahme von Elternseite auf das Training, den Trainer, andere Kinder und die gesamte Gruppe. Über ein gefestigtes Vertrauensverhältnis kann der Trainer die Einflussnahme der Eltern verringern. Dabei ist es wichtig, den Eltern Regeln, Ziele und Herangehensweisen aufzuzeigen, um Verständnis für gegenwärtige Situationen auf Elternseite zu erzeugen.

Die Ausrichtung auf Ausbildung statt auf Siege muss in diesem Zusammenhang in Gesprächen mit Eltern explizit erläutert werden. Hier sind sowohl Trainer als auch Eltern zur Geduld aufgerufen, denn eine ausbildungsorientierte Herangehensweise bringt zumeist eher verzögerten, dafür aber langfristigen und nachhaltigen Erfolg.

7 PRAXIS

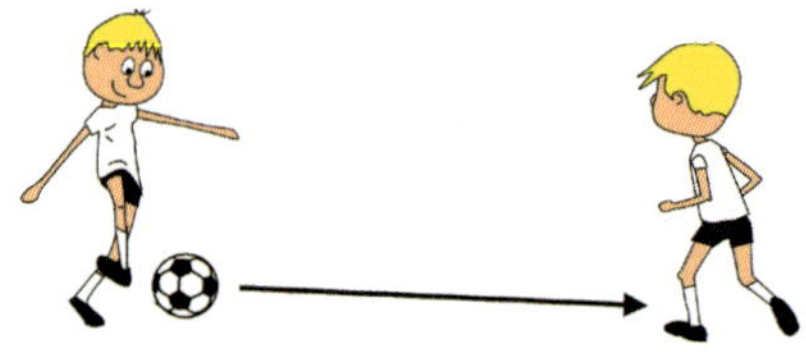

Der Praxisteil umfasst im Wesentlichen 20 Spielstunden mit insgesamt 100 Trainingsformen für die Bambini, G- und F-Junioren. Die angebotenen Praxisformen richten sich nach den Grundprinzipien des Kinderfußballs, die im Theorieteil dargelegt wurden. Zusätzlich zu den Trainingsinhalten und den Vermittlungsansätzen haben sich die folgenden Herangehensweisen, Rituale und Vorbereitungen in der Praxis bewährt und können einen weiteren Beitrag zur Umsetzung von reibungslosem und spaßvollem Kindertraining leisten.

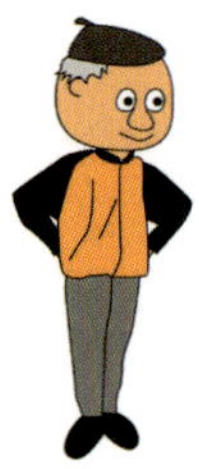

Die Phase vor dem Training, in der die Kinder ankommen und den Platz oder die Halle betreten, kann richtungsweisend für die weitere Trainingseinheit sein. Um Konflikten und Streitereien vor dem Training entgegenzuwirken, können die ankommenden Spieler direkt in ein Fangspiel eingebunden werden. Zusätzlich ist ein Fußballspiel auf Tore möglich. Die ankommenden Kinder werden dann den spielenden Teams zugeordnet.

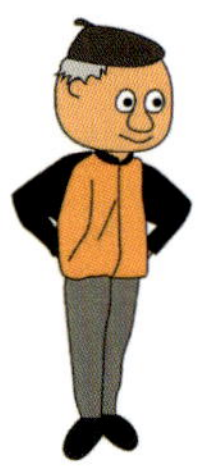

Umbauzeiten innerhalb des Trainings geben den Kindern die Möglichkeit, sich mit Nebenschauplätzen zu beschäftigen. Optimalerweise findet das Training daher in einem Aufbau statt, sodass nur minimale Veränderungen am Aufbau durch den Trainer vorgenommen werden müssen. Der Trainer sorgt so dafür, dass das Training im Fluss bleibt und die Kinder durchgängig mit den Trainingsinhalten beschäftigt sind.

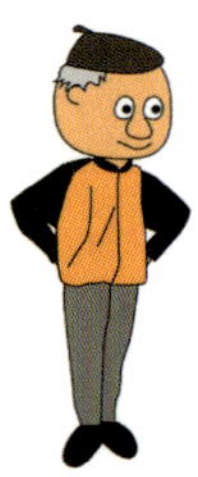

Der Spielfluss innerhalb des freien Spiels, aber auch während der einzelnen Übungen, ist wichtig, um optimale Bewegungs- und Spielzeiten für die Kinder zu generieren. Der Trainer kann einen durchgängigen Spielfluss herstellen, indem er über ein Balldepot in der Lage ist, einen aus dem Feld beförderten Ball durch einen neuen zu ersetzen. Auch die Kinder können sich eigenständig über das Balldepot mit neuen Bällen versorgen.

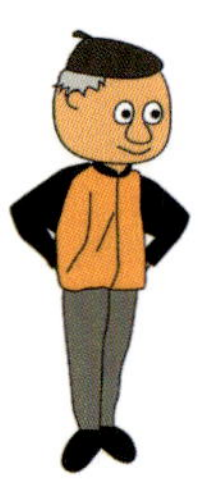

Rituale vor und nach dem Training setzen für die Kinder einen Rahmen, der für Sicherheit und Verlässlichkeit sorgt. Ein gemeinsamer Anfang, bei dem die Kinder begrüßt werden und ein gemeinsames Ende, für das sich ein Schlachtruf anbietet, sind wertvolle Begleiter für ein gutes Kindertraining. Die Kinder haben über das Zusammentreffen zudem die Möglichkeit, aktuelle Themen oder Probleme anzusprechen.

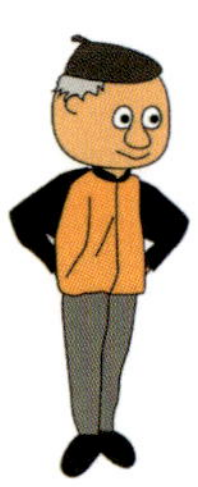

Die Spielpausen bei Turnieren können recht lange andauern. Die Spieler verbringen die Zeit dann oftmals bei ihren Eltern oder probieren sich durch das Kuchenbuffet. Alternativ dazu können in den Spielpausen kleinere Gesellschaftsspiele mit allen Kindern der Mannschaft und den Trainern umgesetzt werden. Dazu bieten sich einfache Kartenspiele an, die den meisten Kindern bekannt sind und Spaß machen.

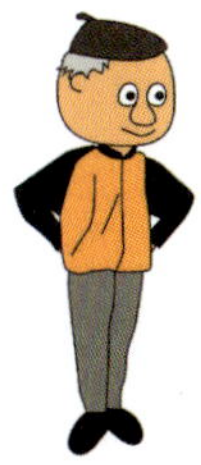

Im Optimalfall ist der Platzaufbau bereits vor dem Eintreffen der ersten Kinder vollständig umgesetzt worden. In diesem Fall kann der Trainer mit den ankommenden Kindern kleinere Begrüßungsgespräche führen. Fragen nach der Schule oder der Familie bieten sich zu Beginn an. Nach einiger Zeit ergeben sich auch andere Gesprächsthemen. Die Kinder fühlen sich durch ein nettes oder lustiges Einstiegsgespräch beachtet, wertgeschätzt und sozial eingebunden.

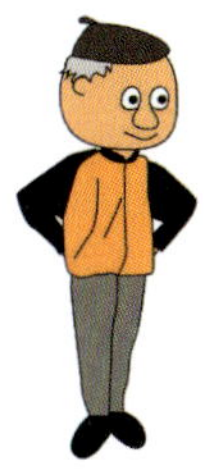

Bei Aufgaben aller Art kann der Trainer mit den Kindern im Feld agieren. Anders als bei einer trainerseitigen Standposition außerhalb des Felds zeigen die Kinder ein deutlich erhöhtes Engagement. Dies gilt besonders für technische oder koordinative Aufgaben. Der Trainer kann die Kinder aus einer aktiven Positionierung innerhalb des Felds heraus besser ansprechen, sie durchs eigene Mitmachen motivieren sowie lobend oder korrigierend in Aktion treten.

7.1 LESEHILFE

Der Praxisteil umfasst insgesamt 20 komplette Spielstunden. Jede Spielstunde findet im Rahmen eines kindgerechten Themenbereichs statt, sodass im Sinne einer altersspezifischen Vermittlung jederzeit Verknüpfungen der Aufgaben zum Themenbereich genutzt werden können. Für jede Spielstunde gibt es fünf Bausteine, die unabhängig voneinander und auch in abgeänderter Reihenfolge durchgeführt werden können.

Am Anfang jeder Spielstunde ist der Trainingsaufbau skizziert. Alle Bausteine der jeweiligen Spielstunde werden in einem Aufbau durchgeführt, sodass der Trainer keine Umbaumaßnahmen treffen muss. Viele Bausteine fragen dabei die unterschiedlichsten technischen und koordinativen Fähigkeiten in einer Aufgabenstellung ab. Aus diesem Grund sind den einzelnen Bausteinen keine Themenüberschriften zugeordnet.

Um einen schnellen Überblick über den Inhalt des einzelnen Bausteins zu erhalten, ist über jedem Baustein ein Balkendiagramm platziert. Über die Anzahl der Sterne hinter dem jeweiligen Themenschwerpunkt ist ersichtlich, welche Fähigkeiten im Einzelnen abgefragt und trainiert werden.

Im beschreibenden Text unterhalb der grafischen Darstellung ist zu jedem Baustein zunächst ein Vorschlag zur Vermittlungs- und Aufgabenstruktur angeführt. So erhält der Trainer eine Idee davon, wie die gezeigten Aufgaben im Kontext des kindgerechten Themenbereichs gestellt werden können. Anschließend wird der grundsätzliche Ablauf der Trainingsform erklärt. Abschließend werden im Text häufig Vorschläge für etwaige Erweiterungen und Variationen gemacht.

Zu jeder Spielstunde und zu jedem Baustein sind Variationen und Erweiterungen möglich. Jede Trainingsstunde sollte demnach an die Altersstruktur und das Leistungsniveau der durchführenden Gruppe angepasst werden.

7.2 LEGENDE

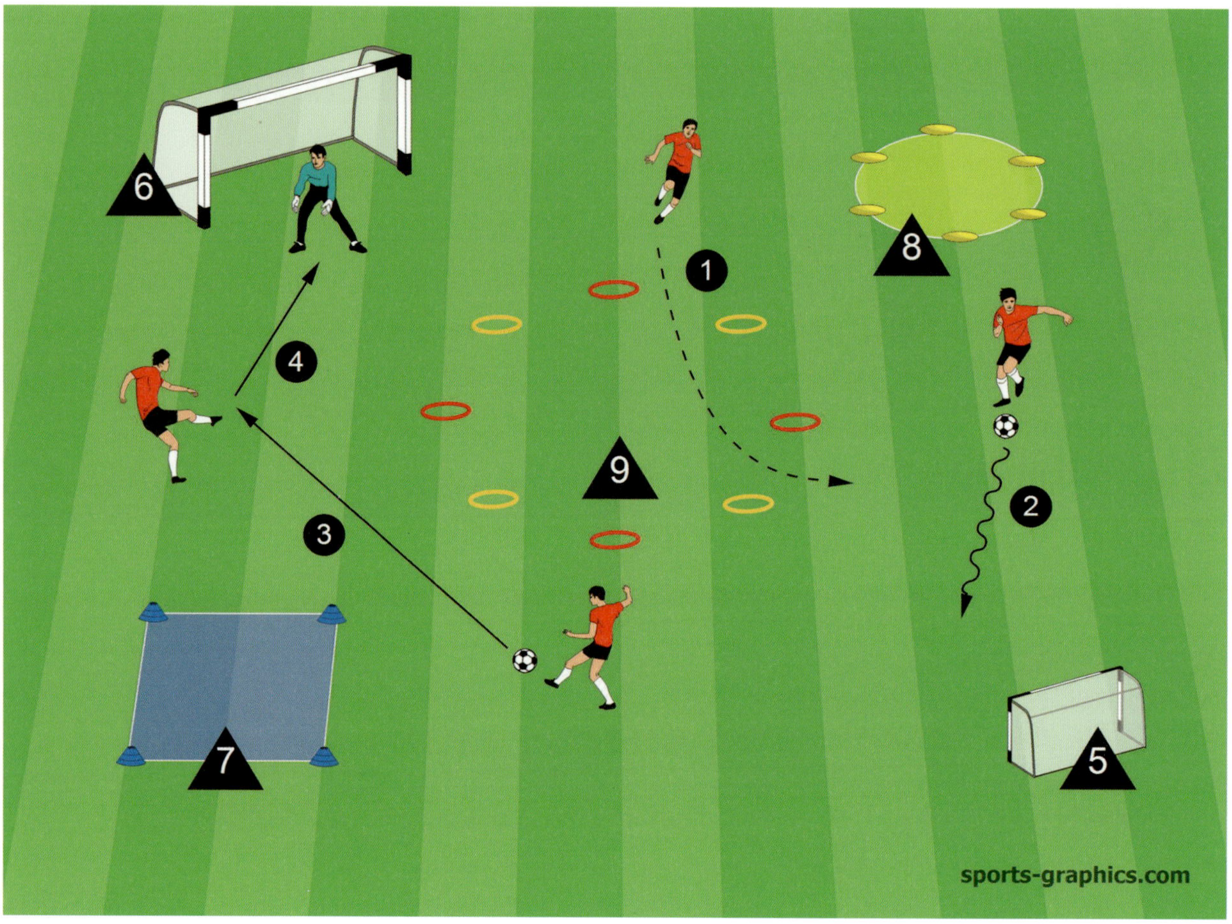

1 – Laufweg	4 – Schuss	7 – Feld als Quadrat
2 – Dribbling	5 – Minitor	8 – Feld als Kreis
3 – Passweg	6 – Großtor	9 – Feld mit Reifen

8 PIRATENSCHIFFE

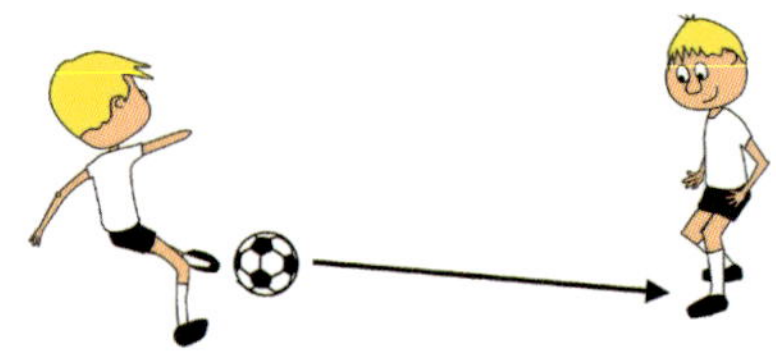

Der Feldaufbau umfasst vier Dreiecke, die einander zugewandt sind. In der Spielfeldgrafik sind insgesamt 12 Minitore zu sehen. Diese Anzahl kann je nach vereinsinterner Infrastruktur auch reduziert werden. Alternativ können die Minitore durch Stangen oder Markierungshütchen ersetzt werden.

Die Welt der Piraten im Übertrag auf das Fußballtraining eröffnet vielschichtige Möglichkeiten. Im thematischen Kontext geht es darum, eigene Spielräume zu verteidigen und gegnerische Spielräume anzugreifen. Bei den Kindern entsteht so ein Gefühl dafür, wie risikobereit der eigene Spielraum verlassen werden kann und wie schnell eine etwaige Verteidigungshandlung realisiert werden kann.

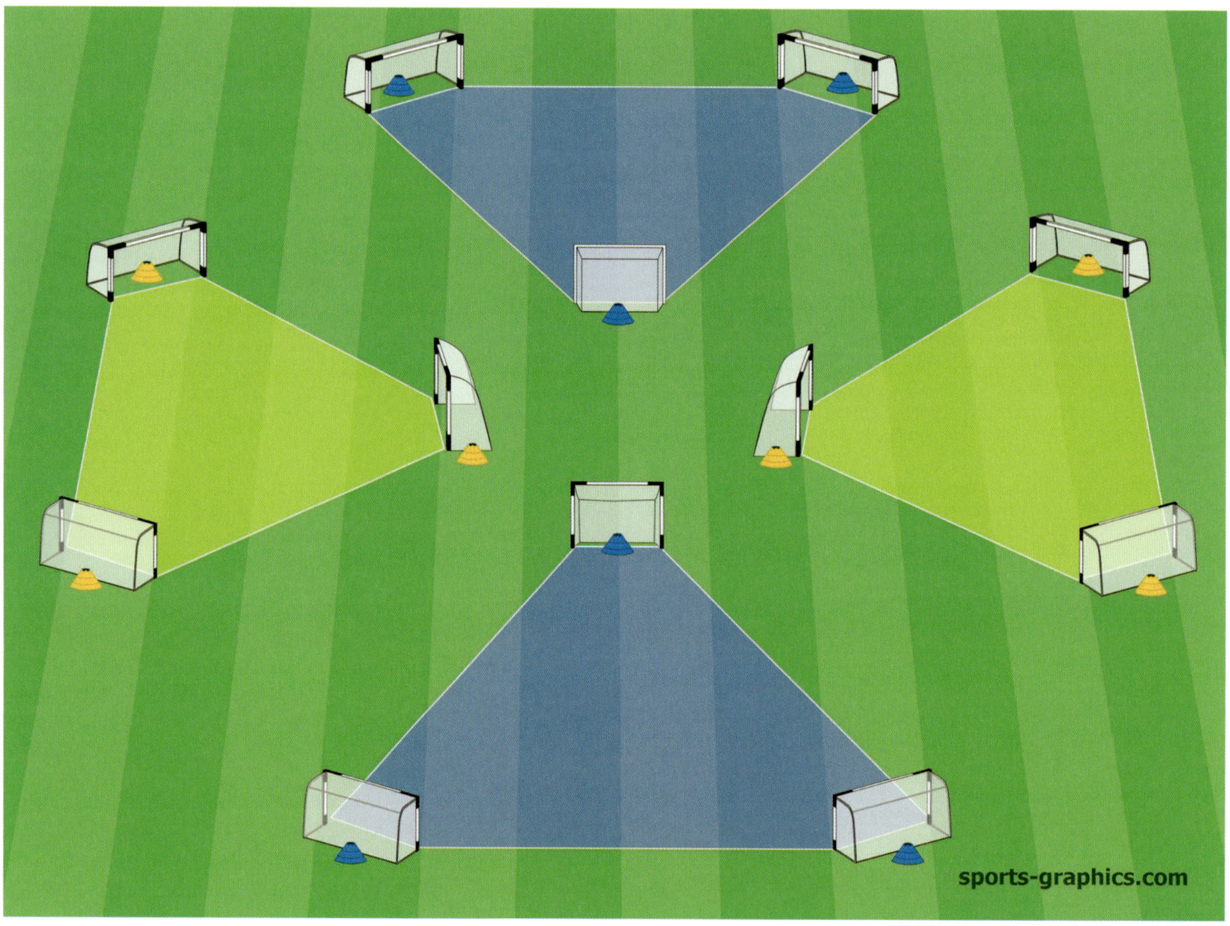

8.1 PIRATENSCHIFFE BAUSTEIN #1

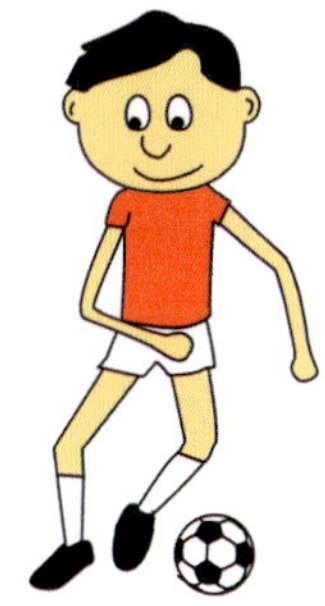

KOORDINATION	★★★
DRIBBLING	★★★★
PASSSPIEL	★★★★
TORSCHUSS	★★★★
FREIES SPIEL	★

MATERIAL:

12 Minitore

12 Markierungshütchen

Bälle & Leibchen

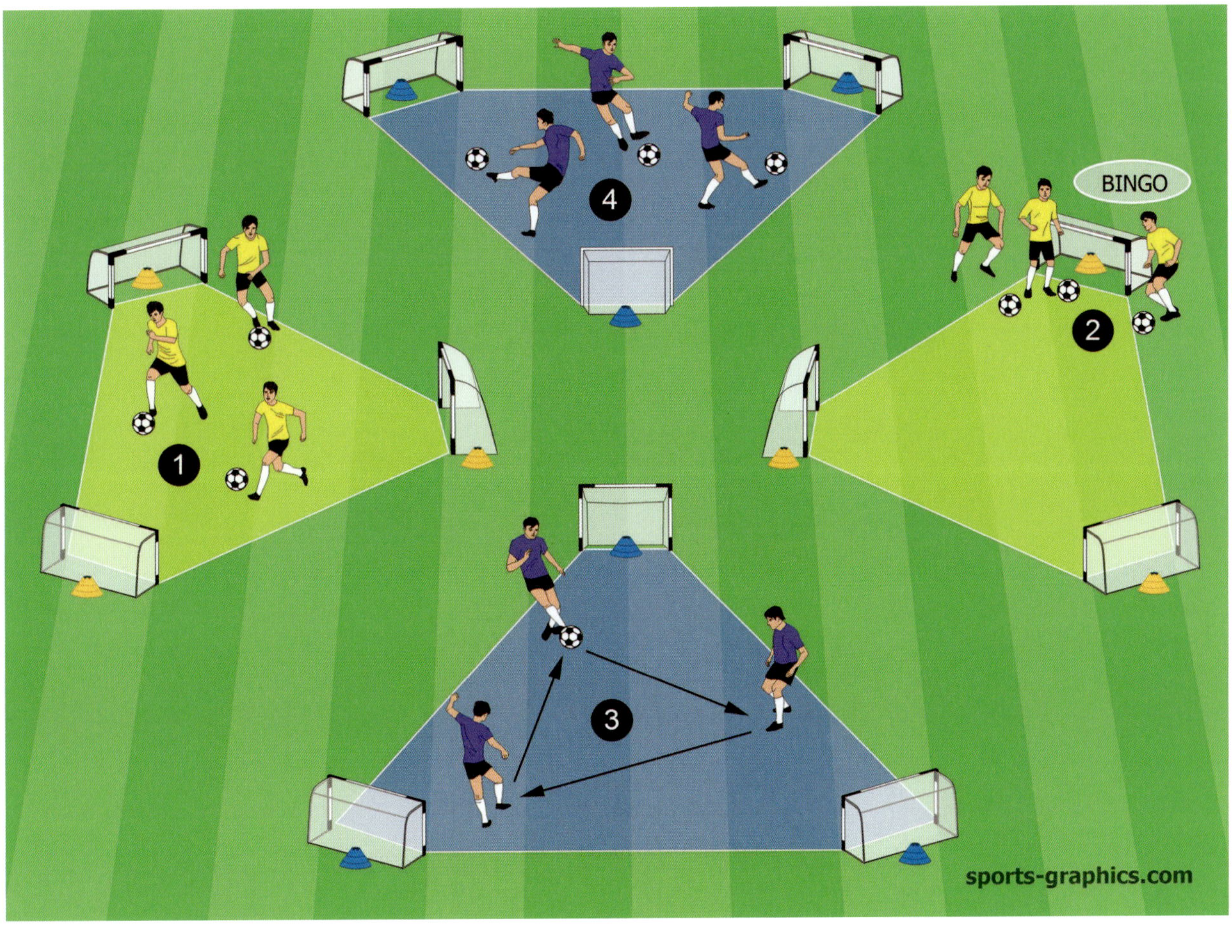

Die Piratenschiffe begegnen sich auf dem Meer und wetteifern darum, welches das furchteinflößendste Schiff ist.

Die Kinder werden in zwei Teams eingeteilt. Je drei Kinder jedes Teams positionieren sich in einem Feld gemäß ihrer Teamfarbe. Die Kinder führen in ihrem Feld bestimmte Aufgaben in einem Wettkampf gegen die Kinder der übrigen Felder durch. Die Kinder führen eine vom Trainer vorgegebene Anzahl an Dribblingaufgaben/Finten aus (vgl. 1). Hat jedes Kind die entsprechende Aufgabenanzahl umgesetzt, treffen sich alle Kinder eines Felds an einem Minitor ihres Felds und rufen einen vorher festgelegten Schlachtruf (vgl. 2). Das schnellste Team gewinnt. Weiterführend sind Passaufgaben (vgl. 3) und Torschussaufgaben auf die Minitore (vgl. 4) möglich.

8.2 PIRATENSCHIFFE BAUSTEIN #2

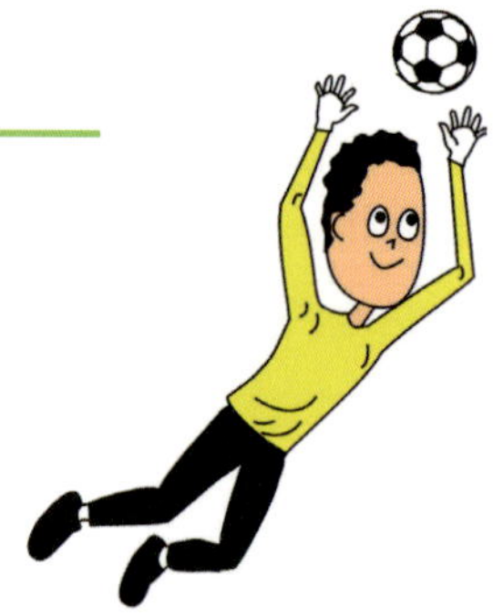

KOORDINATION ★★★★
DRIBBLING ★★★★
PASSSPIEL ★
TORSCHUSS
FREIES SPIEL ★

MATERIAL:
12 Markierungshütchen
Bälle & Leibchen

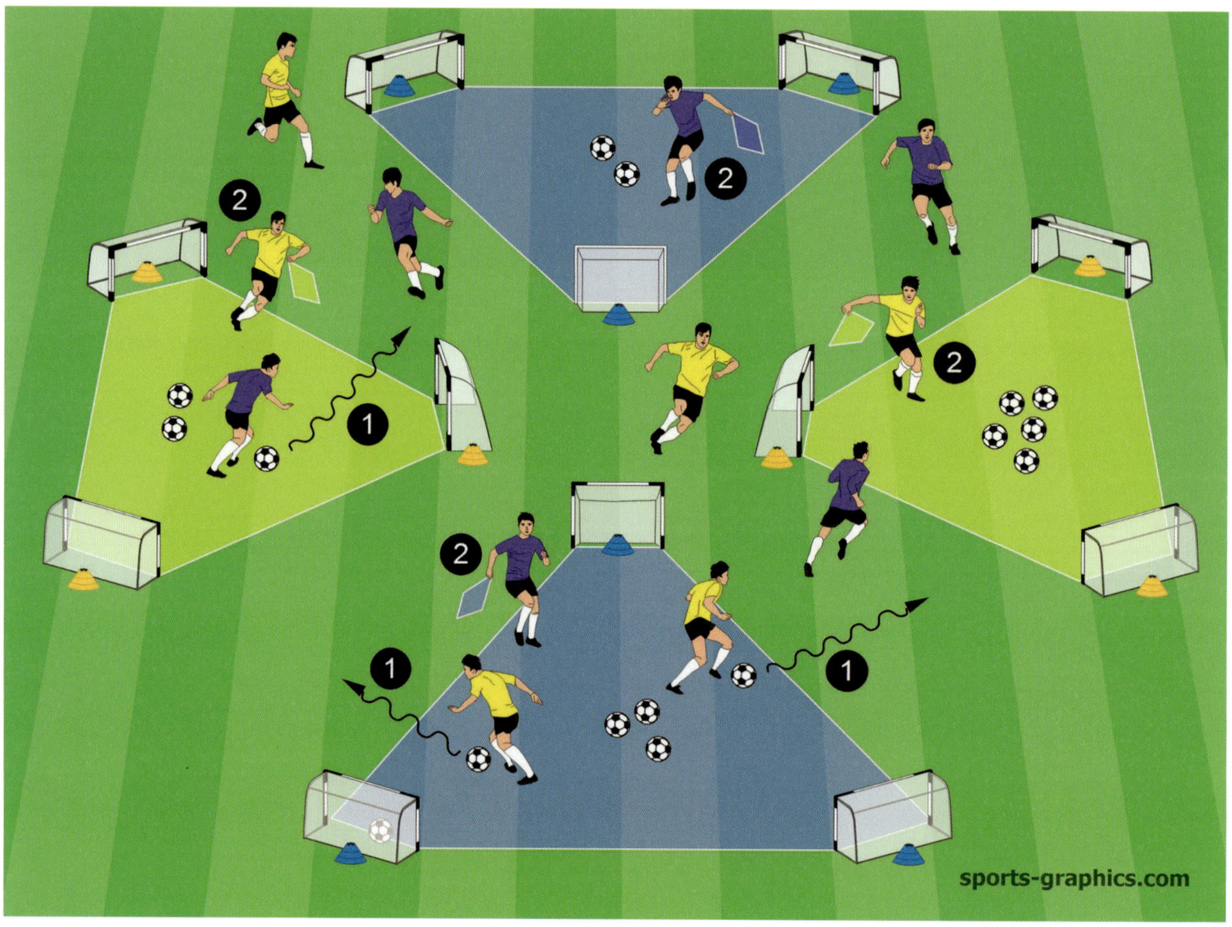

Die Piraten stehlen die Goldschätze der feindlichen Piratenschiffe.

Die Kinder werden in zwei Teams eingeteilt. Je drei Kinder jedes Teams agieren in einem Feld gemeinsam. In jedem Feld wird die gleiche Anzahl Bälle platziert. Die Kinder haben nun die Aufgabe, die Bälle aus den übrigen Feldern in ihr eigenes Feld zu dribbeln (vgl. 1). Ein Kind pro Team darf als Verteidiger im eigenen Feld verbleiben und die gegnerischen Kinder daran hindern, mit dem Ball aus dem Feld zu dribbeln. Diese Verteidiger sind mit in der Hand gehaltenen Leibchen gekennzeichnet (vgl. 2). Die Leibchen können jederzeit im Spielverlauf innerhalb des Teams getauscht werden. Es gewinnt das Team, welches nach Ablauf einer vorher festgelegten Zeit die meisten Bälle im eigenen Feld besitzt. Zusätzlich ist eine Durchführung als Teamwettkampf möglich. Die Teams aus dem blauen Feld spielen dann gegen die Teams aus dem gelben Feld.

8.3 PIRATENSCHIFFE BAUSTEIN #3

KOORDINATION ★★★
DRIBBLING ★★
PASSSPIEL ★★★★★
TORSCHUSS ★★
FREIES SPIEL ★

MATERIAL:
12 Markierungshütchen
Bälle & Leibchen

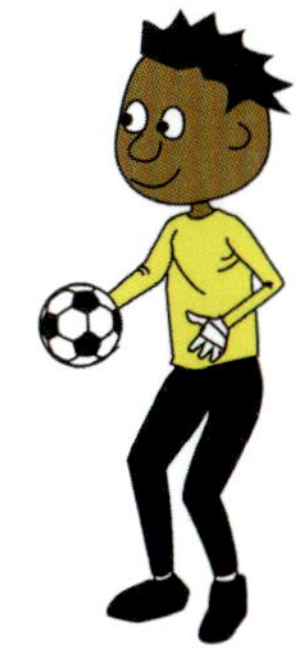

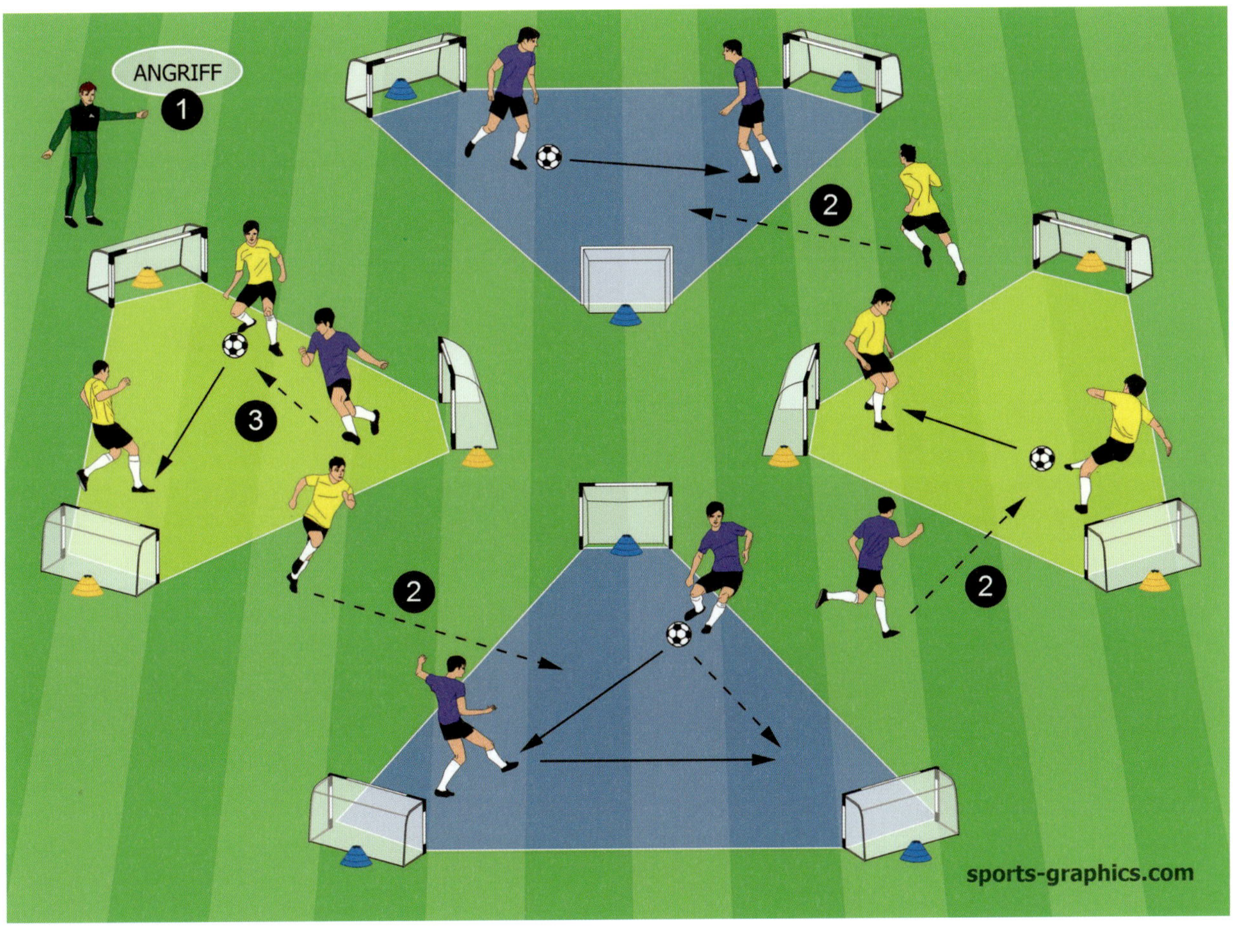

Die Piraten entern die feindlichen Schiffe und schicken einen Piraten, um Angst und Schrecken zu verbreiten.

Die Kinder werden in zwei Teams eingeteilt. Je drei Kinder jedes Teams positionieren sich in einem Feld gemäß ihrer Teamfarbe. Die Kinder passen sich den Ball innerhalb ihres Felds und ihrer Gruppe aus der Bewegung heraus zu. Auf ein Trainersignal hin (vgl. 1) verlässt pro Team ein Kind ohne Ball das eigene Feld und läuft in das angrenzende Feld (vgl. 2). Dort versucht es, gegen die dort verbleibenden Kinder den Ball zu gewinnen (vgl. 3). Das Kind, welches zuerst einen Ballgewinn erzielt, ist der Gewinner. Weiterführend kann der Trainer einzelne Kinder explizit benennen, die als Jäger in ein angrenzendes Feld laufen sollen oder die Felder benennen, in denen gejagt werden soll.

8.4 PIRATENSCHIFFE BAUSTEIN #4

KOORDINATION	★★★
DRIBBLING	★★
PASSSPIEL	★★★★★
TORSCHUSS	★★★
FREIES SPIEL	★

MATERIAL:

12 Minitore

12 Markierungshütchen

Bälle & Leibchen

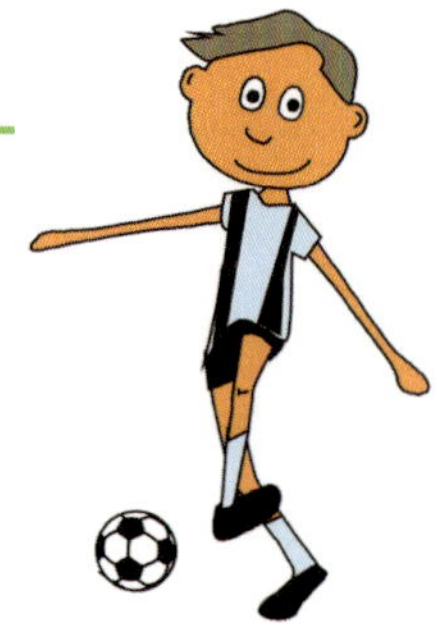

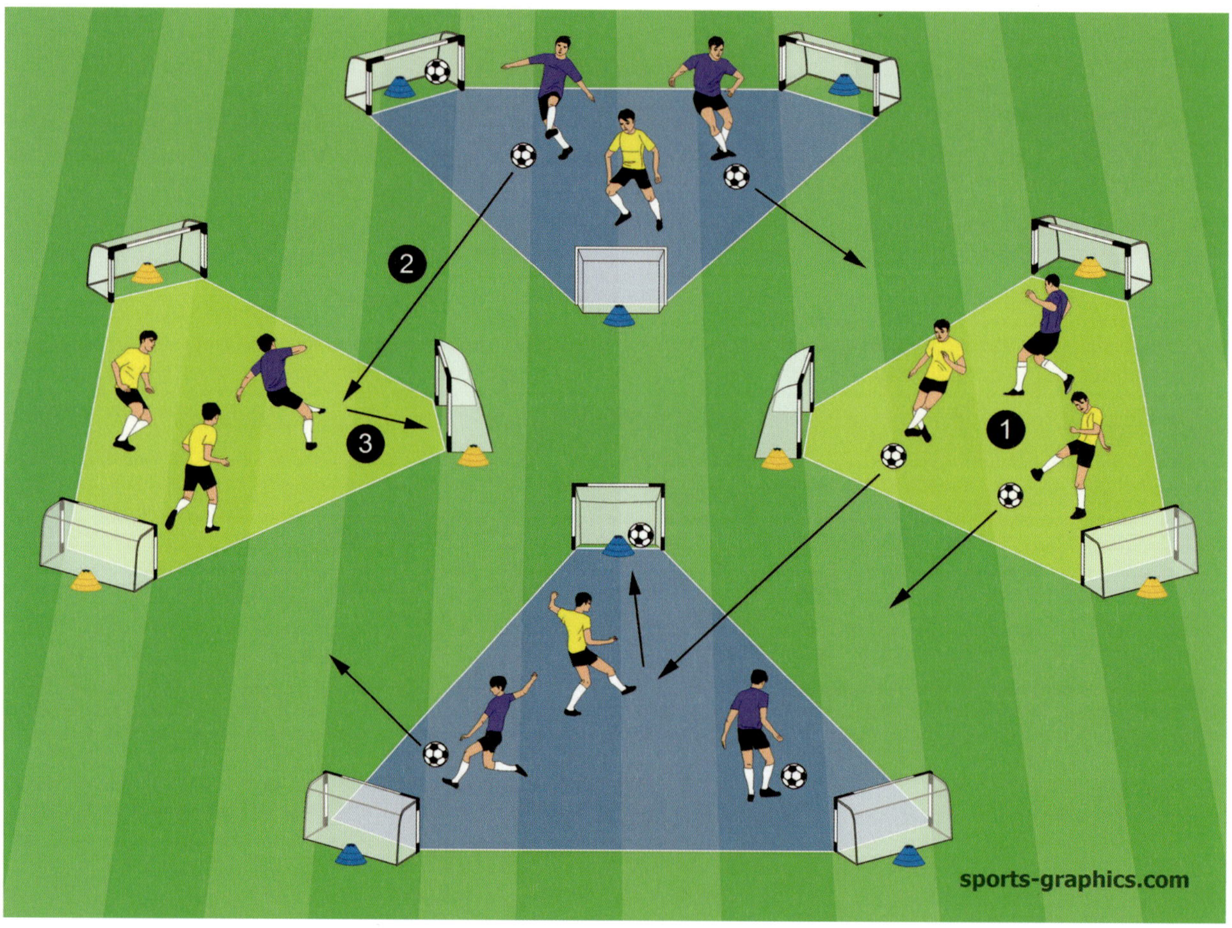

Die Schiffe versuchen, sich gegenseitig im Kanonenschießen zu versenken.

Die Kinder werden in zwei Teams eingeteilt. Je zwei Kinder pro Team positionieren sich in einem Feld gemäß ihrer Teamfarbe. Ein weiteres Kind pro Team positioniert sich in einem Feld der jeweils anderen Teamfarbe (vgl. 1). Die Kinder haben die Aufgabe, die Bälle aus dem eigenen Feld zu den im gegnerischen Feld positionierten Mitspielern zu passen (vgl. 2). Diese haben die Aufgabe, den Ball zu verarbeiten und anschließend auf eines der Minitore im Feld abzuschließen (vgl. 3). Es gewinnt das Team, welches nach Ablauf einer vorher festgelegten Zeit die meisten Treffer auf die Minitore erzielt hat. Dabei versorgt der Trainer die Kinder mit ausreichend Ersatzbällen.

8.5 PIRATENSCHIFFE BAUSTEIN #5

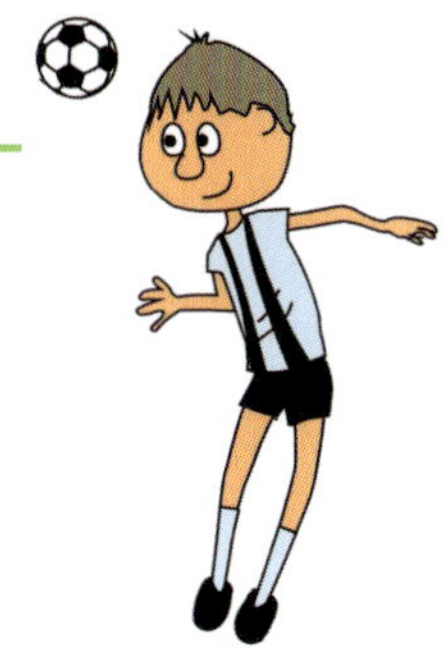

KOORDINATION	★★
DRIBBLING	★★★★
PASSSPIEL	★★★★
TORSCHUSS	★★
FREIES SPIEL	★★★★★

MATERIAL:

12 Minitore

12 Markierungshütchen

Bälle & Leibchen

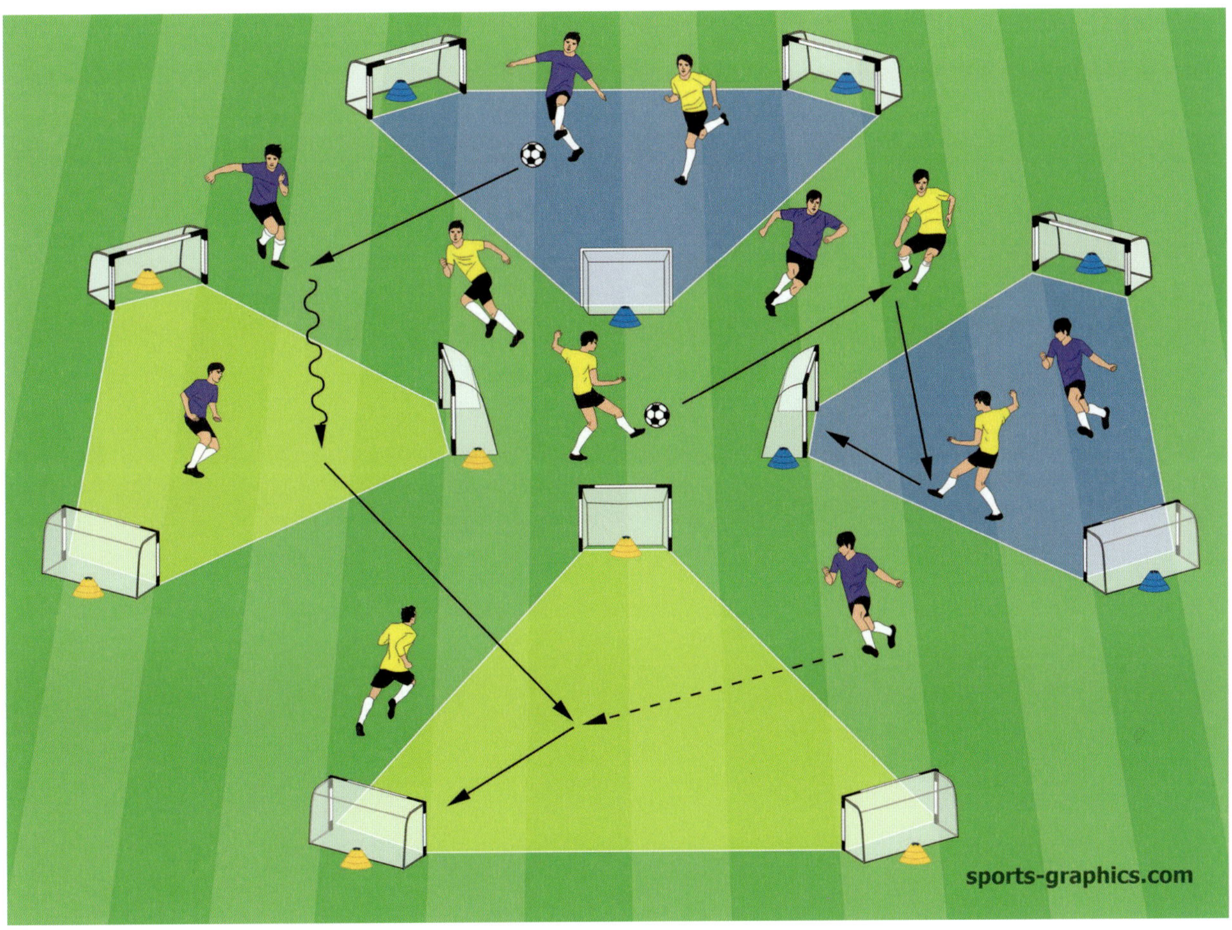

Die Piratenschiffe duellieren sich und versuchen, bei den feindlichen Schiffen Kanonentreffer zu landen.

Die Kinder werden in zwei Teams eingeteilt und ordnen sich den vier Feldern in gleichen Zahlenverhältnissen zu. Die in den jeweils gegenüberliegenden Feldern positionierten Kinder setzen ein Spiel gegeneinander um. Jedes Team verteidigt dabei die in ihrem Feld befindlichen Minitore. Jedes Team verteidigt insgesamt also drei Tore und greift auf weitere drei an. Zusätzlich ist ein Teamwettkampf denkbar, sodass alle Kinder des gelben Teams die Tore in den gelben Feldern verteidigen und auf die Tore in den blauen Feldern angreifen. Alle Kinder des blauen Teams verteidigen entsprechend die Tore in den blauen Feldern und greifen auf die Tore in den gelben Feldern an.

9 INSELBEWOHNER

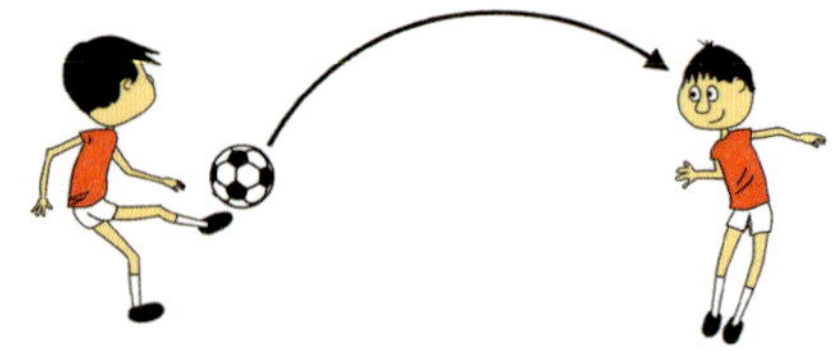

Der Feldaufbau sieht zwei Quadrate mit jeweils vier Minitoren vor. Zusätzlich werden zwei Jugendtore verwendet. In Ermangelung von ausreichend Minitoren können auch Stangen oder Markierungshütchen verwendet werden.

Spielräume als Inseln für das Fußballtraining zu visualisieren, erweist sich insofern als sinnvoll, als dass die Kinder eine klare Akzentuierung der Spielräume erfahren. Das Wasser als Raum zwischen den Inseln und die Inseln als sichere Aktionsräume schaffen eine Orientierung bei den Kindern, die langfristig auch im Übertrag auf den Wettkampf hilft, Spielräume zu definieren und zu nutzen.

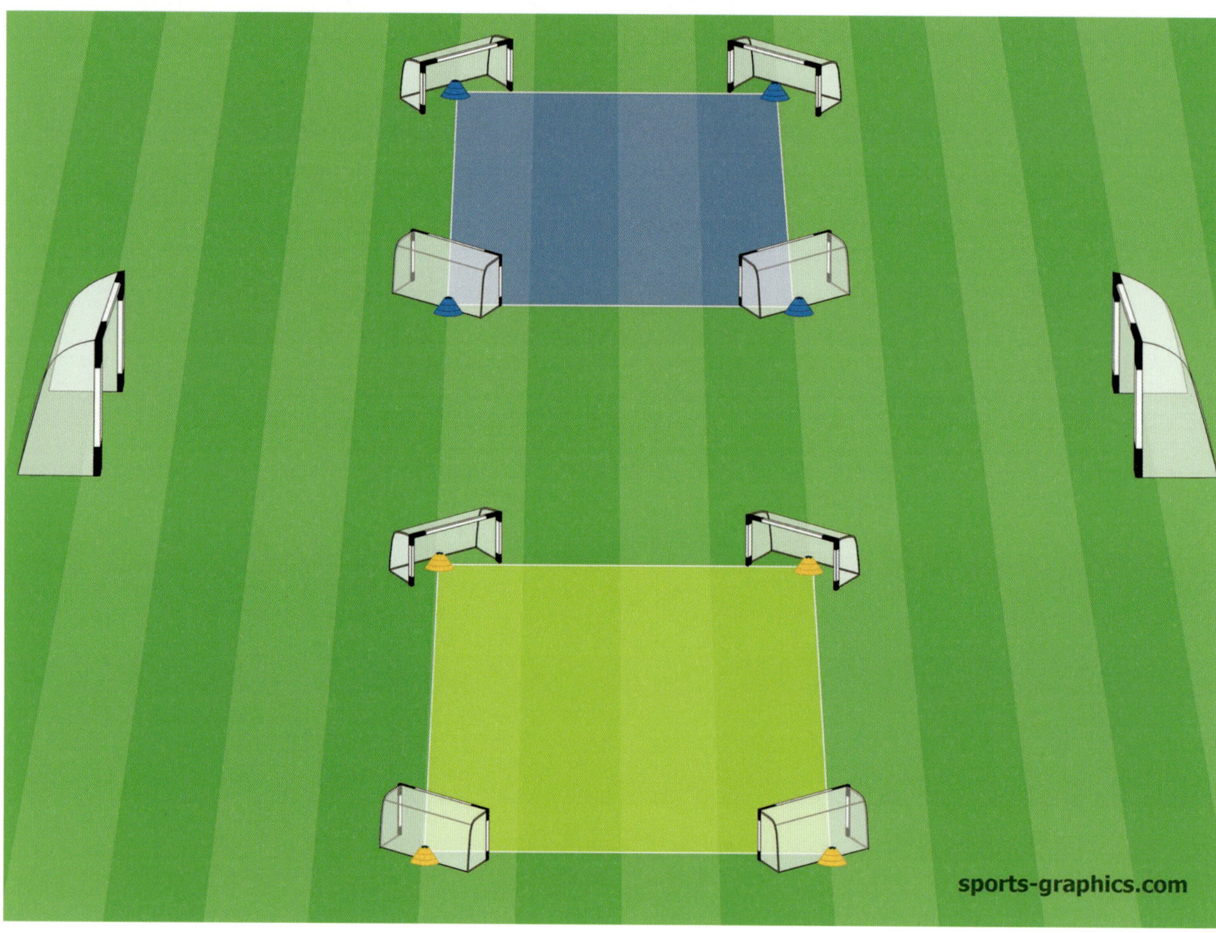

9.1 INSELBEWOHNER BAUSTEIN #1

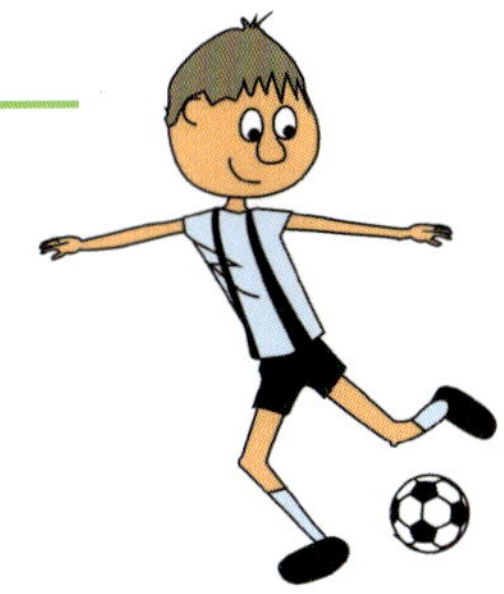

KOORDINATION ★★★★★
DRIBBLING ★★★★
PASSSPIEL ★
TORSCHUSS
FREIES SPIEL ★

MATERIAL:
8 Markierungshütchen
Bälle & Leibchen

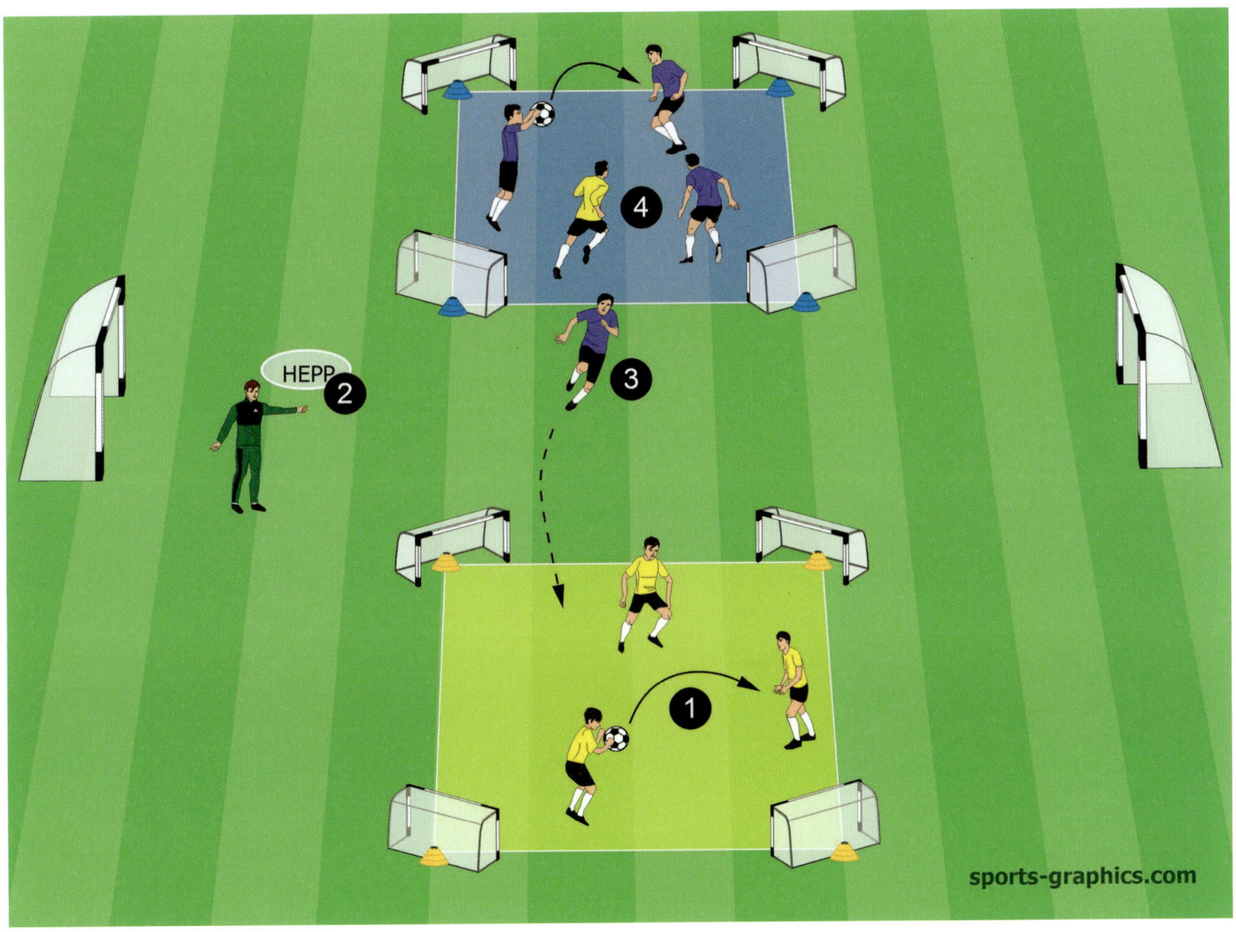

Die Vorräte auf der Insel werden knapp, sodass die Inselbewohner Nahrung von anderen Inseln stehlen.

Die Kinder werden in zwei Teams eingeteilt und positionieren sich gemäß ihrer Teamfarbe in dem entsprechenden Feld. Die Kinder werfen sich in ihrem Feld einen Ball zu (vgl. 1). Dabei sind verschiedene Wurfvariationen denkbar. So können die Kinder mit der starken Hand oder der schwachen Hand werfen, den Ball hinter dem Rücken werfen oder beidhändig pritschen. Auf ein Trainersignal hin (vgl. 2) läuft ein Kind aus jedem Feld heraus (vgl. 3) und jagt den Ball im gegnerischen Feld (vgl. 4). Die Mannschaft, die den Ball länger hält, hat gewonnen. Weiterführend kann der gewonnene Ball ins eigene Feld geprellt oder gedribbelt werden oder der Weg zwischen den beiden Feldern mit verschiedenen Bewegungsaufgaben versehen werden.

9.2 INSELBEWOHNER BAUSTEIN #2

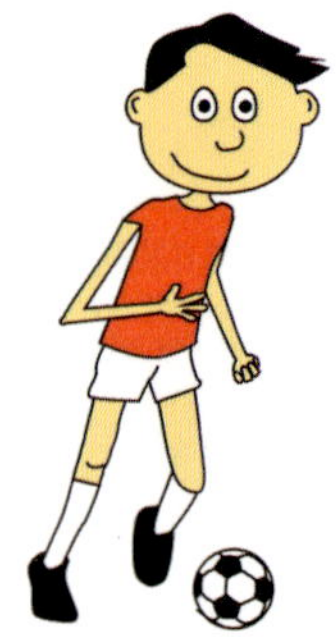

KOORDINATION	★★★★
DRIBBLING	★★★★★
PASSSPIEL	★
TORSCHUSS	★★★
FREIES SPIEL	★

MATERIAL:

12 Minitore

12 Markierungshütchen

Bälle & Leibchen

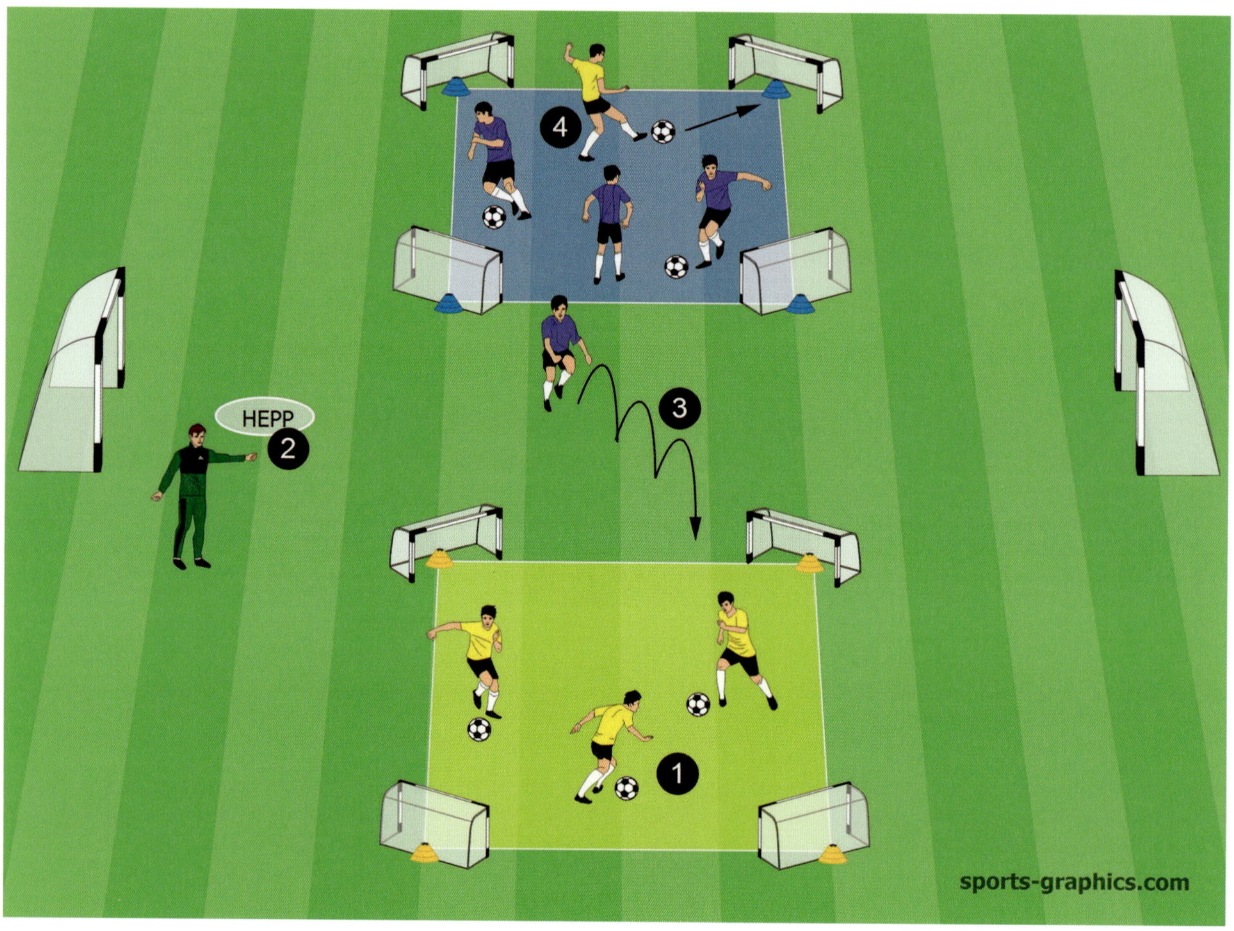

Die Inselbewohner schwimmen zur Nachbarinsel und stehlen Kokosnüsse.

Die Kinder werden in zwei Teams eingeteilt. Die Kinder positionieren sich gemäß ihrer Teamfarbe in den Feldern. Die Kinder dribbeln variantenreich im Feld (vgl. 1). Auf ein akustisches oder visuelles Trainersignal hin läuft ein Kind pro Team mit einer vom Trainer vorgegebenen Laufaufgabe (vgl. 3) in das gegnerische Feld. Dabei können die Kinder einbeinige Sprünge, einen Rückwärtslauf, den Vierfüßlergang, einen Beidbeinsprung oder Vorwärtsrollen umsetzen. Dort versucht das Kind, einen Ball zu gewinnen und mit diesem einen Treffer auf eines der Minitore zu erzielen. Es gewinnt die Mannschaft, dessen Kind zuerst einen Treffer erzielt.

9.3 INSELBEWOHNER BAUSTEIN #3

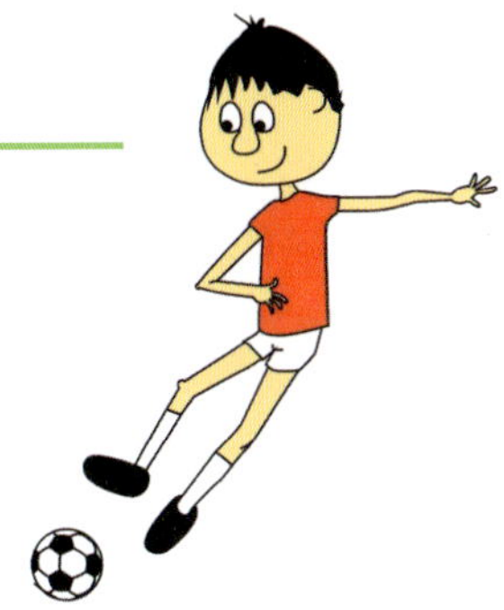

KOORDINATION	★★
DRIBBLING	★★
PASSSPIEL	★★★★★
TORSCHUSS	★★★
FREIES SPIEL	★

MATERIAL:

8 Minitore

8 Markierungshütchen

Bälle & Leibchen

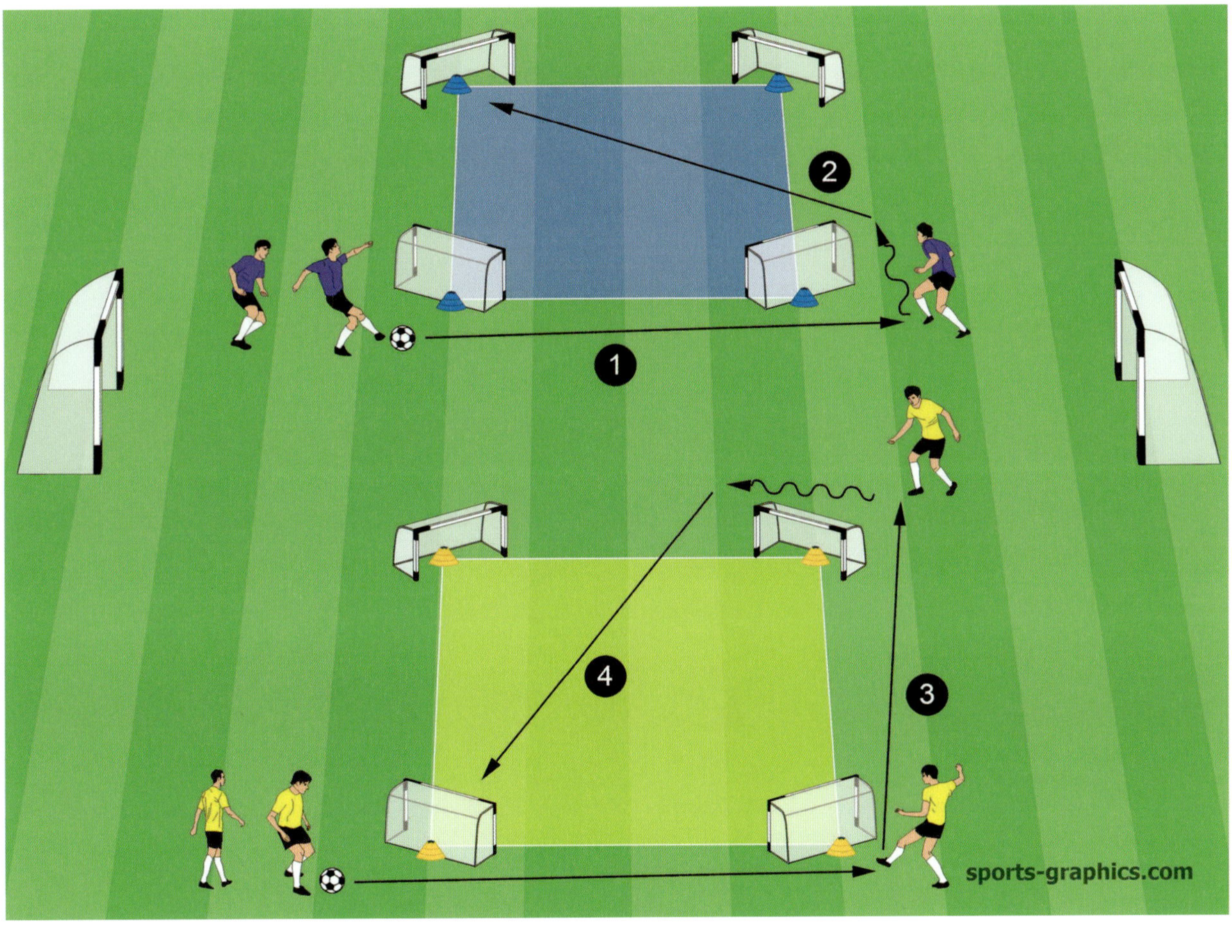

Die Inselbewohner veranstalten ein Wettschwimmen um die Insel.

Die Kinder werden in zwei Teams eingeteilt. Die Kinder setzen Passfolgen in verschiedenen Schwierigkeitsstufen um. In der einfachsten Stufe wird nach einem Pass (vgl. 1) vom Passempfänger aus auf das diagonale Minitor abgeschlossen (vgl. 2). In einer nächsten Stufe werden bereits zwei Pässe gespielt (vgl. 3), bevor der Abschluss auf das Minitor erfolgt (vgl. 4). Nach jedem Durchgang wird die Passrichtung geändert. Weiterführend ist eine Durchführung als Wettkampf möglich. Die Mannschaft, welche mehr Treffer auf das Minitor erzielt, gewinnt.

9.4 INSELBEWOHNER BAUSTEIN #4

KOORDINATION	★★
DRIBBLING	★★★★★
PASSSPIEL	★★★
TORSCHUSS	★★★
FREIES SPIEL	★★★★★

MATERIAL:

8 Minitore

8 Markierungshütchen

2 Großtore

Bälle & Leibchen

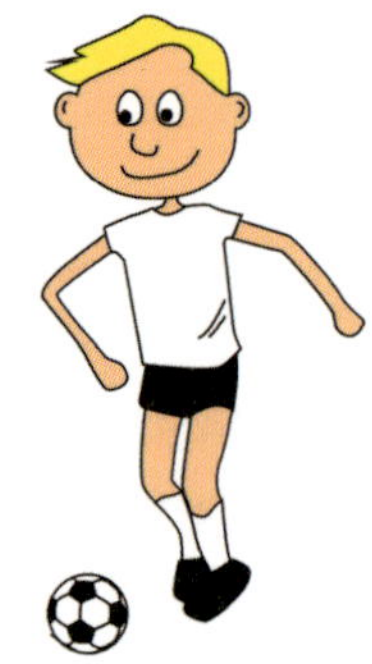

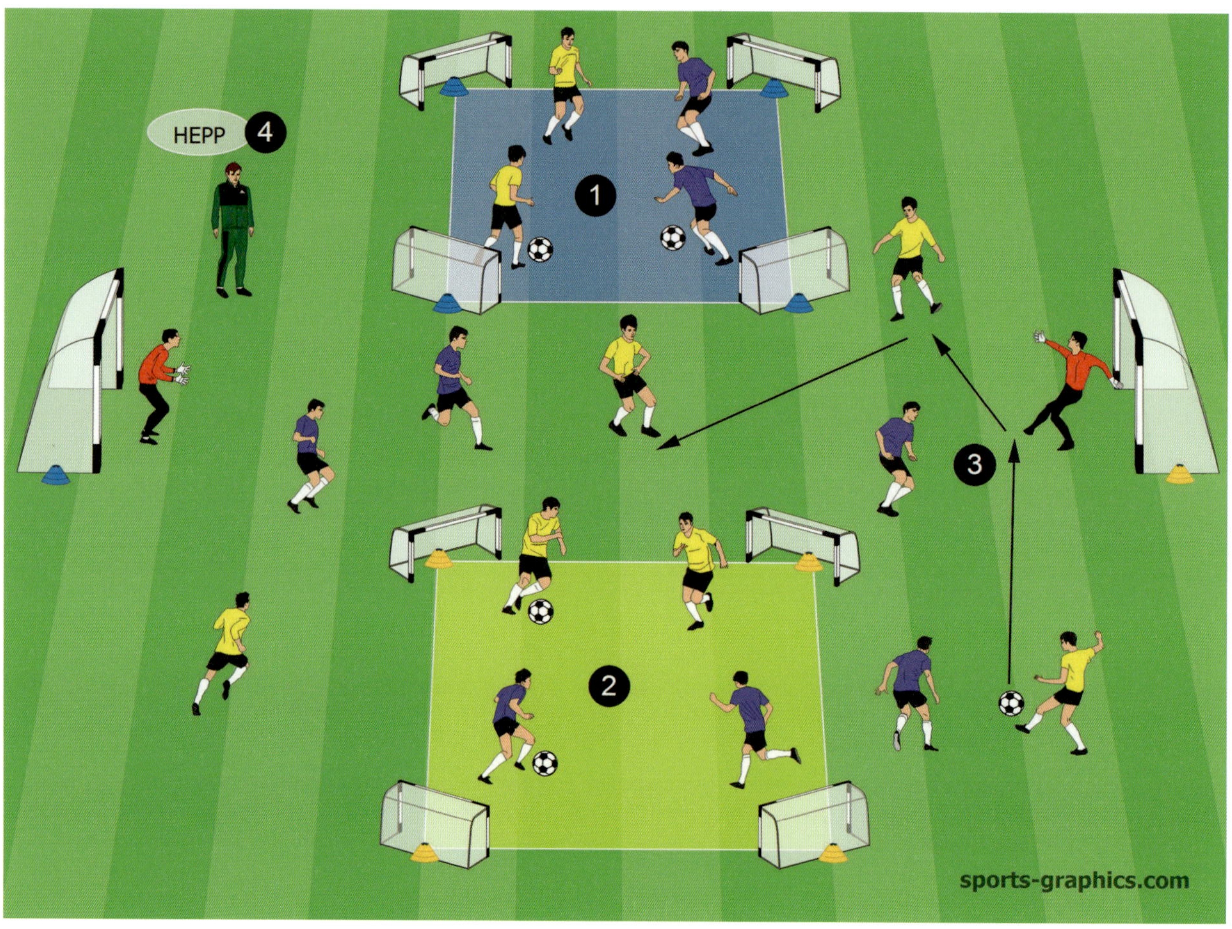

Die Inselbewohner veranstalten eine Teamolympiade auf dem Land und im Wasser.

Die Kinder werden in zwei Teams eingeteilt. Zusätzlich werden zwei Torhüter benannt. In beiden Feldern spielen je vier Kinder im doppelten 1 gegen 1 (vgl. 1 und 2). Zeitgleich wird auf die Großtore im 4 gegen 4 gespielt (vgl. 3). Nach kurzer Spielzeit leitet der Trainer durch ein akustisches oder visuelles Signal (vgl. 4) einen Wechsel ein. Dann spielen alle Kinder, die zuvor in den Feldern im 1 gegen 1 agiert haben, auf dem größeren Feld und alle Großfeldspieler ordnen sich einem Minitor zu, um dort im 1 gegen 1 zu spielen.

9.5 INSELBEWOHNER BAUSTEIN #5

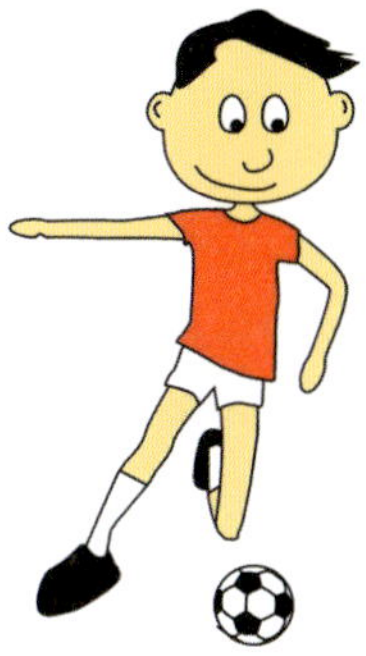

KOORDINATION	★★
DRIBBLING	★★★
PASSSPIEL	★★★
TORSCHUSS	★★★
FREIES SPIEL	★★★★★

MATERIAL:
8 Minitore
8 Markierungshütchen
2 Großtore
Bälle & Leibchen

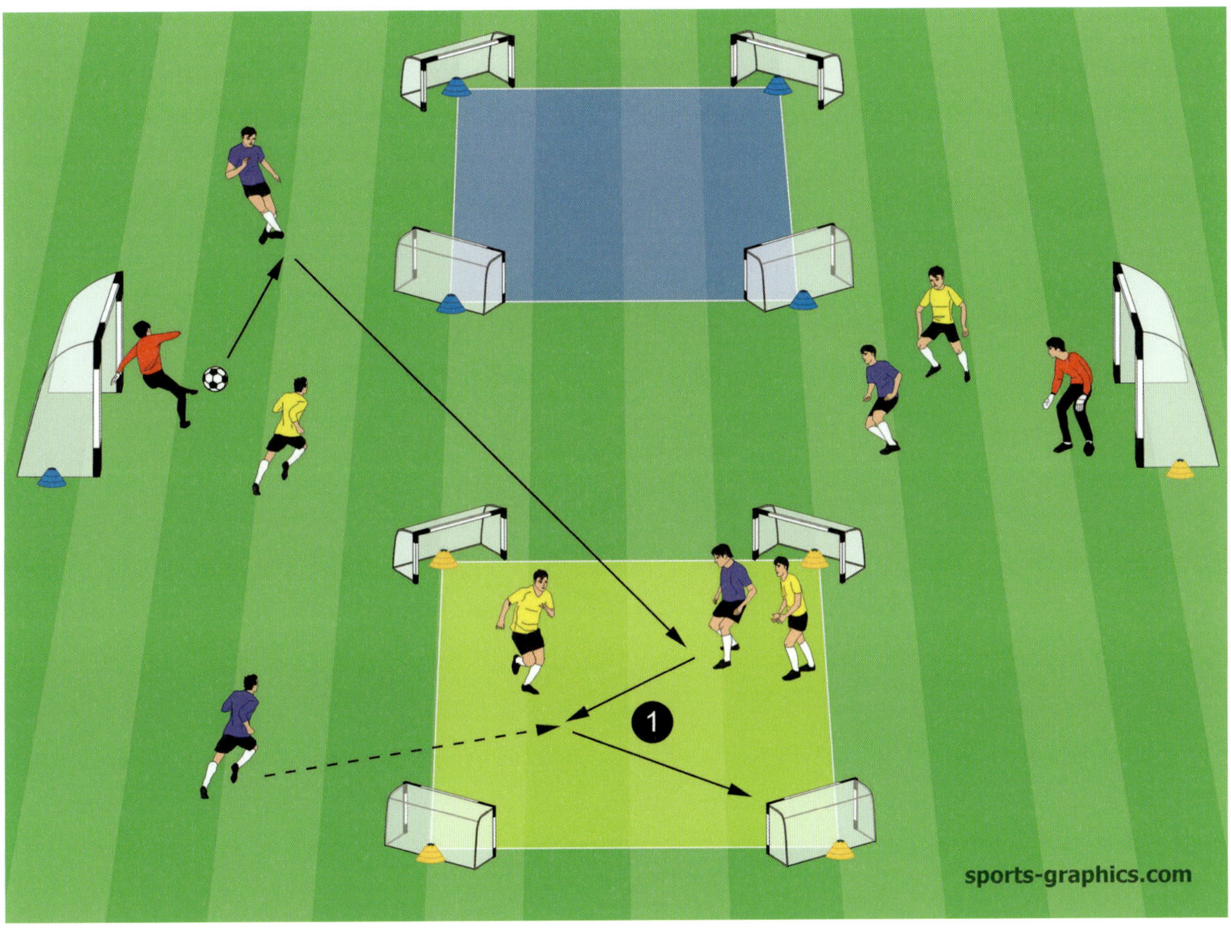

Die Seeleute knüpfen Freundschaften zu den Inselbewohnern.

Die Kinder werden in zwei Teams eingeteilt. Zusätzlich werden zwei Torhüter benannt. Jede Mannschaft verteidigt sowohl ein Großtor als auch das farblich markierte Feld mit seinen vier Minitoren. Die angreifende Mannschaft kann, je nach Spielsituation, auf das Großtor oder die Minitore abschließen (vgl. 1). Zusätzlich ist eine Spielidee möglich, in der die Kinder vor einem Torabschluss auf die Großtore zunächst eine Dribbling- oder Passaktion in einem der Felder umsetzen müssen oder das Tor durch eine derartige Aktion eine zusätzliche Wertung erhält.

10 FEUERWEHR

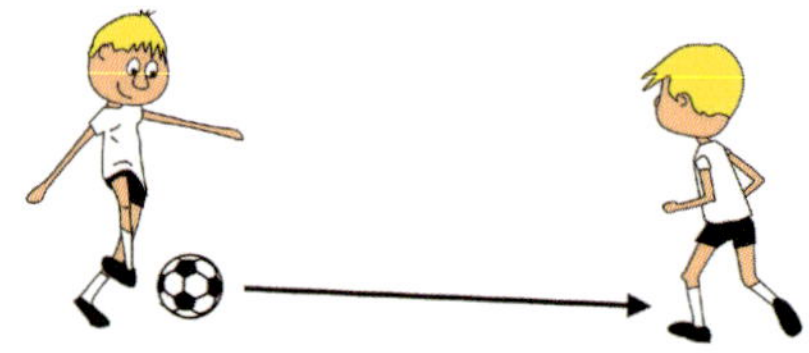

Das dargestellt Feld besteht aus drei zentralen, sechseckigen Feldern, die unmittelbar aneinandergrenzen. Um das Feld herum sind drei Jugendtore platziert. Dieser Spielfeldaufbau bringt die Möglichkeit multidirektionaler Spielrichtungen mit sich. Anders als im klassischen rechteckigen Feldaufbau mit zwei Toren und fester Spielrichtung haben die Spieler hier die Möglichkeit, sich unabhängig von der Spielrichtung zu orientieren und variable Aktionen umzusetzen.

Die Feuerwehr erweist sich als wirksamer Themenbereich für den Kinderfußball. Die Rolle des Feuerwehrmanns als Idol und Held bietet dabei vielschichtige Möglichkeiten für den Übertrag ins Fußballtraining.

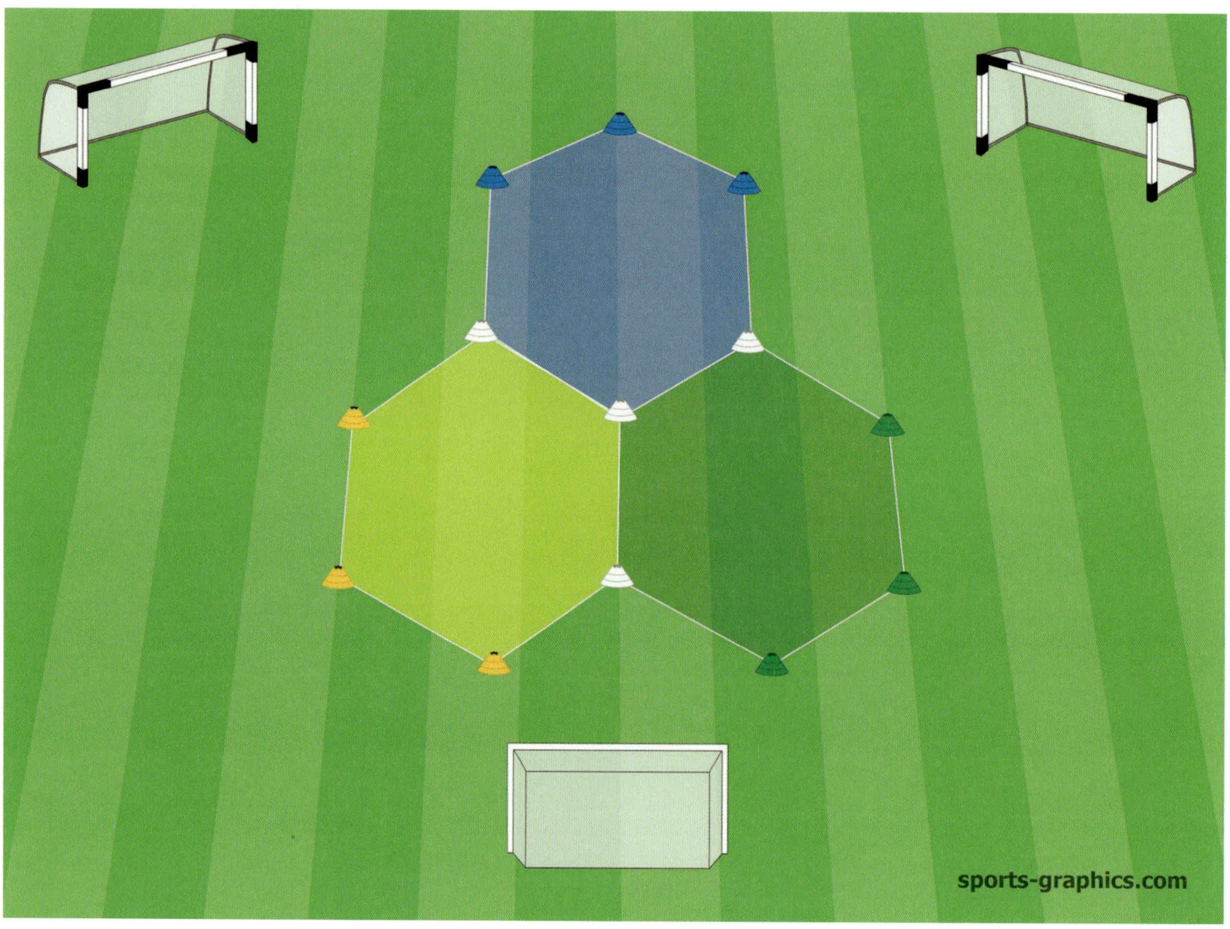

10.1 FEUERWEHR BAUSTEIN #1

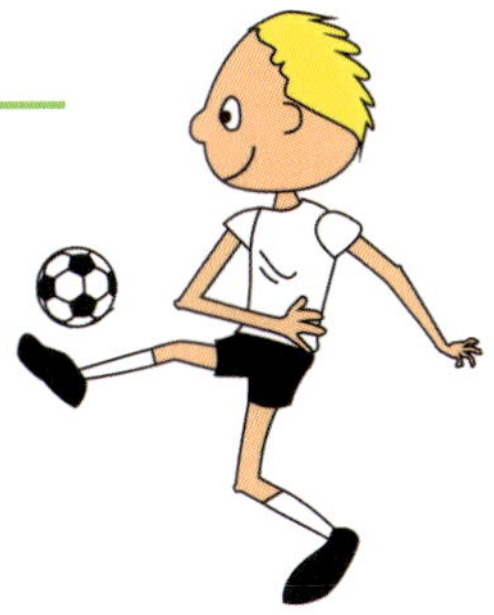

KOORDINATION	★★★
DRIBBLING	★★★★★
PASSSPIEL	
TORSCHUSS	
FREIES SPIEL	★

MATERIAL:

13 Markierungshütchen

Bälle & Leibchen

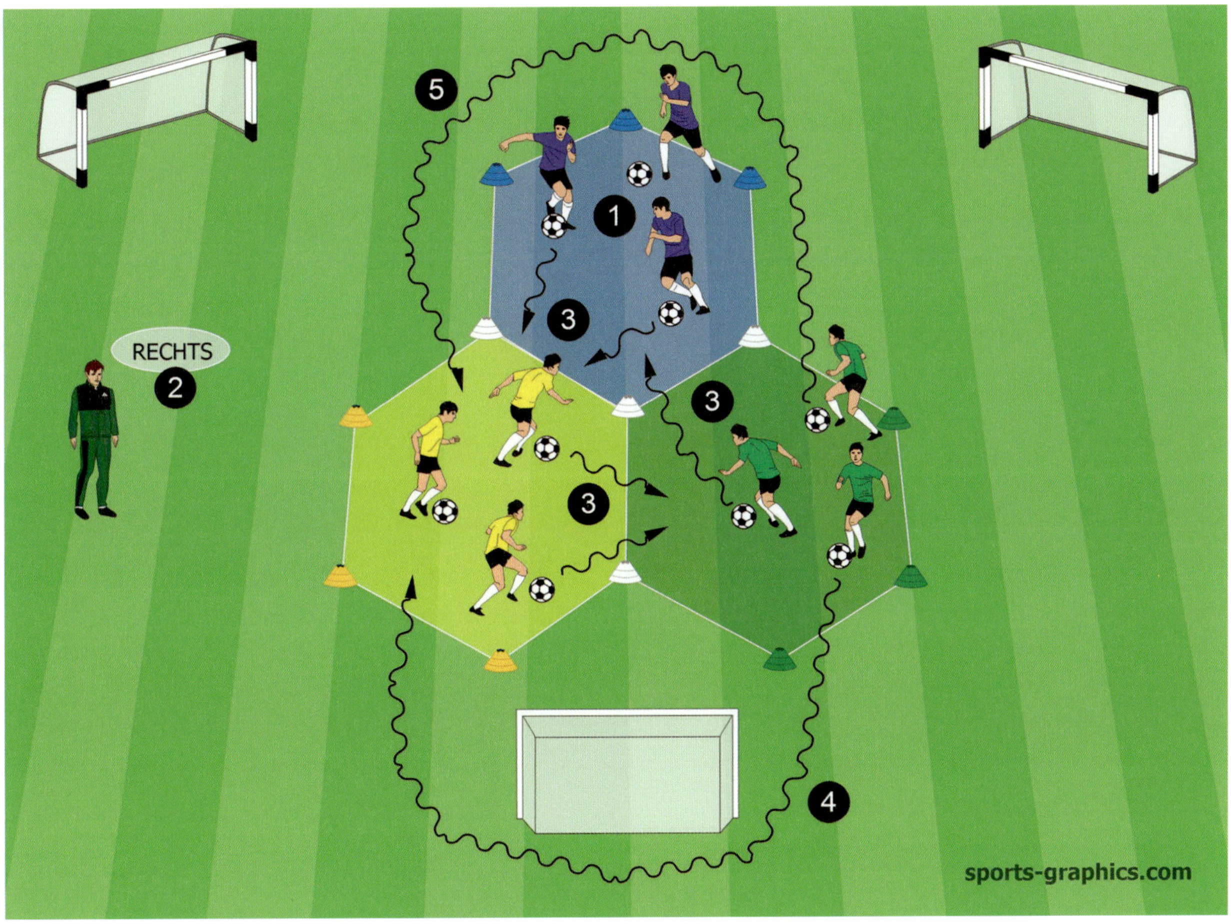

Die Männer und Frauen bereiten sich auf einen Einsatz vor.

Die Kinder werden in drei Teams aufgeteilt und positionieren sich im Feld gemäß ihrer Teamfarbe. Die Kinder dribbeln in ihrem Feld variantenreich und mit verschiedenen Aufgaben (vgl. 1). Nach einem Trainersignal (vgl. 2) wechseln die Kinder schnellstmöglich das Feld (vgl. 3). Der Trainer kann durch ein entsprechendes Signal die Richtung des Wechsels bestimmen. Zusätzlich können die Kinder Dribbel- und Laufwege um die Tore herum (vgl. 4) oder um die Felder herum (vgl. 5) umsetzen. Eine Durchführung als Wettkampf ist möglich. Das Team, welches den Felderwechsel am schnellsten umgesetzt hat, gewinnt. Variantenreiche Laufaufgaben statt des Dribblings sind ebenfalls möglich.

10.2 FEUERWEHR BAUSTEIN #2

KOORDINATION	★★
DRIBBLING	★★★★
PASSSPIEL	★★★
TORSCHUSS	★★★★★
FREIES SPIEL	★

MATERIAL:

3 Großtore

19 Markierungshütchen

9 große Markierungshütchen

Bälle & Leibchen

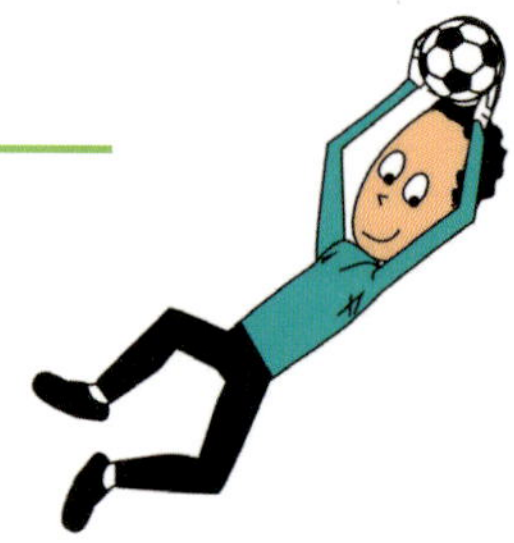

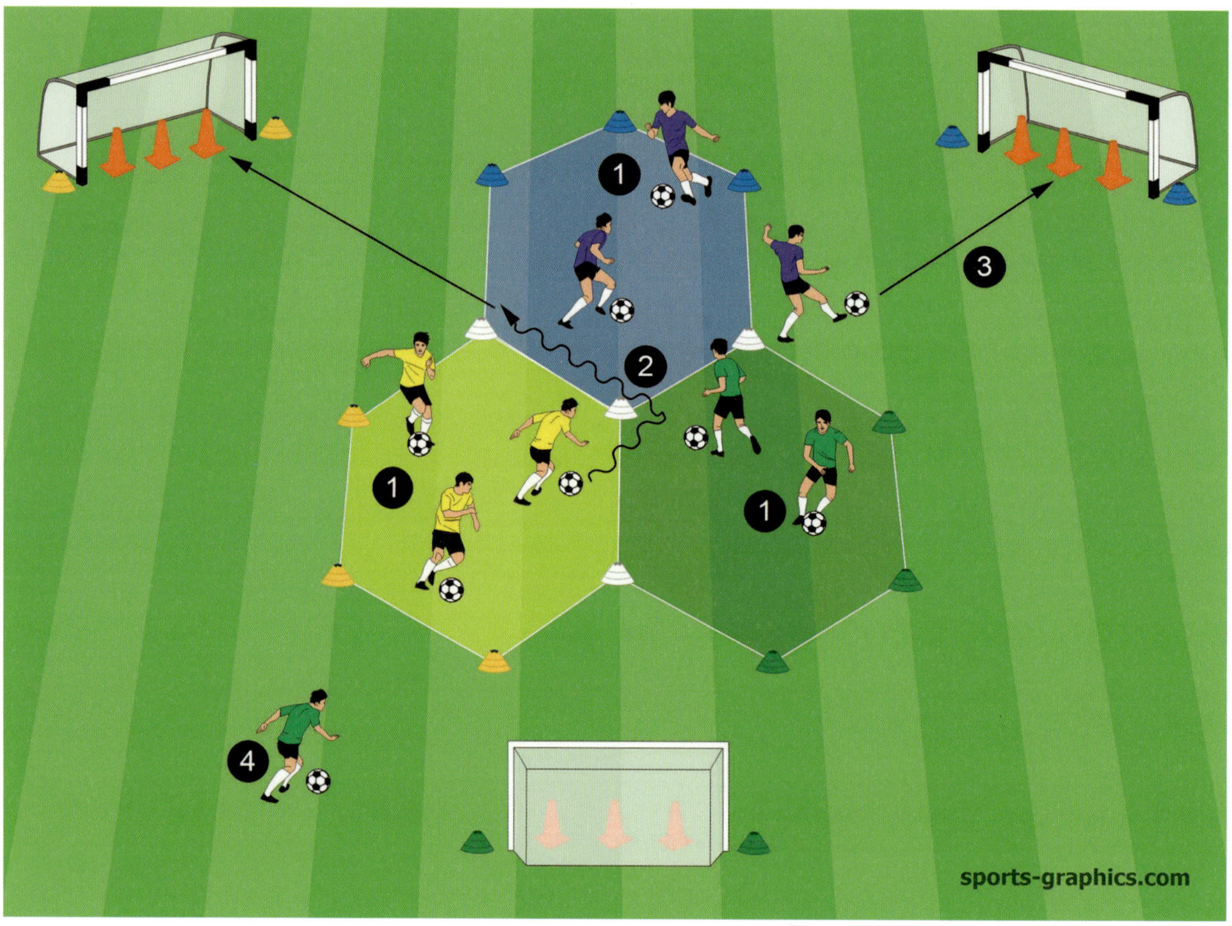

Es geht ein Notruf ein. Die Einsatzteams werden zu einem Brand gerufen und müssen die Flammen löschen.

Die Kinder werden in drei Teams eingeteilt. Die Kinder positionieren sich im Feld gemäß ihrer Teamfarbe. Die Kinder dribbeln in ihrem Feld (vgl. 1). Je ein Kind umläuft das zentrale Hütchen (vgl. 2) und hat die Aufgabe, die größeren Kegel im entsprechend markierten Tor zu treffen (vgl. 3). Nachdem der Schuss abgegeben wurde, holt das Kind seinen Ball (vgl. 4) und läuft ins Feld zurück. Das nächste Kind kann starten, sobald der Schuss abgegeben wurde. Eine Durchführung als Wettkampf ist möglich. Dabei geht es darum, welches Team zuerst alle Kegel im eigenen Tor umgeschossen hat.

10.3 FEUERWEHR BAUSTEIN #3

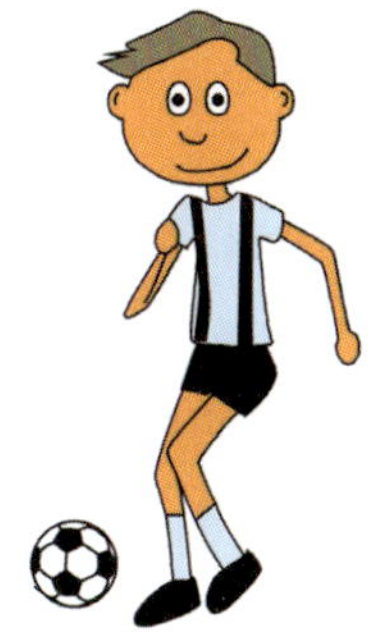

KOORDINATION	★★★
DRIBBLING	★★★★
PASSSPIEL	★★
TORSCHUSS	★★★★★
FREIES SPIEL	★

MATERIAL:

3 Großtore

19 Markierungshütchen

Bälle & Leibchen

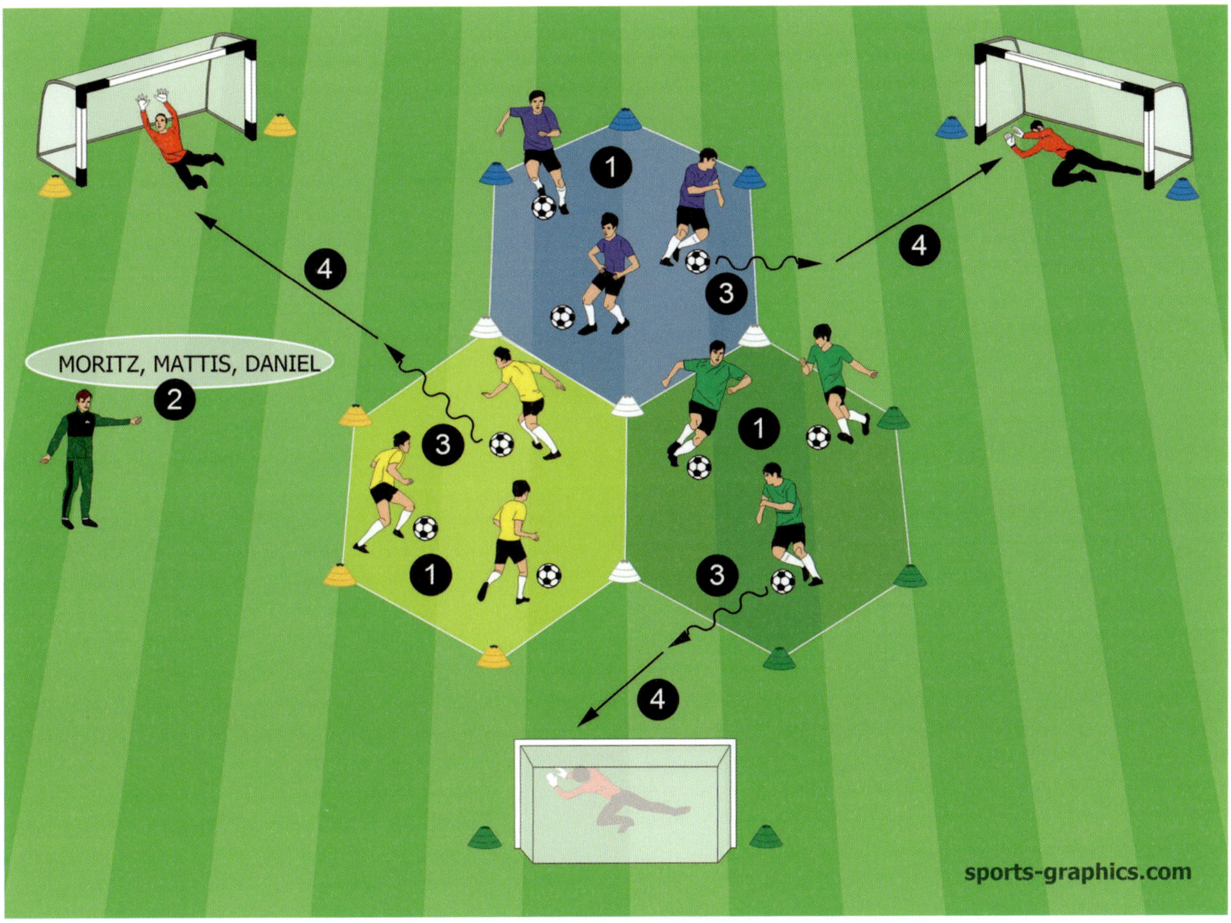

Die Feuerwehrleute werden einzeln zum Einsatz gerufen. Sie müssen ihre Zielgenauigkeit mit dem Schlauch unter Beweis stellen.

Die Kinder werden in drei Teams eingeteilt. Zusätzlich werden drei Torhüter benannt. Die Kinder positionieren sich gemäß ihrer Teamfarbe im Feld. Die Kinder dribbeln variantenreich in ihrem Feld (vgl. 1). Der Trainer ruft einzelne Kinder auf (vgl. 2). Darauf dribbeln die benannten Kinder aus ihrem Feld heraus (vgl. 3) und schließen auf das jeweilige Tor ab. Denkbar sind noch einige Erweiterungen vor dem Torabschluss wie eine Finte aus dem Feld heraus, in die Hand lupfen und Abschluss aus der Hand oder eine Vorlage für ein anderes Kind. Die Torhüter werden regelmäßig gewechselt. Bei einem möglichen Wettkampf geht es darum, welches Kind oder welches Team die meisten Tore erzielt.

10.4 FEUERWEHR BAUSTEIN #4

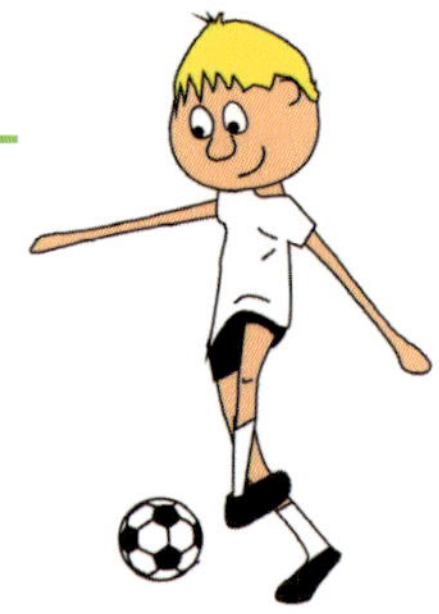

KOORDINATION	★★
DRIBBLING	★★★★
PASSSPIEL	★★★★
TORSCHUSS	★★★
FREIES SPIEL	★★★★★

MATERIAL:

3 Großtore

19 Markierungshütchen

Bälle & Leibchen

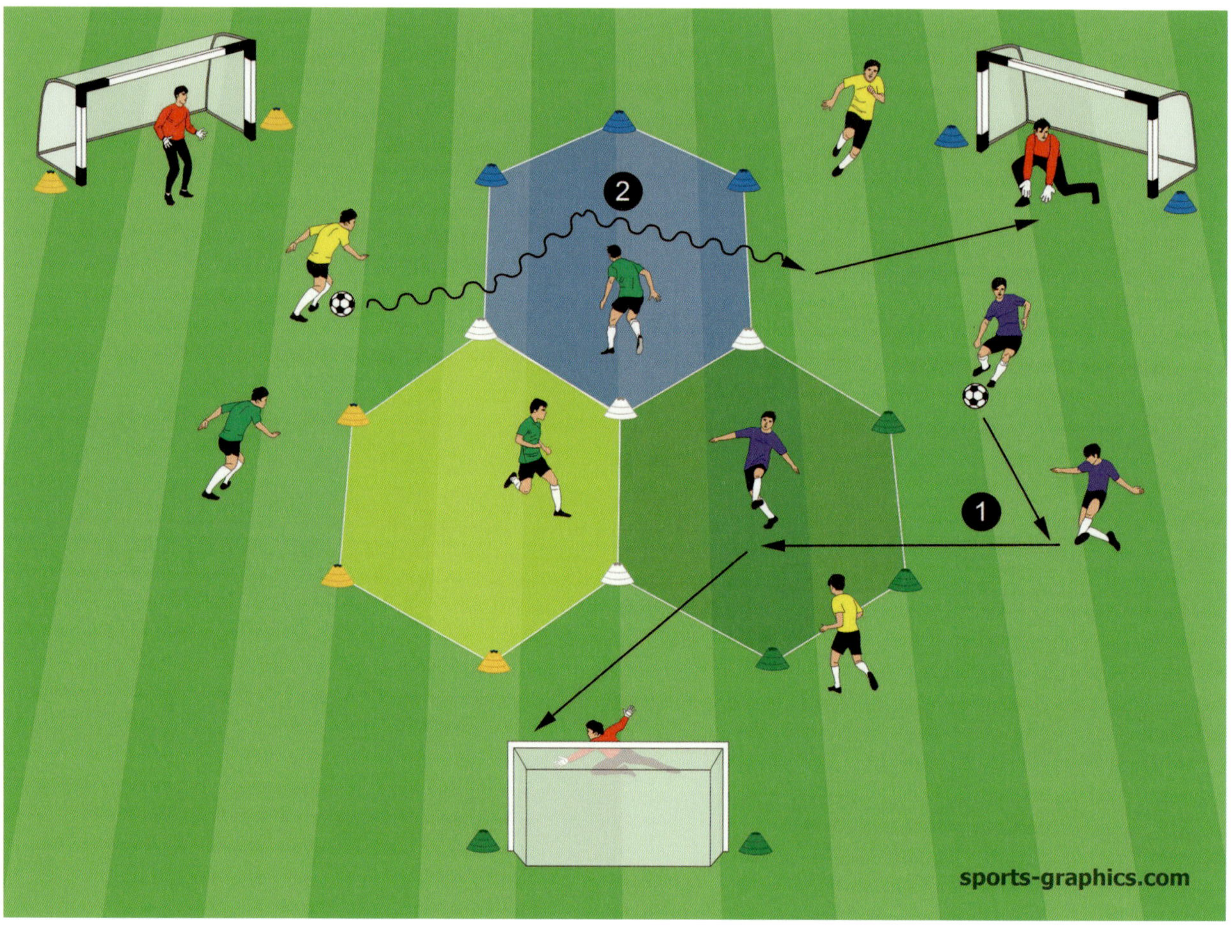

Das Wasser im Löscheinsatz wird knapp. Die Feuerwehrleute müssen für Nachschub sorgen.

Die Kinder werden in drei Teams eingeteilt. Zusätzlich werden drei Torhüter benannt. Die Teams verteidigen die Tore gemäß ihrer Teamfarbe. Sie dürfen erst dann ein Tor erzielen, wenn sie durch das mit dem Tor gleichfarbige Feld gepasst haben (vgl. 1) oder gedribbelt (vgl. 2) sind. Die Kinder öffnen dementsprechend die farblich markierten Tore durch Dribbling- oder Passaktionen. Denkbar ist zusätzlich ein Spiel mit zwei oder drei Bällen, sodass die Kinder gleichzeitig angreifen und verteidigen müssen.

10.5 FEUERWEHR BAUSTEIN #5

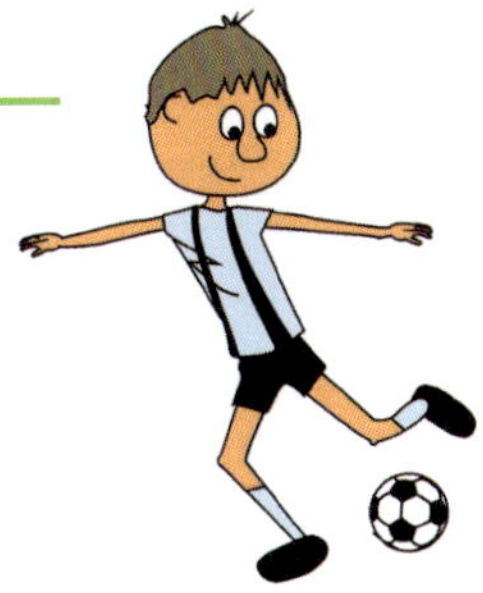

KOORDINATION	★★
DRIBBLING	★★★
PASSSPIEL	★★★
TORSCHUSS	★★★
FREIES SPIEL	★★★★★

MATERIAL:

3 Großtore

19 Markierungshütchen

Bälle & Leibchen

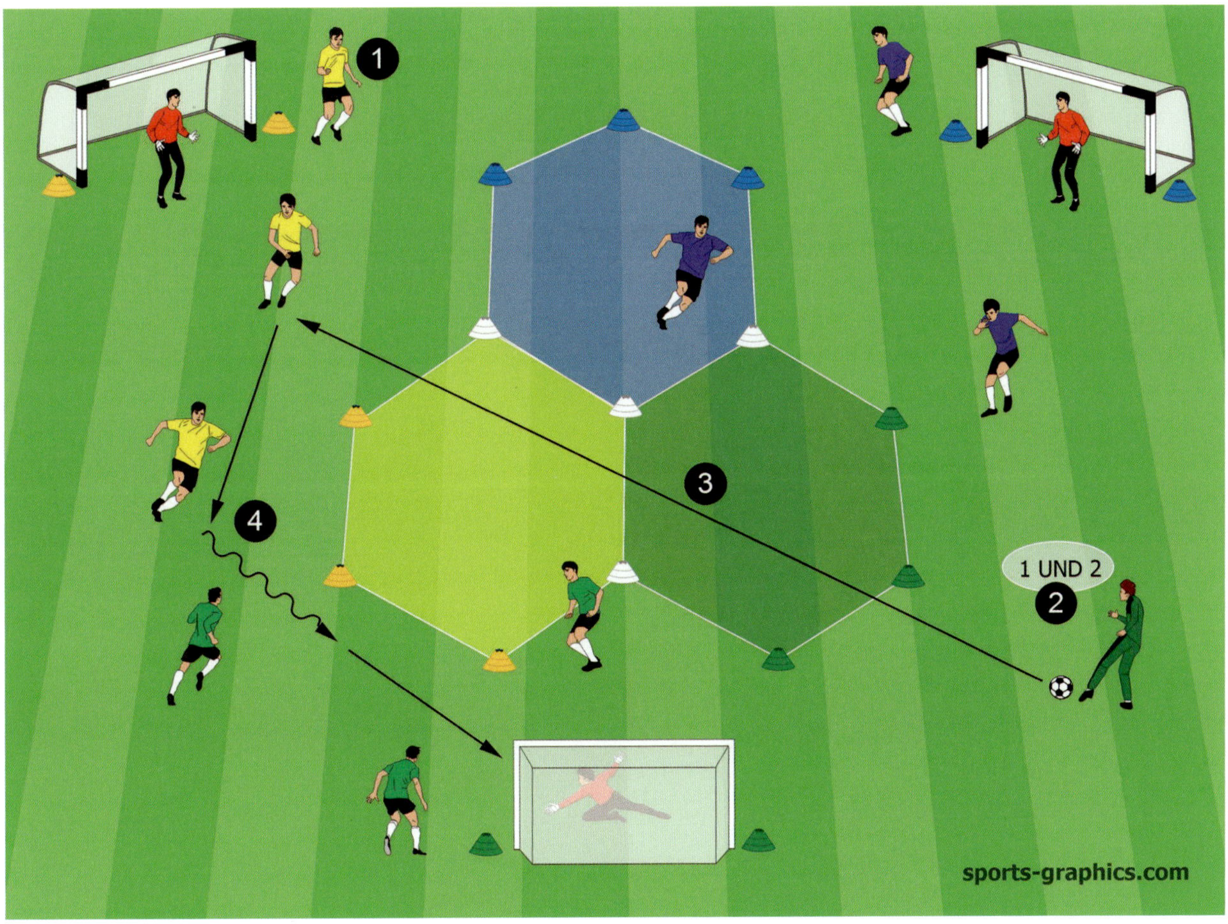

Ein Großeinsatz verlangt den Feuerwehrleuten alles ab, sodass sie gelegentliche Pausen einlegen müssen, um wieder zu Kräften zu kommen.

Die Kinder werden in drei Teams eingeteilt. Zusätzlich werden drei Torhüter benannt. Jedem Team ist ein Tor zugeordnet (vgl. 1). Jedem Kind ist zudem eine Zahl zugeordnet, wobei in jedem Team die gleichen Zahlen vertreten sind. Der Trainer ruft eine oder mehrere Zahlen auf (vgl. 2) und benennt damit die Kinder, die gegeneinander spielen. Der Trainer eröffnet das Spiel mit einem Pass zu einem der Teams (vgl. 3). Es wird so lange gespielt, bis ein Tor fällt oder die Spielsequenz zu lange dauert. Der Trainer kann auch im laufenden Spiel weitere Zahlen aufrufen und damit weitere Kinder ins Spiel nehmen oder bereits benannte aktive Kinder wieder hinausstellen.

11 STRASSENVERKEHR

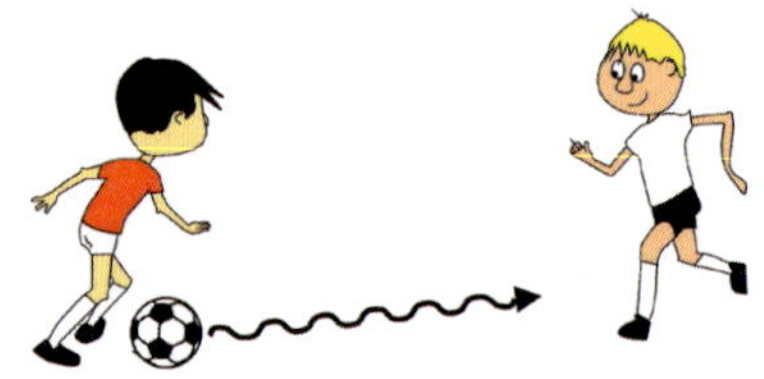

Der Feldaufbau umfasst neben fünf kreisförmigen Aktionsfeldern auch zwei Minitore und zwei Jugendtore. Kleinere Aktionsfelder bieten dabei Nutzungsmöglichkeiten für technisch-koordinative Aufgaben. Aus der freien Bewegung heraus können diese Felder genutzt werden, um eine Orientierung im Feld zu forcieren und die Kinder zum selbstbestimmten Üben anzuregen.

Der Straßenverkehr bietet mit den Verkehrsregeln, Signalen und unterschiedlichen Fortbewegungsmitteln viele Möglichkeiten für die Nutzung im Fußballtraining. Den Kindern sind die grundsätzlichen Verhaltens- und Wirkungsweisen im Straßenverkehr zumeist klar, sodass sich über einfache Signale logische Handlungskonsequenzen für das Training ergeben.

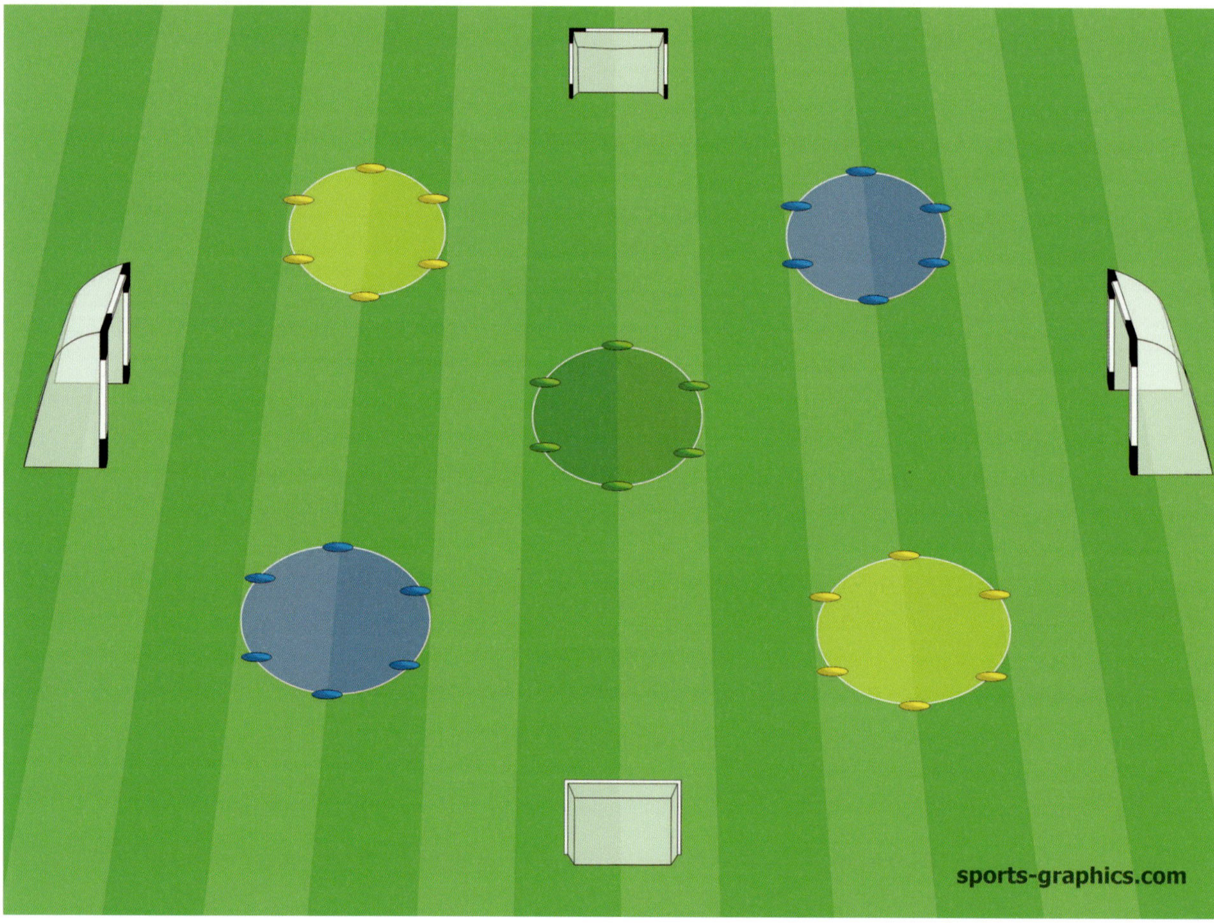

11.1 STRASSENVERKEHR BAUSTEIN #1

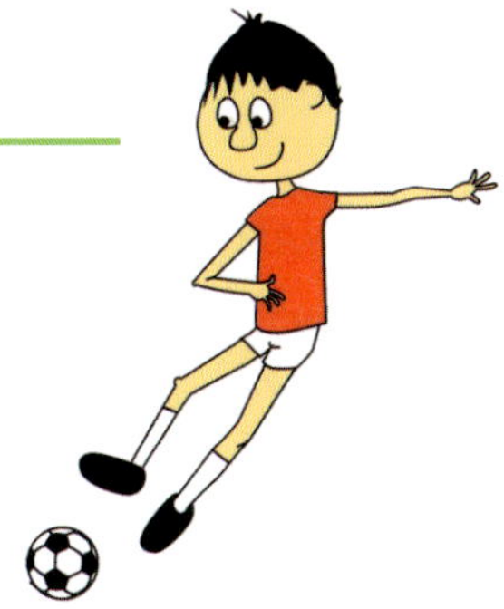

KOORDINATION ★★★★★
DRIBBLING
PASSSPIEL
TORSCHUSS
FREIES SPIEL ★

MATERIAL:
30 Markierungspads
Springseile
Bälle & Leibchen

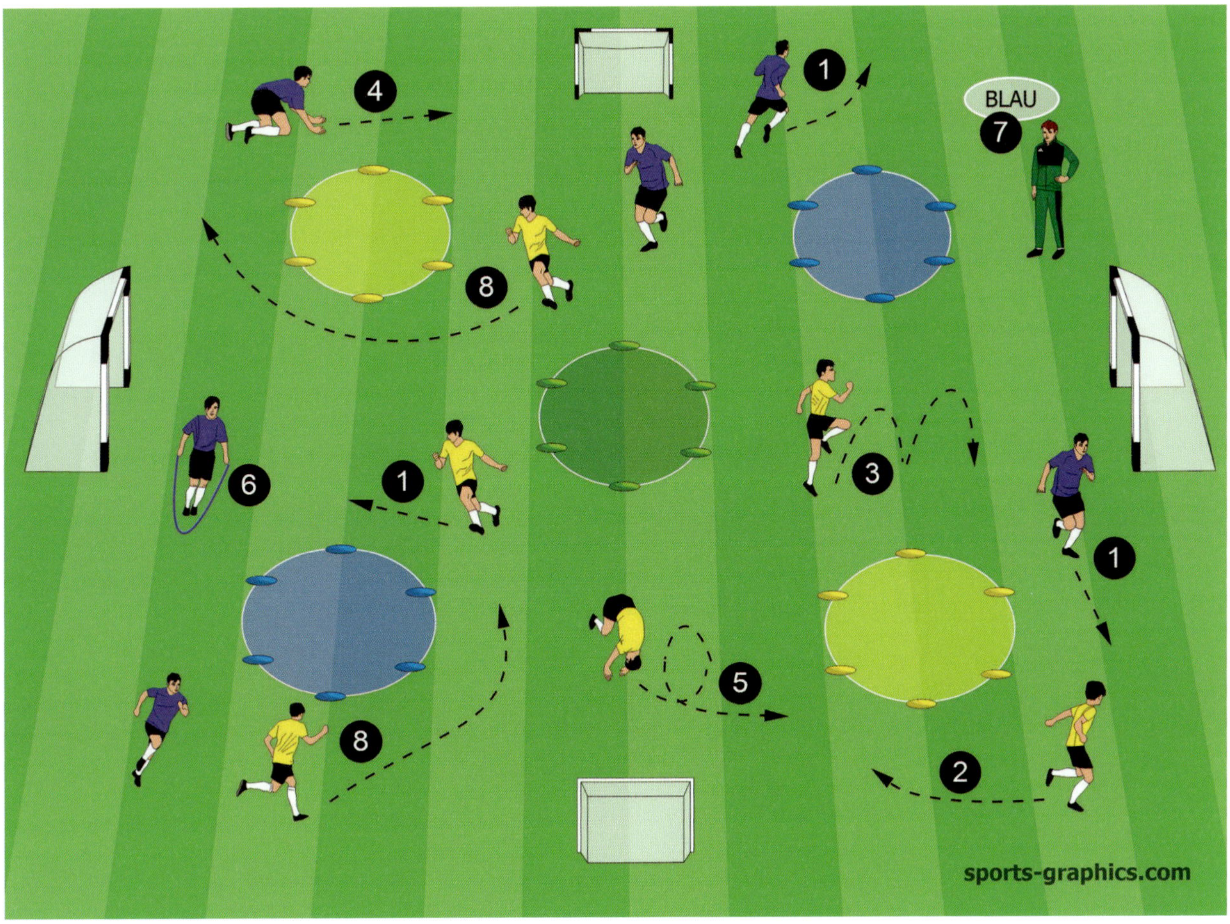

Im Straßenverkehr sind Autos, Lastwagen, Transporter und Motorräder unterwegs. Sie bewegen sich unterschiedlich und dürfen nicht zusammenstoßen.

Die Kinder werden in zwei Teams eingeteilt. Alle Kinder laufen durch das Feld und dürfen die Kreise dabei nicht durchlaufen (vgl. 1). Der Trainer gibt verschiedene Bewegungsaufgaben wie Rückwärtslauf (vgl. 2), Einbeinsprung (vgl. 3), Vierfüßlergang (vgl. 4), Vorwärtsrollen (vgl. 5) oder Seilspringen (vgl. 6) vor. Der Trainer benennt mit einem visuellen oder akustischen Signal eine bestimmte Gruppe Kinder als Fänger (vgl. 7). Die nicht benannten Kinder müssen 10 Sekunden lang weglaufen (vgl. 8), ohne die Kreise zu belaufen.

11.2 STRASSENVERKEHR BAUSTEIN #2

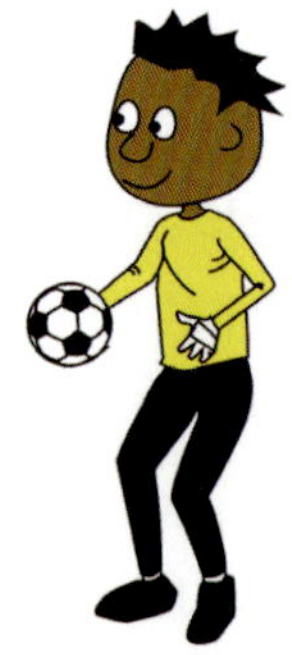

KOORDINATION ★★★
DRIBBLING ★★★★★
PASSSPIEL
TORSCHUSS
FREIES SPIEL ★

MATERIAL:
30 Markierungspads
Bälle

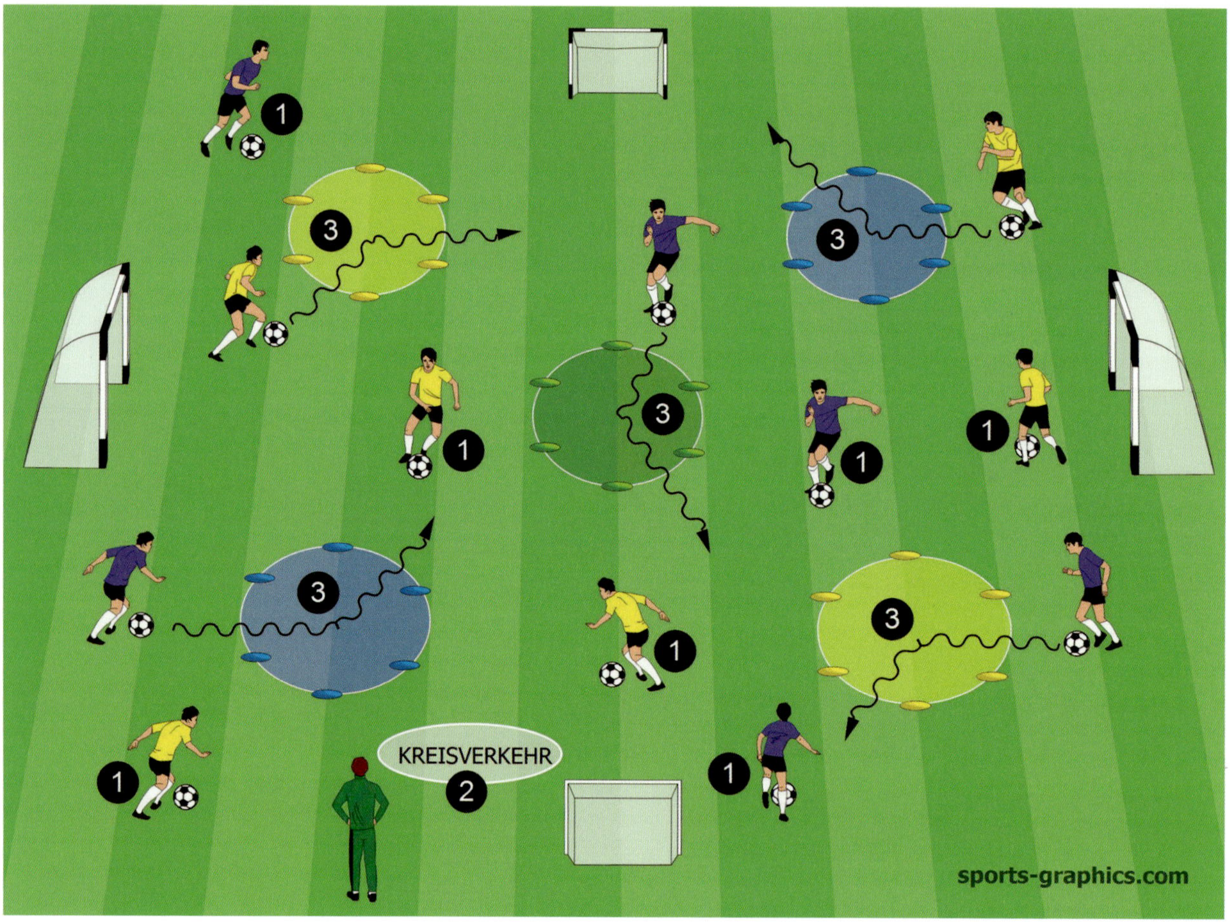

Die Autos im Straßenverkehr müssen verschiedene Verkehrsschilder, Ampeln und Verkehrspolizisten beachten und sich entsprechend verhalten.

Die Kinder dribbeln variantenreich im Feld. Durch ein Trainersignal (vgl. 2) werden verschiedene Dribblingaufgaben an die Kinder gestellt. Möglich sind unter anderem Signale wie „Kreisverkehr" (alle Kinder dribbeln in einen Kreis und ändern die Richtung, vgl. 3), „Ampel rot" (alle Kinder bleiben stehen), „Ampel grün" (alle Kinder dribbeln weiter), „Ampel gelb" (alle Kinder dribbeln schneller), „Stau" (alle Kinder dribbeln in einer Schlange) und „Feuerwehr" (alle Kinder setzen sich auf ihren Ball).

11.3 STRASSENVERKEHR BAUSTEIN #3

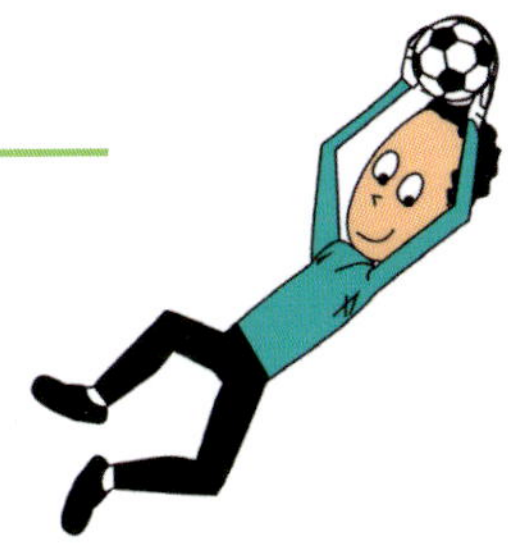

KOORDINATION	★★★
DRIBBLING	★★★★
PASSSPIEL	★★
TORSCHUSS	★★★★★
FREIES SPIEL	★

MATERIAL:

30 Markierungspads

Bälle

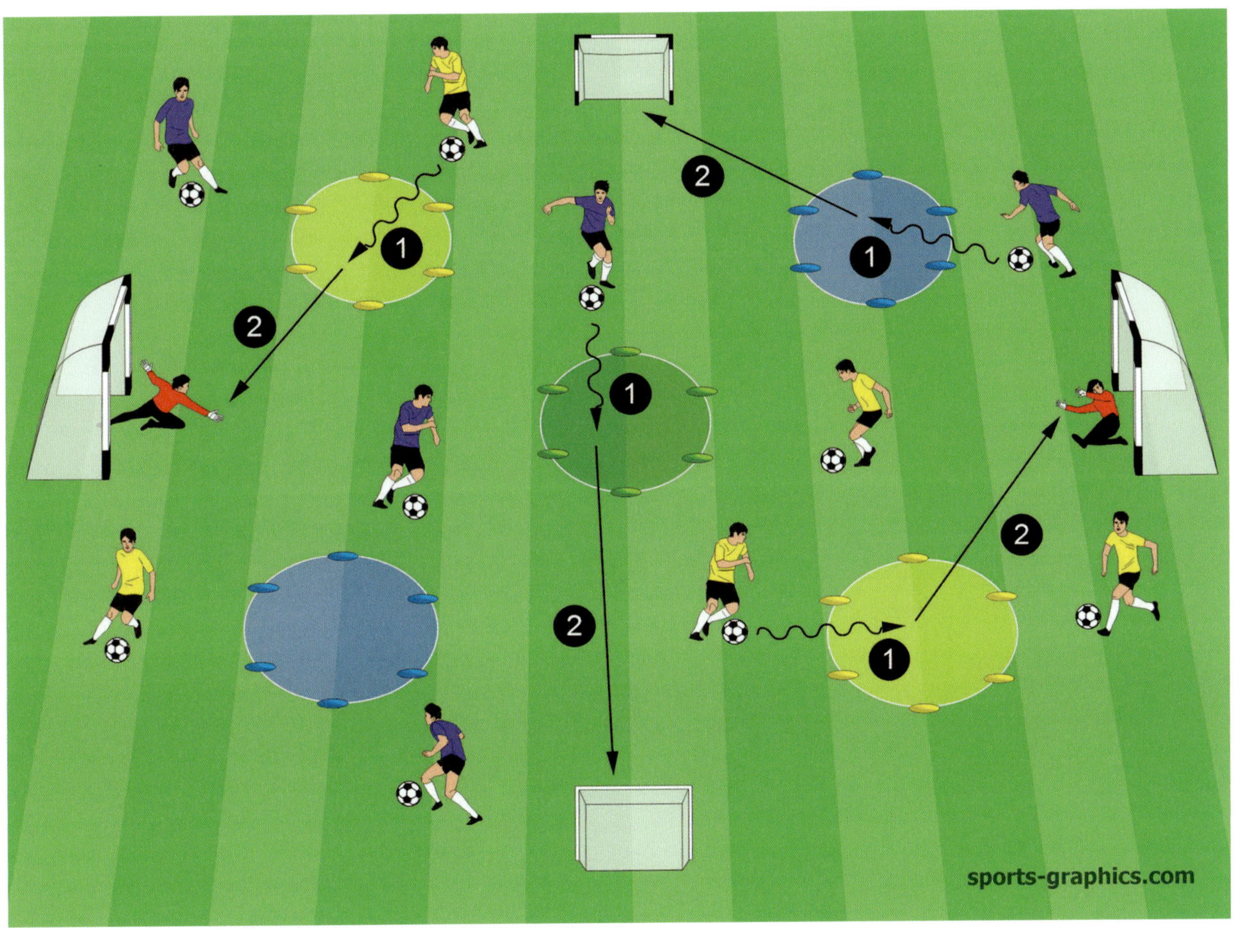

Die Autos sind schon viele Kilometer gefahren und müssen zur Werkstatt oder in das Ersatzteillager.

Die Kinder dribbeln in die Kreise (vgl. 1) und schließen aus den Kreisen heraus auf die Tore ab. Dabei müssen sie abwechselnd auf Minitore und Großtore abschließen. Vor dem Torabschluss sind weitere Aufgabenstellungen wie Fintieren, Balltausch, der Einsatz beider Füße oder ein Abschluss aus der Hand denkbar. Nach jedem Schuss holt der Schütze seinen Ball. Eine Durchführung als Wettkampf ist möglich. Dabei geht es darum, welches Kind die meisten Tore schießt.

11.4 STRASSENVERKEHR BAUSTEIN #4

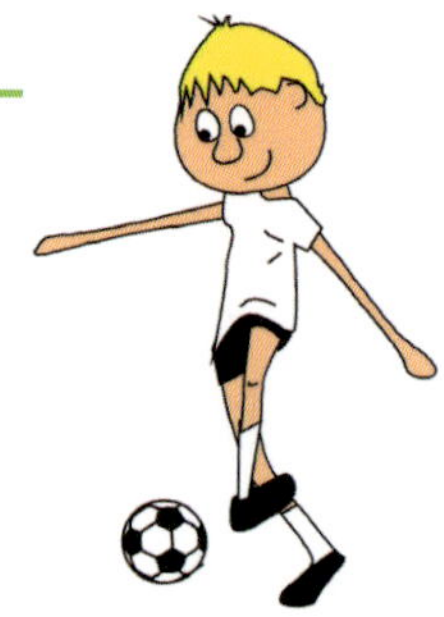

KOORDINATION	★★★★
DRIBBLING	★★★
PASSSPIEL	★★
TORSCHUSS	★★★★
FREIES SPIEL	★★★★

MATERIAL:

2 Minitore

2 Großtore

30 Markierungspads

Bälle & Leibchen

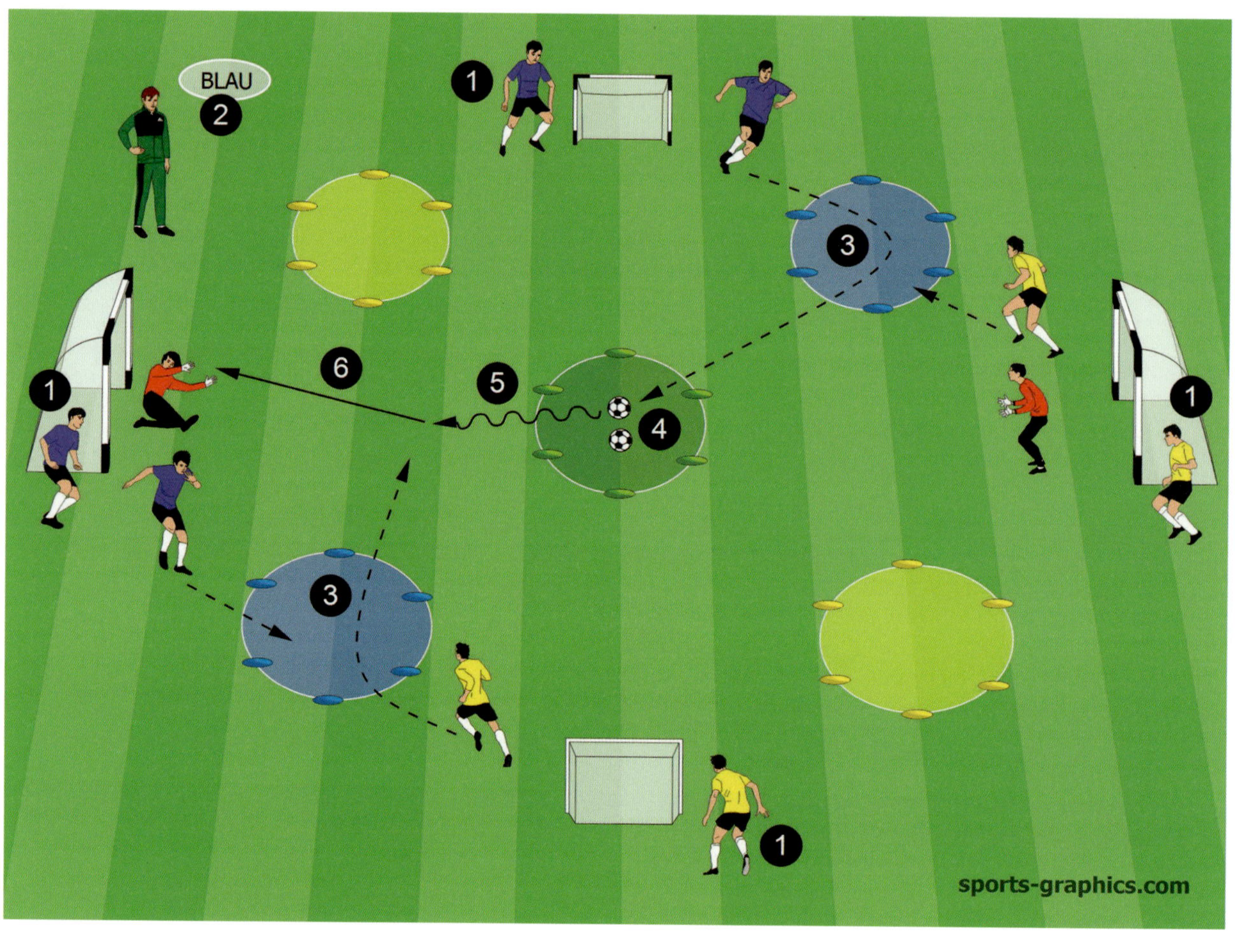

Die Autos veranstalten ein Wettrennen durch die ganze Stadt. Das Rennen führt die Autos über Brücken und durch Tunnel.

Die Kinder werden in zwei Teams eingeteilt. Zusätzlich werden zwei Torhüter benannt. Die Kinder der unterschiedlichen Teams positionieren sich an den gegenüberliegenden Toren (vgl. 1). Der Trainer benennt durch ein visuelles oder akustisches Signal eine Farbe (vgl. 2) und startet damit einen Laufwettkampf zwischen den gegenüberstehenden Kindern. Ein Kind pro Minitor startet durch den Kreis der benannten Farbe (vgl. 3), durchläuft diesen und versucht, den Ball im mittleren Kreis vor seinem Gegenüber zu erreichen (vgl. 4). Das Kind, welches den Ball zuerst erreicht hat, startet mit dem Ball ins Feld (vgl. 5) und darf auf ein beliebiges Tor abschließen (vgl. 6). Weiterführend müssen die Kinder verschiedene Bewegungsaufgaben im Kreis umsetzen, ehe sie zum zentralen Kreis laufen dürfen.

11.5 STRASSENVERKEHR BAUSTEIN #5

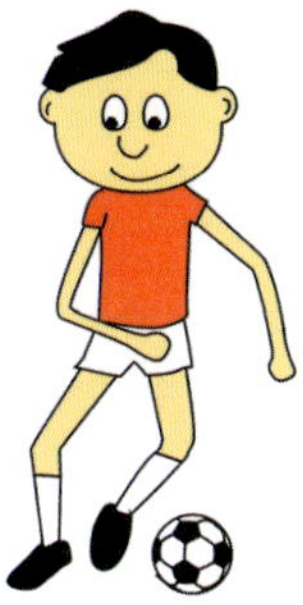

KOORDINATION	★★
DRIBBLING	★★★★
PASSSPIEL	★★★
TORSCHUSS	★★★
FREIES SPIEL	★★★★★

MATERIAL:

2 Minitore

2 Großtore

30 Markierungspads

Bälle & Leibchen

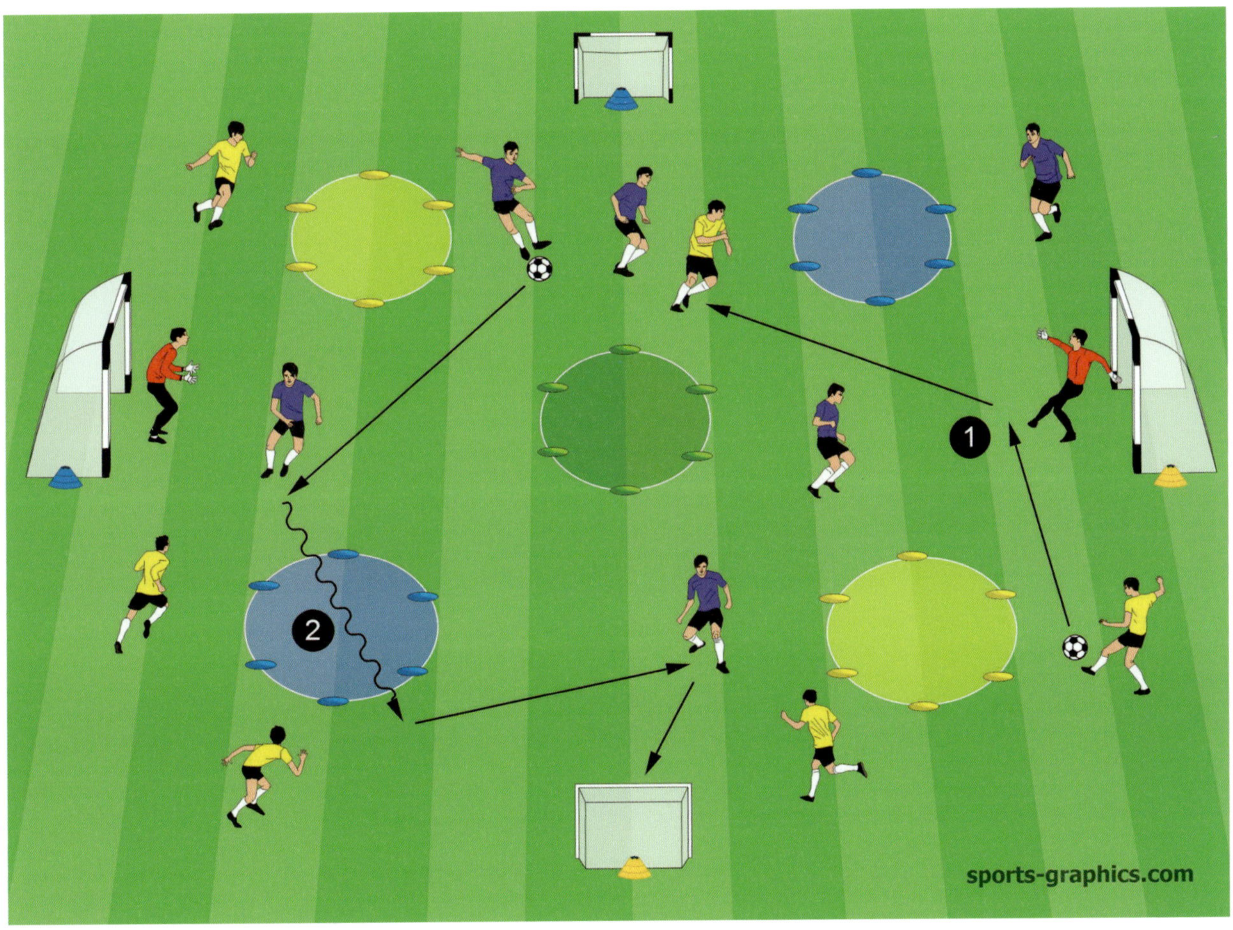

Die Autowerkstätten führen ihre schönsten Modelle vor und wetteifern mit den übrigen Werkstätten darum, wer das schönste und schnellste Auto besitzt.

Die Kinder werden in zwei Teams eingeteilt. Zusätzlich werden zwei Torhüter benannt. Je drei Kinder werden einem Tor zugeordnet und spielen jeweils im 3 gegen 3 gegeneinander. Ein Spiel wird auf die Minitore und ein weiteres Spiel wird auf die Großtore ausgetragen. Die Mannschaften können eine Zusatzpunktzahl erzielen, wenn sie durch geschickte Ballzirkulation (vgl. 1) mit dem Ball durch einen der Kreise dribbeln (vgl. 2). Wird ein Treffer nach einem Dribbling durch einen der Kreise erzielt, besitzt dieser Treffer die dreifache Wertung.

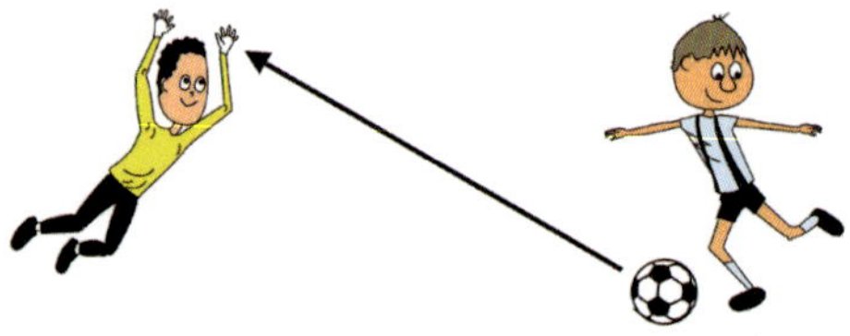

12 DINOSAURIER

Der Feldaufbau umfasst einen mit Reifen gelegten Kreis und zwei Jugendtore. Reifen als Markierungsmale sind für Kinder oftmals leichter zu erkennen als Hütchen oder Plättchen. Zusätzlich können die Reifen als Ablageort für Bälle oder als Standfläche für Spieler genutzt werden.

Kinder finden oftmals einen sehr guten Zugang zur Welt der Dinosaurier. Ihnen fällt es leicht, in die Rolle eines Dinos zu schlüpfen. Der Trainer muss nun nur noch die Verhaltensweisen eines Dinosauriers in Aufgaben für das Training übersetzen.

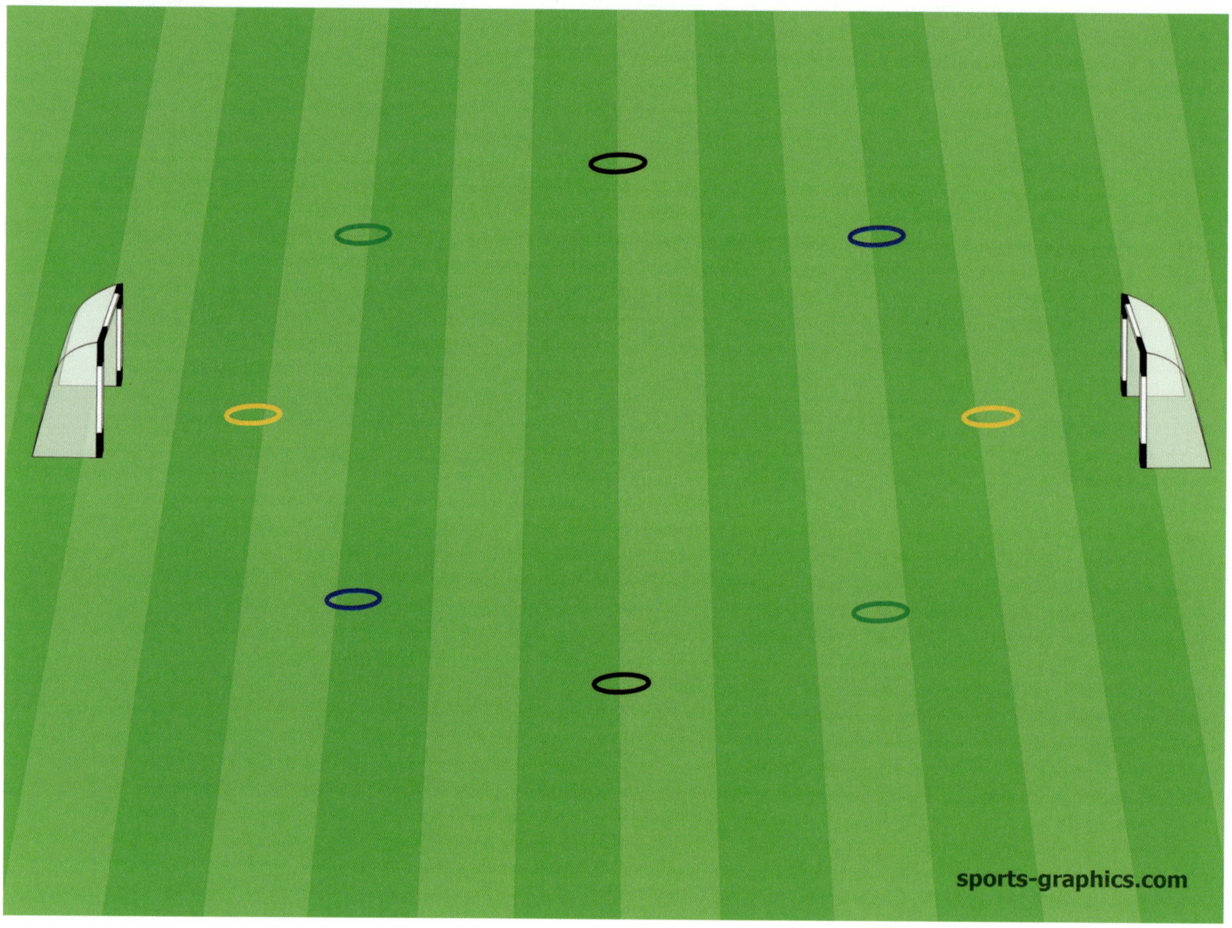

12.1 DINOSAURIER BAUSTEIN #1

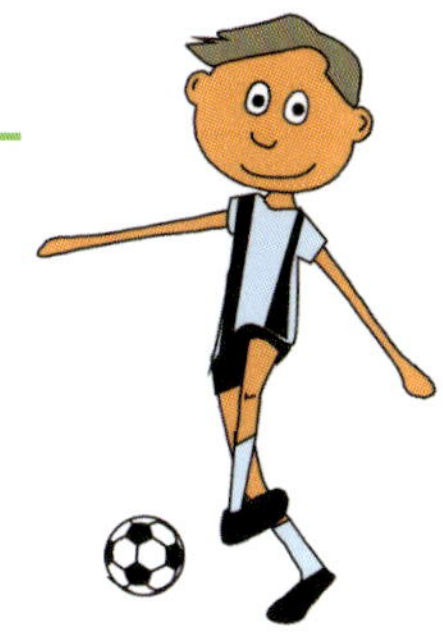

KOORDINATION	★★★★★
DRIBBLING	★★★
PASSSPIEL	
TORSCHUSS	
FREIES SPIEL	★

MATERIAL:

8 Koordinationsreifen

Leibchen

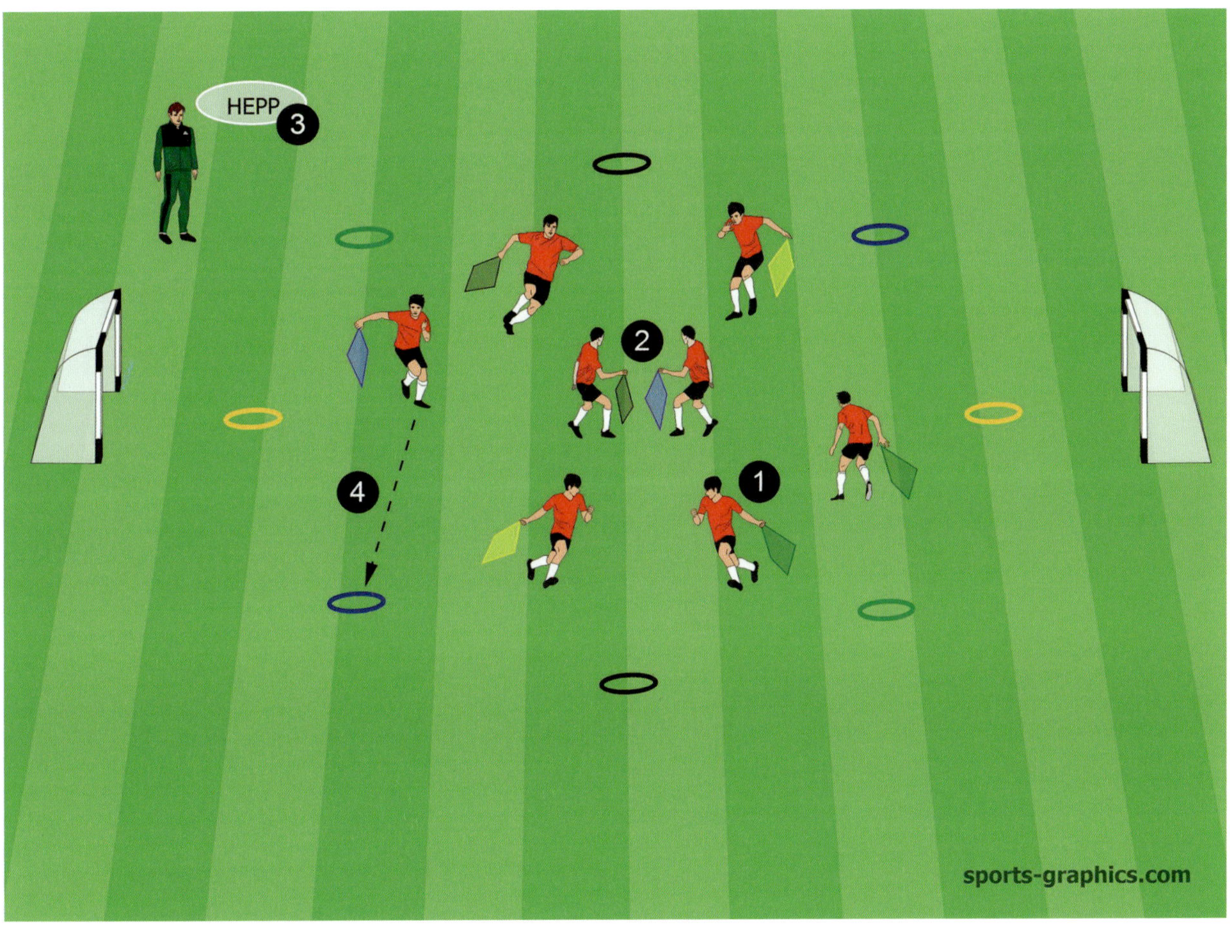

Die unterschiedlichen Dinosaurier lernen sich kennen und kehren bei Gefahr in ihre Höhlen zurück.

Die Kinder bewegen sich in dem mit den Reifen abgesteckten Kreis und halten dabei ein Leibchen in der Hand (vgl. 1). Begegnen sich zwei Kinder mit unterschiedlichen Leibchenfarben, tauschen diese ihre Leibchen. Nach einem Trainersignal (vgl. 3) müssen die Kinder in einen Reifen laufen, welcher der Farbe des aktuell in der Hand gehaltenen Leibchens entspricht (vgl. 4). Um den Wettkampf noch anspruchsvoller zu machen, kann die Form variantenreich erweitert werden. So können die Kinder, während sie die Leibchen tauschen, einen Ball am Fuß führen, vor dem Lauf eine Bewegungsaufgabe umsetzen oder um einen anders- oder gleichfarbigen Reifen laufen, bevor sie sich in den gleichfarbigen Reifen stellen. Zusätzlich können alle Aufgaben mit mehr als acht Kindern durchgeführt werden, sodass einige Kinder die Reifen nicht rechtzeitig erreichen.

12.2 DINOSAURIER BAUSTEIN #2

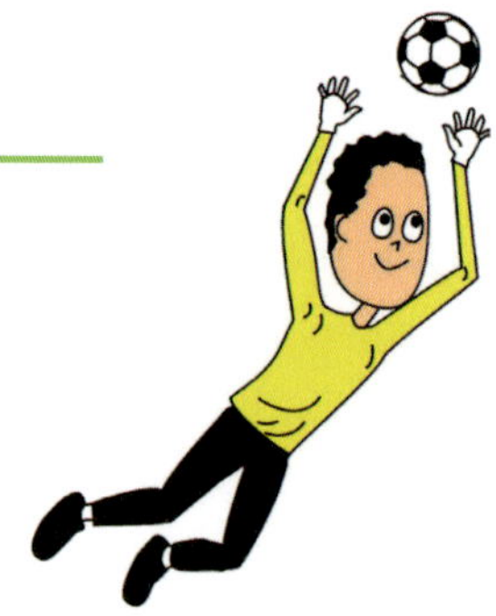

KOORDINATION	★★★★★
DRIBBLING	★★★
PASSSPIEL	
TORSCHUSS	
FREIES SPIEL	★

MATERIAL:

8 Koordinationsreifen

Bälle & Leibchen

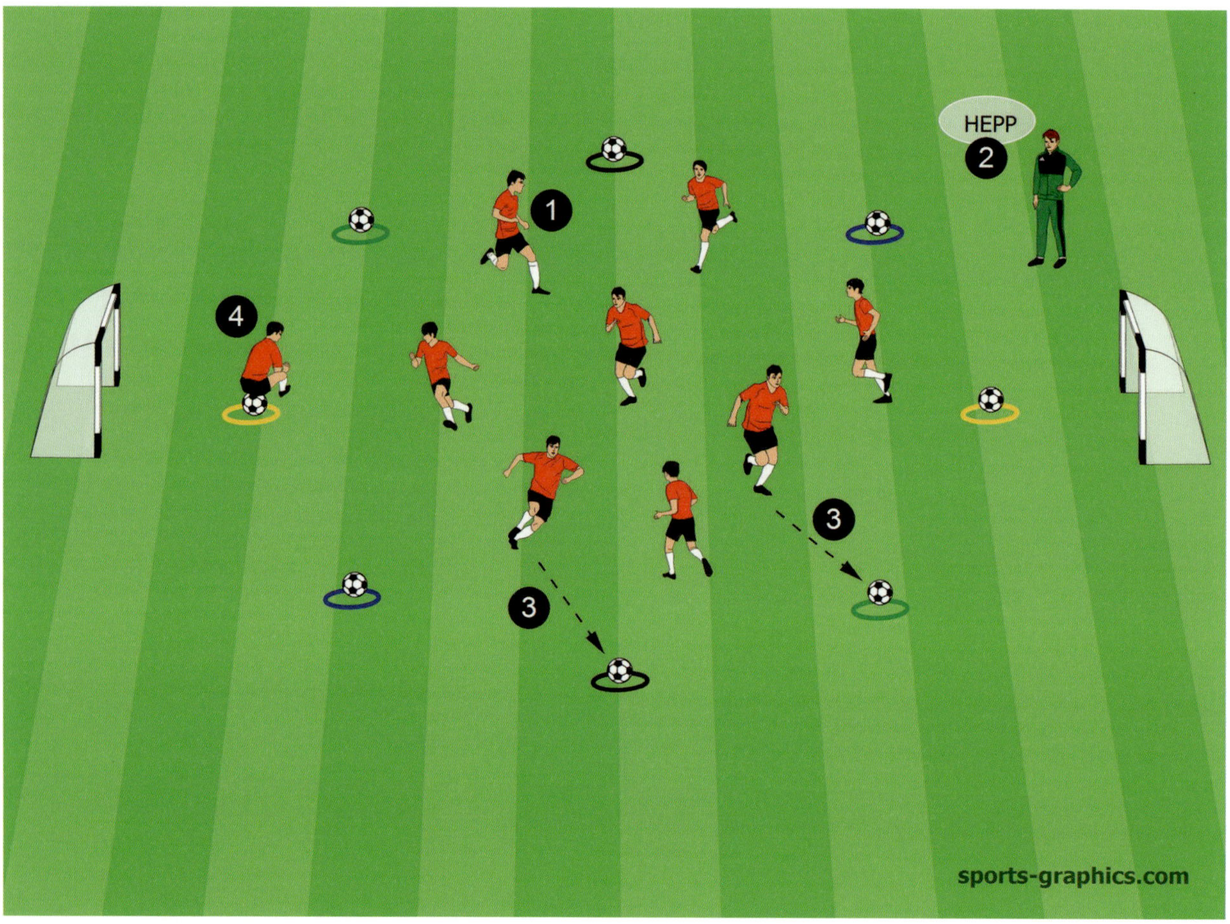

Die Dinosaurierfamilie erwartet Nachwuchs und muss ihre Eier ausbrüten.

Die Kinder laufen variantenreich im Kreis (vgl. 1). Auf ein Trainersignal (vgl. 2) laufen die Kinder zu einem Reifen (vgl. 3) und setzen sich auf den dort befindlichen Ball. Anschließend laufen die Kinder wieder in den Kreis und warten auf das nächste Trainersignal. Weiterführend können die Kinder nach dem Reaktionsspiel mit dem Ball ins Feld zurückkehren, um auf das erneute Trainersignal den Ball in den Reifen zu dribbeln. Die Aufgaben können mit mehr als acht Kindern durchgeführt werden, sodass ein Wettkampf zwischen den Kindern entsteht.

12.3 DINOSAURIER BAUSTEIN #3

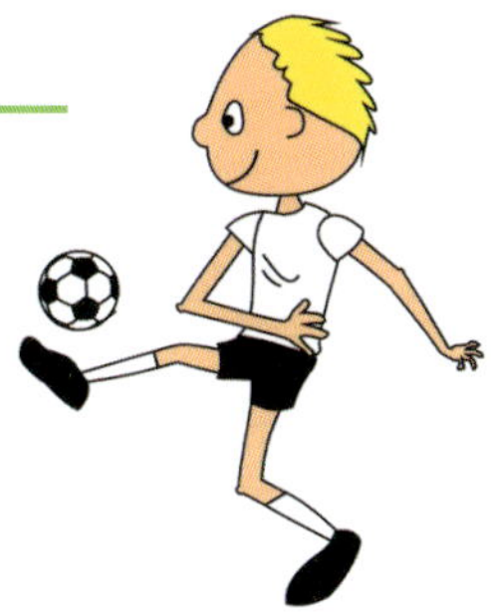

KOORDINATION	★★
DRIBBLING	★★★★★
PASSSPIEL	
TORSCHUSS	
FREIES SPIEL	★

MATERIAL:

8 Koordinationsreifen

Bälle & Leibchen

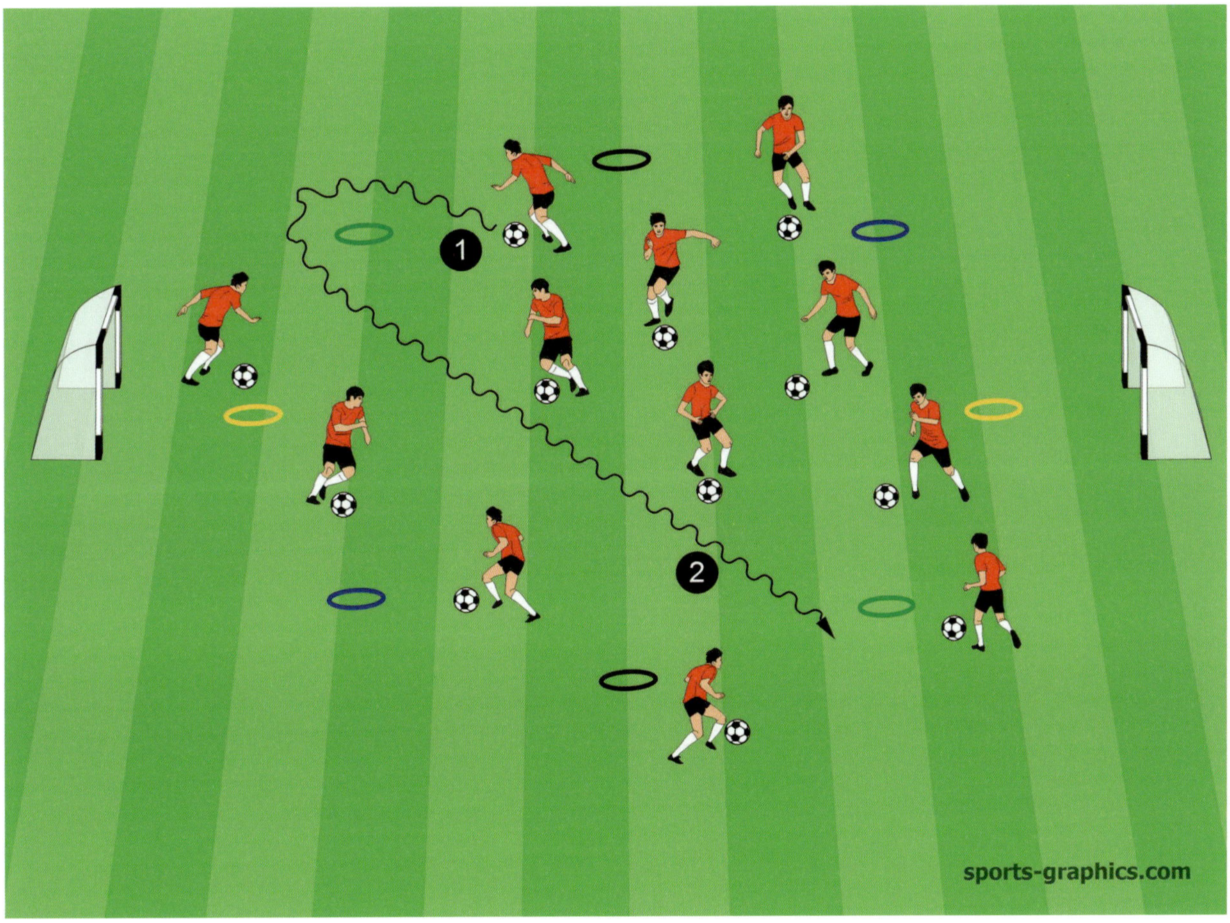

Die Dinosaurier besuchen sich in ihren Höhlen.

Die Kinder haben die Aufgabe, alle Reifen anzudribbeln (vgl. 1). Dabei müssen stets die gleichfarbigen Reifen in direkter Abfolge bespielt werden (vgl. 2). Das Kind, das zuerst alle Reifen bespielt hat, gewinnt. Weiterführend können die Kinder verschiedene Aufgaben mit Ball an den Reifen umsetzen. Möglich sind in diesem Zusammenhang Finten vor den Reifen, Lupfer über die Reifen oder ein Umlaufen der Reifen mit der Außen- oder Innenseite des Fußes. Zusätzlich kann der Trainer durch den Zuruf einer Farbkombination die Dribbelwege der Kinder steuern.

12.4 DINOSAURIER BAUSTEIN #4

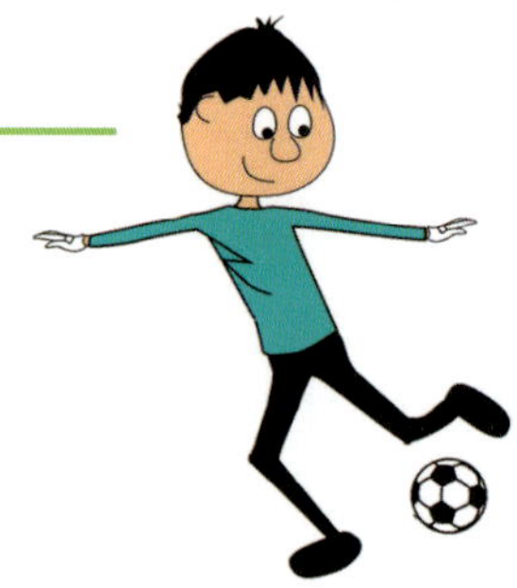

KOORDINATION	★★
DRIBBLING	★★★★★
PASSSPIEL	★★
TORSCHUSS	★★★
FREIES SPIEL	★★★

MATERIAL:

8 Koordinationsreifen

Bälle & Leibchen

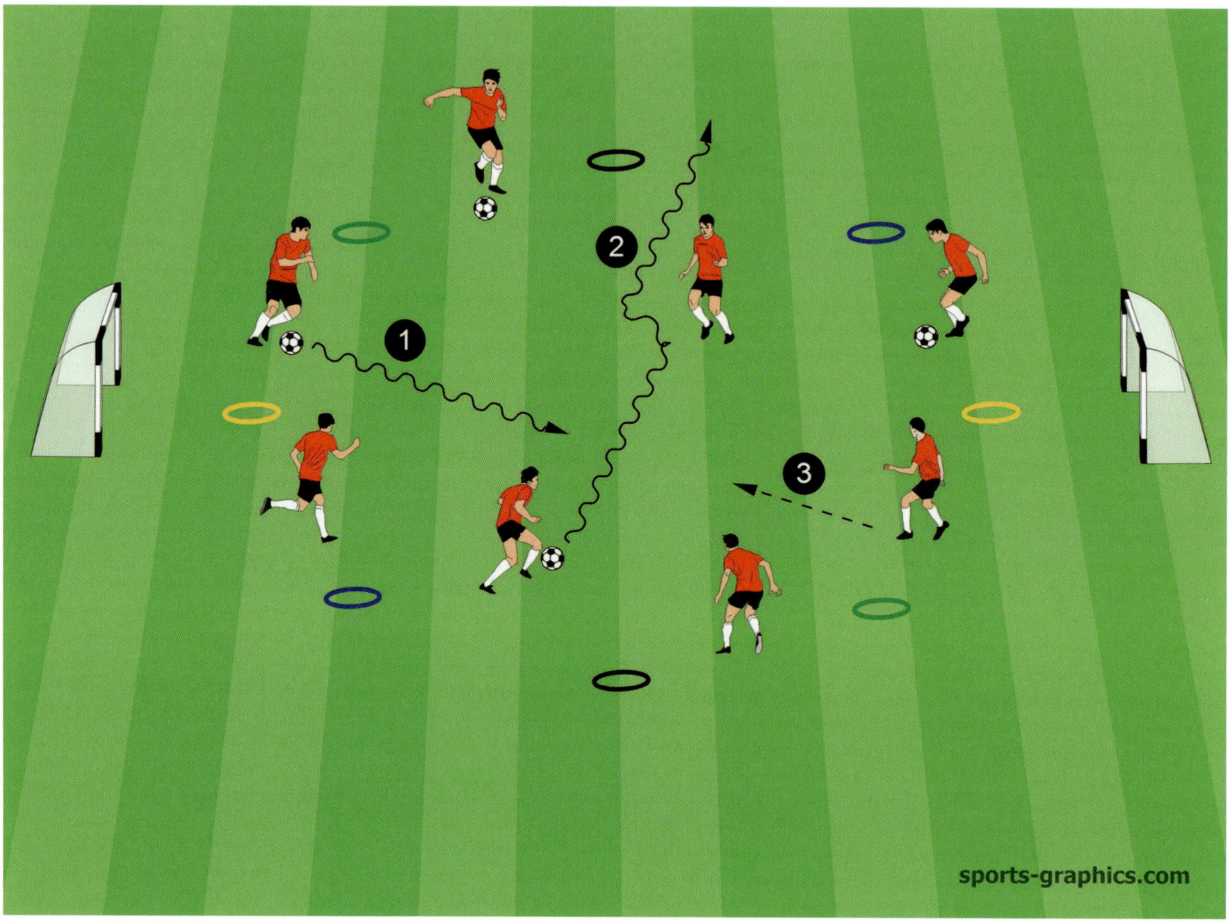

Die Dinosaurier müssen ihre Höhlen gegen feindliche Artgenossen verteidigen.

Die Kinder positionieren sich jeweils zwischen zwei Reifen und spielen gegen die gegenüberstehenden Kinder. Ein Kind besitzt einen Ball und agiert als Angreifer. Dabei dribbelt der Ballbesitzer an (vgl. 1) und hat die Aufgabe, zwischen den gegenüberliegenden Reifen hindurchzudribbeln (vgl. 2). Der Verteidiger versucht, im 1 gegen 1 den Ball zu erobern und seinerseits zwischen den Reifen seines Gegners hindurchzudribbeln. Weiterführend kann der Angreifer nach einem erfolgreichen Dribbling auf eines der Tore abschließen.

12.5 DINOSAURIER BAUSTEIN #5

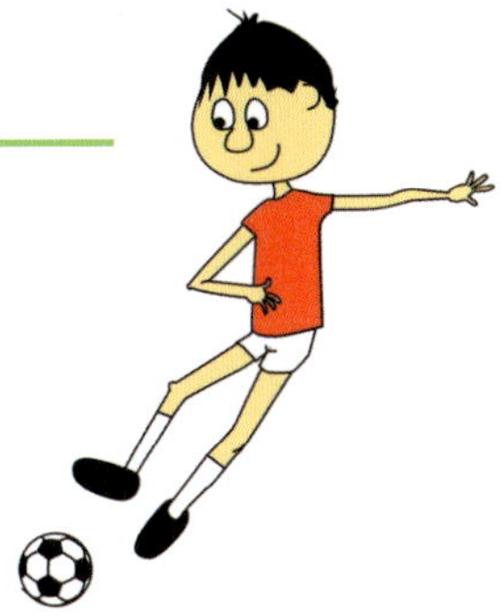

KOORDINATION ★★★
DRIBBLING ★★★
PASSSPIEL ★★★
TORSCHUSS ★★★
FREIES SPIEL ★★★★★

MATERIAL:
2 Großtore
8 Koordinationsreifen
Bälle & Leibchen

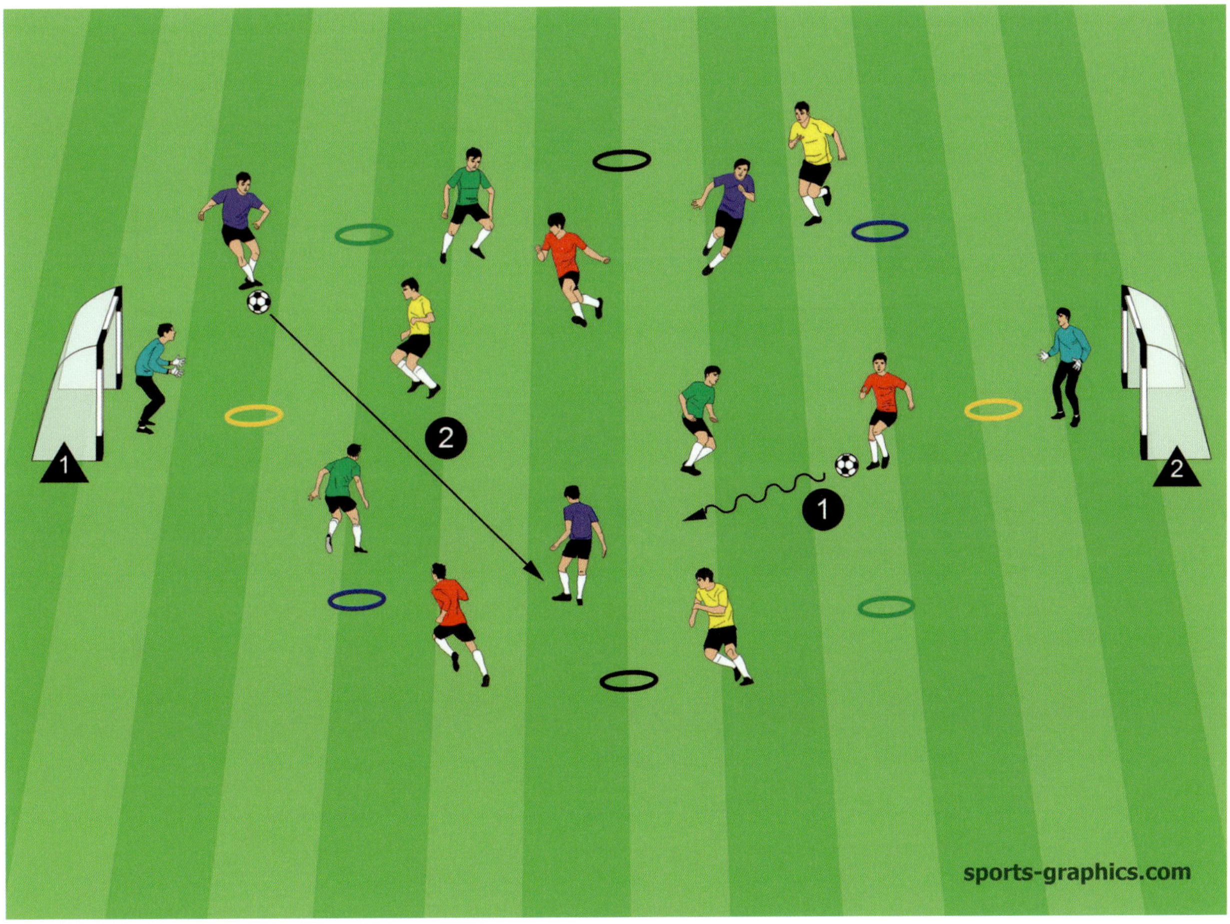

Die Dinosaurierkinder treffen das erste Mal auf Artgenossen und spielen miteinander, klettern auf Bäume und baden in Flüssen.

Die Kinder werden in vier Teams eingeteilt. Zusätzlich werden zwei Torhüter benannt. Im Feld sind die vier Teams auf zwei Tore aktiv. Team ROT und Team GELB greifen auf Tor 1 an (vgl. 1), während Team BLAU und Team GRÜN auf Tor 2 abschließen (vgl. 2). Es wird mit zwei Bällen, in zwei voneinander getrennten Wettkämpfen, gespielt, sodass Team GELB gegen Team BLAU und Team GRÜN gegen Team ROT antritt. In dieser Organisationsform bietet sich ein Turniermodus an. Alternativ kann auch mit mehr oder weniger Kindern oder mehr Teams im ständigen Wechsel gespielt werden.

13 ZIRKUSARTISTEN

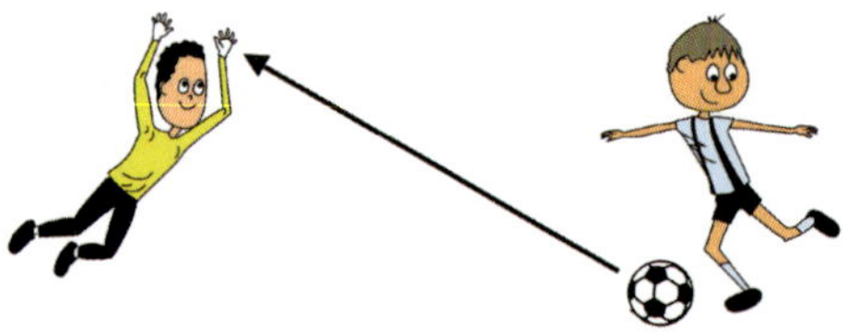

Das Training in der Halle ist je nach Verfügbarkeit ein fester Bestandteil des Kindertrainings. Die veränderten Sprungverhältnisse des Balls, die Nutzung der Wände zur Erhöhung der Nettospielzeit und die Verwendung von Hallengeräten stellen veränderte Anforderungen an die Bewegungen und das Spielverhalten der Kinder.

Im Sinne einer Artistengruppe im Zirkus können vor allem koordinative und technische Aufgabenbereiche angesteuert werden. Die Herausforderung steht hier im Mittelpunkt. Individuelle Aufgaben können dabei genauso eine Rolle spielen wie Aufgaben in der Kleingruppe.

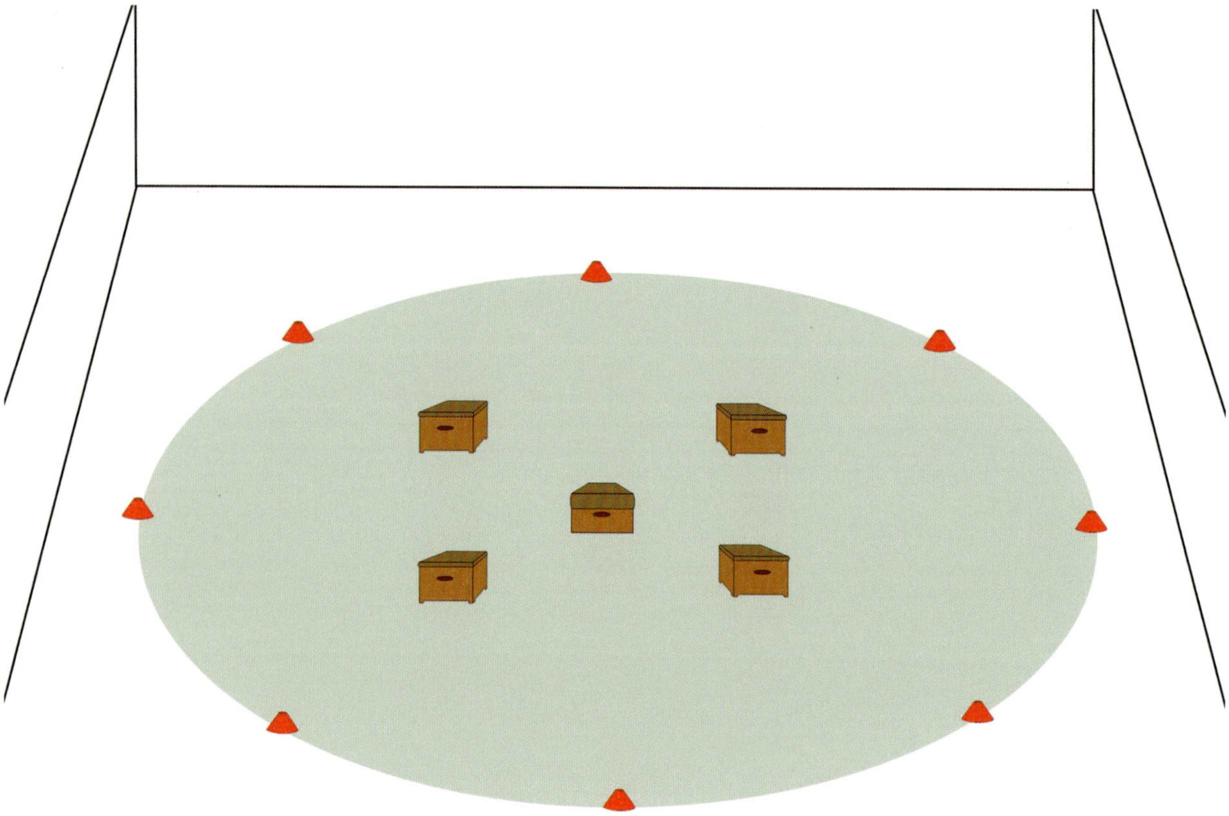

sports-graphics.com

13.1 ZIRKUSARTISTEN BAUSTEIN #1

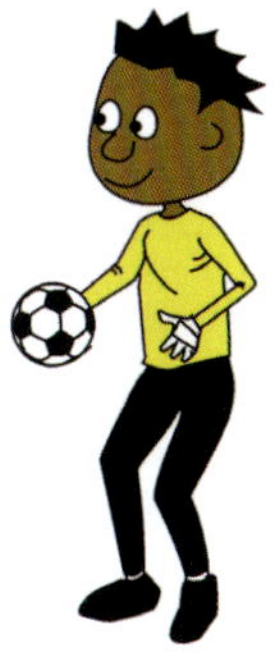

KOORDINATION	★★★★★
DRIBBLING	★★★
PASSSPIEL	
TORSCHUSS	
FREIES SPIEL	★

MATERIAL:

5 Kästen

13 Markierungshütchen

Bälle & Leibchen

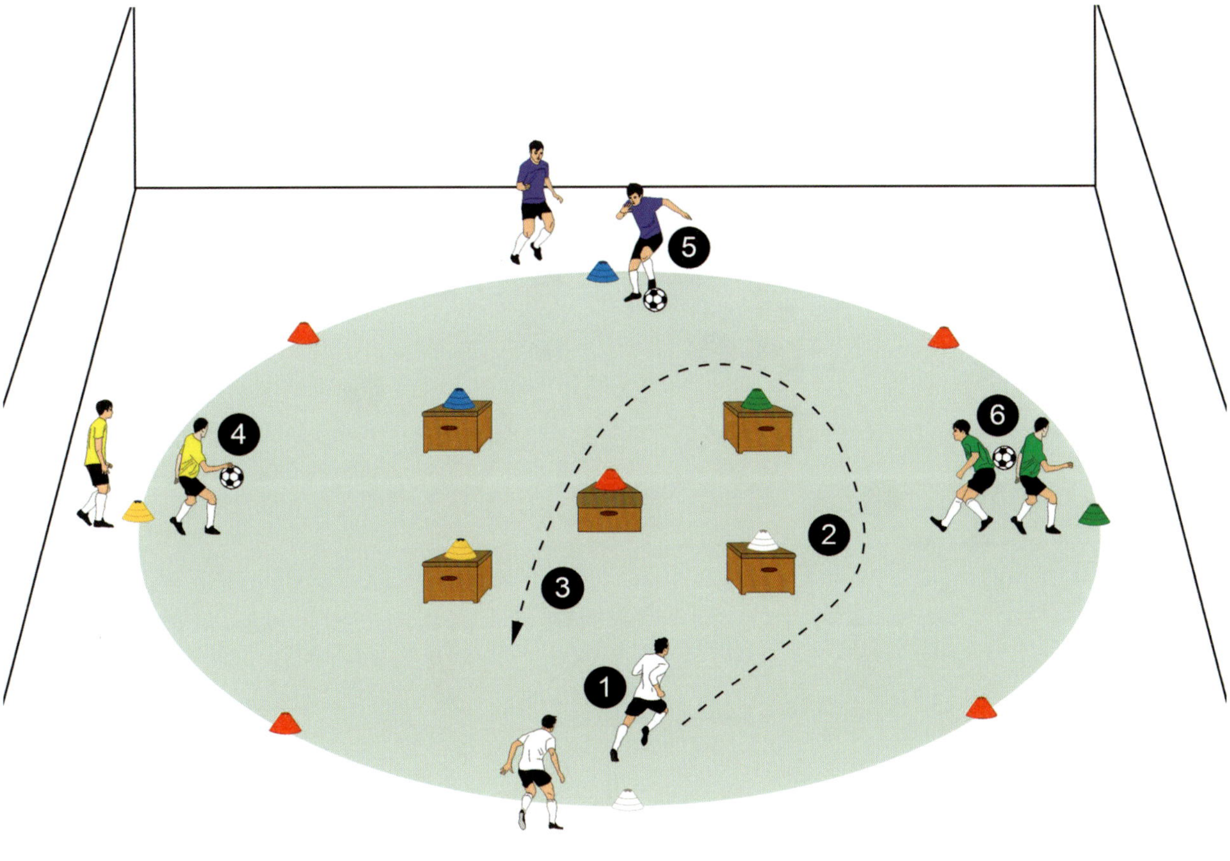

Alle Zuschauer haben ihre Plätze gefunden. Die Zirkusartisten laufen in die Manege ein und zeigen erste kleine Kunststücke.

Die Kinder werden in vier Teams eingeteilt. Die Kinder der unterschiedlichen Teams treten in einem Staffelwettkampf gegeneinander an. Die Kinder starten am gleichfarbigen Markierungshütchen, umlaufen, je nach Vorgabe des Trainers, die verschiedenen Kästen (vgl. 2) und kehren dann zur eigenen Gruppe zurück (vgl. 3). Die Laufwege und Aufgabenstellungen können laufend variiert werden. So können die Laufwege einen Ball prellend (vgl. 4), dribbelnd (vgl. 5) und mit besonderen Bewegungs- oder Geschicklichkeitsaufgaben (vgl. 6) umgesetzt werden. Zudem ist ein Wettkampf zwischen den Gruppen möglich.

13.2 ZIRKUSARTISTEN BAUSTEIN #2

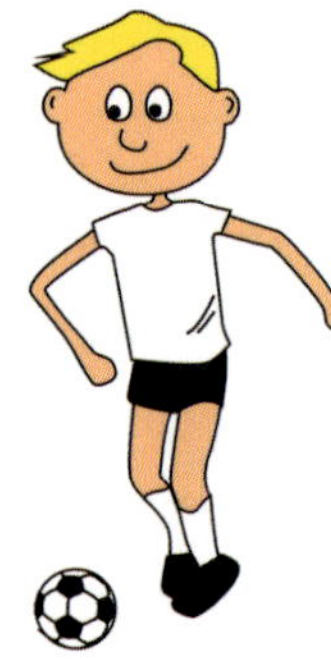

KOORDINATION	★★★★
DRIBBLING	★★★
PASSSPIEL	★★★★★
TORSCHUSS	
FREIES SPIEL	★

MATERIAL:

5 Kästen

8 Markierungshütchen

Bälle & Leibchen

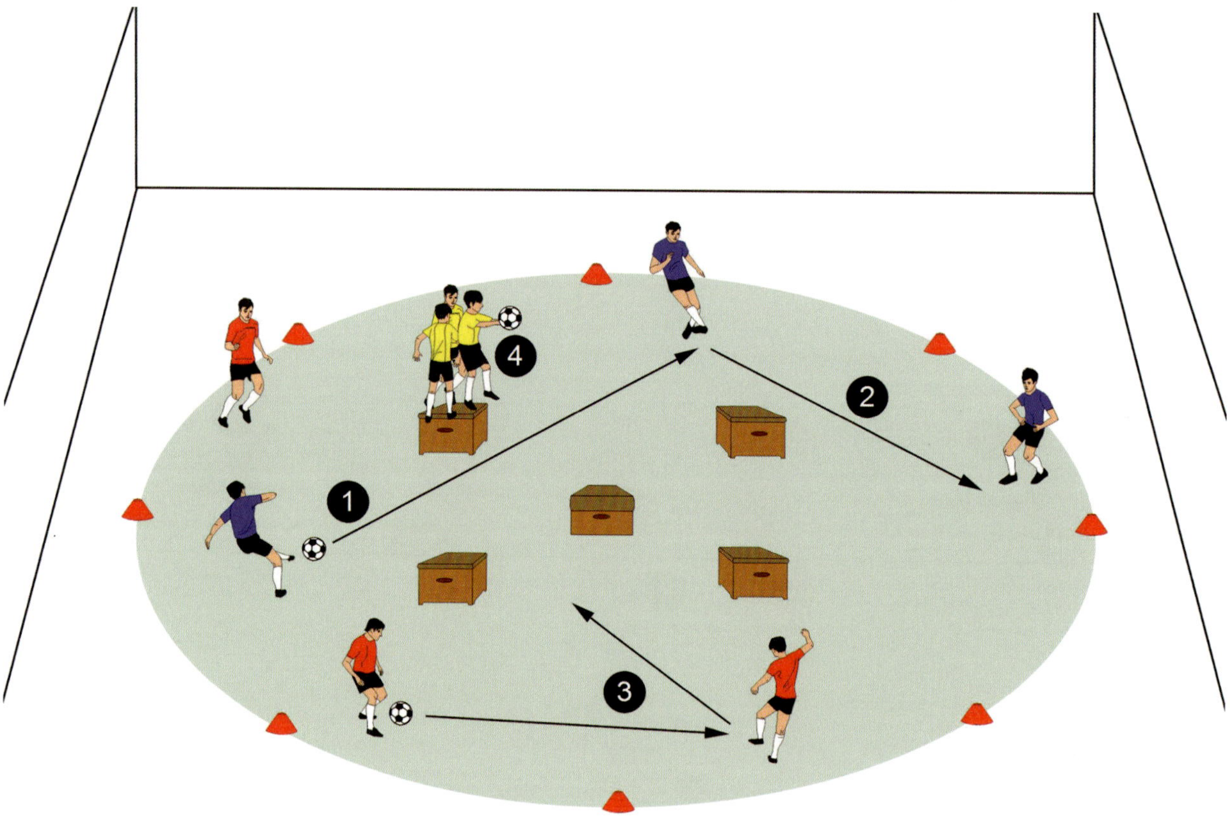

sports-graphics.com

Die Akrobaten sind an der Reihe und führen waghalsige Kunststücke in der Manege vor.

Die Kinder werden in drei Teams aufgeteilt. Die Kinder jeder Gruppe passen sich den Ball zu, ohne dabei einen Kasten zu treffen. Die Kinder müssen abwechselnd einen Pass durch die Kästen hindurch (vgl. 1) und einen Pass außerhalb der Kästen spielen (vgl. 2). Die Gruppen setzen im Wettkampf eine vorher vom Trainer vorgegebene Anzahl Pässe um (vgl. 3). Nachdem die geforderte Anzahl erreicht ist, sammelt sich die Gruppe gemeinsam auf einem Kasten (vgl. 4). Die Gruppe, die zuerst gesammelt auf einem Kasten steht, hat den Wettkampf gewonnen. Weitere Variationen des Passspiels, wie ein Chip über einen Kasten, ein Doppelpass, ein Pass über eine Hallenwand oder ein Dribbling außerhalb des Kreises, sind möglich.

13.3 ZIRKUSARTISTEN BAUSTEIN #3

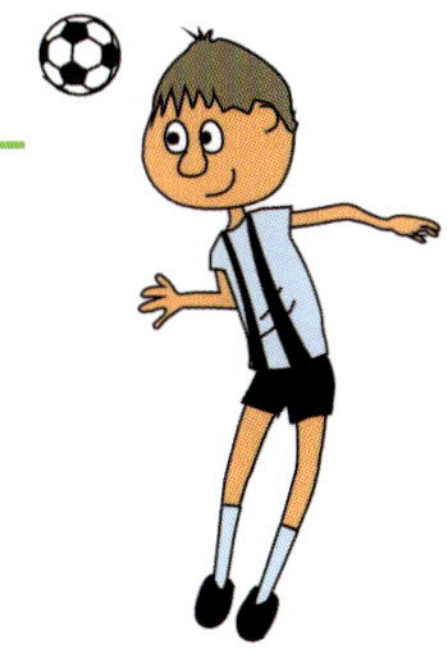

		MATERIAL:
KOORDINATION	★★★★★	5 Kästen
DRIBBLING	★★★★★	8 Markierungshütchen
PASSSPIEL	★★★	Bälle
TORSCHUSS		
FREIES SPIEL	★	

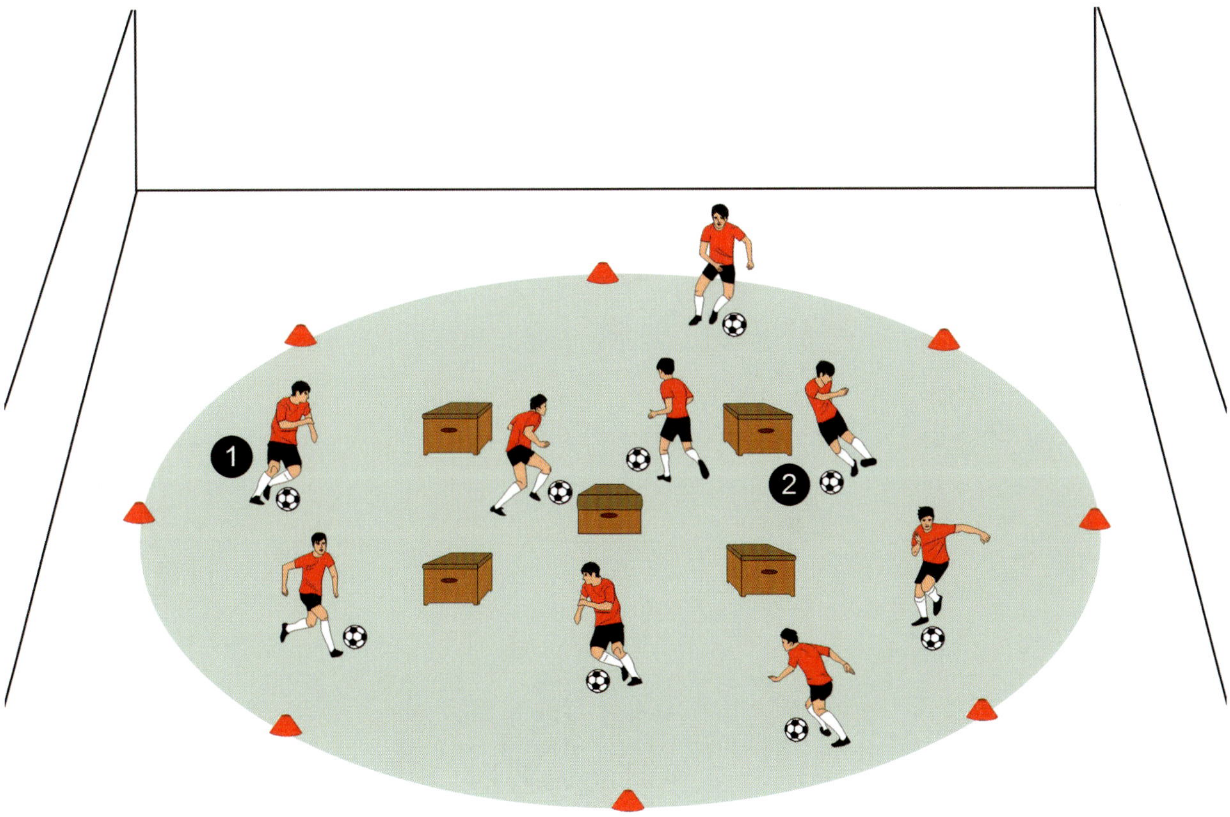

sports-graphics.com

Die Löwen werden in die Manege geführt. Sie zeigen atemberaubende Kunststücke.

Die Kinder dribbeln im abgesteckten Kreis (vgl. 1) und führen unterschiedliche Bewegungen und Aufgaben unter Hinzunahme der Kästen durch (vgl. 2). Dabei sind unterschiedlichste Aufgaben mit und ohne Ball möglich. In diesem Zusammenhang können Laufaufgaben ohne Ball um den Kasten herum, Sprünge auf und vom Kasten herunter, Fintierbewegungen mit Ball, Pässe gegen den Kasten und Lupfer über den Kasten von den Kindern umgesetzt werden. Alle Aufgaben können als Wettkampf der Kinder untereinander organisiert werden.

13.4 ZIRKUSARTISTEN BAUSTEIN #4

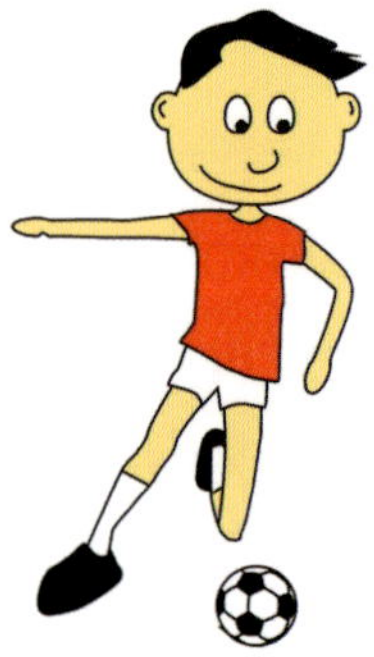

KOORDINATION ★★
DRIBBLING ★★★★
PASSSPIEL ★★★★★
TORSCHUSS ★
FREIES SPIEL ★

MATERIAL:
8 Markierungshütchen
Bälle

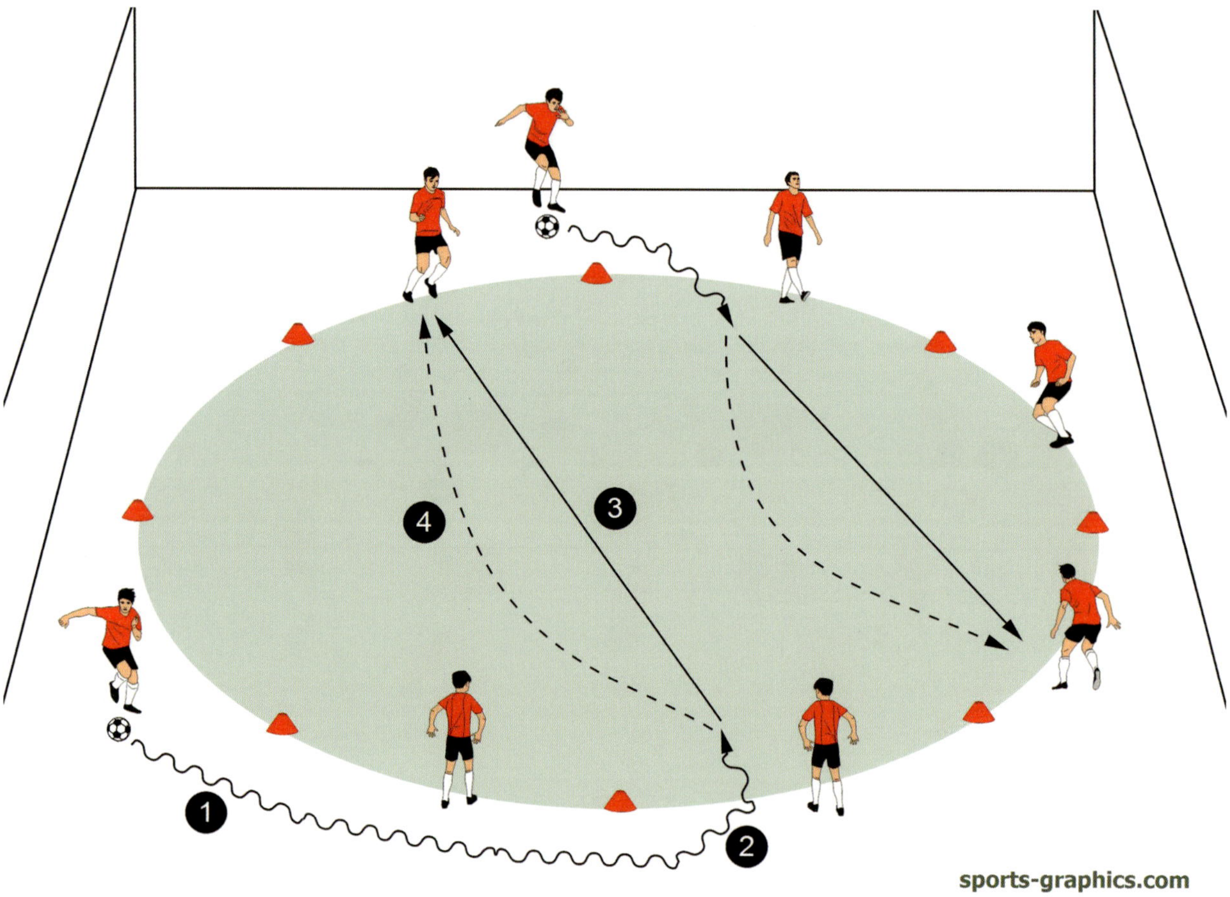

Unter großem Applaus betreten die Messerwerfer die Manege und führen Wurfkunststücke vor.

Die Kinder positionieren sich in gleichmäßigen Abständen auf der Kreislinie. Es sind zwei oder mehr Bälle im Spiel. Die Ballbesitzer dribbeln hinter einem nebenstehenden Kind entlang (vgl. 1) und führen den Ball dann in den Kreis (vgl. 2). Anschließend passen die Ballbesitzer den Ball zu einem weiteren Kind auf der Kreislinie (vgl. 3) und besetzen die Position des Ballempfängers (vgl. 4). Der Ballempfänger dribbelt nun seinerseits hinter einem Mitspieler entlang und passt dann den Ball zu einem weiteren Kind.

13.5 ZIRKUSARTISTEN BAUSTEIN #5

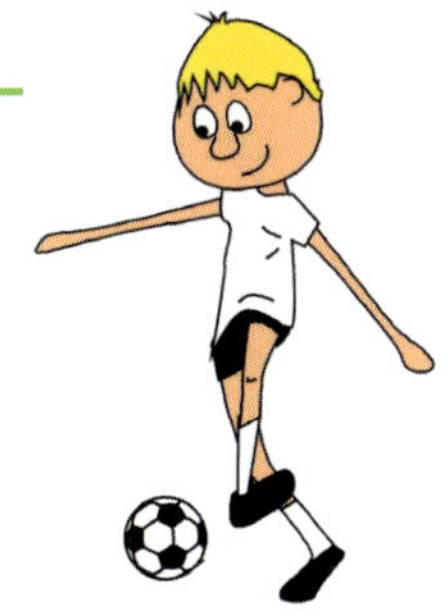

KOORDINATION	★
DRIBBLING	★★★★
PASSSPIEL	★★★
TORSCHUSS	★
FREIES SPIEL	★★★★★

MATERIAL:

8 Markierungshütchen

Bälle

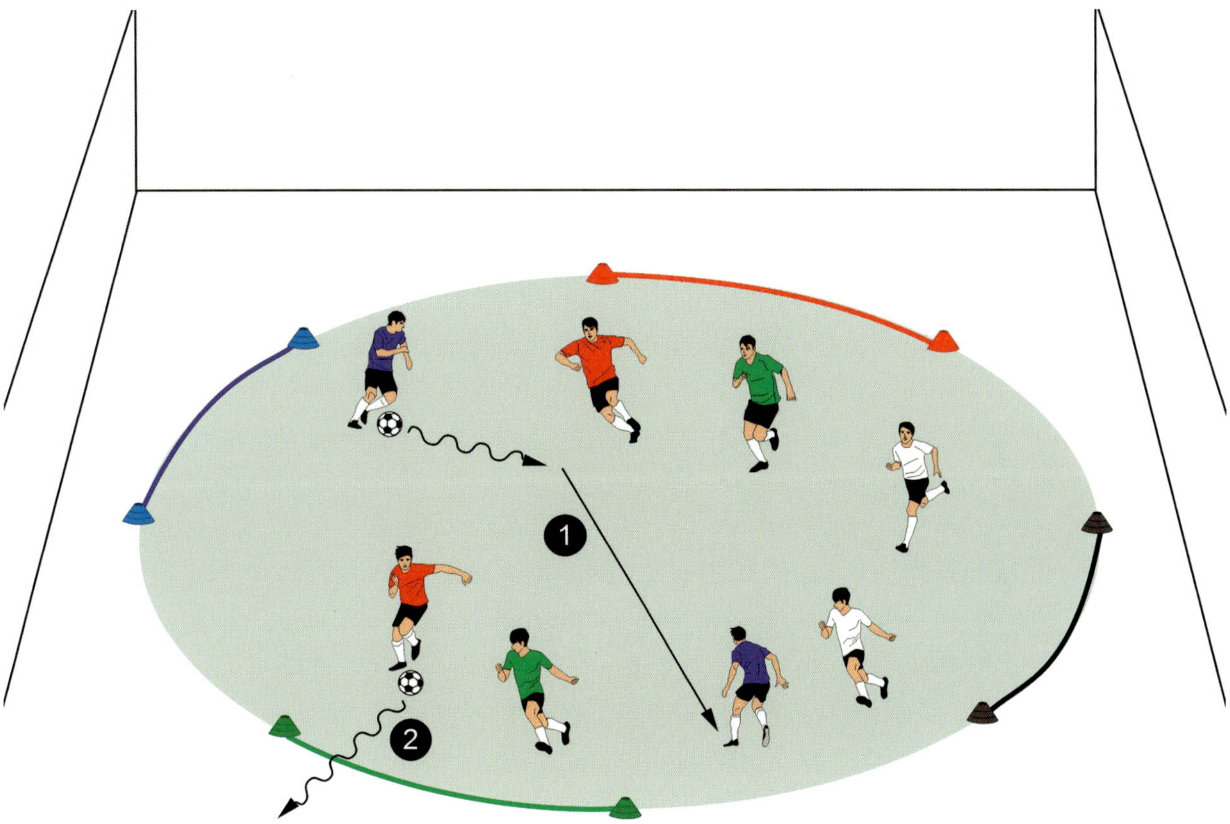

sports-graphics.com

Zum Ende der Vorstellung fordern die Zuschauer eine Zugabe. Alle Artisten, Künstler und Tiere kommen erneut in die Manege.

Die Kinder werden in vier Teams eingeteilt und spielen gegeneinander auf die Dribbellinien. Jede Mannschaft verteidigt dabei die Linie entsprechend der eigenen Teamfarbe. Demnach spielt Team ROT gegen Team GRÜN und Team BLAU gegen Team WEISS. Durch geschickte Ballzirkulation (vgl. 1) nähern sich die Teams der gegnerischen Linie und versuchen, ein Dribbling über die Linie umzusetzen (vgl. 2), um einen Punktgewinn zu erzielen. Die Teams spielen im Turniermodus „jeder gegen jeden" gegeneinander.

14 DSCHUNGELFIEBER

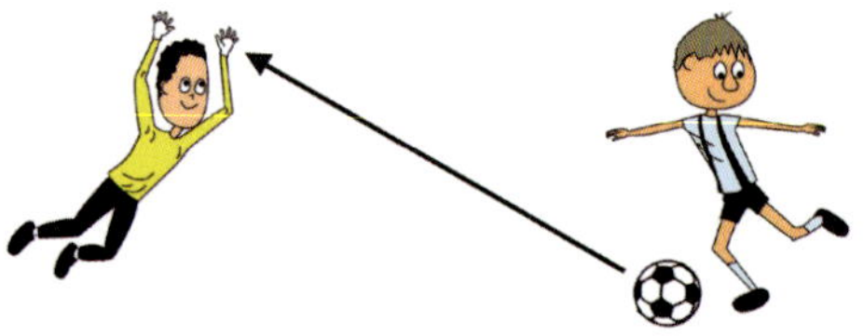

Der Feldaufbau umfasst drei mit Reifen gelegte Kreise und drei Jugendtore. Ähnlich zu vorherigen Trainingsformen spielen Aspekte der Orientierung im Hinblick auf die Kreise und die Multidirektionalität des Spiels im Hinblick auf die Torstellung eine Rolle. Je nach Größe der Kreise und je nach den Abständen der Reifen zueinander bieten sich sowohl Lauf- als auch Technikaufgaben an, die einzeln oder in Gruppen umgesetzt werden können.

Der Dschungel mit seinen Gefahren und Geheimnissen begeistert Kinder. So sind sie durch eine entsprechende Aufgabenstellung bereit, den Dschungel zu erkunden und sich dem Abenteuer zu stellen.

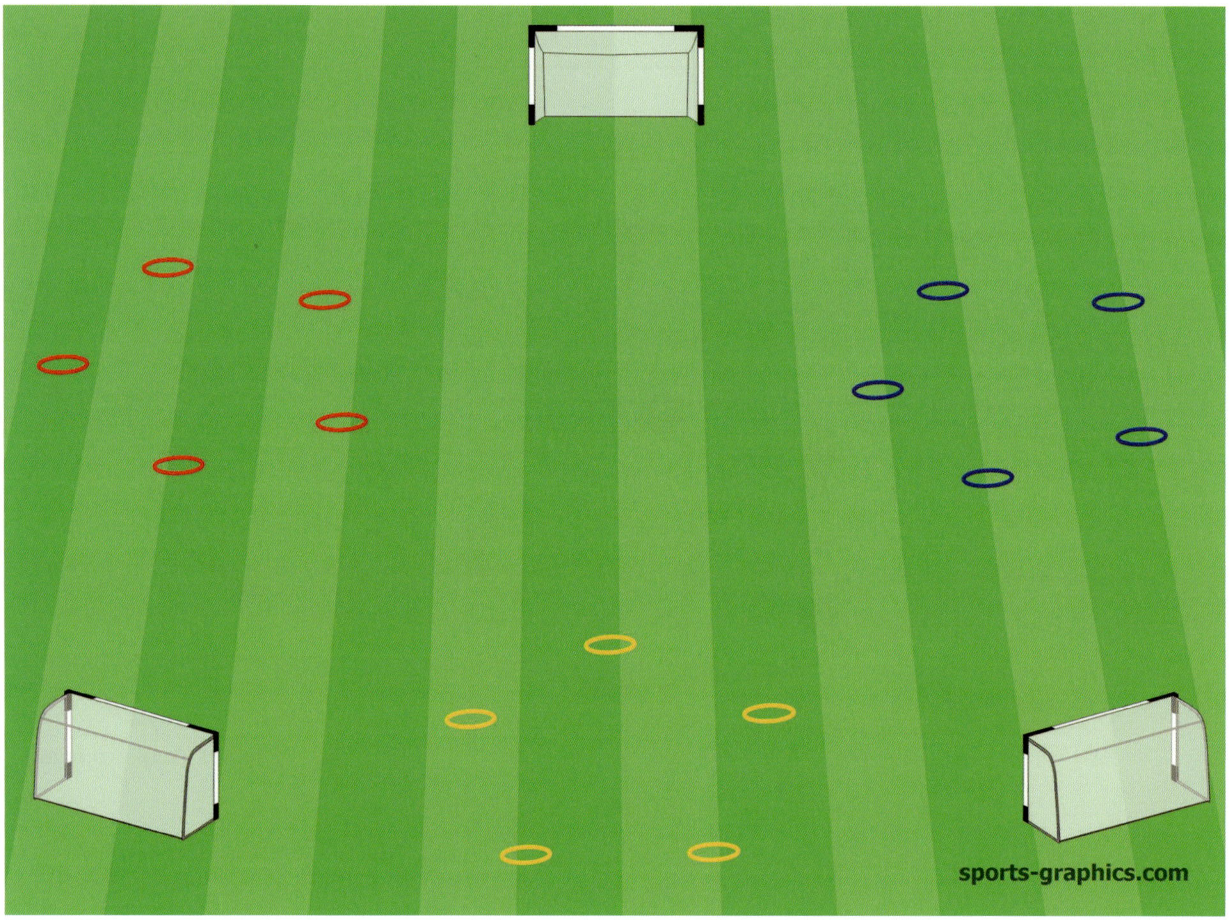

14.1 DSCHUNGELFIEBER BAUSTEIN #1

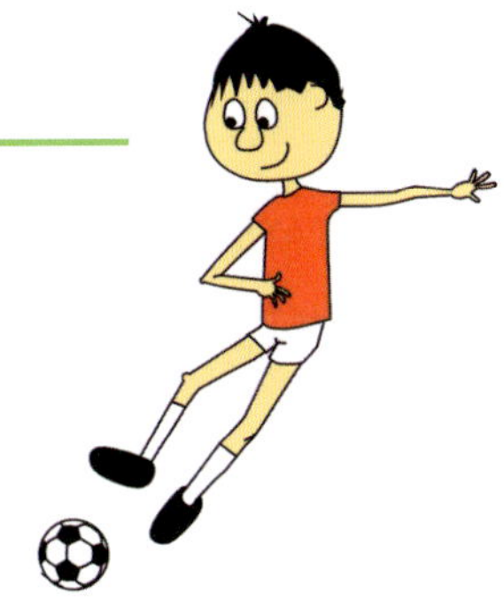

KOORDINATION	★★★★★
DRIBBLING	★★★
PASSSPIEL	★★★
TORSCHUSS	
FREIES SPIEL	★

MATERIAL:

15 Koordinationsreifen

Leibchen

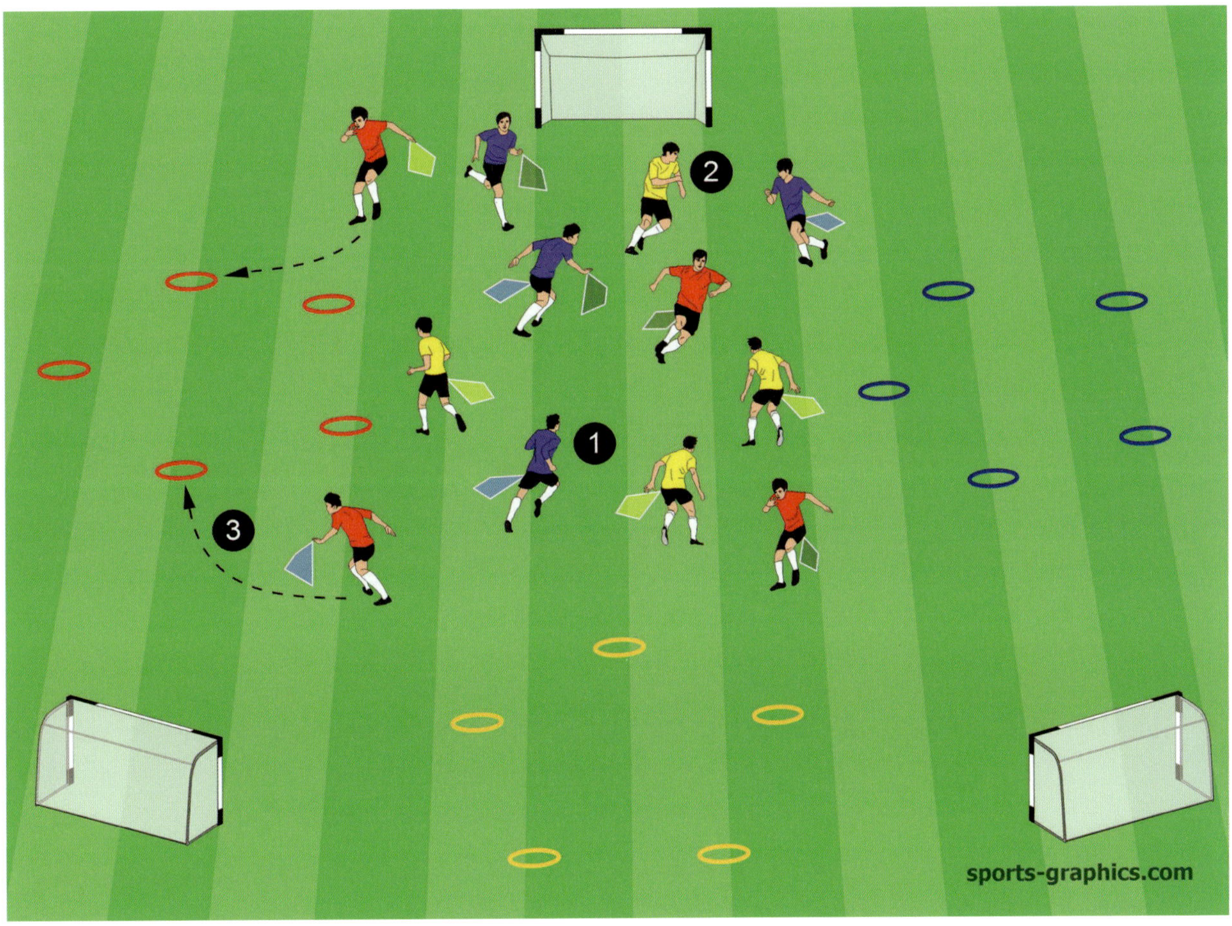

Die Urwaldbewohner kommen aus den verschiedenen Dörfern zusammen und lernen sich kennen.

Die Kinder werden in drei Teams eingeteilt. Die Kinder haben jeweils ein Leibchen ihrer Teamfarbe im Hosenbund stecken. Die Kinder bewegen sich zwischen den Reifen (vgl. 1) und versuchen, den gegnerischen Kindern das Leibchen aus dem Hosenbund zu ziehen (vgl. 2). Wird ein Leibchen erbeutet, so bringen die erfolgreichen Kinder das gewonnene Leibchen in einen Reifen ihrer Teamfarbe (vgl. 3). Die Mannschaft, die zuerst alle eigenen Reifen mit gegnerischen Leibchen belegt hat, hat gewonnen. Zusätzlich kann jedes Kind einen Ball am Fuß führen oder sich mit einem Partner einen Ball zupassen.

14.2 DSCHUNGELFIEBER BAUSTEIN #2

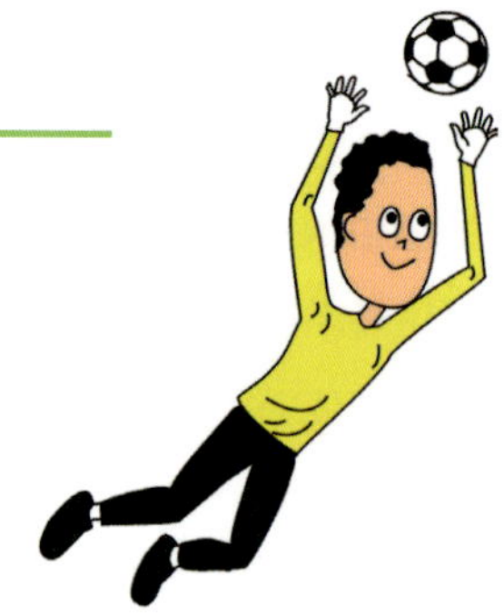

KOORDINATION	★
DRIBBLING	★★★★★
PASSSPIEL	
TORSCHUSS	
FREIES SPIEL	★

MATERIAL:

15 Koordinationsreifen

Bälle & Leibchen

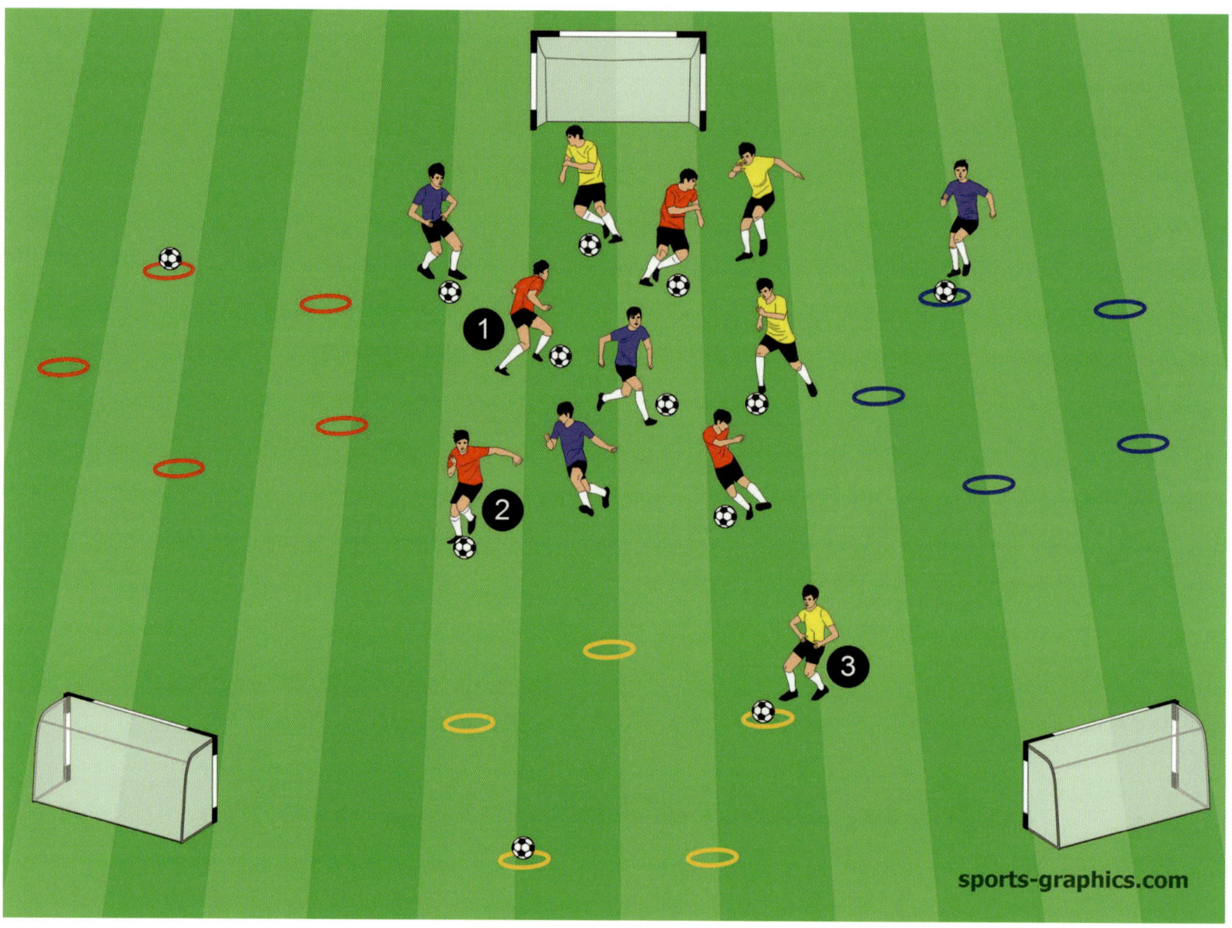

Im Urwald ist Erntezeit für die Kokosnüsse. Die Urwaldbewohner streiten sich um die Kokosnüsse und wollen so viele Nüsse wie möglich in ihr Dorf bringen.

Die Kinder werden in drei Teams eingeteilt. Jedes Kind besitzt einen Ball. Die Kinder dribbeln zwischen den Reifen (vgl. 1). Die Kinder versuchen, die Bälle der gegnerischen Kinder zu erobern (vgl. 2). Wird ein Ball erobert, so bringen die erfolgreichen Kinder den Ball zu den Reifen ihrer Teamfarbe und legen ihn dort ab (vgl. 3). Das Team, das zuerst alle Reifen der eigenen Farbe mit gegnerischen Bällen belegt hat, gewinnt den Wettkampf. Ein Kind, das seinen Ball verloren hat, darf weiterhin mitspielen, um den gegnerischen Kindern ebenfalls den Ball abzunehmen.

14.3 DSCHUNGELFIEBER BAUSTEIN #3

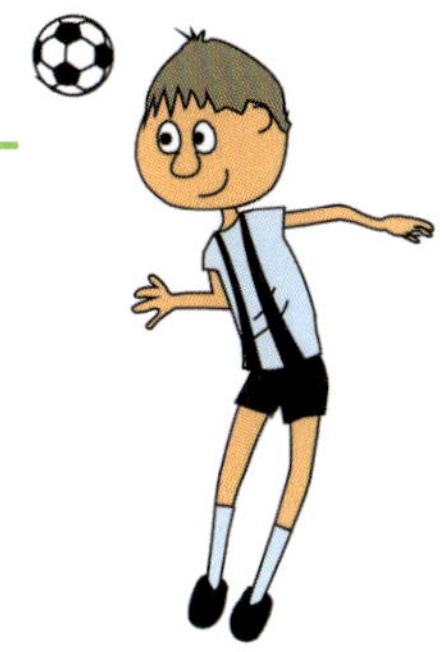

KOORDINATION	★★★
DRIBBLING	★★★★
PASSSPIEL	★★★★
TORSCHUSS	★★★★
FREIES SPIEL	★

MATERIAL:

3 Großtore

15 Koordinationsreifen

Bälle & Leibchen

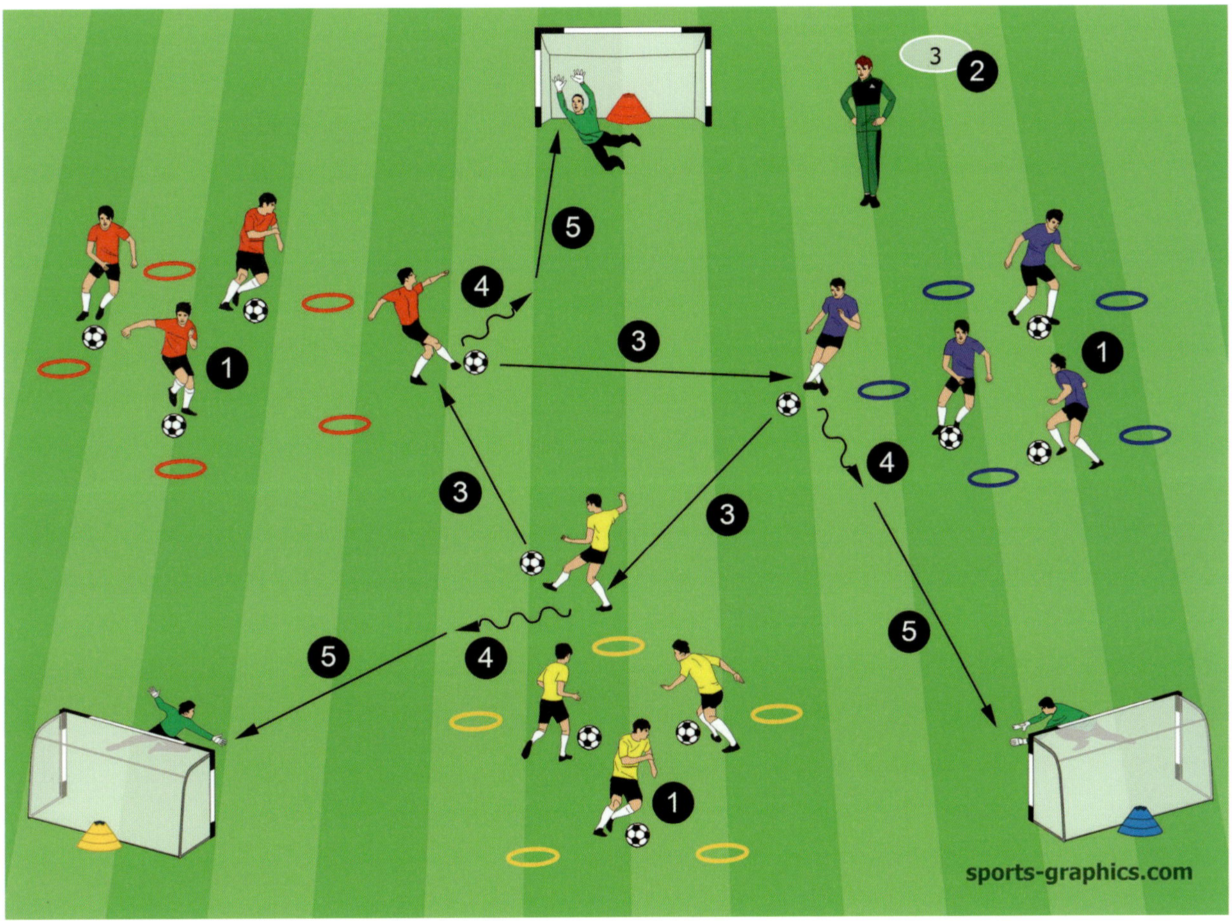

Die Einwohner der Urwalddörfer tauschen die Kokosnüsse untereinander.

Die Kinder werden in drei Teams eingeteilt. Jedes Kind erhält eine ihm zugeordnete Zahl. Die vergebenen Zahlen kommen in jedem Team einmal vor. Die Kinder positionieren sich innerhalb der Reifen gemäß ihrer Teamfarbe und dribbeln dort variantenreich durcheinander (vgl. 1). Nach einem akustischen oder visuellen Trainersignal (vgl. 2) dribbeln die benannten Kinder aus ihrem Feld heraus und passen den Ball im Uhrzeigersinn zum jeweils nächsten Kind (vgl. 3). Jedes Kind passt demnach einen Ball und erhält einen weiteren. Nach Ballerhalt verarbeiten die Kinder den Ball (vgl. 4) und schließen auf das entsprechend markierte Tor ab (vgl. 5). Anschließend holen die Kinder den geschossenen Ball und dribbeln erneut im markierten Feld.

14.4 DSCHUNGELFIEBER BAUSTEIN #4

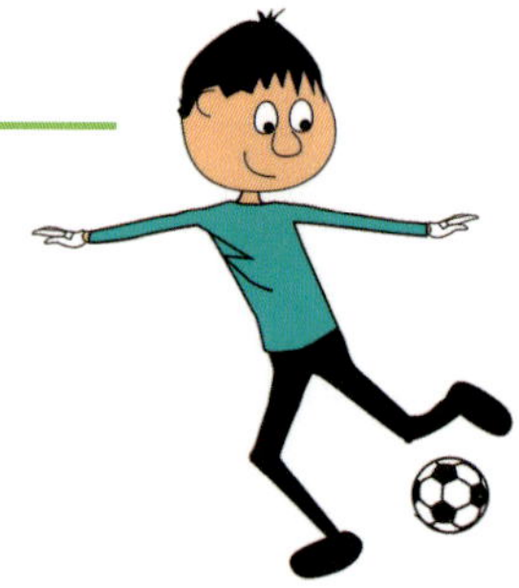

KOORDINATION	★★★
DRIBBLING	★★★
PASSSPIEL	★★★
TORSCHUSS	★★★
FREIES SPIEL	★★★★

MATERIAL:

3 Großtore

15 Koordinationsreifen

Bälle & Leibchen

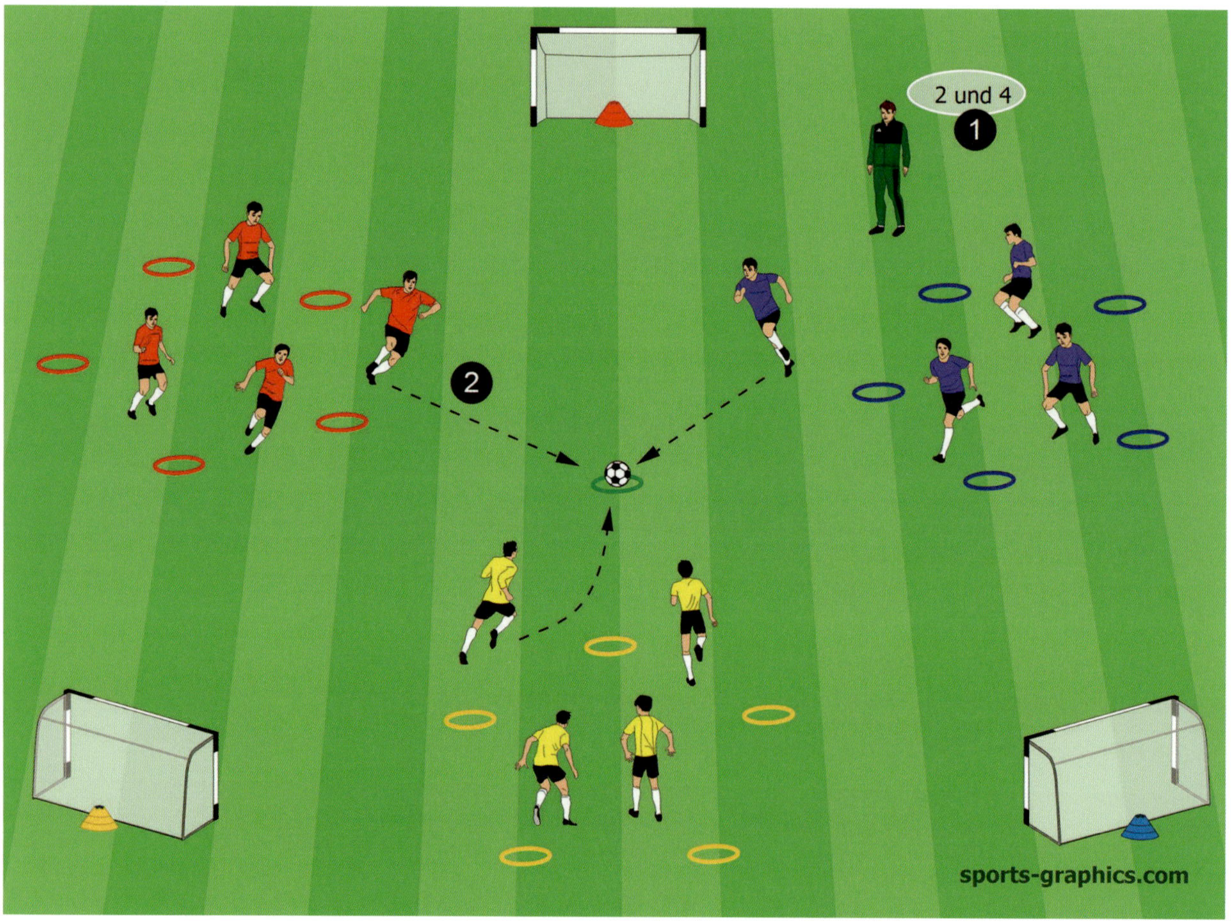

Im Urwald ist ein Goldschatz versteckt. Die Urwaldbewohner haben eine Schatzkarte und wollen ihn finden.

Die Kinder werden in drei Teams eingeteilt. Die Kinder stehen in ihrem Feld, das sich zwischen den Reifen ergibt. Jedem Kind wird vorab eine Zahl zugeordnet. Jede Zahl kommt in jedem Team einmal vor. Der Trainer benennt durch ein visuelles oder akustisches Signal ein oder mehrere Kinder (vgl. 1). Die benannten Kinder versuchen, den in der Spielfeldmitte platzierten Ball schnellstmöglich zu erreichen (vgl. 2). Sobald der Ball von einem Kind berührt wurde, startet eine Spielsequenz, in der jede Mannschaft das ihr farblich zugeordnete Tor verteidigt und auf die übrigen beiden Tore angreift.

14.5 DSCHUNGELFIEBER BAUSTEIN #5

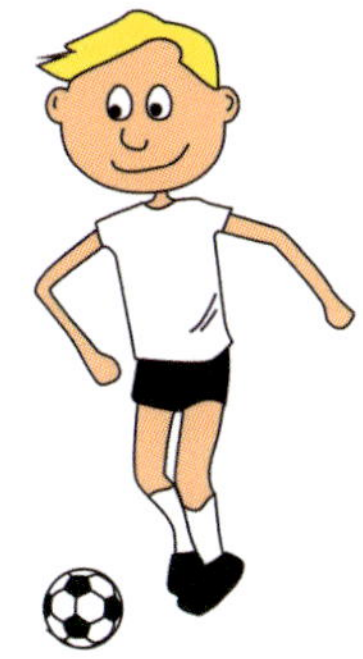

KOORDINATION	★
DRIBBLING	★★★
PASSSPIEL	★★★
TORSCHUSS	★★★
FREIES SPIEL	★★★★★

MATERIAL:

3 Großtore

Bälle & Leibchen

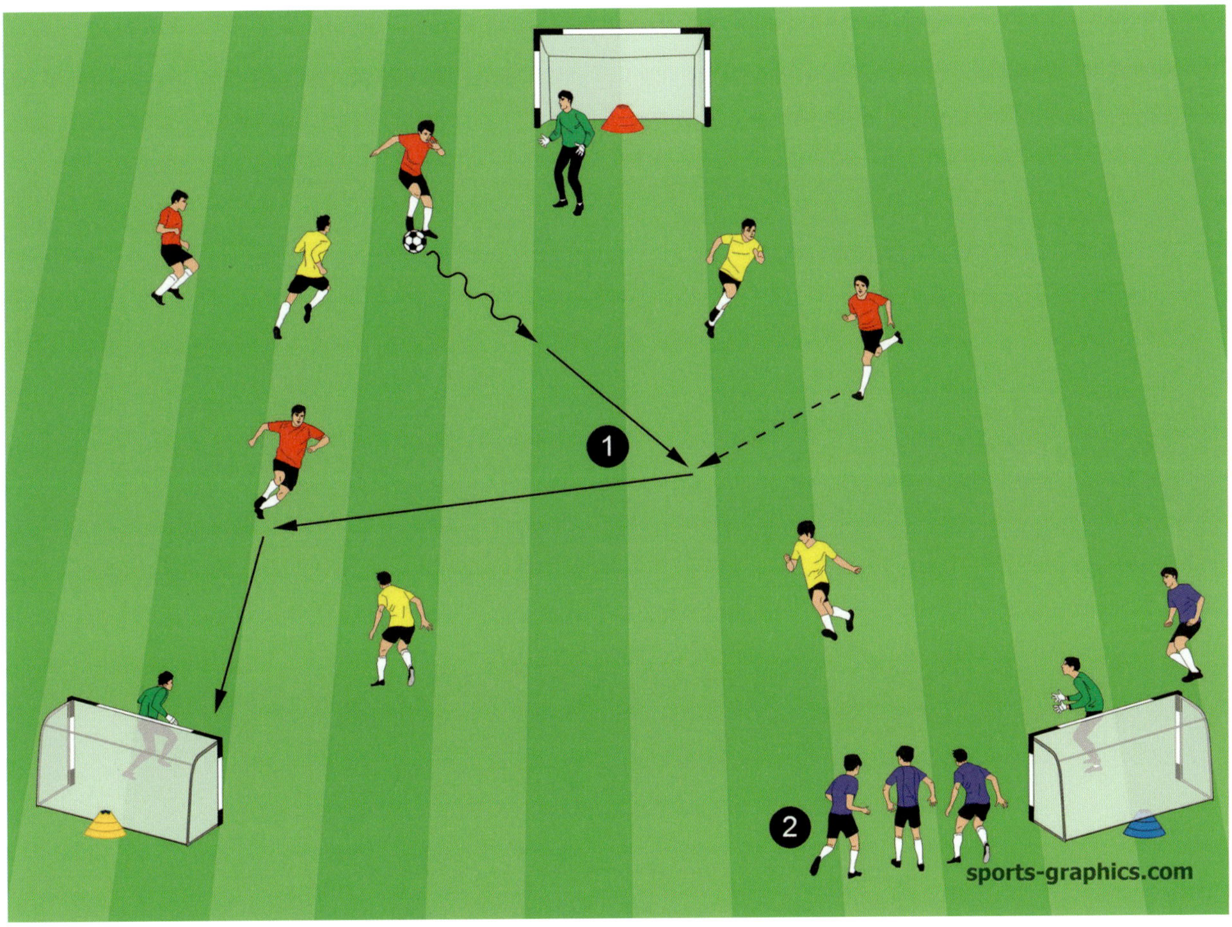

Die Kokosnüsse werden von einer Affenbande gestohlen. Die Affen spielen mit der Nuss und springen von Baum zu Baum.

Die Kinder werden in drei Teams eingeteilt. Jedem Team ist ein Tor farblich zugeordnet. Es sind immer zwei Teams auf zwei Tore aktiv, während das übrige Team neben seinem Tor auf seinen Einsatz wartet. Team ROT spielt gegen Team GELB. Schafft es Team ROT, bei Team GELB ein Tor zu erzielen (vgl. 1), so verlässt Team GELB das Spielfeld und Team BLAU wird aktiv (vgl. 2). Das neue Team startet stets mit dem Ballbesitz. Dauert eine Spielsequenz zu lange, kann der Trainer eine der beiden Mannschaften, auch ohne dass ein Tor fällt, vom Spielfeld schicken.

15 VERBRECHERJAGD

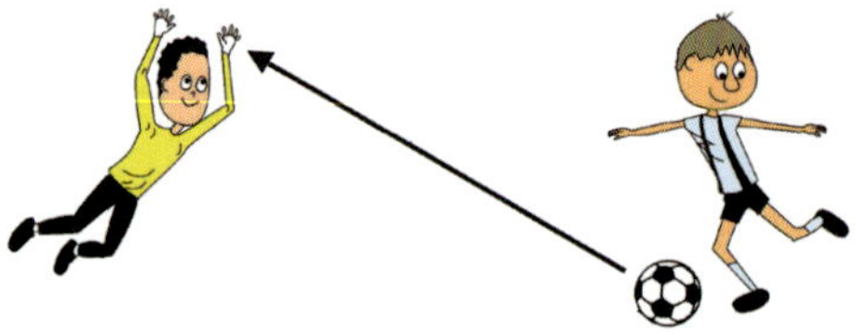

Der dargestellte Feldaufbau beinhaltet einen mit Stangen abgesteckten Kreis im Zentrum. Ein mit verschiedenfarbigen Markierungshütchen gelegtes Sechseck wird von vier äußeren Minitoren komplettiert. Dieser Feldaufbau inkludiert mehrere Ebenen, die sich unterschiedlich weit vom Zentrum entfernt befinden. Die auf den Markierungshütchen platzierten Bälle bieten gute Möglichkeiten für Kleine Spiele oder eine entsprechende Spielfortsetzung.

Das Konfliktpotenzial zwischen Polizisten und Verbrechern lässt sich ausgezeichnet für das Fußballtraining nutzen. Im Sinne eines Fangspiels gibt es ein Gefängnis, in das die Verbrecher gebracht werden können. Die Bälle können im weiteren Verlauf das Diebesgut darstellen.

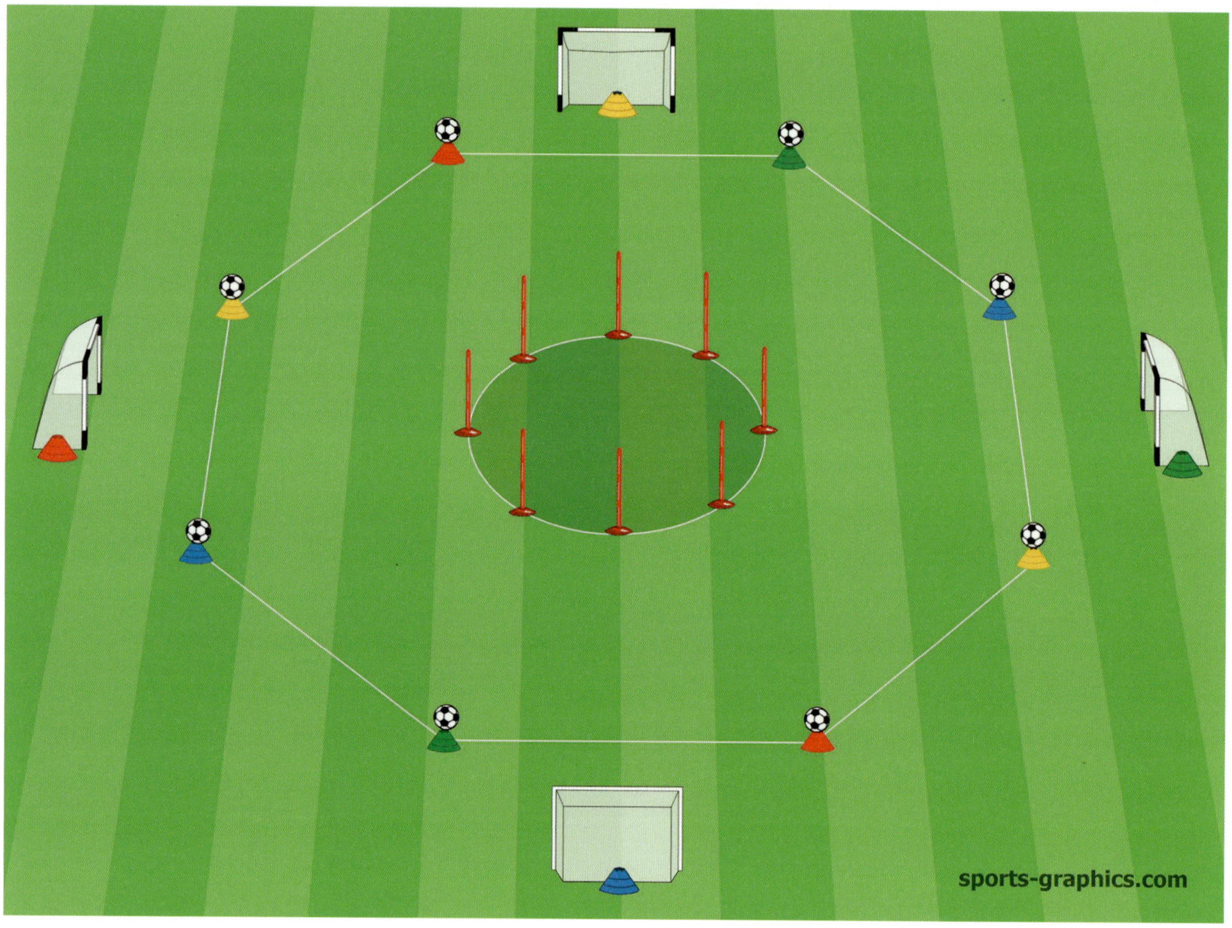

15.1 VERBRECHERJAGD BAUSTEIN #1

KOORDINATION	★★★★★
DRIBBLING	
PASSSPIEL	
TORSCHUSS	
FREIES SPIEL	★

MATERIAL:

8 Markierungshütchen

8 Stangen

Leibchen

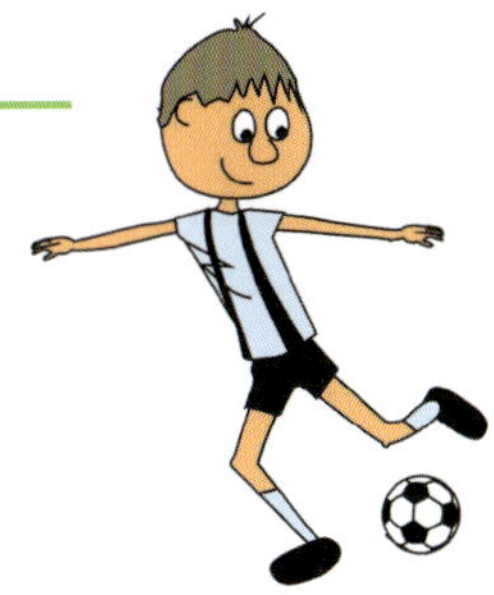

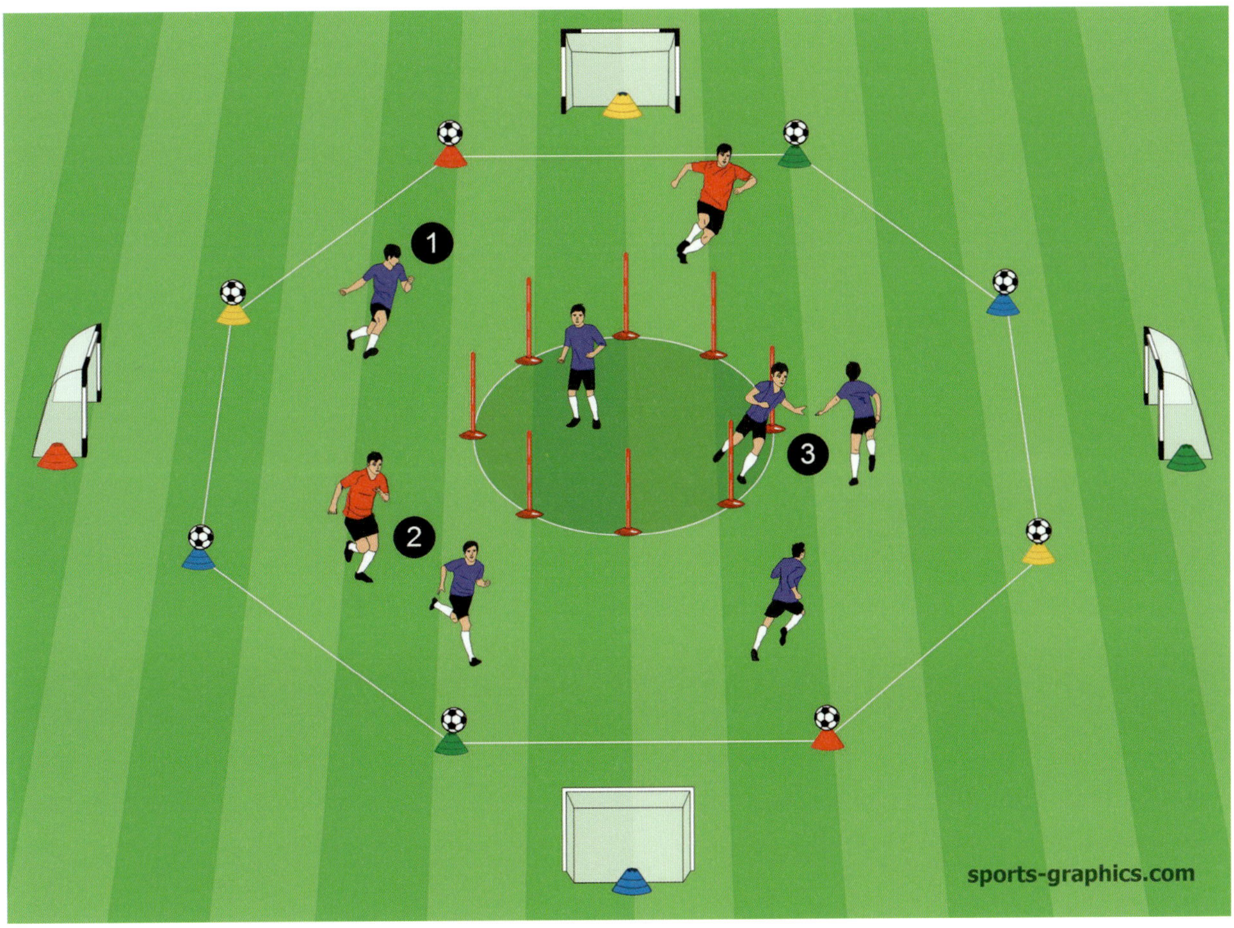

Die Verbrecher sind aus dem Gefängnis entflohen. Die Polizisten wollen sie wieder einfangen.

Die Kinder setzen im Feld ein Fangspiel um. Einige Kinder werden als Fänger gekennzeichnet (vgl. Team ROT). Die übrigen Kinder bewegen sich frei im Feld (vgl. 1). Die Fänger versuchen, die übrigen Kinder mit der Hand abzuschlagen (vgl. 2). Wird ein Kind von einem Fänger abgeschlagen, so geht es in den zentralen Kreis. Es kann von einem noch nicht gefangenen Kind abgeschlagen werden (vgl. 3), um wieder frei zu kommen. Die Fänger werden regelmäßig getauscht.

15.2 VERBRECHERJAGD BAUSTEIN #2

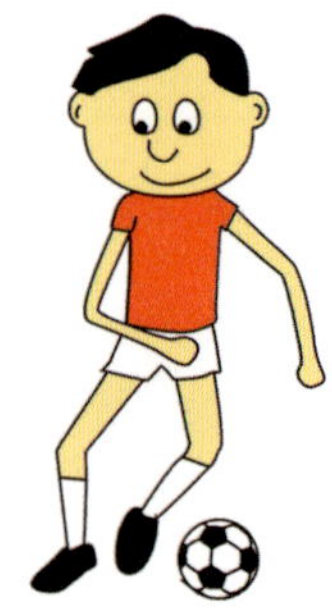

KOORDINATION	★★★★★
DRIBBLING	★★★
PASSSPIEL	
TORSCHUSS	
FREIES SPIEL	★

MATERIAL:

8 Markierungshütchen

8 Stangen

Bälle & Leibchen

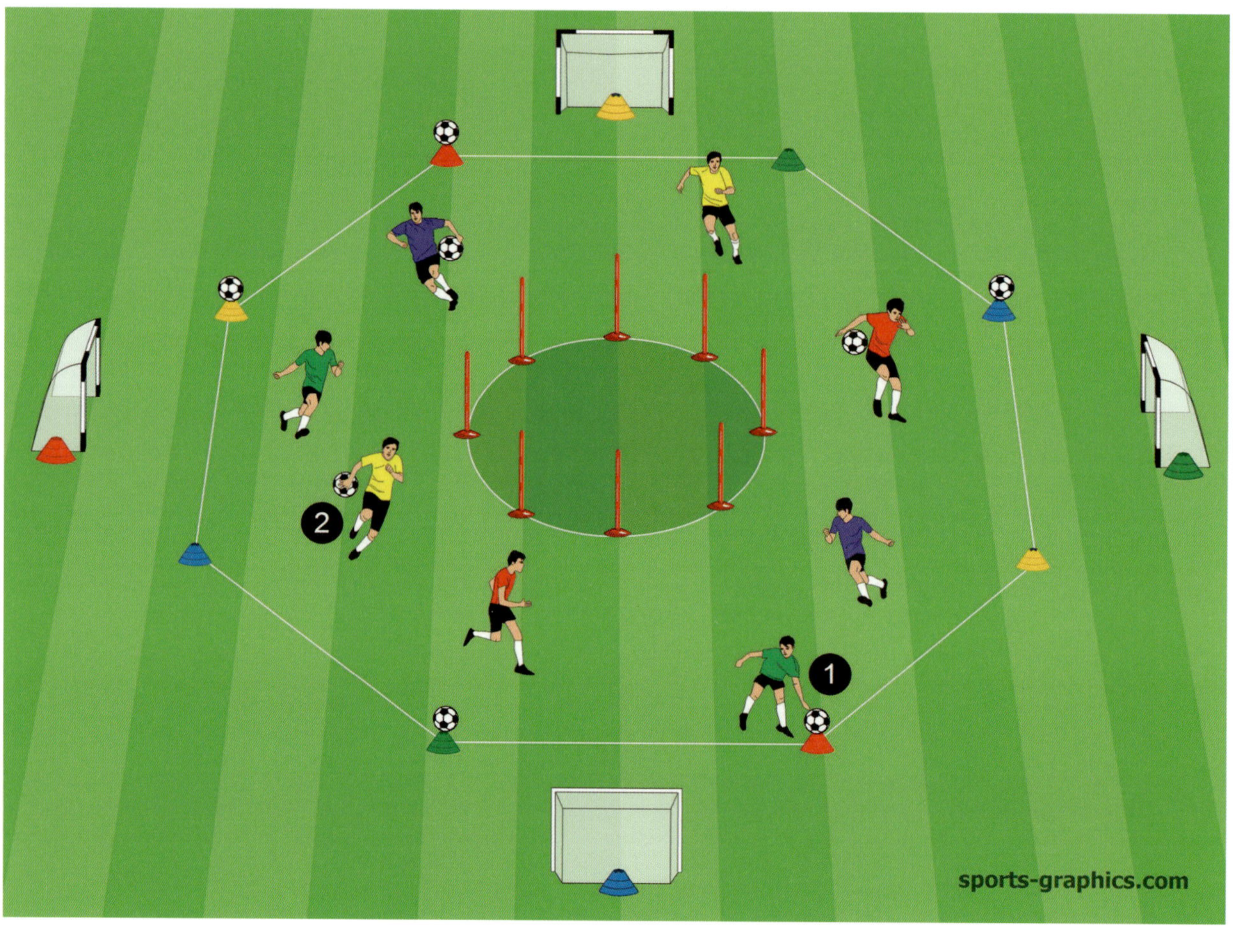

Die Polizisten haben Dienstschluss. Die Verbrecher werden aktiv. Sie starten ihren Beutezug.

Die Kinder werden in vier Teams eingeteilt. Jedem Team sind farblich zwei Markierungshütchen zugewiesen. Auf jedem Markierungshütchen wird ein Ball platziert. Die Kinder haben die Aufgabe, Bälle von den Markierungshütchen der anderen Teams zu nehmen (vgl. 1) und zu den eigenen Markierungshütchen zu bringen (vgl. 2). Die Strecke zwischen den Markierungshütchen kann dabei mit verschiedenen Aufgaben versehen werden. Die Kinder können sich vorwärts, rückwärts, seitwärts, prellend und dribbelnd bewegen. Nach Ablauf einer zuvor vereinbarten Zeit gewinnt das Team, welches die meisten Bälle an und auf den eigenen Markierungshütchen angesammelt hat. Zusätzlich müssen die Kinder durch den zentralen Kreis laufen, ehe sie einen Ball auf dem eigenen Hütchen ablegen können.

15.3 VERBRECHERJAGD BAUSTEIN #3

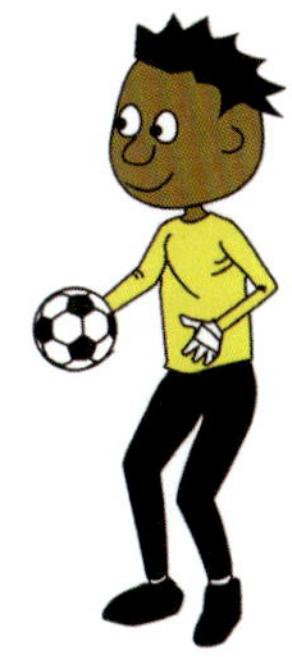

KOORDINATION	★★
DRIBBLING	★★★★
PASSSPIEL	★★
TORSCHUSS	★★★★
FREIES SPIEL	★★

MATERIAL:

4 Minitore

12 Markierungshütchen

8 Stangen

Bälle & Leibchen

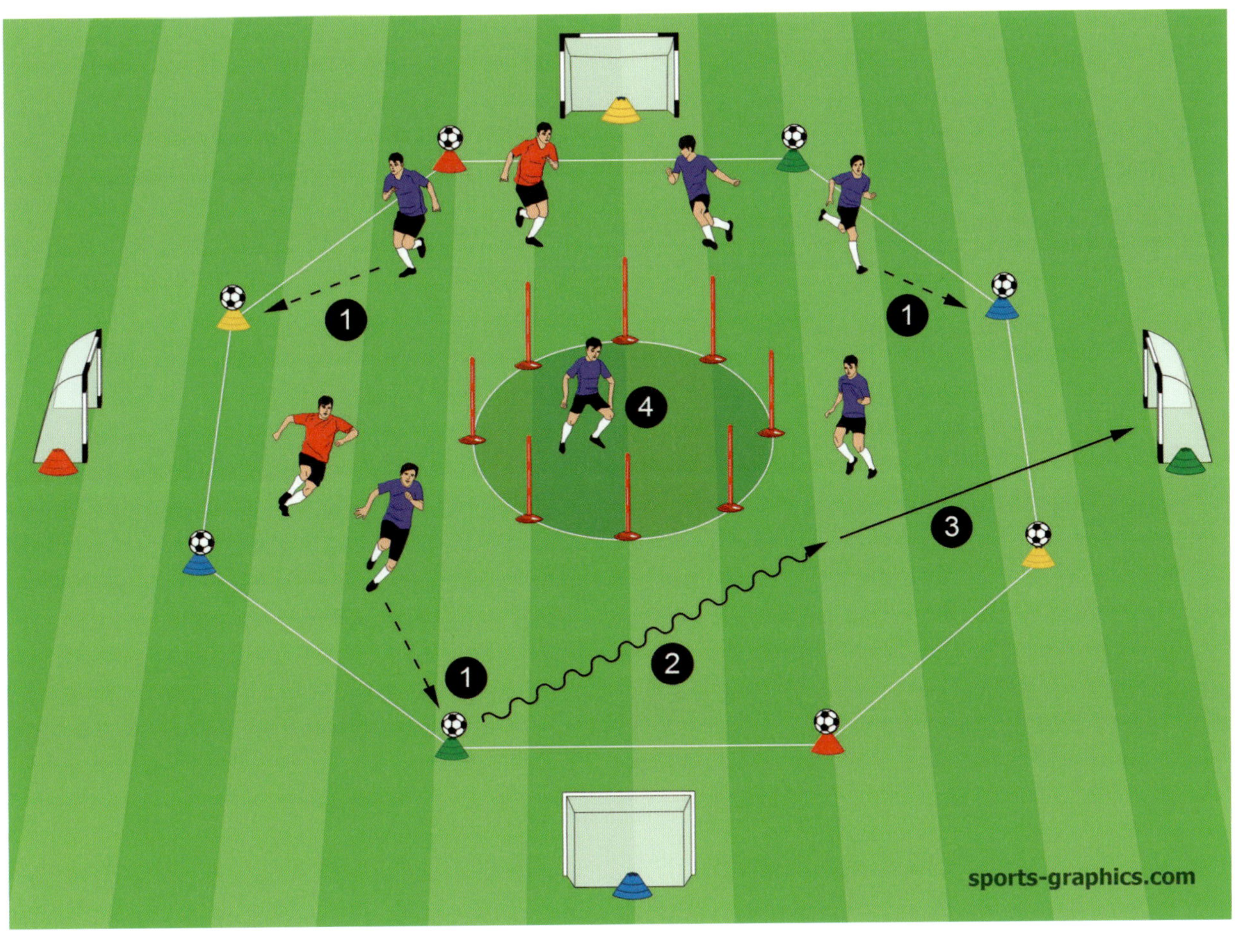

Die Polizei ist einigen Juwelendieben auf der Spur und versucht, den Diebstahl zu verhindern.

Die Kinder agieren in unterschiedlichen Rollen im Feld. Im Vorfeld werden so einige Verteidiger (vgl. Team ROT) eingeteilt. Die übrigen Kinder haben als Stürmer die Aufgabe, einen Ball von einem Markierungshütchen mit dem Fuß herunterzuholen (vgl. 1), anzudribbeln (vgl. 2) und anschließend auf eines der Minitore abzuschließen (vgl. 3). Der Verteidiger versucht, dies zu verhindern und den Ball zu erobern. Verliert der Stürmer den Ball an den Verteidiger, so muss der Stürmer zunächst den Ball holen und diesen zurück auf ein Markierungshütchen legen und anschließend für 10 Sekunden im zentralen Kreis ausharren (vgl. 4), ehe er einen neuen Versuch starten kann.

15.4 VERBRECHERJAGD BAUSTEIN #4

KOORDINATION	★★★★
DRIBBLING	★★★★
PASSSPIEL	★★
TORSCHUSS	★★★★
FREIES SPIEL	★★★

MATERIAL:
4 Minitore
12 Markierungshütchen
8 Stangen
Bälle & Leibchen

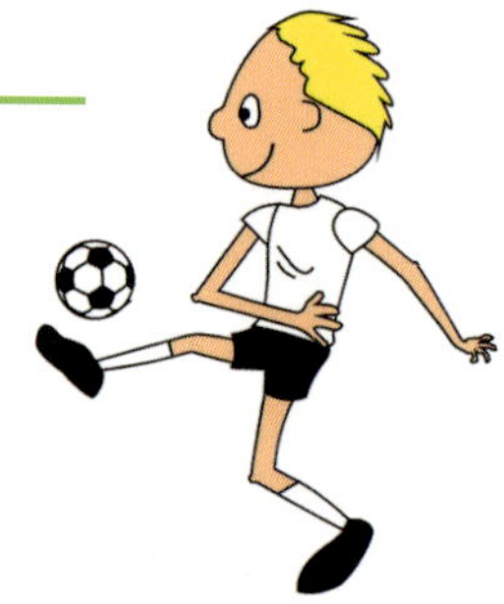

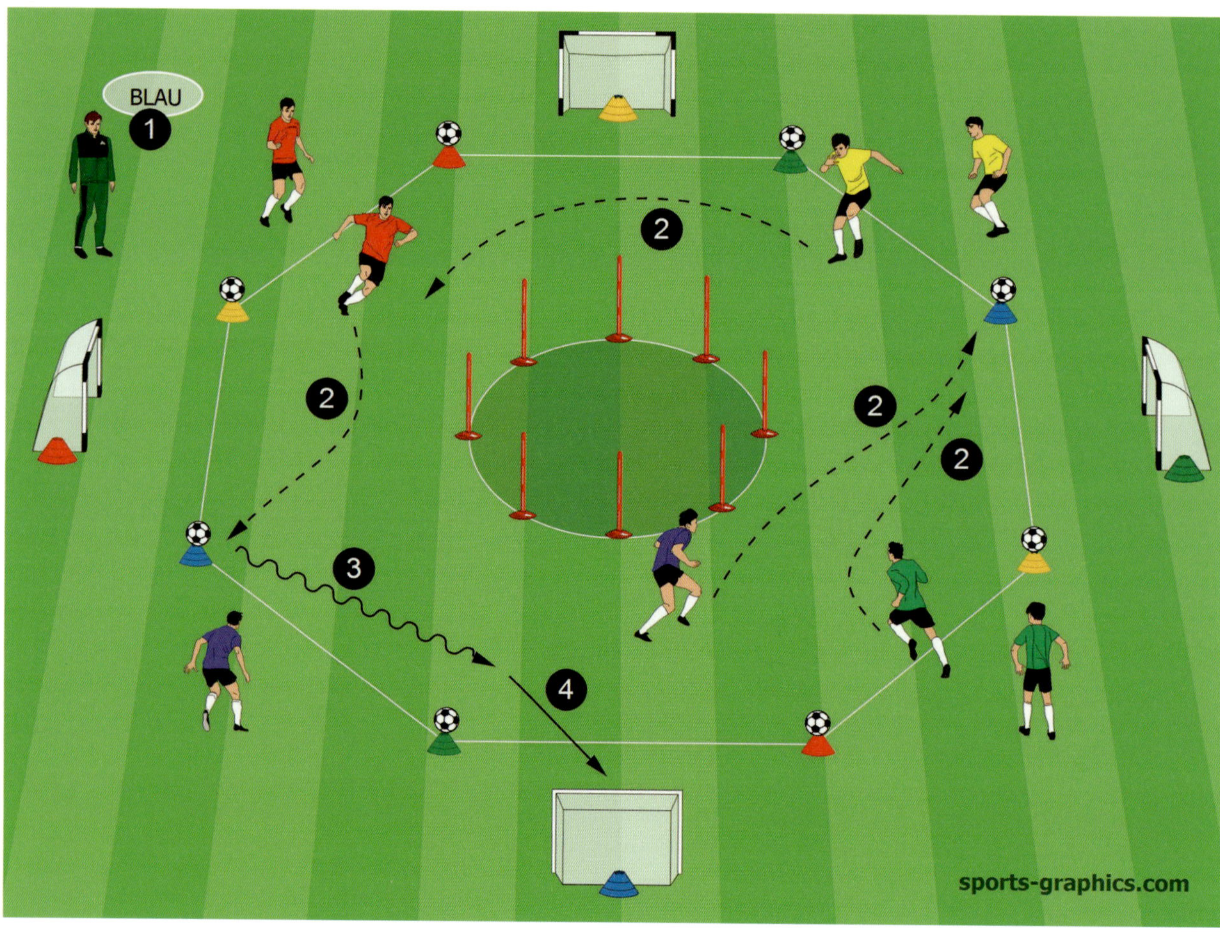

Die Verbrecher haben es auf die Goldbarren in der Bank abgesehen. Die Polizei versucht, schnellstmöglich am Tatort zu sein und Spuren zu den Tätern zu finden.

Die Kinder werden in vier Teams eingeteilt, die jeweils ihre Startpositionen zwischen den Minitoren haben. Der Trainer benennt durch ein akustisches oder visuelles Signal eine Farbe (vgl. 1). Die Kinder versuchen nun, schnellstmöglich den Ball auf dem benannten Markierungshütchen zu erreichen (vgl. 2). Die Kinder, welche die beiden verfügbaren Bälle zuerst erreichen, dribbeln an (vgl. 3) und schließen auf das Minitor ab, das der benannten Hütchenfarbe entspricht (vgl. 4).

15.5 VERBRECHERJAGD BAUSTEIN #5

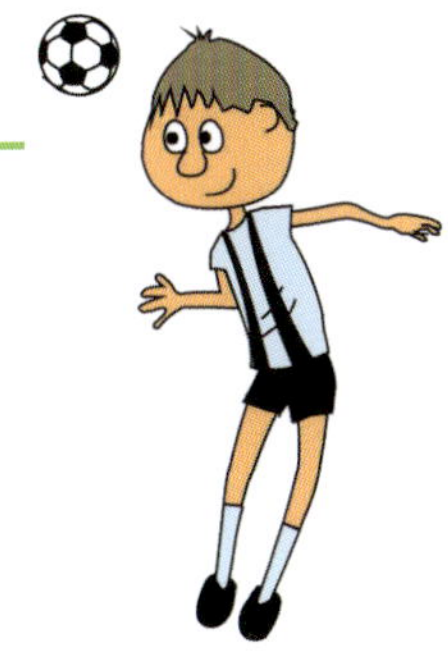

KOORDINATION	★★★
DRIBBLING	★★★
PASSSPIEL	★★★
TORSCHUSS	★★★
FREIES SPIEL	★★★★★

MATERIAL:

4 Minitore

12 Markierungshütchen

8 Stangen

Bälle & Leibchen

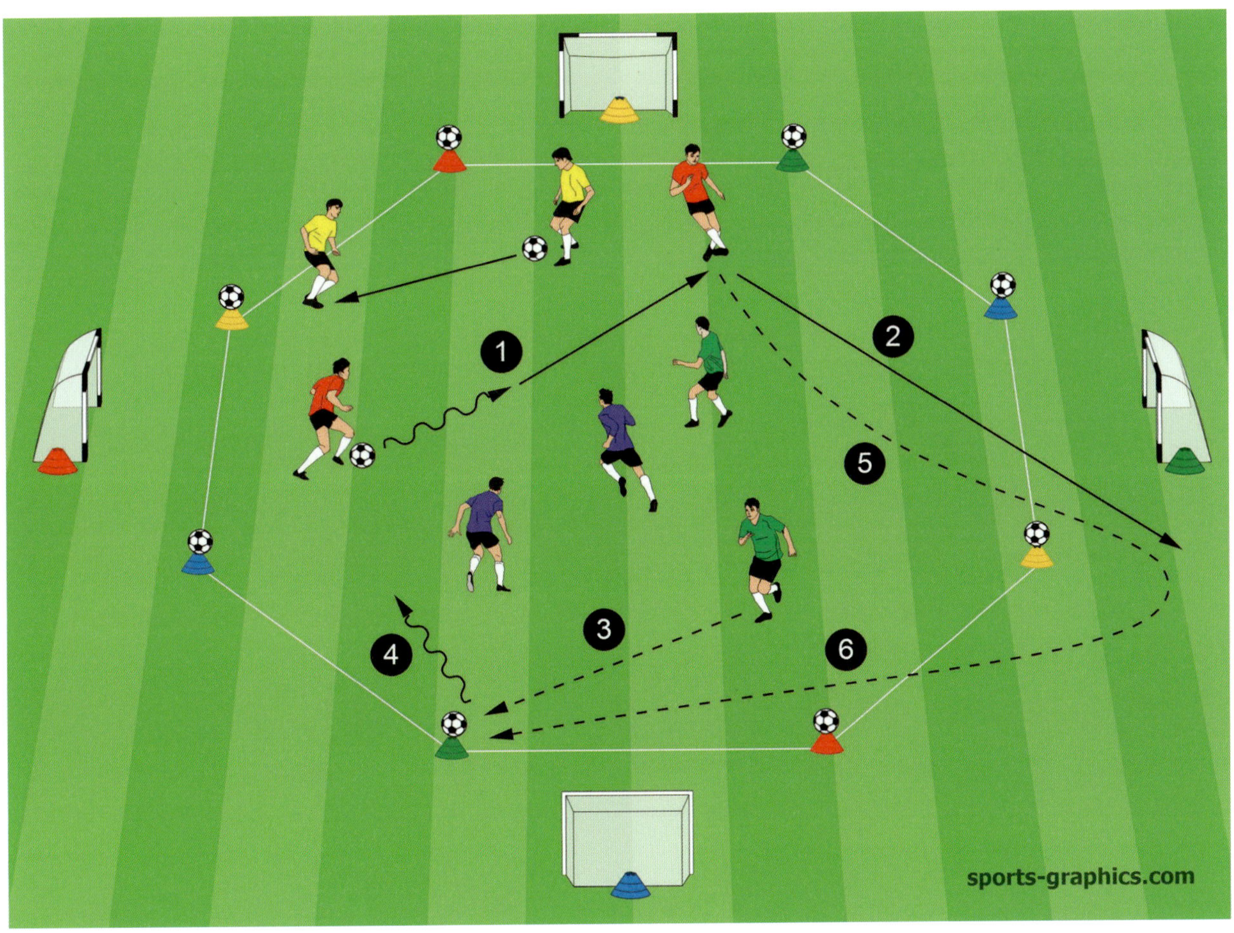

Die Polizisten wollen den Verbrechern die gestohlenen Juwelen und Goldbarren wieder abnehmen.

Die Kinder werden in vier Teams eingeteilt. Jedes Team verteidigt jeweils das der Teamfarbe entsprechende Minitor, sodass Team BLAU gegen Team GELB und Team ROT gegen Team GRÜN spielt. Wird ein Torangriff (vgl. 1) mit einem Fehlschuss beendet (vgl. 2), so holt ein Kind des Gegners einen neuen Spielball von einem beliebigen Markierungshütchen (vgl. 3) und setzt das Spiel mit dem neuen Ball sofort fort. Währenddessen läuft der Fehlschütze seinem Ball nach (vgl. 5) und muss den verschossenen Ball auf das nun frei gewordene Markierungshütchen legen (vgl. 6), ehe er wieder am Spiel teilnehmen darf. Der Gegner kann die kurzzeitige Überzahl zu seinem Vorteil nutzen.

16 AQUARIUM

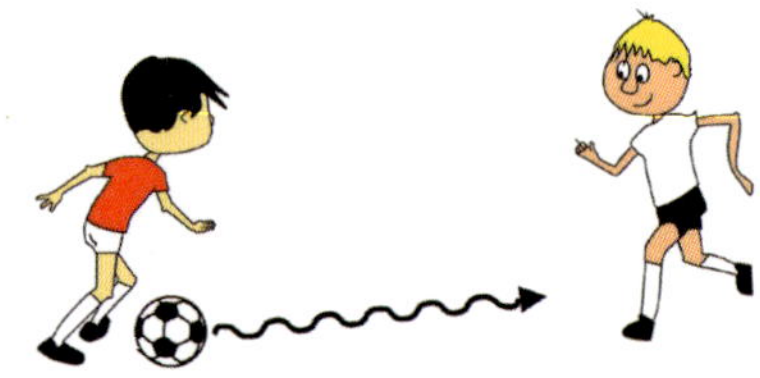

Der Einsatz von Hallenmaterialien bringt Möglichkeiten für eine vielseitige Nutzung mit. Langbänke können dabei als Tor, als Wand zum Passspiel, als Hindernis zum Überlaufen, Überspringen oder Balancieren genutzt werden. Gleiches gilt für kleine und große Kästen. Die koordinative Ausbildung von Kindern kann anhand von Hallengeräten noch vielseitiger und damit wirksamer werden.

Das Aquarium als Themenbereich für das Kindertraining bietet sich vor allem durch seine Räumlichkeit an. Die klare Abgrenzung durch die Wände des Aquariums halten Kinder davon ab, das Feld zu verlassen. Spielfeldgrenzen können durch Begleitgeschichten dieser Art akzentuiert werden.

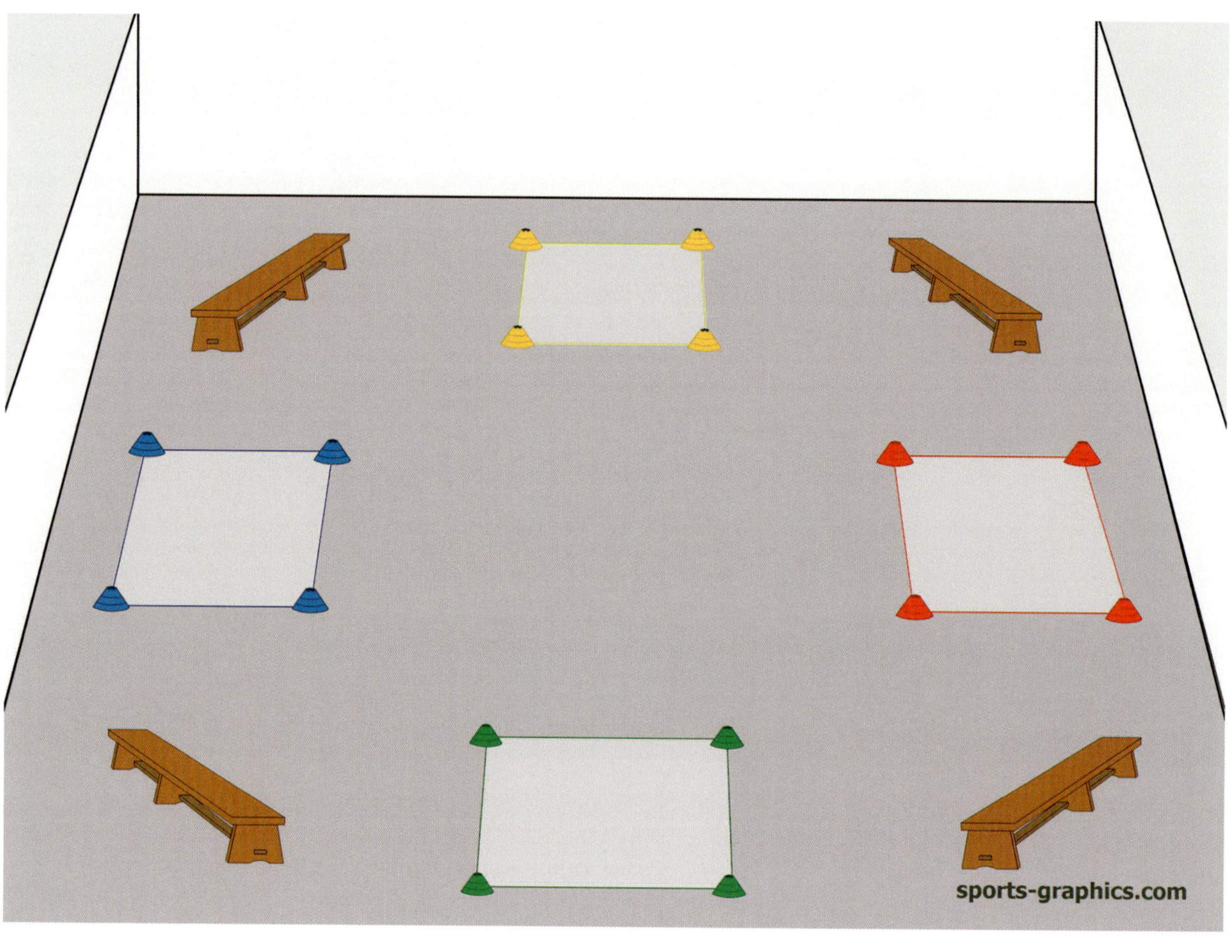

16.1 AQUARIUM BAUSTEIN #1

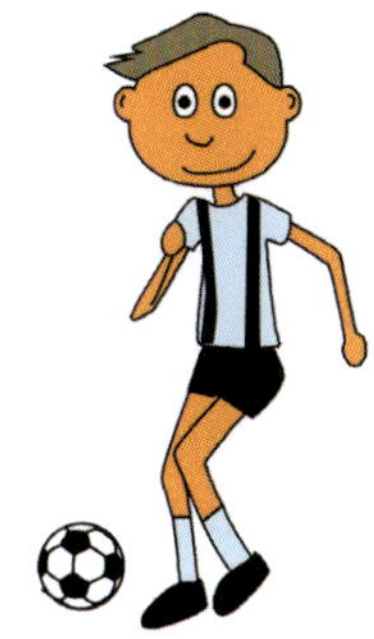

KOORDINATION	★★★★★
DRIBBLING	★★★★★
PASSSPIEL	
TORSCHUSS	
FREIES SPIEL	★

MATERIAL:

16 Markierungshütchen

4 Langbänke

Bälle

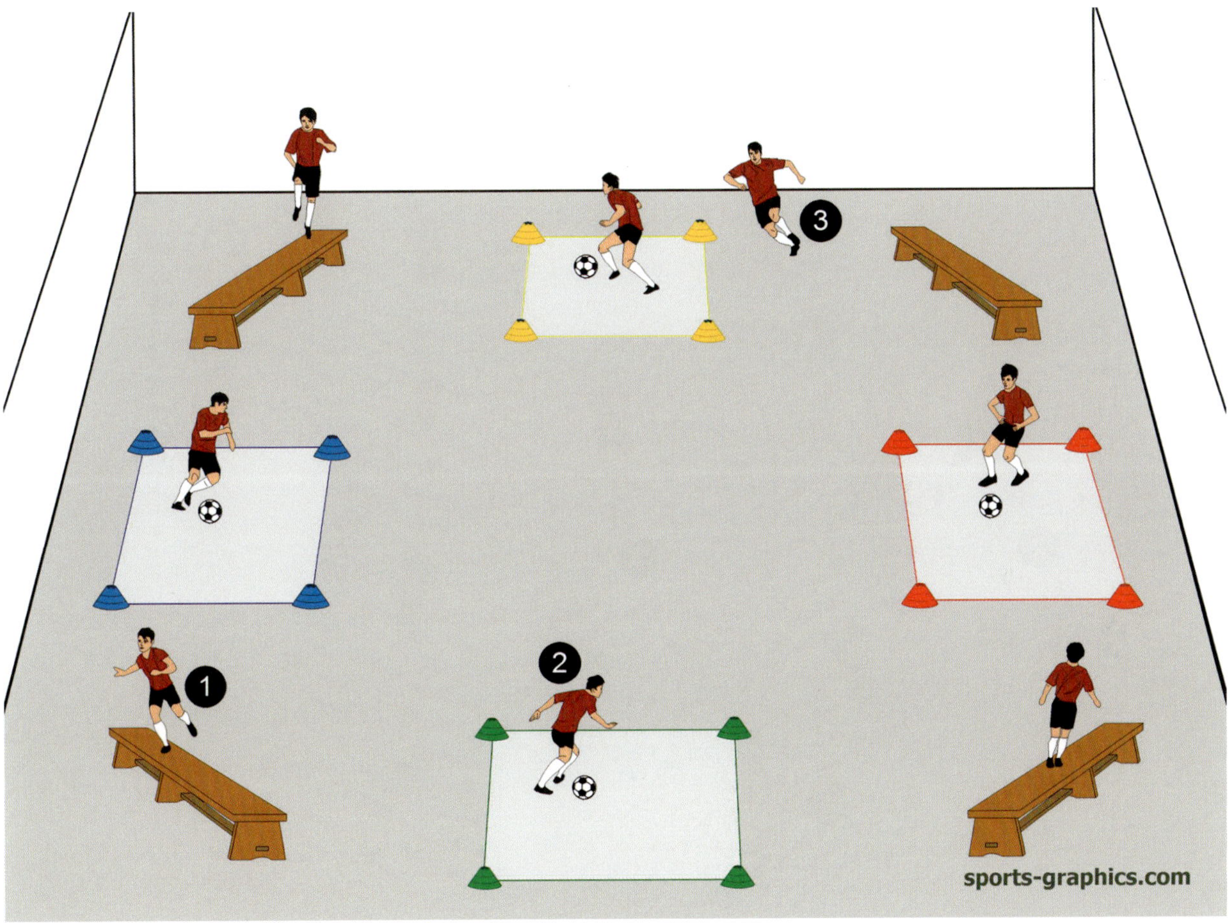

Die Fische lernen das Aquarium kennen, schwimmen im Kreis und finden gut getarnte Verstecke zwischen den Steinen.

Die Kinder setzen einen Rundlauf über die Bänke und durch die Felder um. Dabei haben die Kinder zunächst die Aufgabe, über die Bänke zu balancieren (vgl. 1) und in den Feldern verschiedene einfache Dribblingaufgaben umzusetzen (vgl. 2). Hat ein Kind eine Langbank erfolgreich überquert, so löst es das Kind im Dribblingfeld ab (vgl. 3), das seinerseits über die Bank balanciert. Zusätzlich können unterschiedliche Aufgaben auf der Bank und im Dribblingfeld abgefragt werden. Die Kinder können sich dabei rückwärts, auf einem Bein, springend über die Bank und einen Ball prellend fortbewegen.

16.2 AQUARIUM BAUSTEIN #2

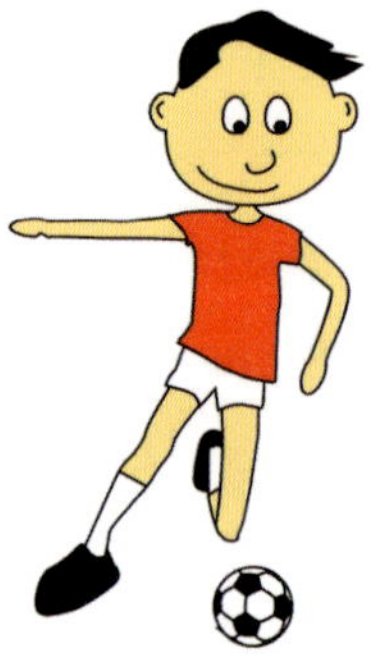

KOORDINATION	★★★
DRIBBLING	★★★★★
PASSSPIEL	
TORSCHUSS	
FREIES SPIEL	★

MATERIAL:

16 Markierungshütchen

4 Langbänke

Bälle

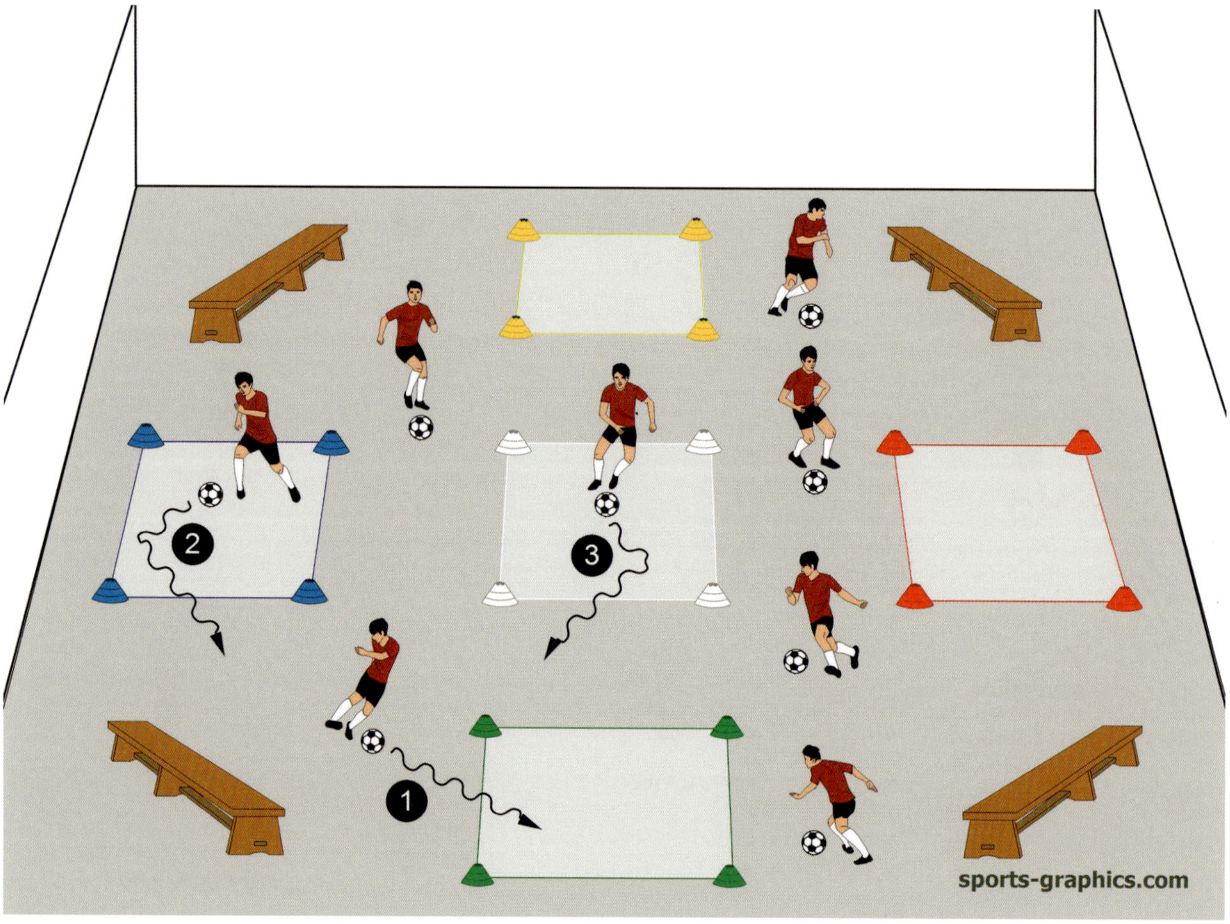

Die Fische schwimmen im Aquarium umher und zeigen ihre Schwimmtechniken und Kunststücke.

Die Kinder dribbeln in eines der fünf Felder hinein (vgl. 1) und wenden dabei unterschiedliche Dribblingtechniken wie vorwärts Sohle, rückwärts Sohle, wechselnd Innenseite-Außenseite und zwischen den Innenseiten pendelnd an. Dabei können die Kinder auch eigene Vorschläge einbringen und Aufgaben vormachen. In einem der Felder angekommen, zeigen die Kinder eine Finte (vgl. 3) und dribbeln wieder aus dem Feld heraus. Möglich sind verschiedene Technikwettkämpfe und Aufgabenvariationen. Es soll dabei darum gehen, welches Kind zuerst in allen fünf Feldern eine Finte umsetzt. Zusätzlich können die Feldfarben im Sinne der Beidfüßigkeit genutzt werden, sodass im blauen und im grünen Feld nur der rechte Fuß und in den anderen beiden Feldern nur der linke Fuß genutzt werden darf.

16.3 AQUARIUM BAUSTEIN #3

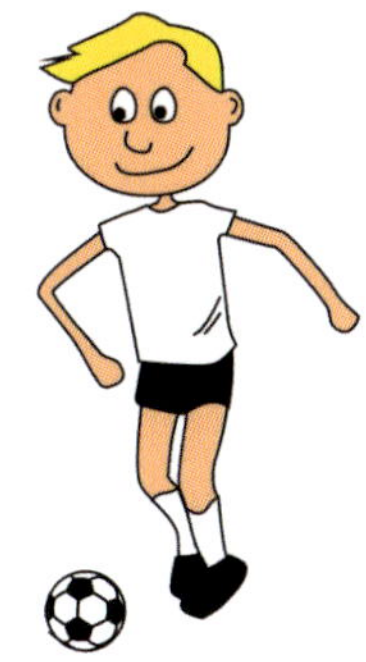

KOORDINATION	★★★★★
DRIBBLING	★★★★★
PASSSPIEL	
TORSCHUSS	
FREIES SPIEL	★

MATERIAL:

16 Markierungshütchen

4 Langbänke

Bälle

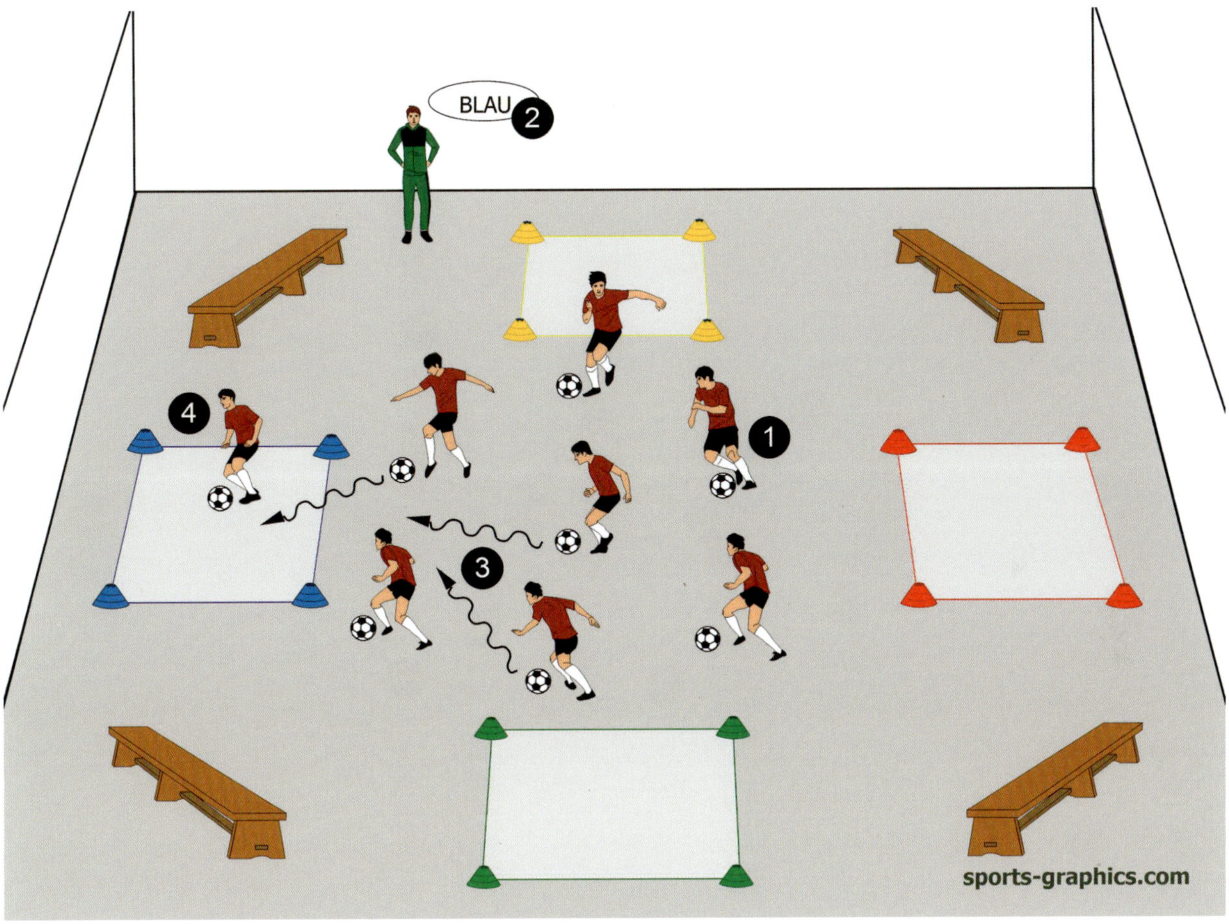

Im Aquarium findet die Fütterung statt. Die Fische sind hungrig und versuchen, möglichst viel Futter zu bekommen.

Die Kinder dribbeln frei im zentralen Raum (vgl. 1). Der Trainer benennt eine der vier Feldfarben (vgl. 2). Die Kinder reagieren auf das Trainersignal und dribbeln in das benannte Feld (vgl. 3). Das Kind, welches zuerst im benannten Feld steht, ist der Gewinner und erhält einen Punkt (vgl. 4). Um einen erhöhten Anspruch an die Kinder zu stellen, kann jedem Feld zusätzlich eine Zahl und ein Buchstabe zugeordnet werden, auf welche die Kinder ebenfalls reagieren müssen. Der Trainer kann außerdem zwei Feldfarben benennen. In diesem Fall müssen die Kinder beide benannten Felder nacheinander in der genannten Reihenfolge anlaufen.

16.4 AQUARIUM BAUSTEIN #4

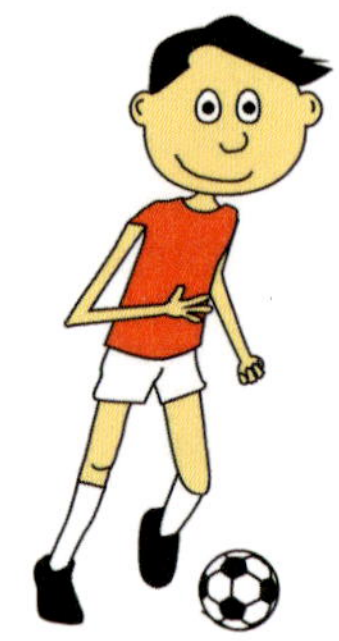

KOORDINATION	★
DRIBBLING	★★★★
PASSSPIEL	★★★★
TORSCHUSS	★★★
FREIES SPIEL	★

MATERIAL:

16 Markierungshütchen

4 Langbänke

Bälle

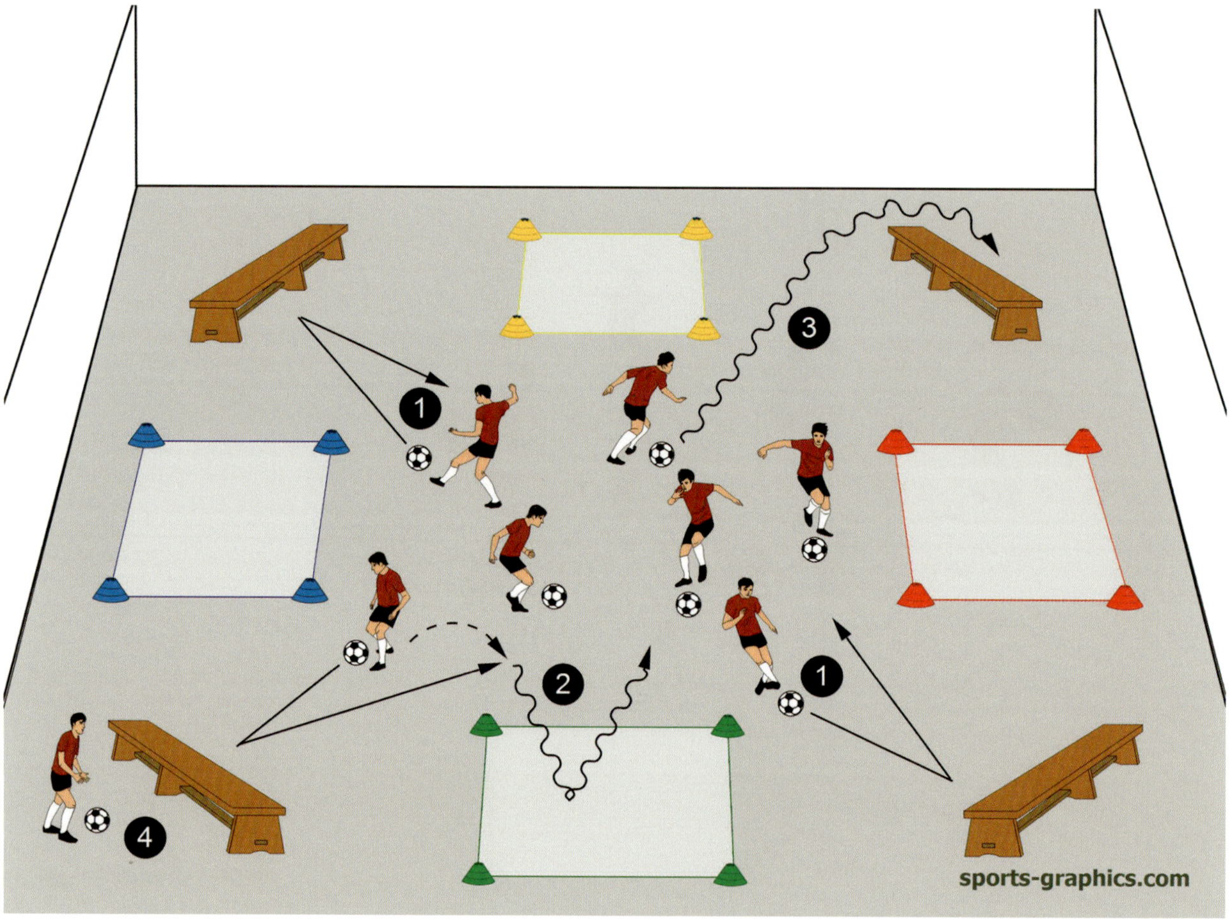

Die Fische haben genug vom Leben in Gefangenschaft und versuchen, aus dem Aquarium auszubrechen. Sie wollen wissen, wie sich das Leben im richtigen Ozean anfühlt.

Die Kinder schießen gegen die gekippte Bank und verarbeiten den zurückprallenden Ball (vgl. 1). Nachdem die Kinder den Ball verarbeitet haben, dribbeln sie in eins der angrenzenden Felder (vgl. 2), fintieren dort und steuern anschließend eine nächste Bank an. Als Technikwettkampf müssen die Kinder eine vorher festgelegte Anzahl an Bänken bespielen, ehe sie hinter eine der Bänke dribbeln (vgl. 3) und somit den Wettkampf für sich entscheiden (vgl. 4).

16.5 AQUARIUM BAUSTEIN #5

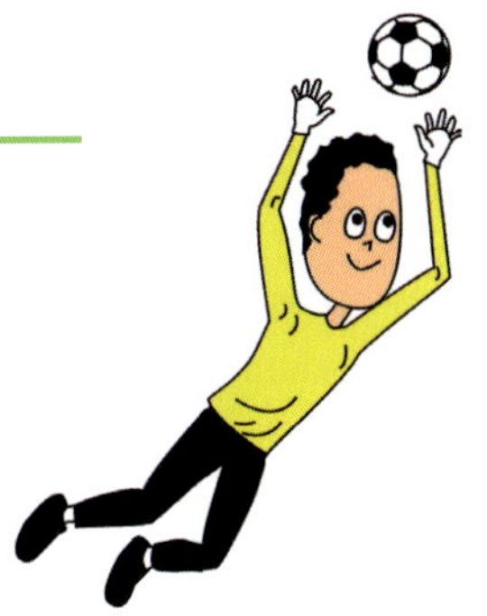

KOORDINATION	★★★
DRIBBLING	★★★
PASSSPIEL	★★★
TORSCHUSS	★★★
FREIES SPIEL	★★★★★

MATERIAL:

4 Markierungshütchen

4 Langbänke

Bälle & Leibchen

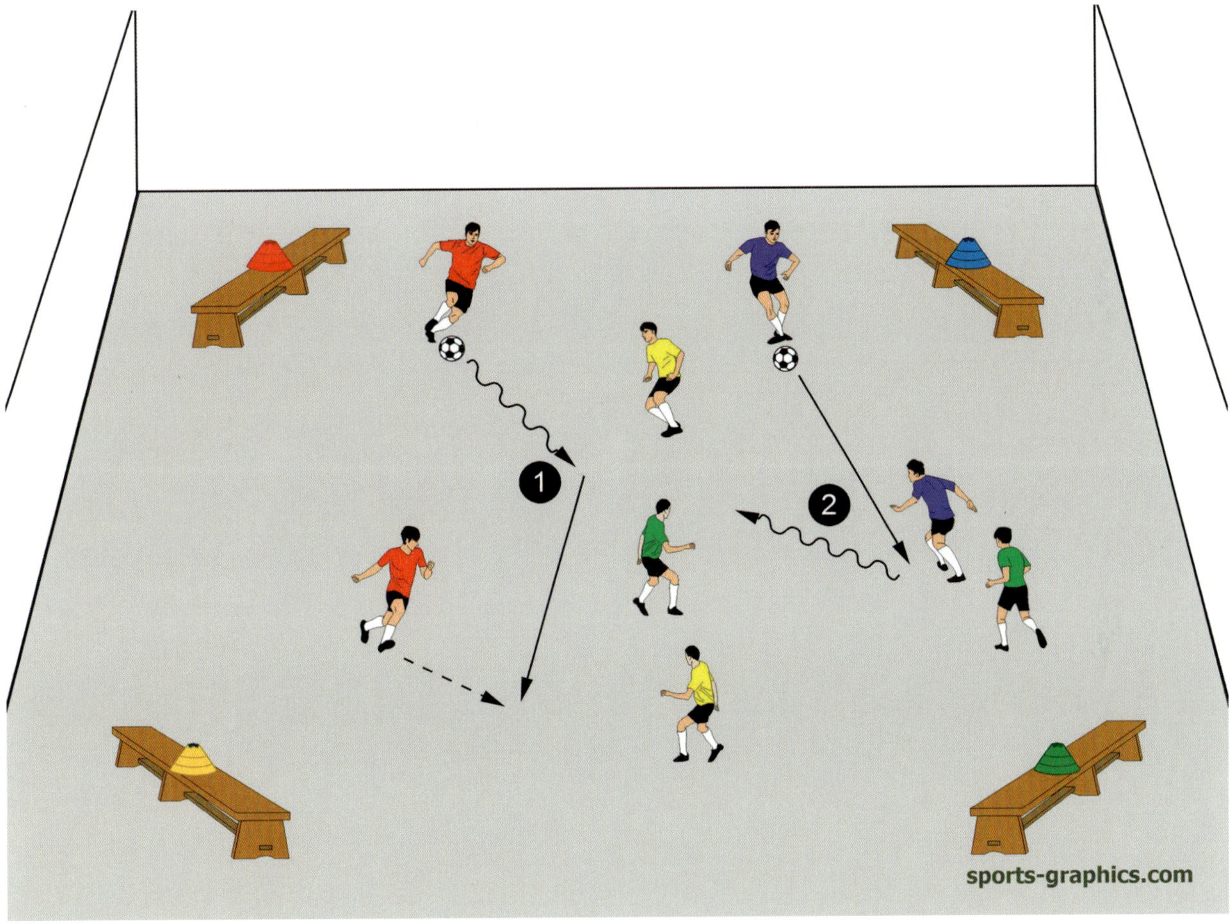

Im Aquarium gibt es verschiedene Fischarten, die sich miteinander messen. Sie wetteifern darum, welcher der schnellste und schönste Fisch im Aquarium ist.

Die Kinder werden in vier Teams eingeteilt. Die Teams treten mit den Langbänken als Tore im freien Spiel gegeneinander an. Jedes Team verteidigt dabei die der Teamfarbe entsprechende Bank. Team ROT spielt gegen Team GELB (vgl. 1), während Team BLAU gegen Team GRÜN spielt (vgl. 2). Es finden demnach zwei Spiele auf einem Spielfeld statt, sodass ein erhöhter kognitiver Anspruch für die Kinder besteht. In dieser Organisationsform bietet sich ein Turniermodus an.

17 SCHATZINSEL

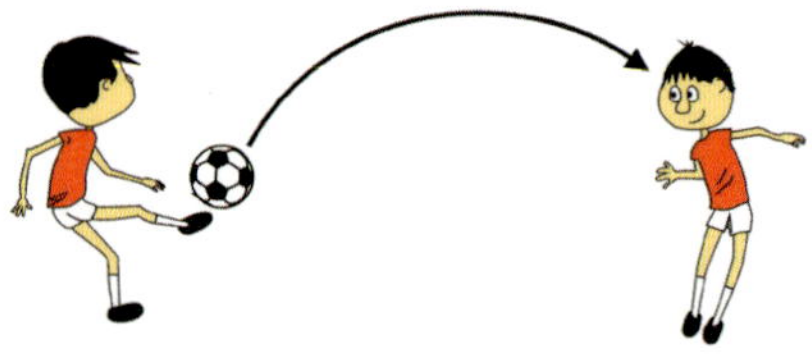

Der Feldaufbau umfasst in der Skizze einen hohen Materialumfang. Der Feldaufbau soll dabei beispielhaften Charakter besitzen und kann je nach vereinsinterner Infrastruktur angepasst werden. Der Feldaufbau besteht somit aus einem zentral platzierten Feld und einem umlaufenden Parcours mit unterschiedlichen Materialien.

Die Schatzinsel als kindgerechter Themenbereich bietet sich für die Praxis an. Besonders die Verbindung von Spielen und Üben kann vor dem Hintergrund einer entsprechenden Begleitgeschichte optimal realisiert werden. So sind die Kinder dazu aufgefordert, den koordinativ oder technisch anspruchsvollen Parcours um das Feld herum zu bewältigen. Wie echte Schatzsucher müssen sie Hindernisse überwinden, um den Schatz zu finden. Durch den Spielraum im Zentrum ist ein paralleles oder wechselseitiges Spielen möglich.

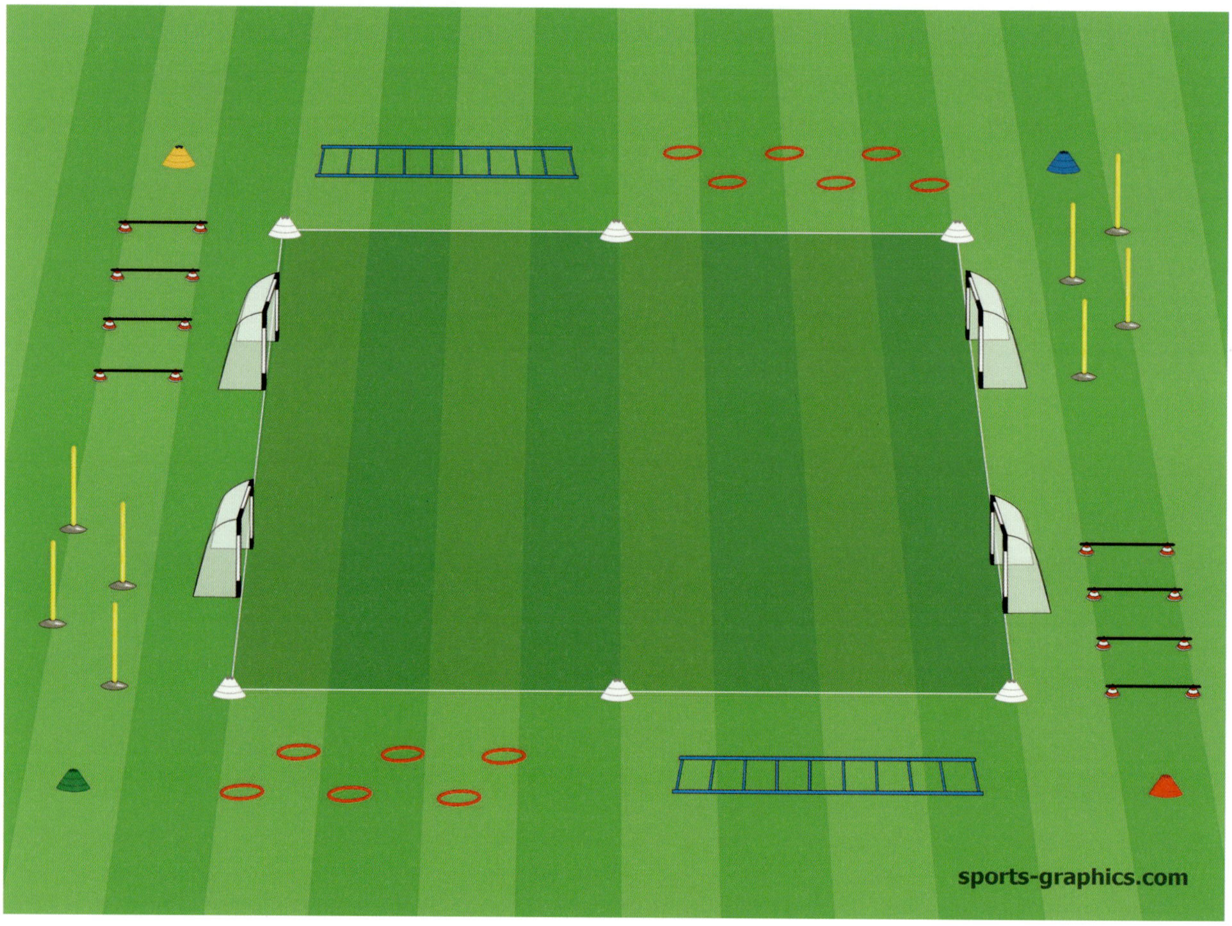

17.1 SCHATZINSEL BAUSTEIN #1

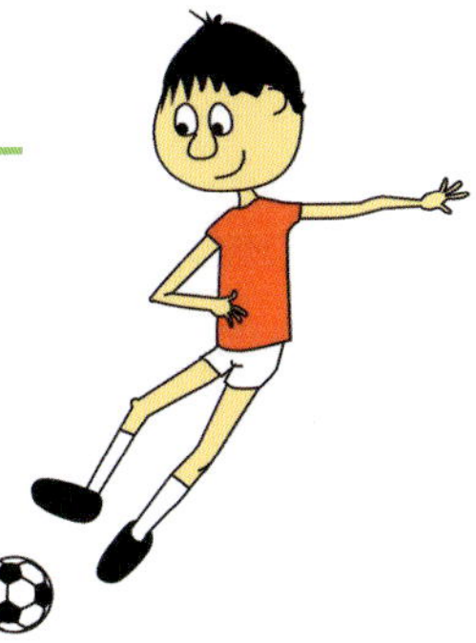

KOORDINATION	★★★★★
DRIBBLING	
PASSSPIEL	
TORSCHUSS	
FREIES SPIEL	★

MATERIAL:

10 Markierungshütchen

8 Stangen, 8 Hürden

12 Koordinationsreifen

2 Koordinationsleitern, Leibchen

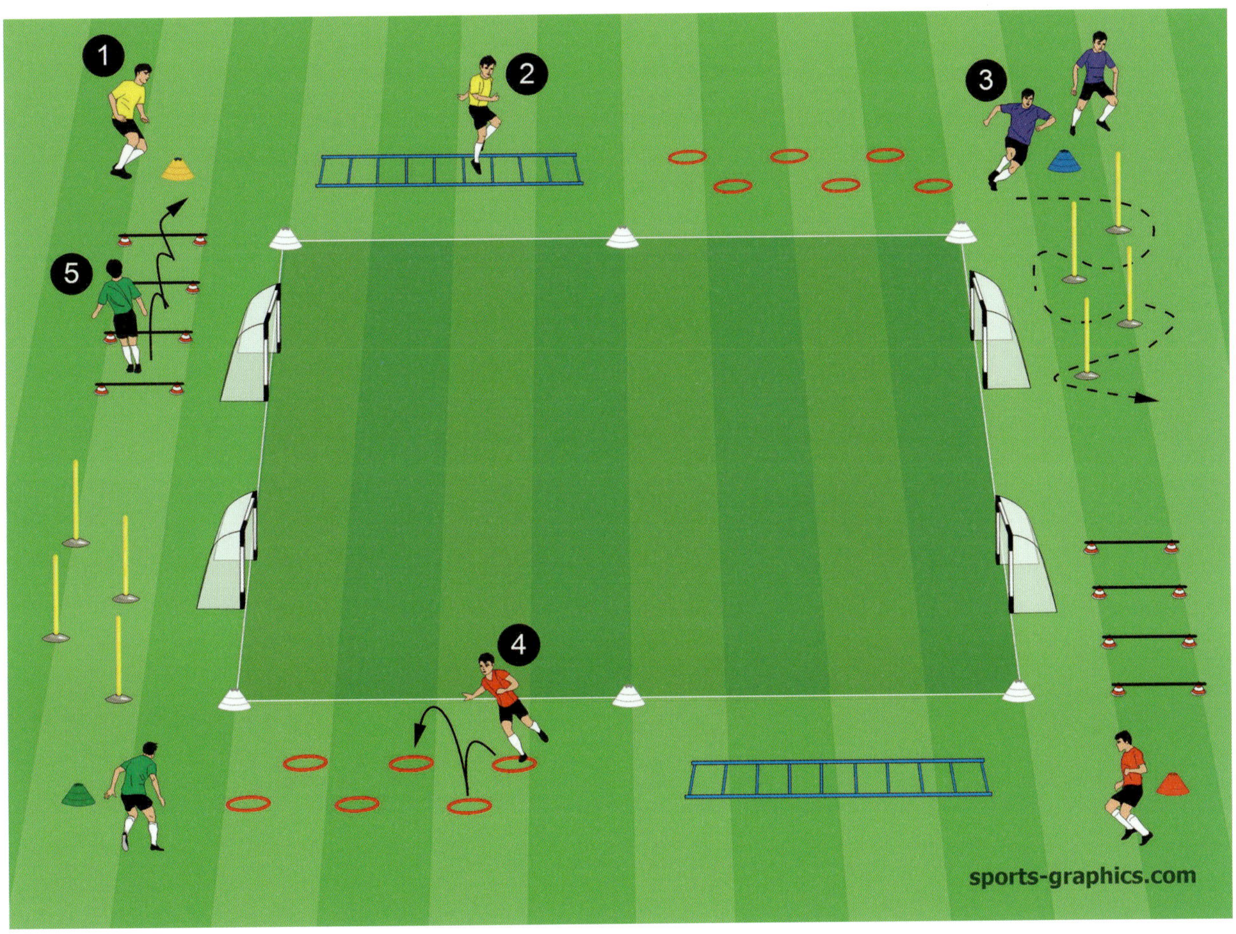

Die Goldsucher sind mit ihrer Schatzkarte auf der Insel gelandet und erkunden nun das Gelände.

Die Kinder werden in vier Teams eingeteilt und positionieren sich an den Markierungshütchen gemäß ihrer Teamfarbe (vgl. 1). Die vier Teams treten gegeneinander in einem Staffelwettkampf an. Dazu startet ein Kind pro Team in den Koordinationsrundlauf. Die Kinder bewältigen alle Geräte. Dabei setzen sie Skippings durch die Koordinationsleiter um (vgl. 2), umlaufen die Stangen im Slalom (vgl. 3), springen einbeinig von Reifen zu Reifen (vgl. 4) und springen beidbeinig über die Hürden (vgl. 5). Nachdem die Kinder zu ihrer Ausgangsposition zurückgekehrt sind, startet das nächste Kind in den Rundlauf. Es gewinnt das Team, welches zuerst die geforderte Anzahl an Rundläufen umgesetzt hat.

17.2 SCHATZINSEL BAUSTEIN #2

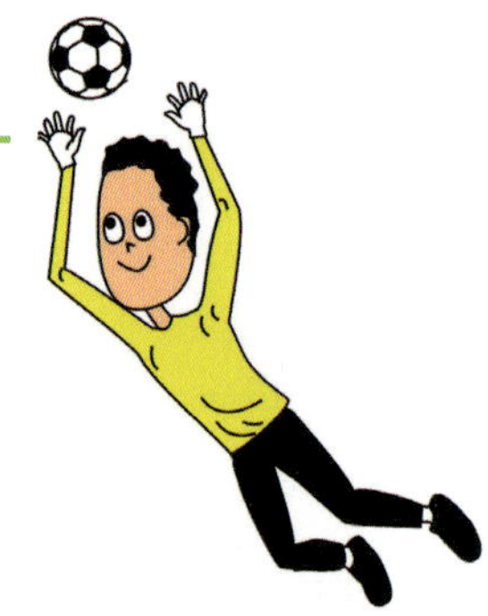

KOORDINATION	★★★★★
DRIBBLING	★★
PASSSPIEL	★★
TORSCHUSS	★★★★
FREIES SPIEL	★

MATERIAL:

10 Markierungshütchen

8 Stangen, 8 Hürden, Bälle

12 Koordinationsreifen, Leibchen

2 Koordinationsleitern, 4 Minitore

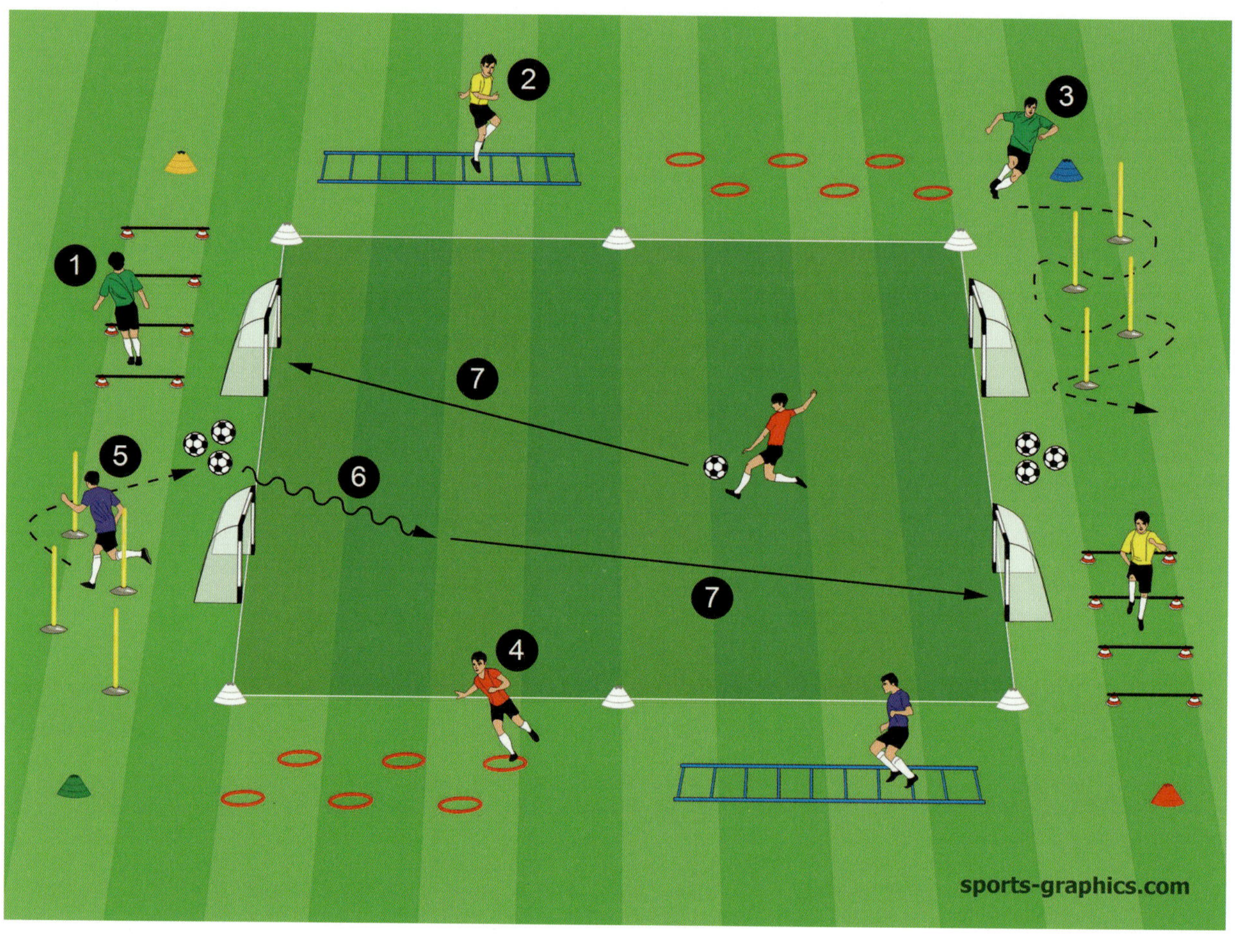

Die Schatzkarte weist den Goldsuchern den richtigen Weg und sie finden erste Goldnuggets auf der Insel.

Die Kinder bewältigen den Koordinationsrundlauf gemäß der bekannten oder variierenden Aufgabenstellungen (vgl. 1 und 2 sowie 3 und 4). Wenn die Kinder ein Balldepot zwischen den Minitoren erreichen, wird der Rundlauf unterbrochen. Die Kinder laufen zu den Bällen (vgl. 5), dribbeln ins Feld (vgl. 6) und schließen auf eines der entfernten Tore ab. Nachdem der Schuss abgegeben und der geschossene Ball wieder deponiert wurde, nehmen die Kinder den Koordinationsrundlauf an der Stelle wieder auf, an der sie ihn verlassen haben.

17.3 SCHATZINSEL BAUSTEIN #3

KOORDINATION	★★★
DRIBBLING	★★★★★
PASSSPIEL	★★★
TORSCHUSS	★★★★
FREIES SPIEL	★

MATERIAL:

10 Markierungshütchen

8 Stangen, 8 Hürden, Bälle & Leibchen

12 Koordinationsreifen

2 Koordinationsleitern, 4 Minitore

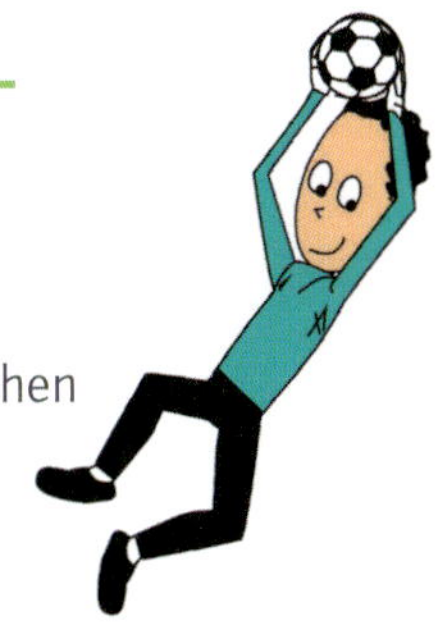

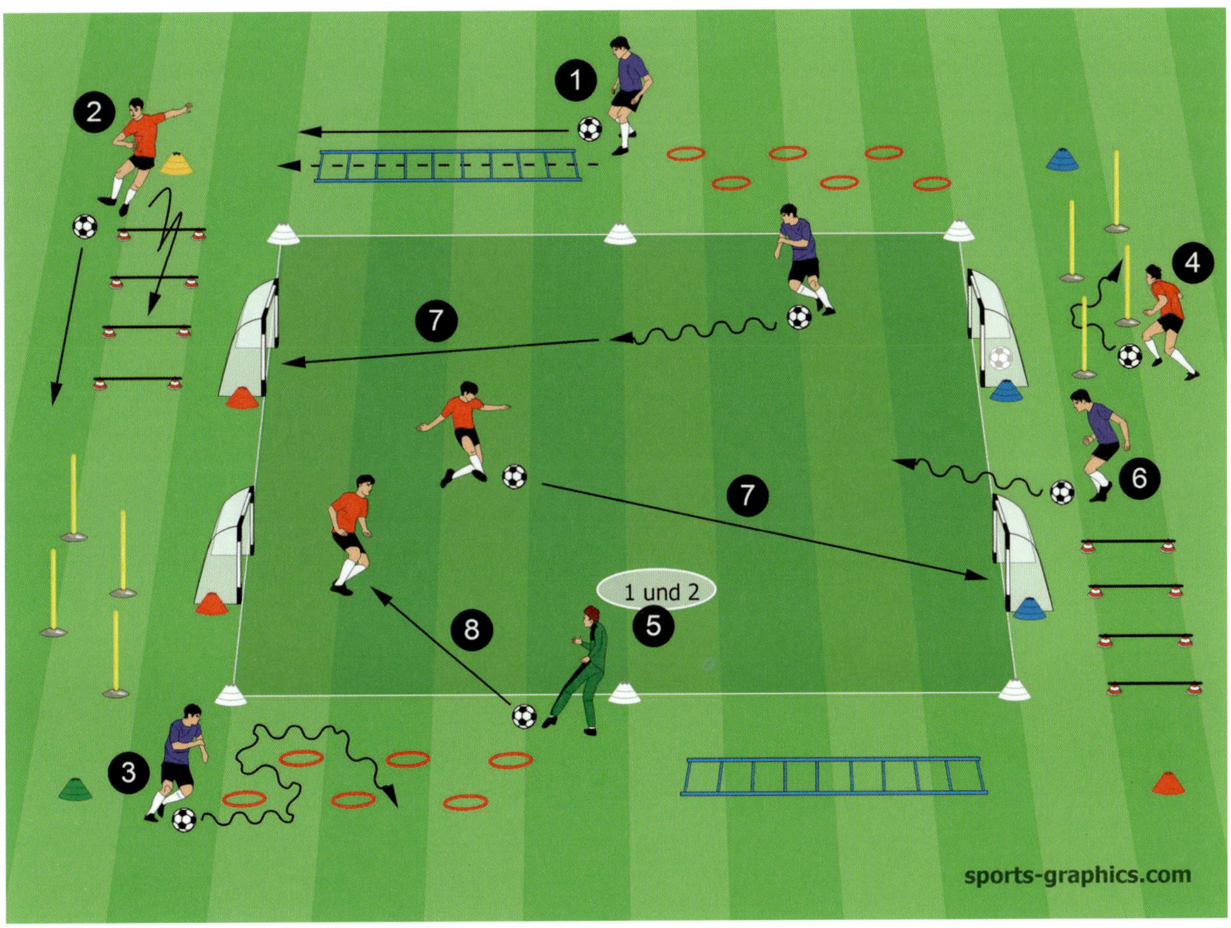

Die Goldsucher geraten in Streit um das größte Goldnugget.

Die Kinder werden in zwei Teams eingeteilt. Jedem Kind wird eine Zahl zugeordnet. Alle Zahlen sind jeweils in beiden Teams vorhanden. Alle Kinder setzen den Rundlauf nun mit Ball um. So passen die Kinder den Ball an der Koordinationsleiter oder den Hürden vorbei und laufen anschließend über die Leiter (vgl. 1) beziehungsweise springen beidbeinig über die Hürden (vgl. 2). Zusätzlich dribbeln die Kinder im Slalom um die Reifen (vgl. 3) und die Stangen (vgl. 4). Der Trainer unterbricht den Rundlauf für einige Kinder mit einem visuellen oder akustischen Signal (vgl. 5). Der Trainer benennt anhand der zuvor vergebenen Zahlen eines oder mehrere Kinder, die nun den Rundlauf verlassen, in das Spielfeld dribbeln (vgl. 6) und ihren Ball in eines der Minitore schießen (vgl. 7). Anschließend spielt der Trainer einen Ball ein (vgl. 8), mit dem die benannten Kinder im freien Spiel gegeneinander antreten. Dabei verteidigt jedes Team die gemäß der Teamfarbe gekennzeichneten Tore.

17.4 SCHATZINSEL BAUSTEIN #4

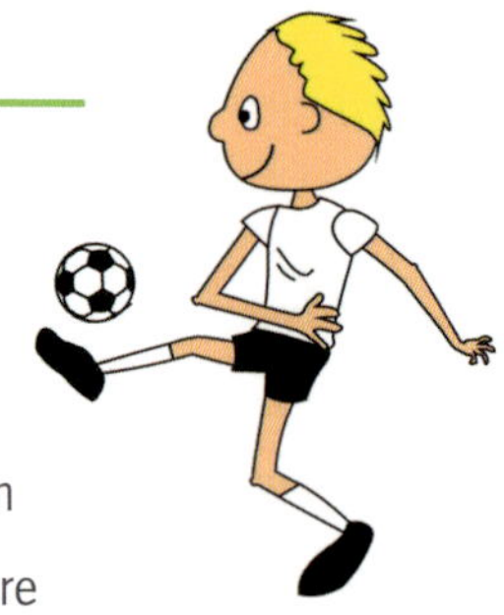

KOORDINATION	★★★★★
DRIBBLING	★★★★
PASSSPIEL	★★★
TORSCHUSS	★★★
FREIES SPIEL	★★★★★

MATERIAL:

10 Markierungshütchen
8 Stangen, 8 Hürden, Bälle
12 Koordinationsreifen, Leibchen
2 Koordinationsleitern, 4 Minitore

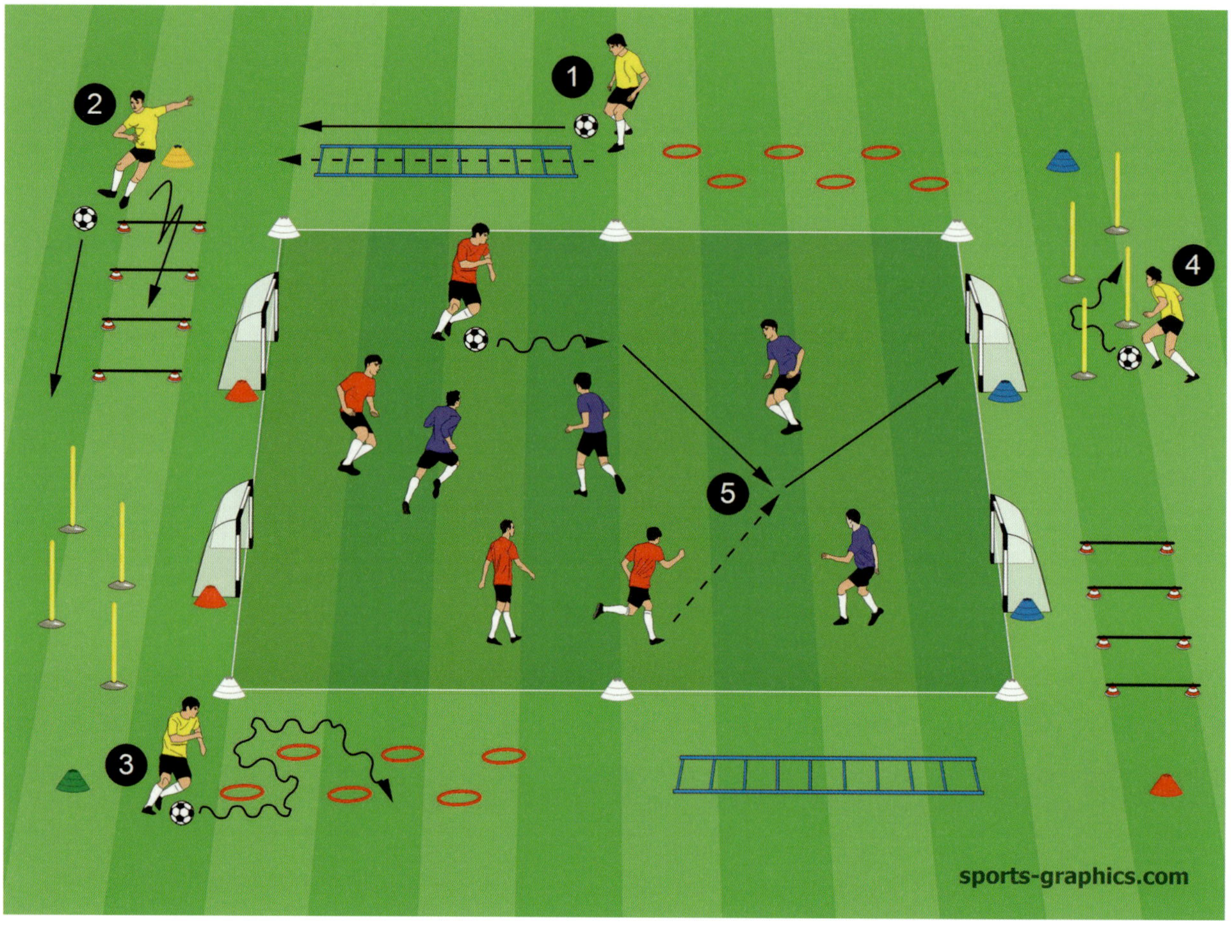

Alle Goldsucher nehmen Säcke voller Gold mit nach Hause. Sie feiern ihre gute Ausbeute mit einem gemeinsamen Spiel.

Die Kinder werden in drei Teams aufgeteilt. Ein Team setzt gemäß den bekannten oder variierenden Aufgabenstellungen den Rundlauf im Dribbling um (vgl. 1, 2 sowie 3 und 4). Die übrigen beiden Teams treten im freien Spiel gegeneinander an (vgl. 5). Wenn die Mannschaft im Rundlauf eine bestimmte Anzahl Durchläufe umgesetzt hat, kommt diese Mannschaft ins Spielfeld und die Mannschaft, die zum gegenwärtigen Zeitpunkt im Spiel in Rückstand liegt, beginnt mit dem Dribblingrundlauf.

17.5 SCHATZINSEL BAUSTEIN #5

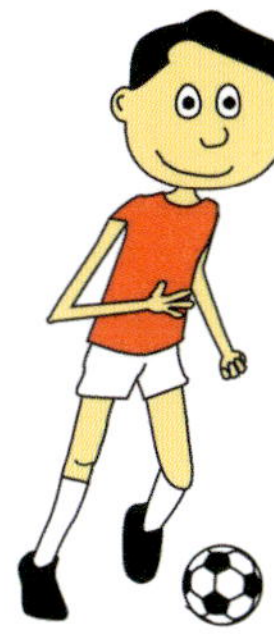

KOORDINATION	★
DRIBBLING	★★★
PASSSPIEL	★★★
TORSCHUSS	★★★
FREIES SPIEL	★★★★★

MATERIAL:

6 Markierungshütchen

4 Minitore

Bälle & Leibchen

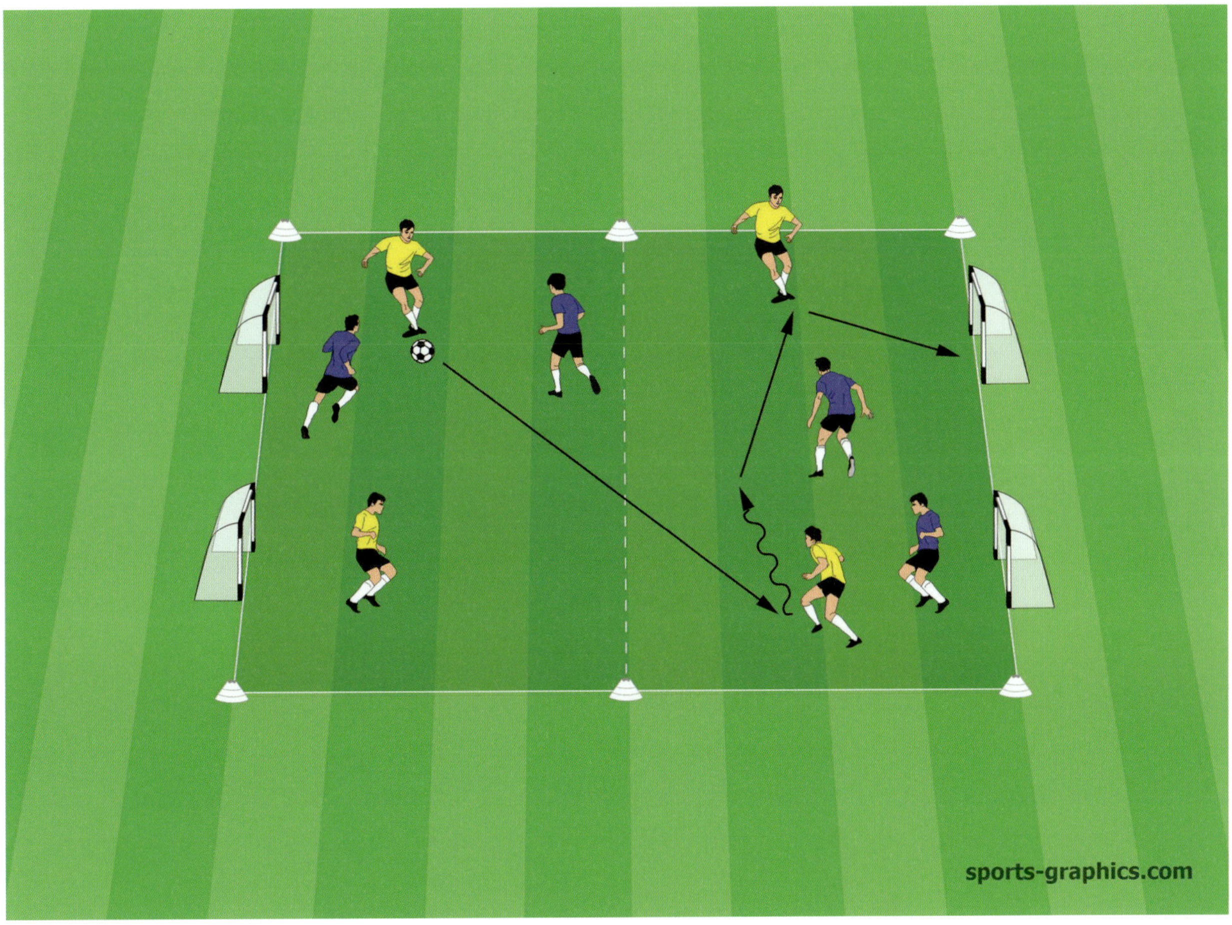

Die Goldsucher kehren mit ihrer Ausbeute zu ihren Familien zurück.

Die Kinder werden in zwei Teams eingeteilt. Die Mittellinie trennt das Feld in zwei Zonen. Die Teams spielen gegeneinander. Jedes Team verteidigt zwei Minitore. Die Kinder können ihre Torwertung erhöhen, wenn verschiedene Aktionen im Zusammenhang mit den beiden Zonen umgesetzt werden. Erhöhte Torwertungen können beispielhaft für Treffer nach Aktionen, wie Pass in die Offensivzone, Dribbling in die Offensivzone, möglichst viele Pässe in der Offensivzone, kein Kind der eigenen Mannschaft darf in der eigenen Hälfte stehen, erzielt werden.

18 MONSTER

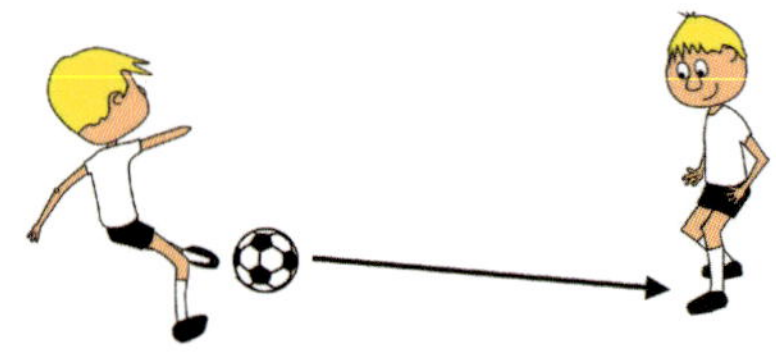

Unabhängig vom Hallen- oder Freilufttraining bieten sich kreisrunde Spielfelder für den Kinderbereich an. Die Praxiserfahrung hat gezeigt, dass Kinder die Spielfeldgrenzen eines kreisförmigen Spielfelds besser wahrnehmen können als die eines rechteckigen Spielraums. Verstärkend kommt hinzu, dass die Kinder nicht in zielferne Spielfeldecken passen oder dribbeln können und so eine Akzentuierung des zentralen Spielraums entsteht.

Vor dem thematischen Hintergrund der Monster werden unterschiedliche Bälle verwendet, um unterschiedliche Monster zu symbolisieren. Durch das Spiel mit unterschiedlichen Bällen ergeben sich positive Auswirkungen auf die koordinative Umstellungsfähigkeit, denn jeder Ball bedarf einer differenzierten Behandlung mit Fuß und Hand.

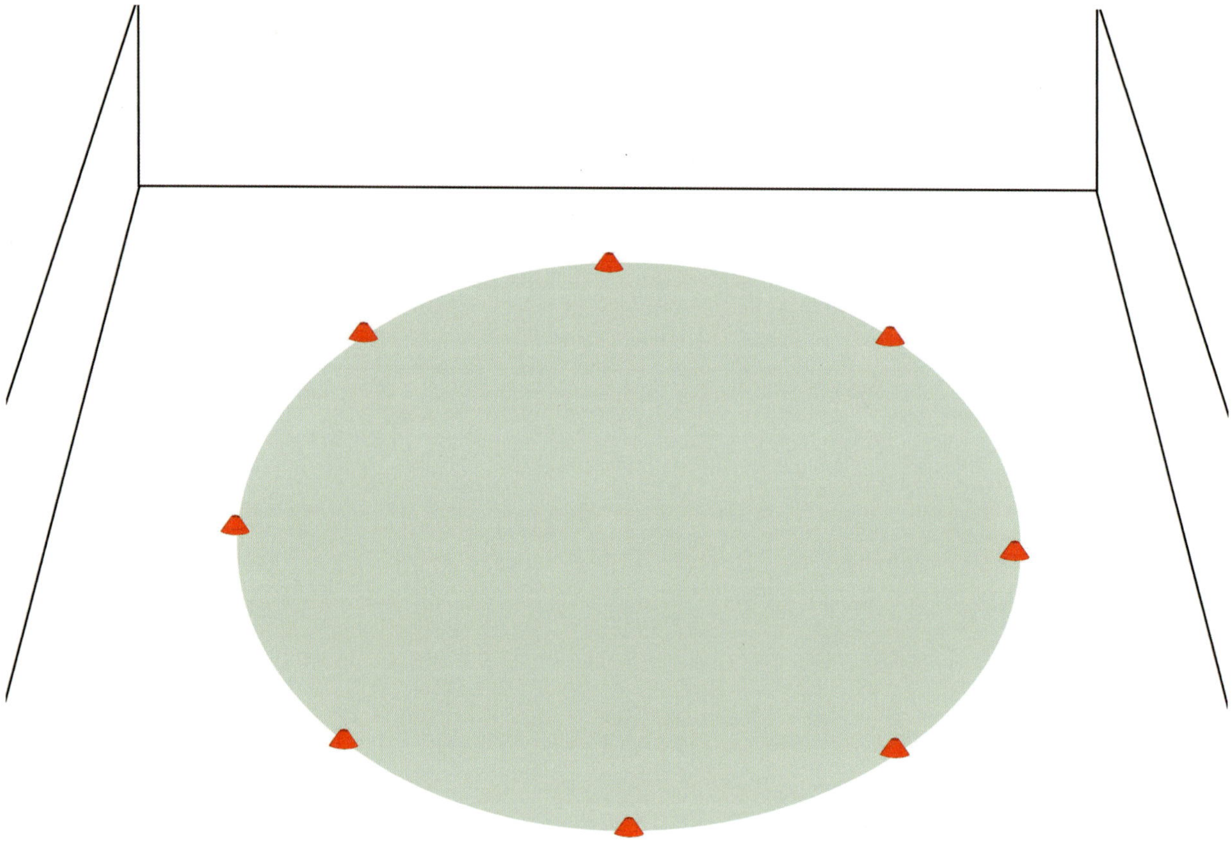

18.1 MONSTER BAUSTEIN #1

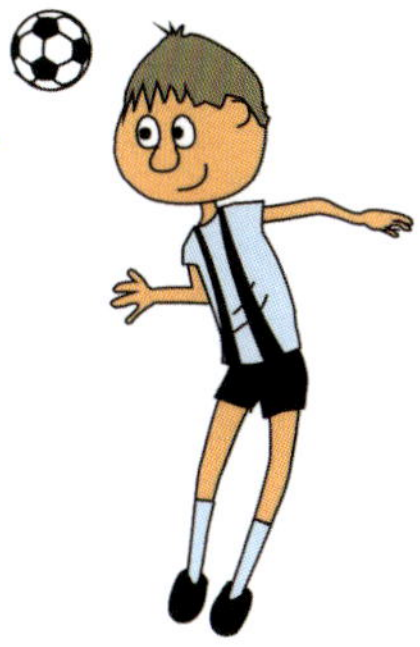

KOORDINATION	★★★★★
DRIBBLING	
PASSSPIEL	★★★
TORSCHUSS	★★★★
FREIES SPIEL	★

MATERIAL:

8 Markierungshütchen

5 große Markierungshütchen

4 Gymnastikbälle

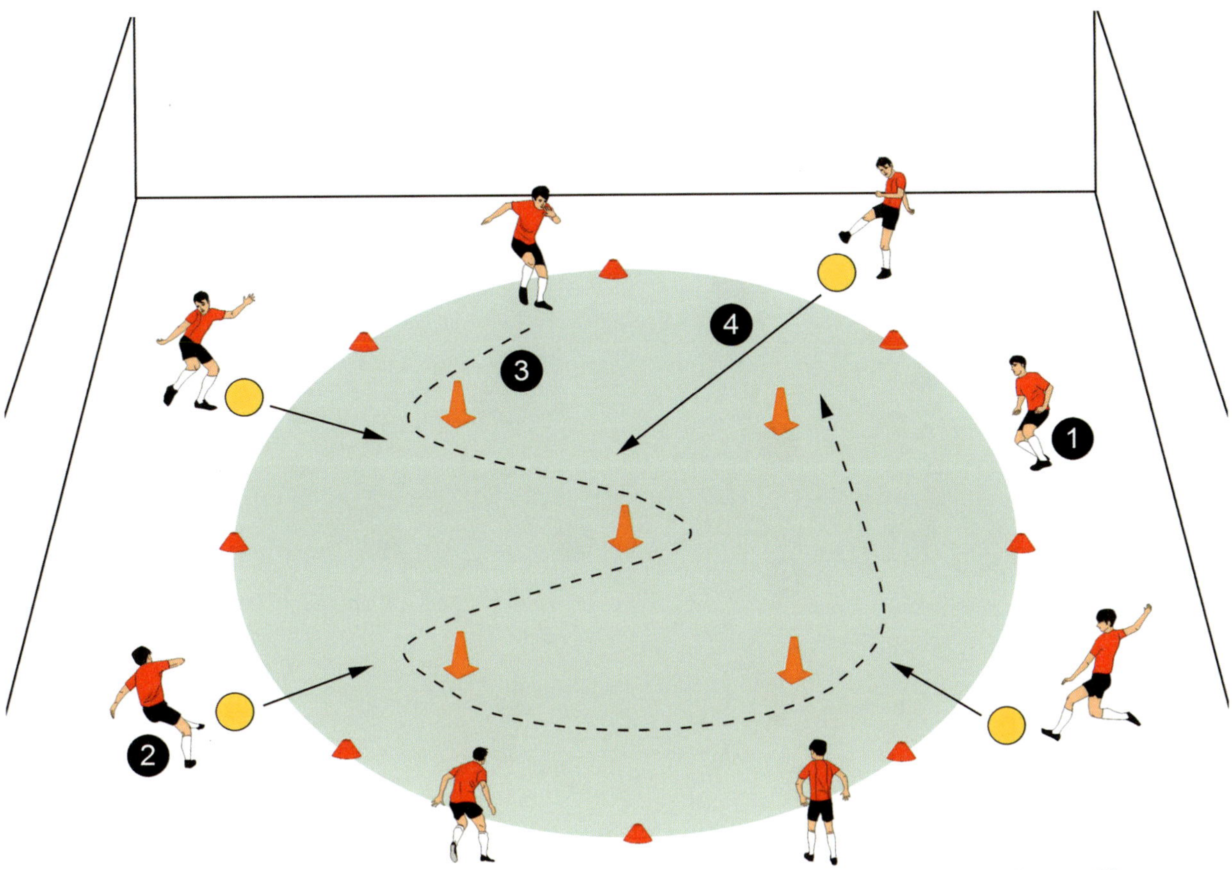

sports-graphics.com

Die Monster verlassen ihre Höhlen und greifen die friedlichen Menschen an.

Die Kinder positionieren sich außerhalb des Kreises (vgl. 1). Einige Kinder haben einen großen Gymnastikball am Fuß (vgl. 2). Ein zuvor benanntes Kind läuft in den Kreis hinein und versucht, alle Markierungshütchen mit der Hand zu berühren (vgl. 3). Die übrigen Kinder haben die Aufgabe, das Kind im Kreis mit den Gymnastikbällen abzuschießen (vgl. 4). Dabei müssen die Schützen außerhalb des Kreises stehen. Hat das Kind im Kreis alle Markierungshütchen mit der Hand berührt, ohne getroffen zu werden, steht dieses Kind als Gewinner fest. Bleibt ein Gymnastikball während des Spiels innerhalb des Kreises liegen, so kann ein weiteres Kind in den Kreis laufen und den Ball nach außen befördern.

18.2 MONSTER BAUSTEIN #2

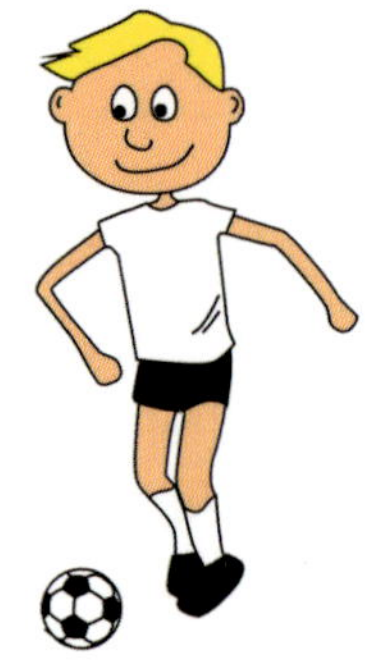

KOORDINATION	★★
DRIBBLING	★★★
PASSSPIEL	★★★★
TORSCHUSS	★★★★★
FREIES SPIEL	★

MATERIAL:

8 Markierungshütchen

1 Gymnastikball

Bälle & Leibchen

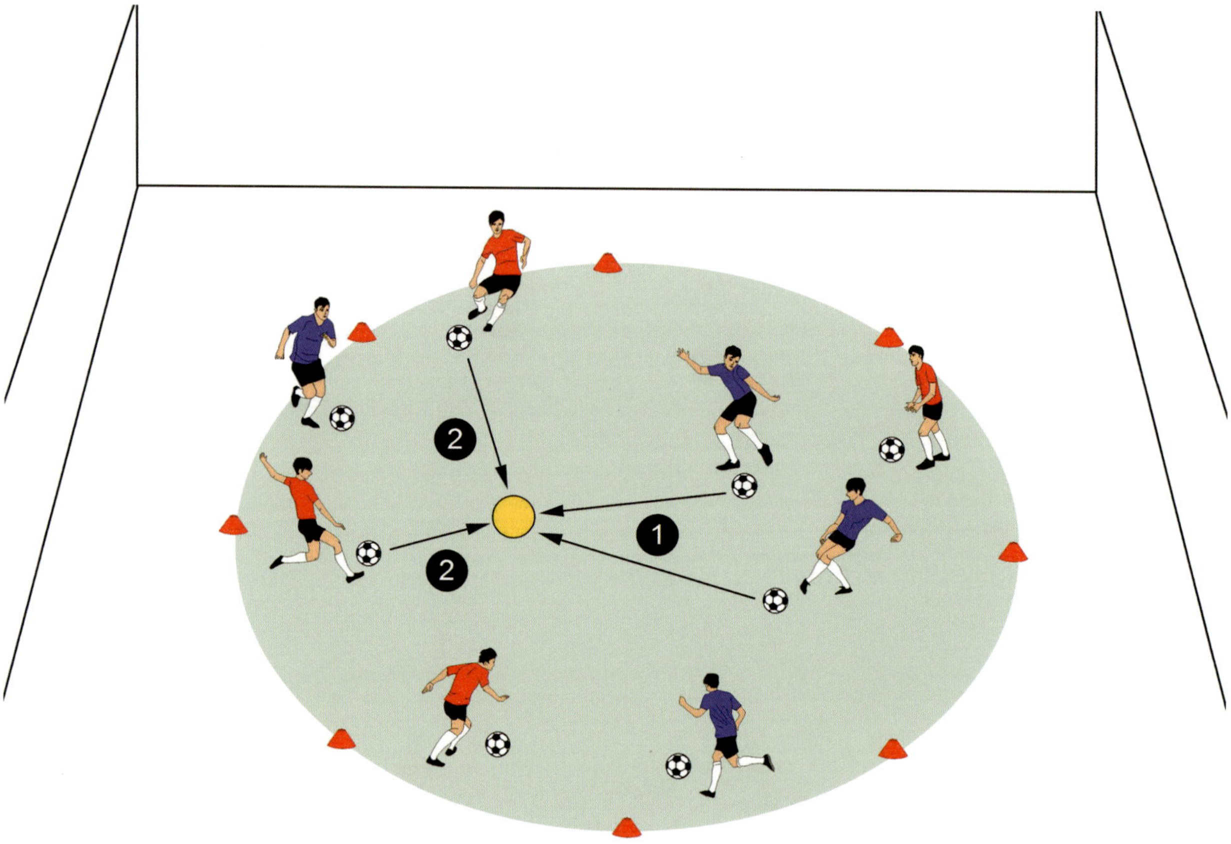

sports-graphics.com

Die Menschen fürchten sich vor den Monstern und wollen sie vertreiben.

Die Kinder werden in zwei Teams eingeteilt. Alle Kinder befinden sich innerhalb des Kreises. Jedes Kind hat einen Ball am Fuß. Ein Gymnastikball wird auf dem Mittelpunkt des Kreises positioniert. Team BLAU hat die Aufgabe, den Gymnastikball aus dem Kreis hinauszubefördern, indem es mit dem Fußball gegen den Gymnastikball schießt und diesen so in eine Richtung rollen lässt (vgl. 1). Team ROT hat die Aufgabe, den Gymnastikball im Kreis zu belassen, indem es ihn ebenfalls mit den eigenen Fußbällen trifft (vgl. 2). Die Aufgaben werden regelmäßig gewechselt. Zusätzlich kann für die Kinder die Aufgabe bestehen, abwechselnd mit dem linken und dem rechten Fuß zu schießen.

18.3 MONSTER BAUSTEIN #3

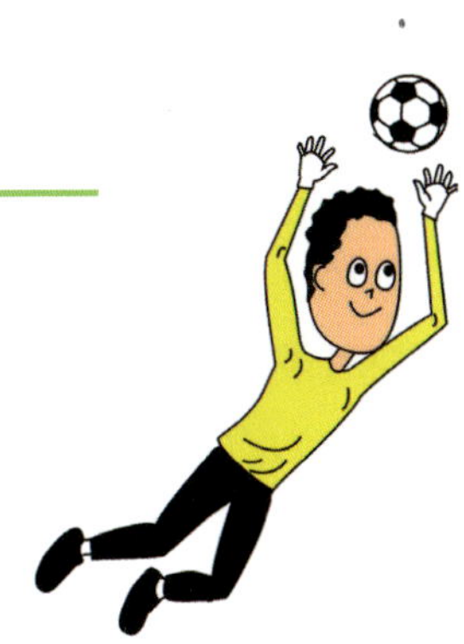

KOORDINATION	★★★★
DRIBBLING	★★★★★
PASSSPIEL	★
TORSCHUSS	
FREIES SPIEL	★

MATERIAL:

8 Markierungshütchen

Unterschiedliche Bälle

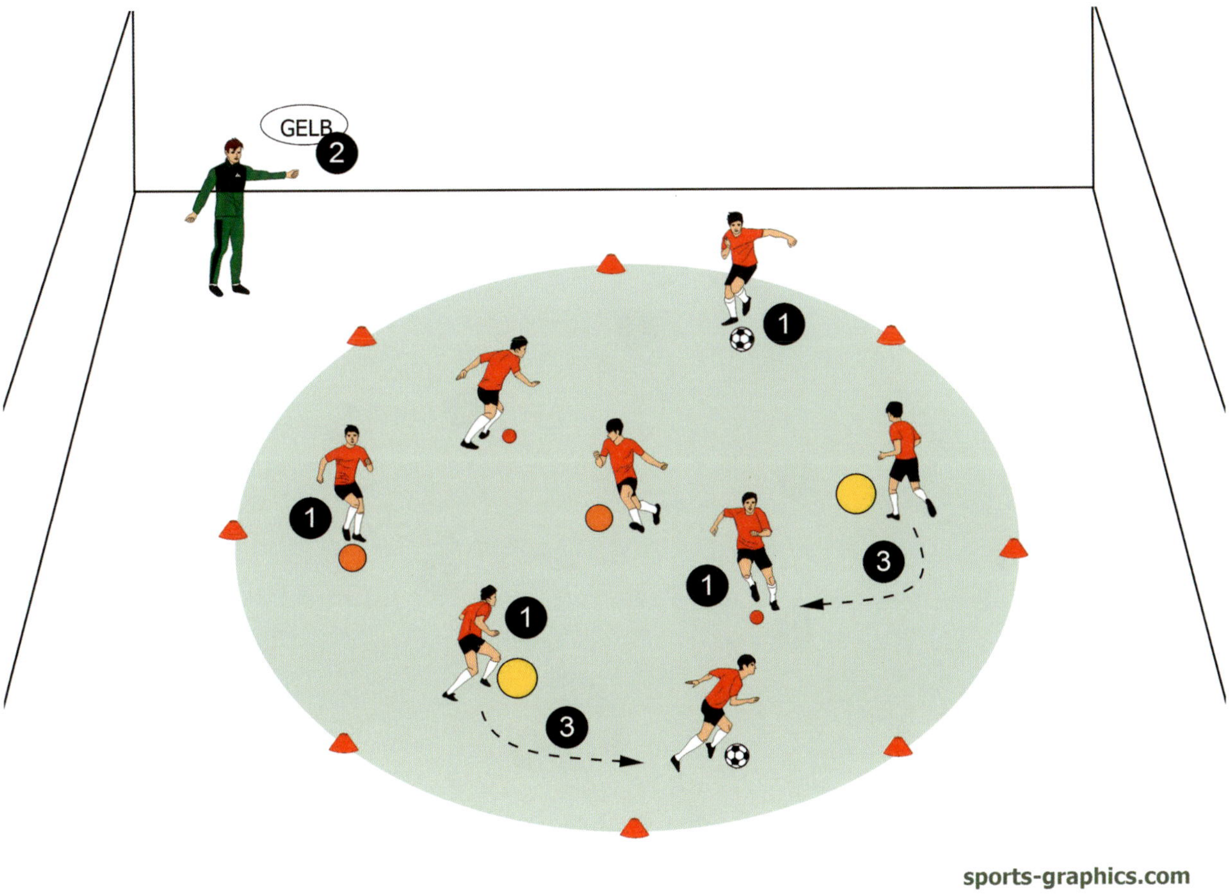

Es greifen immer mehr Monster an. Die Menschen ergreifen die Flucht.

Die Kinder befinden sich im Kreis und dribbeln mit unterschiedlichen Bällen variantenreich durcheinander (vgl. 1). Dabei ist der Einsatz von Tennisbällen, Gymnastikbällen, Handbällen, Basketbällen, Fußbällen, Flummis, Rugby-Pillen oder Golfbällen möglich. Die Kinder tauschen ihre Bälle so oft wie möglich miteinander. Der Trainer startet ein Fangspiel durch ein visuelles oder akustisches Signal. Er benennt einen Ball, indem er die Form, die Farbe oder den Namen des Balls nennt (vgl. 2). Die Kinder, welche im Moment des Signals den benannten Ball besitzen, sind die Fänger und versuchen, die übrigen Kinder mit der Hand zu berühren (vgl. 3). Dabei können die Kinder ihren Ball zunächst in die Hand nehmen. Später kann das Fangspiel auch im Dribbling durchgeführt werden.

18.4 MONSTER BAUSTEIN #4

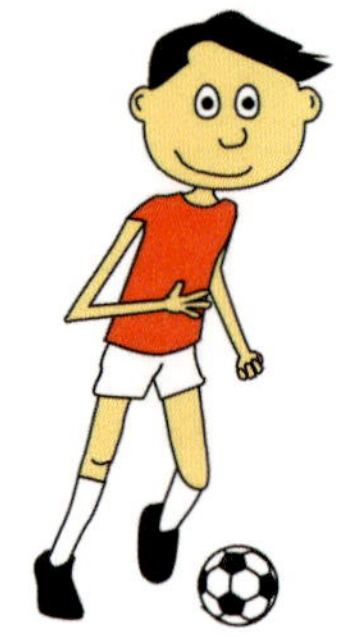

KOORDINATION	★★★★
DRIBBLING	★★★
PASSSPIEL	★★
TORSCHUSS	★★★★★
FREIES SPIEL	★

MATERIAL:

8 Markierungshütchen

4 Langbänke

Unterschiedliche Bälle

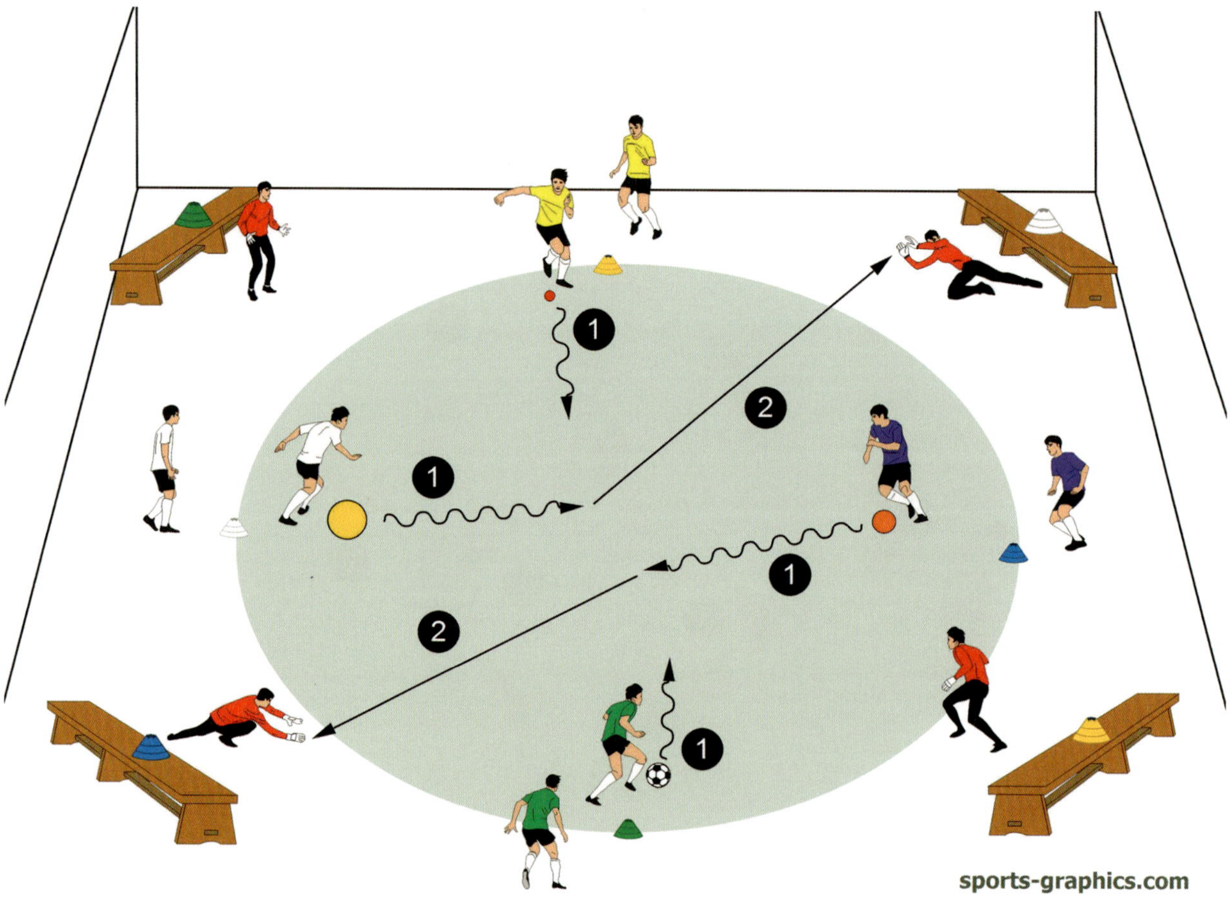

Die Menschen wollen die Monster gemeinsam loswerden und treiben sie wieder zurück in ihre Höhlen.

Die Kinder werden in vier Teams eingeteilt. Zusätzlich werden vier Torhüter benannt. Jedes Team positioniert sich an dem Markierungshütchen gemäß der Teamfarbe. Jedes Team besitzt einen anderen Ball. Die Kinder dribbeln an (vgl. 1) und schließen aus der Kreismitte auf das entsprechend markierte Tor ab (vgl. 2). Es werden vier Wettkampfrunden gespielt, sodass jedes Team mit jedem Ball geschossen hat.

18.5 MONSTER BAUSTEIN #5

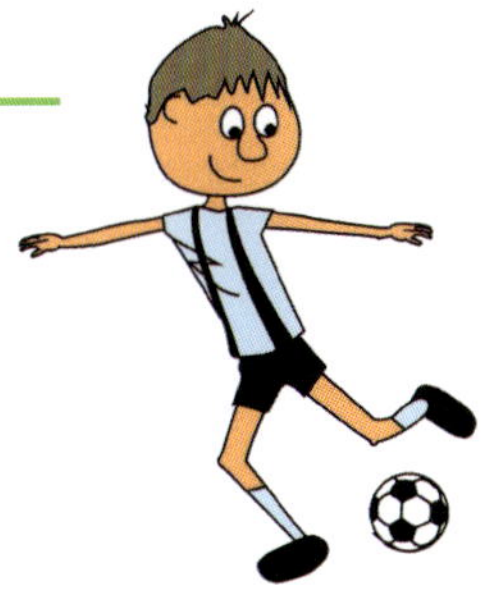

KOORDINATION	★★★★
DRIBBLING	★★★
PASSSPIEL	★★★
TORSCHUSS	★★★
FREIES SPIEL	★★★★★

MATERIAL:

12 Markierungshütchen

4 Langbänke

Unterschiedliche Bälle

Leibchen

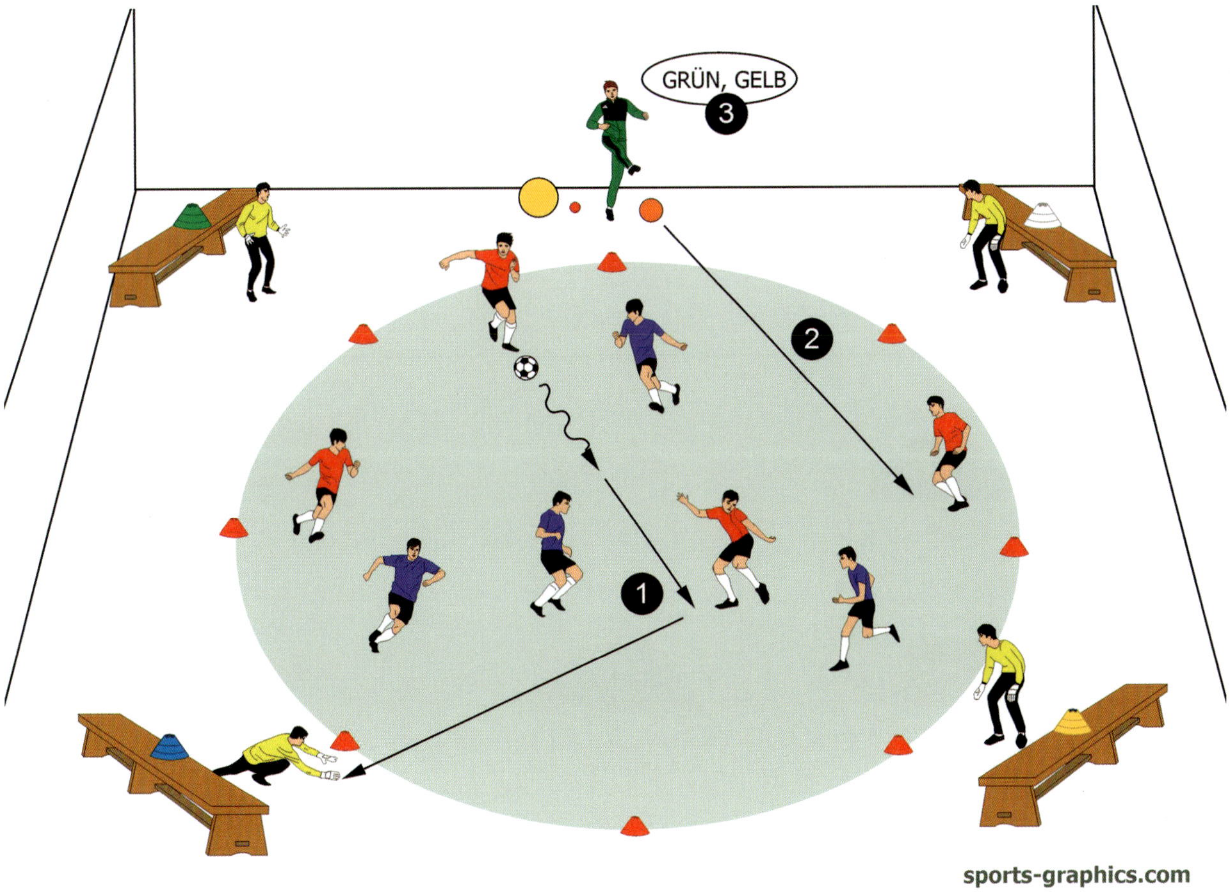

Menschen und Monster haben sich angefreundet und spielen miteinander.

Die Kinder werden in zwei Teams eingeteilt und spielen gegeneinander. Zunächst können beide Mannschaften auf alle vier Tore abschließen (vgl. 1). Der Trainer spielt in regelmäßigen Abständen neue Bälle ein (vgl. 2). Die Bälle unterscheiden sich voneinander, sodass nicht nur mit einem gewöhnlichen Fußball gespielt wird. So kann der Trainer beispielsweise einen Tennisball, einen Gymnastikball, einen Handball, eine Rugby-Pille oder einen Basketball einspielen. Die Tore sind zusätzlich farblich markiert, sodass der Trainer durch ein Signal (vgl. 3) Tore benennen kann, auf die gespielt werden soll.

19 IRRGARTEN

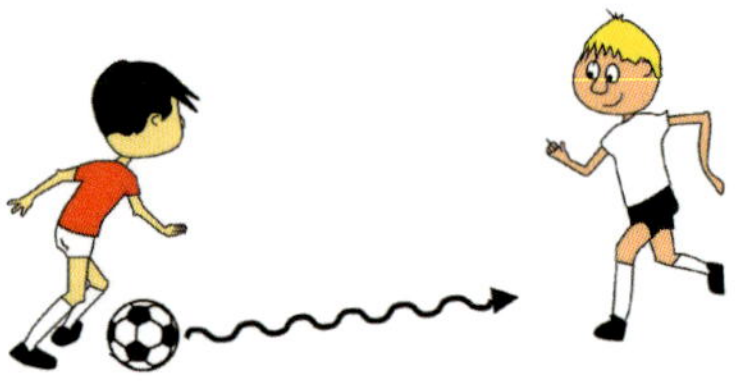

Analog zu vorherigen Trainingsformen werden in diesem Feldaufbau erneut Hallenmaterialien genutzt, um spezifische Aufgaben umzusetzen. Matten können dabei als Aktionsraum für koordinative Aufgaben genutzt werden. Die Anordnung der Materialien ist bewusst gewählt. So befindet sich auf jeder Ebene des Felds ein Vertreter der jeweiligen Gerätschaft.

Der Irrgarten als begleitendes Thema hat seinen Reiz im Bespielen und Umsetzen der herausfordernden Aufgaben. So werden sowohl Individual- als auch Kleingruppenaufgaben gestellt, die innerhalb des Felds umgesetzt werden müssen.

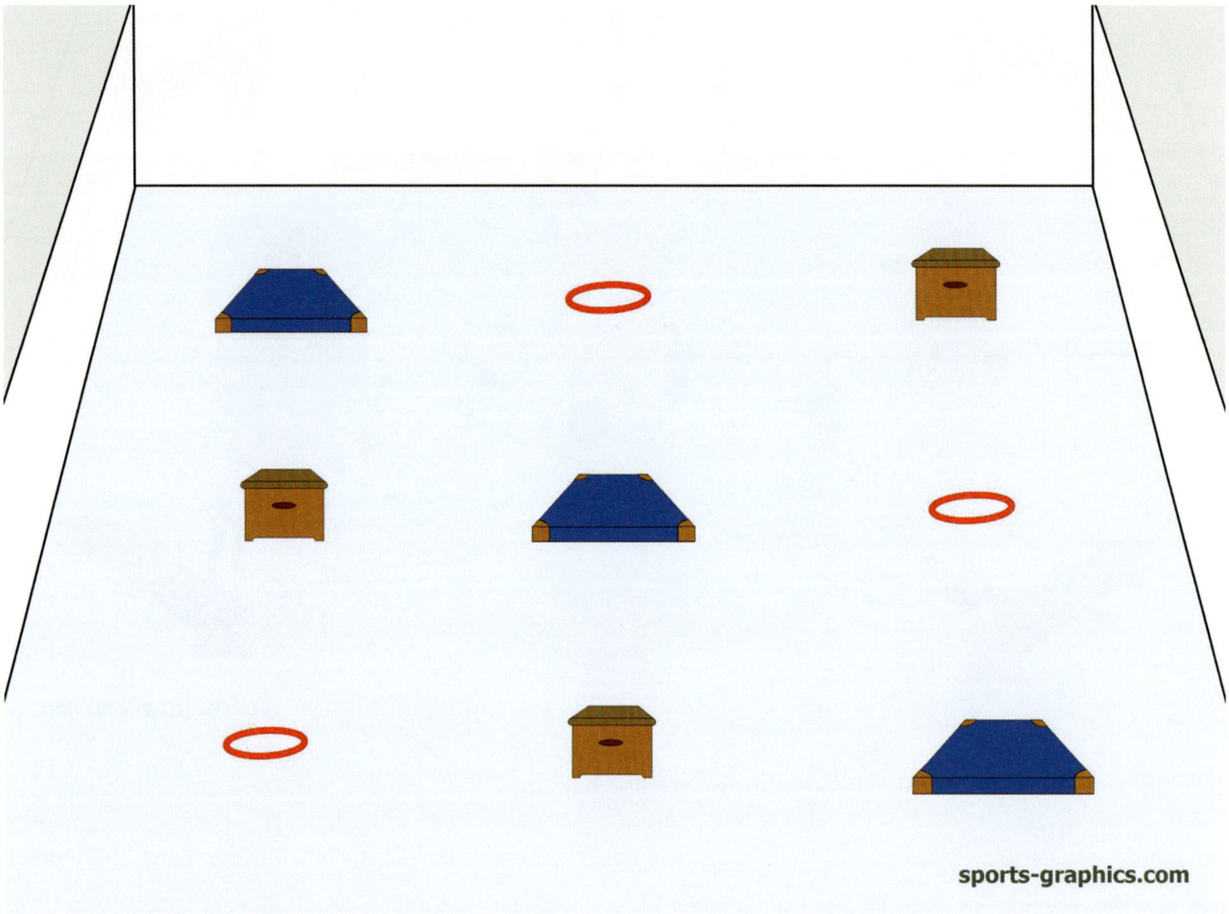

19.1 IRRGARTEN BAUSTEIN #1

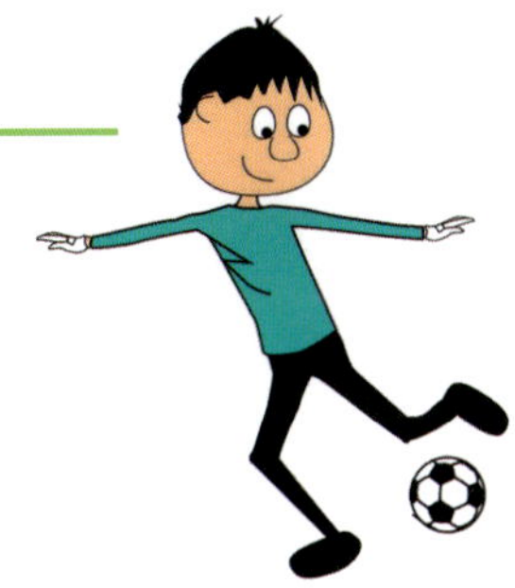

KOORDINATION ★★★★★
DRIBBLING
PASSSPIEL
TORSCHUSS
FREIES SPIEL ★

MATERIAL:
3 Matten, 3 Kästen
3 Koordinationsreifen

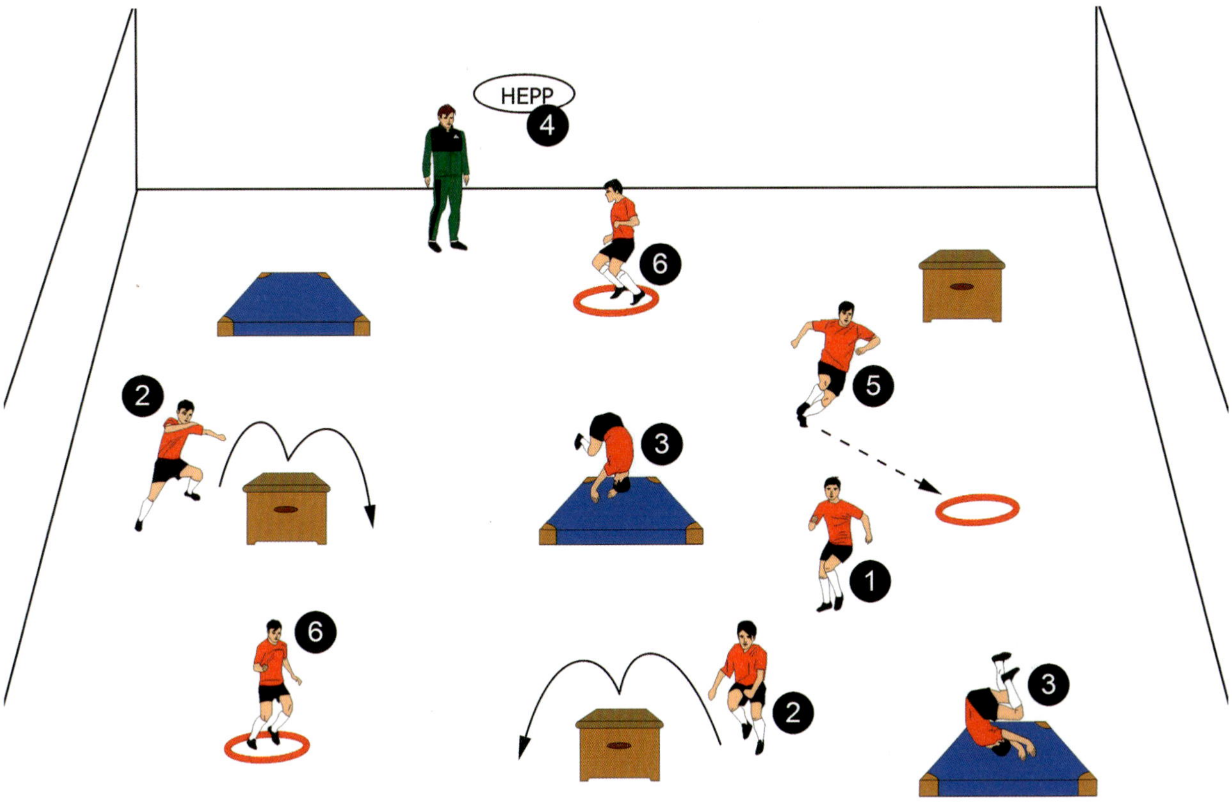

sports-graphics.com

Die Kinder haben sich im Irrgarten verlaufen und erkunden nun die Gänge und Hindernisse, um einen Ausgang zu finden.

Die Kinder bewegen sich frei im Feld (vgl. 1) und setzen verschiedene Aufgaben auf und an den Hallengeräten um. Die Kinder springen auf den Kasten hinauf und wieder hinunter (vgl. 2) und machen Vorwärts- und Rückwärtsrollen auf den Matten (vgl. 3). Der Trainer startet mit einem visuellen oder akustischen Signal einen Laufwettkampf (vgl. 4). Die Kinder laufen schnellstmöglich zu einem der Reifen (vgl. 5) und stellen sich in den Reifen hinein (vgl. 6). Ein Reifen kann nur von je einem Kind besetzt werden, sodass einige Kinder ohne Reifen verbleiben.

19.2 IRRGARTEN BAUSTEIN #2

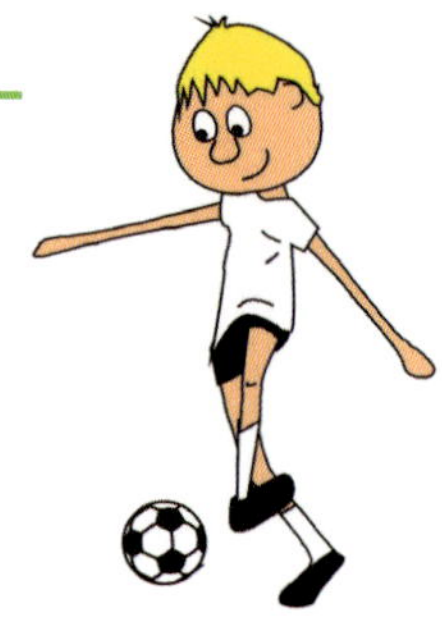

KOORDINATION	★
DRIBBLING	★★★★★
PASSSPIEL	★★★
TORSCHUSS	
FREIES SPIEL	★

MATERIAL:

3 Matten, 3 Kästen

3 Koordinationsreifen

Bälle

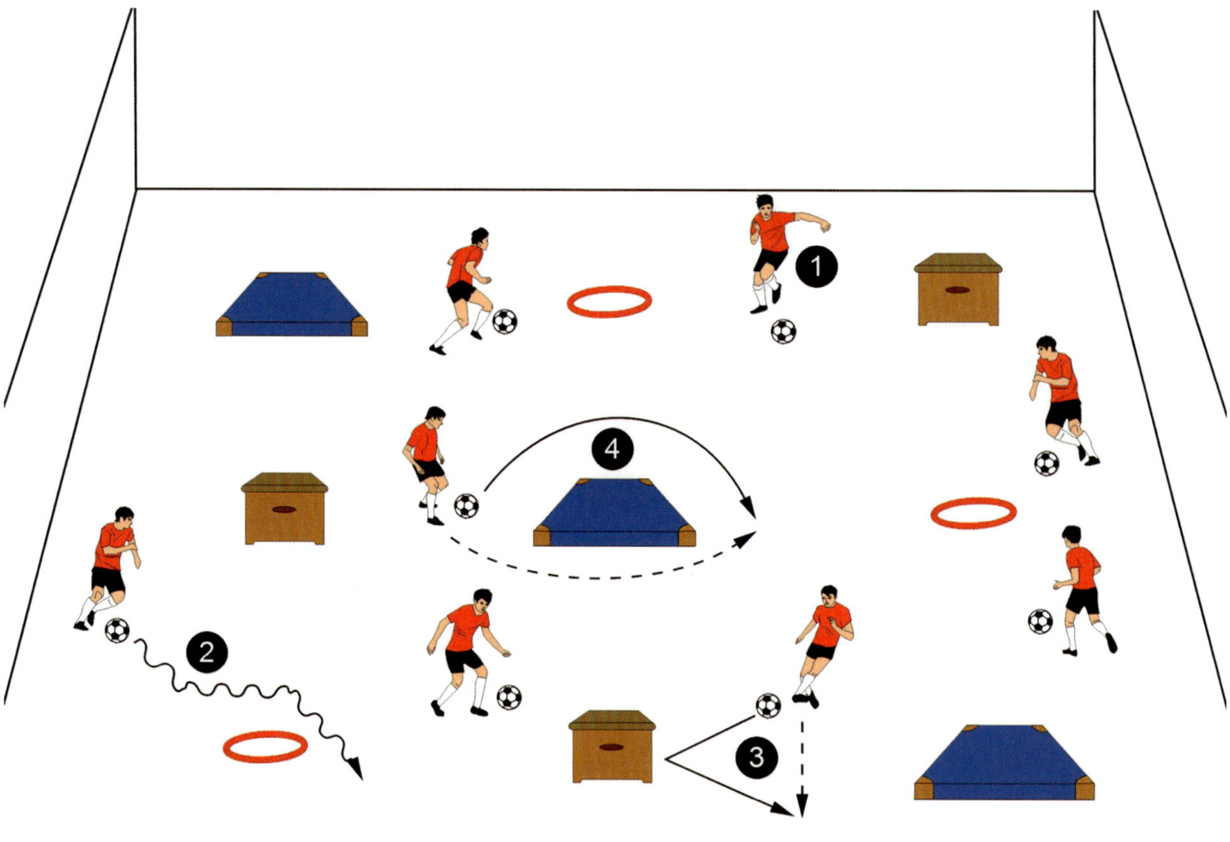

sports-graphics.com

Die Kinder haben noch keinen Ausgang gefunden und erkunden den Irrgarten nun mit Ball.

Die Kinder dribbeln im Feld (vgl. 1). Die Kinder nutzen die Hallengeräte für verschiedene Aufgaben mit Ball. Die Kinder fintieren vor einem Reifen (vgl. 2), passen den Ball gegen einen Kasten und verarbeiten den zurückprallenden Ball (vgl. 3) und lupfen den Ball über eine Matte (vgl. 4). Alle Aufgaben können in einem Technikwettkampf durchgeführt werden, sodass die Kinder alle Matten, alle Kästen und alle Reifen nach den vorgegebenen Aufgabenstellungen bespielen. Das Kind, welches alle Geräte zuerst bespielt hat, steht als Gewinner fest.

19.3 IRRGARTEN BAUSTEIN #3

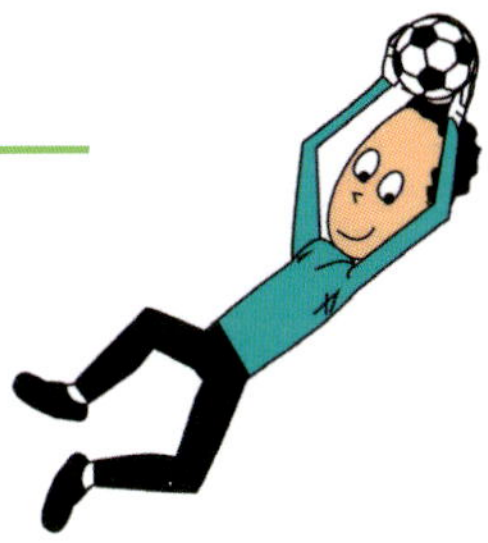

KOORDINATION	★
DRIBBLING	★★
PASSSPIEL	★★★★★
TORSCHUSS	★
FREIES SPIEL	★

MATERIAL:

3 Matten, 3 Kästen

3 Koordinationsreifen

Bälle & Leibchen

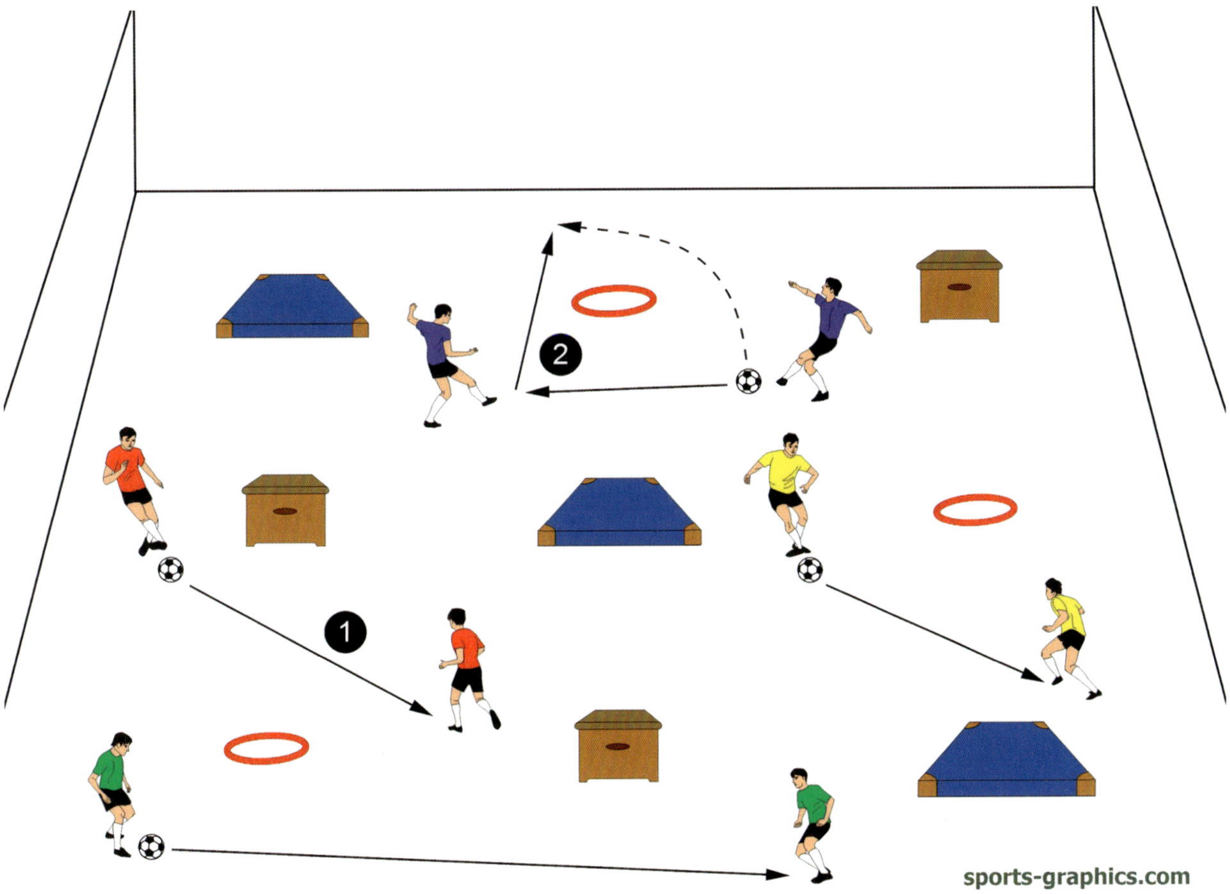

Die Kinder haben fast alle Gänge des Irrgartens kennengelernt und haben noch immer keinen Ausgang gefunden.

Die Kinder arbeiten zusammen, um gemeinsam einen Ausgang zu finden. Die Kinder werden in Teams eingeteilt. Jedes Team besitzt einen Ball und passt sich den Ball zu, ohne ein Hallengerät zu treffen (vgl. 1). Zusätzlich kann die Aufgabe gestellt werden, Hallengeräte mit einem Doppelpass zu umspielen (vgl. 2). Auch hier kann ein Technikwettkampf ablaufen, sodass die Kinder eine bestimmte Anzahl Pässe umsetzen müssen. Die Mannschaft, die die geforderte Anzahl zuerst erreicht hat, gewinnt den Wettkampf.

19.4 IRRGARTEN BAUSTEIN #4

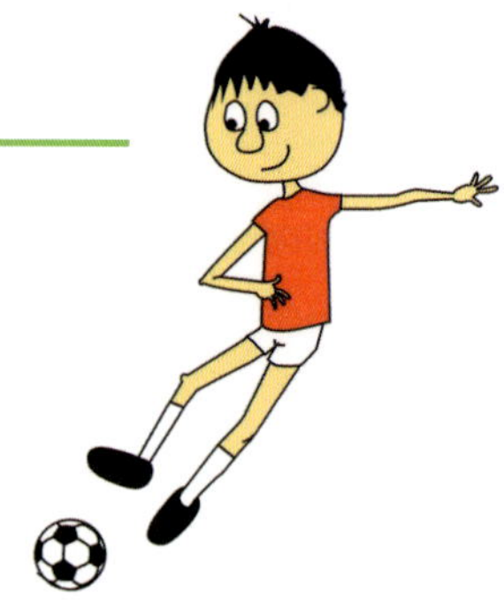

KOORDINATION	★
DRIBBLING	★★★★★
PASSSPIEL	
TORSCHUSS	
FREIES SPIEL	★★★

MATERIAL:

3 Matten, 3 Kästen

3 Koordinationsreifen

Bälle & Leibchen

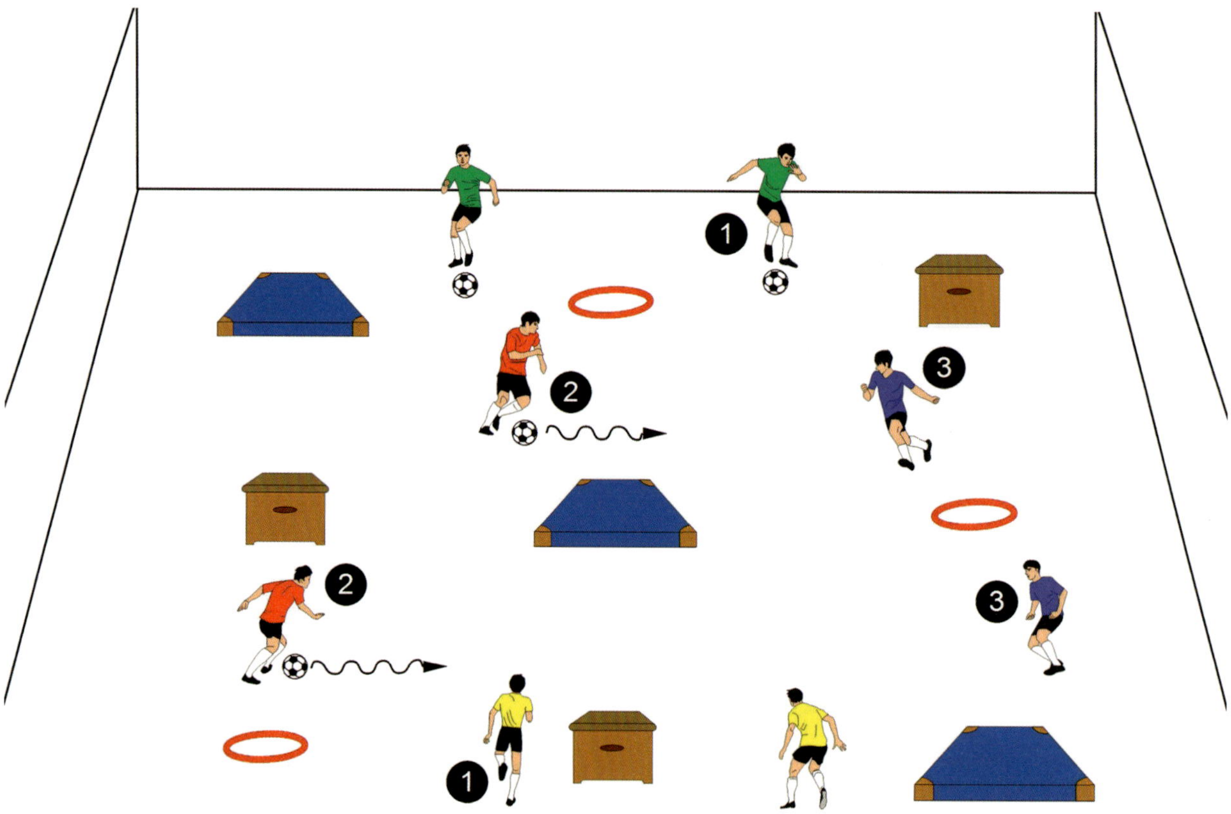

sports-graphics.com

Die Kinder haben nun die Ausgänge des Irrgartens gefunden und wollen das Labyrinth verlassen.

Die Kinder werden in vier Teams eingeteilt. Die Kinder stehen jeweils zwischen zwei Hallengeräten, wobei sich immer zwei Kinder gegenüberstehen. Ein Kind hat einen Ball, das andere Kind besitzt keinen Ball (vgl. 1). Die Ballbesitzer dribbeln an und versuchen, die gegenüberstehenden Kinder im 1 gegen 1 zu überwinden (vgl. 2) und das Feld zwischen den Hallengeräten zu verlassen. Das Kind ohne Ball versucht, den Ball zu gewinnen (vgl. 3) und seinerseits den Gegner im 1 gegen 1 zu überwinden. Die Aufgaben werden regelmäßig gewechselt.

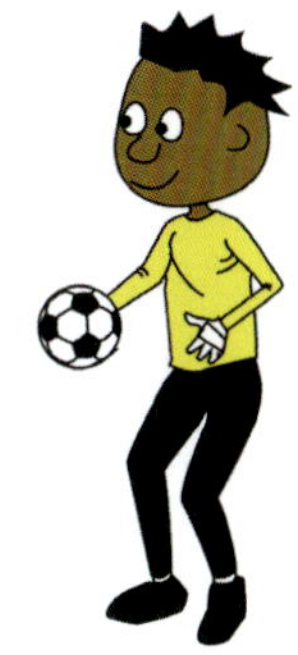

19.5 IRRGARTEN BAUSTEIN #5

KOORDINATION	★
DRIBBLING	★★★
PASSSPIEL	★★★
TORSCHUSS	★★★
FREIES SPIEL	★★★★★

MATERIAL:

3 Matten, 3 Kästen

3 Koordinationsreifen

Bälle & Leibchen

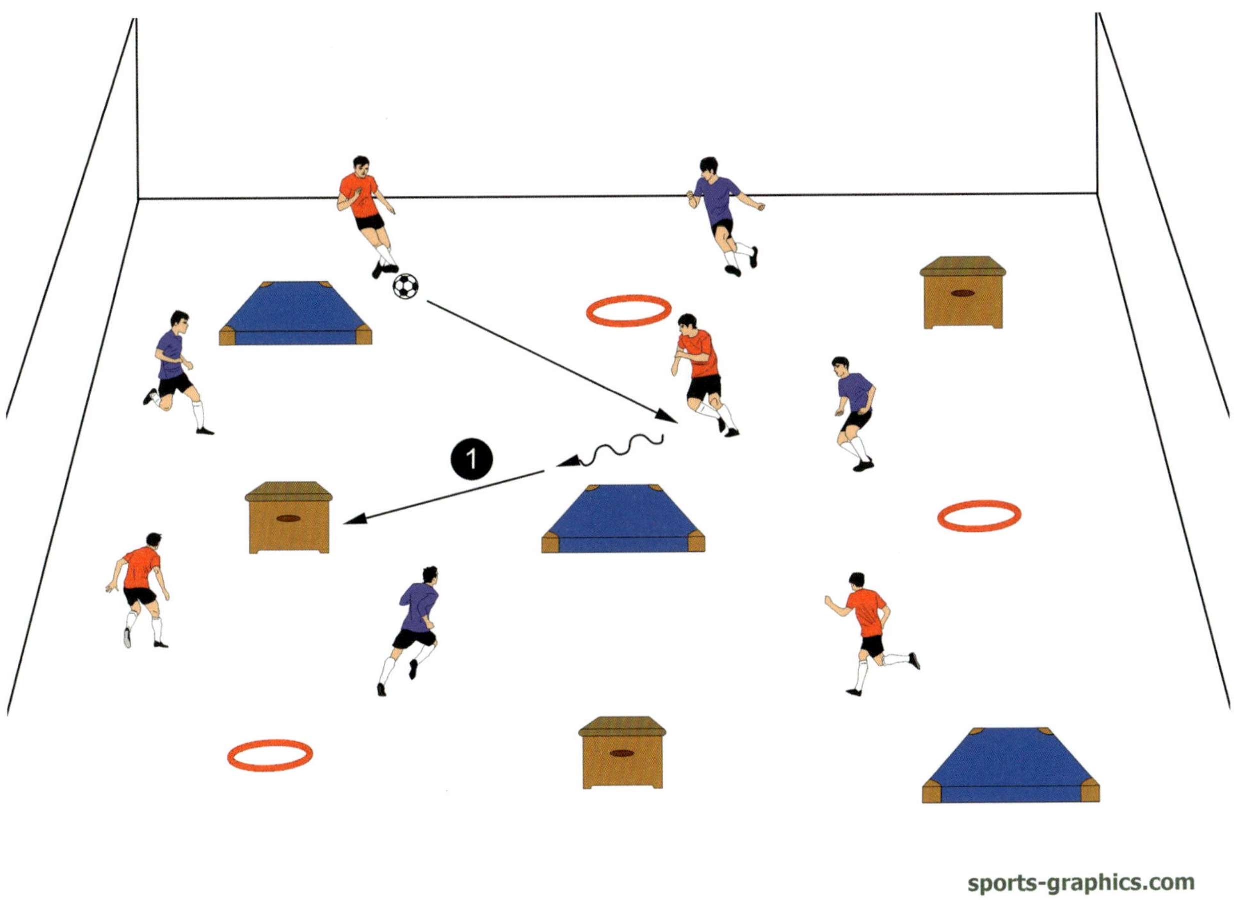

Nachdem die Kinder die Ausgänge des Irrgartens kennen, kehren sie in das Labyrinth zurück und spielen miteinander.

Die Kinder werden in zwei Teams eingeteilt. Die Teams spielen gegeneinander. Die Kästen stellen die Tore dar. Die Kinder können alle Kästen von allen vier Seiten treffen, um ein Tor zu erzielen (vgl. 1). Zusätzlich können die Kinder noch eine Aufgabe umsetzen, bevor ein Treffer auf die Kästen möglich wird. Dabei kann ein Lupfer über eine Matte oder eine Finte vor einem Reifen umgesetzt werden.

20 HOCHHAUS

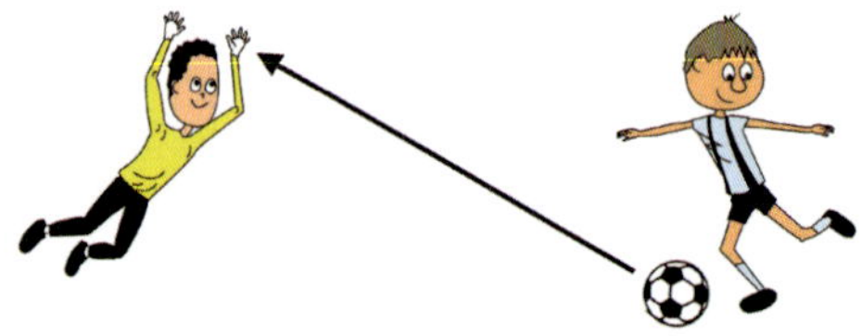

Der dargestellte Feldaufbau umfasst ein Spielfeld mit vier Zonen und insgesamt vier Minitoren. Die Unterteilung des Spielfelds in unterschiedliche Zonen kann für die spätere Aufgabenstruktur im Sinne von Schusszonen, besonderen Punktewertungen oder besonderen Aktionszonen genutzt werden.

Die Visualisierung des Feldaufbaus als Hochhaus mit unterschiedlichen Stockwerken erzeugt bei den Kindern ein erstes Gefühl für die unterschiedlichen Ebenen des Spielfelds. Die Zonierung akzentuiert die Spielrichtung und unterstreicht die Wichtigkeit von vertikalen Pässen und Dribblings. Die Aufgaben innerhalb dieses Felds können entsprechenden Geschehnissen im Hochhaus angepasst werden, sodass der Übertrag für die Kinder nicht schwerfällt.

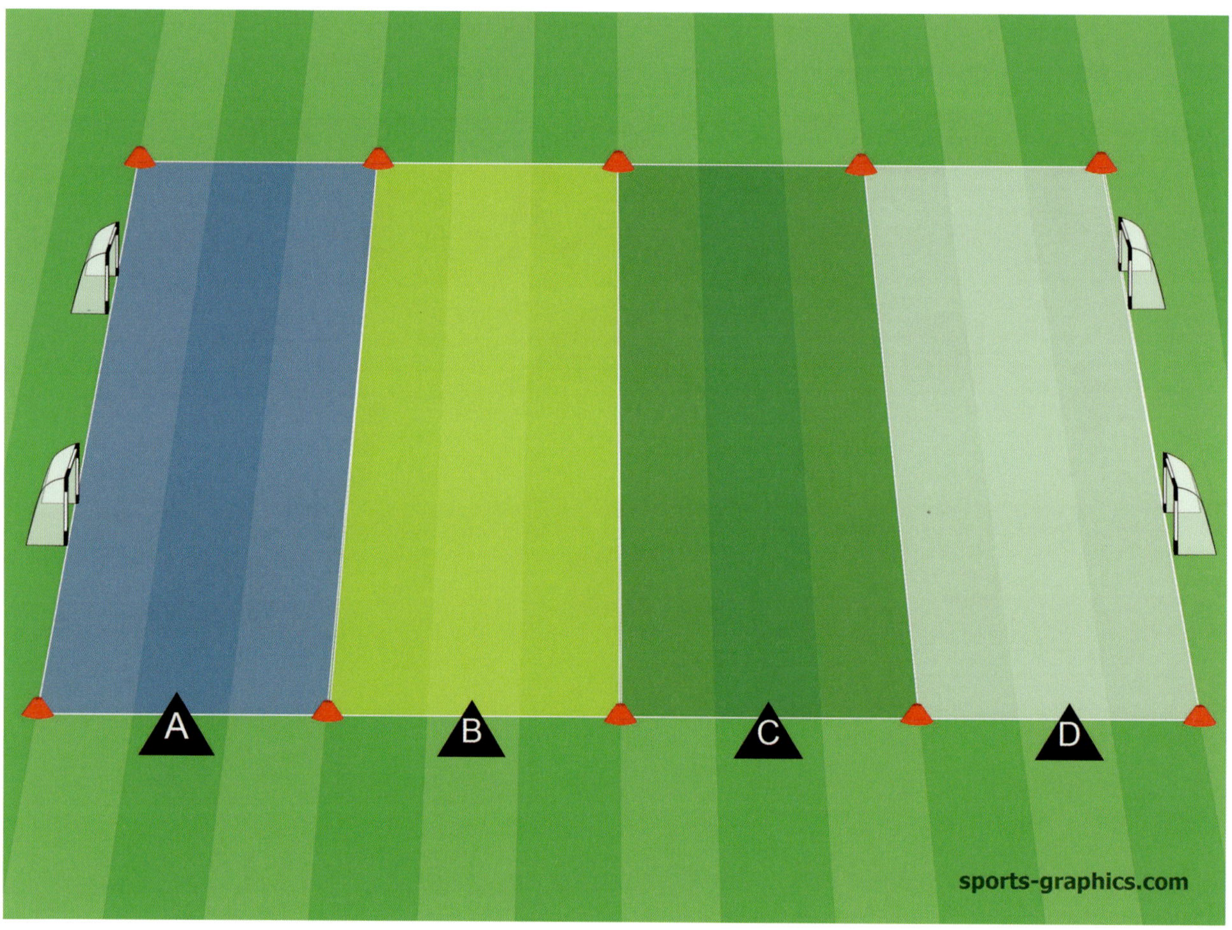

20.1 HOCHHAUS BAUSTEIN #1

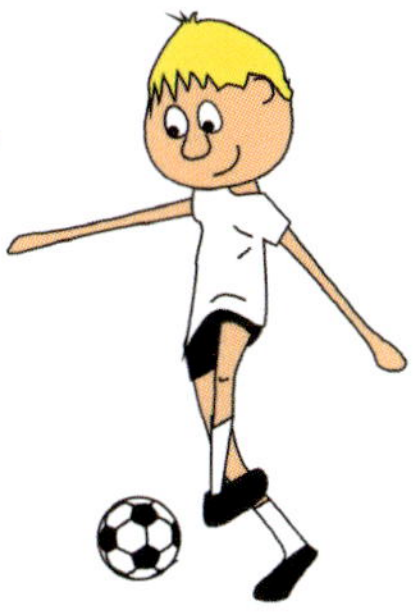

KOORDINATION	★★★★★
DRIBBLING	★★
PASSSPIEL	
TORSCHUSS	
FREIES SPIEL	★

MATERIAL:

10 Markierungshütchen

4 Minitore

Bälle & Leibchen

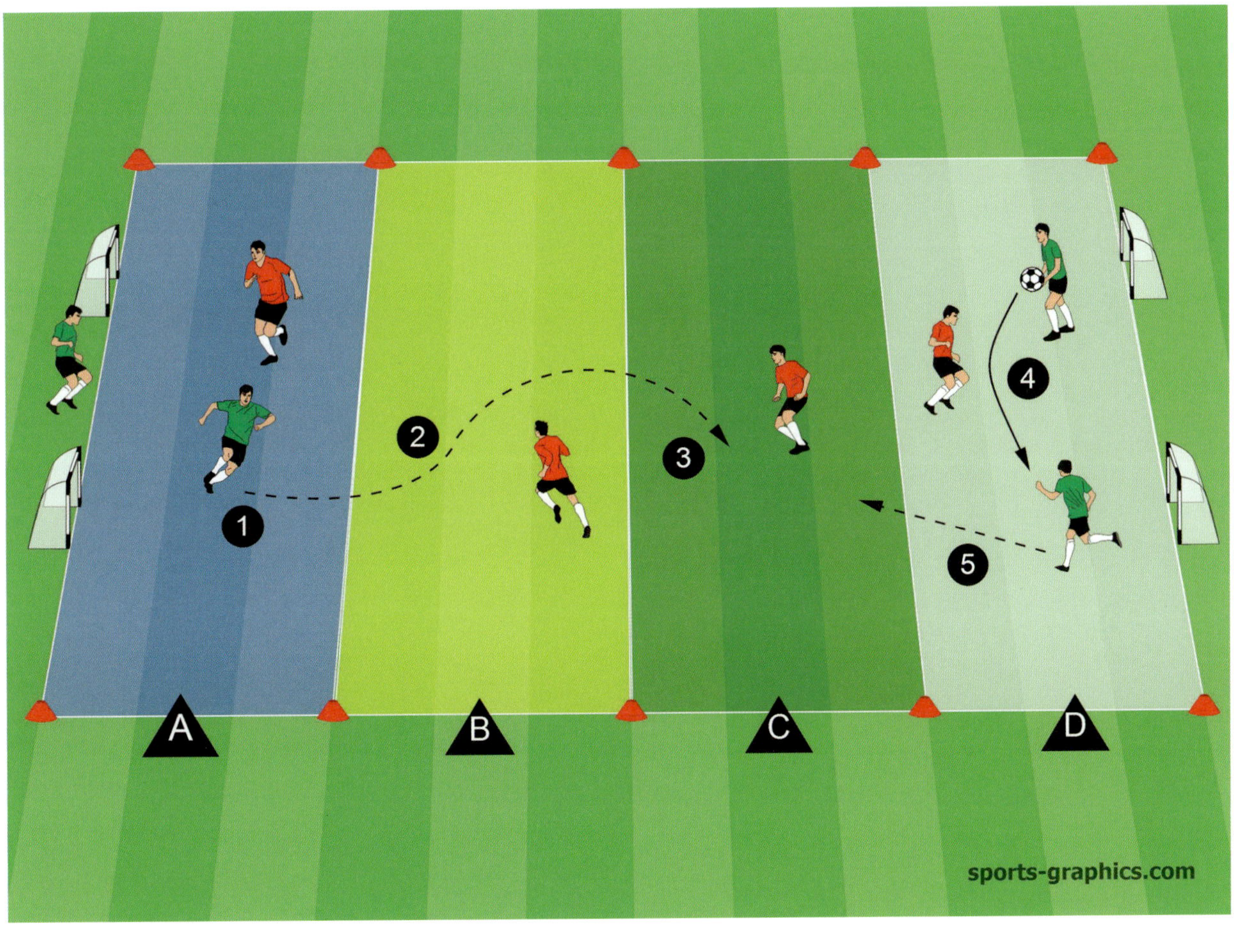

Die Bewohner des Hochhauses sind auf eine Geburtstagsfeier im Dachgeschoss eingeladen.

Die Kinder werden in zwei Teams eingeteilt. Die Kinder des roten Teams positionieren sich in den Zonen A, B, C und D. Sie dürfen diese Zonen nicht verlassen. Ein Kind des grünen Teams läuft in Zone A (vgl. 1) und hat im Anschluss die Aufgabe, alle Zonen zu durchlaufen (vgl. 2 und 3), ohne dabei von den Kindern des roten Teams mit der Hand berührt zu werden. Weiterführend starten zwei Kinder in die erste Zone. Ein Kind hält einen Ball in der Hand. Der Fänger des roten Teams kann nur das Kind abticken, das gegenwärtig den Ball in der Hand hält. Die Kinder des grünen Teams versuchen, durch geschicktes Zusammenspiel (vgl. 4) die nächste Zone zu erreichen (vgl. 5).

20.2 HOCHHAUS BAUSTEIN #2

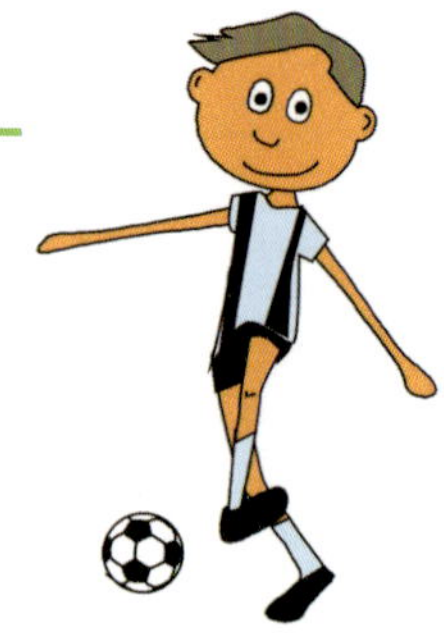

KOORDINATION	★★★★★
DRIBBLING	★★★★★
PASSSPIEL	
TORSCHUSS	
FREIES SPIEL	★

MATERIAL:

10 Markierungshütchen

8 große Markierungshütchen

4 Minitore

Leibchen

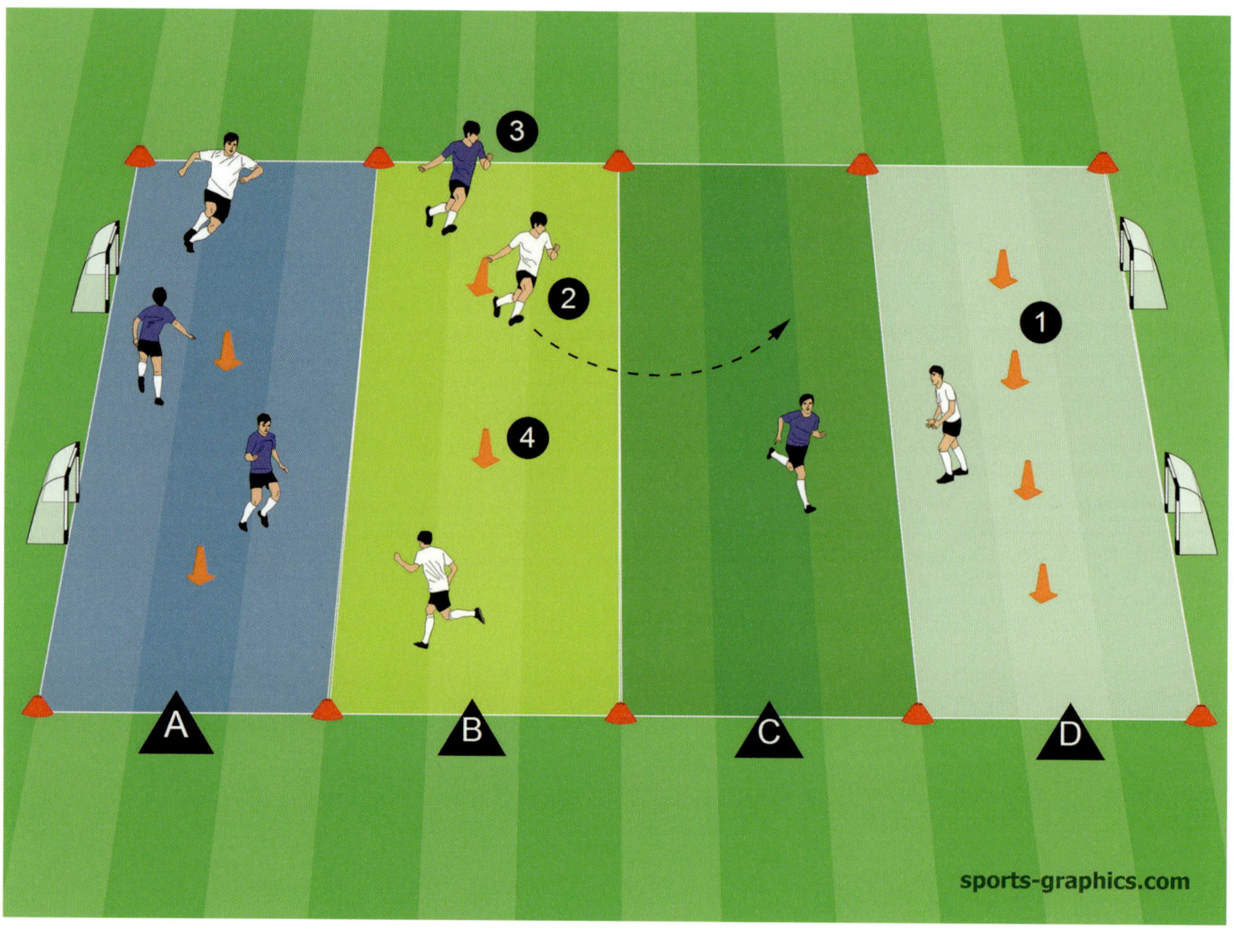

Die Bewohner wollen Gegenstände aus dem Keller ins Obergeschoss bringen.

Die Kinder werden in zwei Teams eingeteilt. In Zone A und Zone D werden jeweils vier größere Markierungshütchen platziert (vgl. 1). Jedes Team wird einer Zone zugeordnet und bewacht die dort platzierten Hütchen. Gleichzeitig haben die Kinder die Aufgabe, die Markierungshütchen des anderen Teams zu stehlen und in die eigene Zone zu bringen (vgl. 2). Wird ein Kind beim Transport eines Hütchens von einem gegnerischen Kind mit der Hand berührt (vgl. 3), so muss es das Markierungshütchen in der Zone abstellen, in der die Berührung des Gegners erfolgt ist (vgl. 4). Es gewinnt das Team, welches zuerst alle Markierungshütchen in die eigene Zone transportiert hat. Zusätzlich kann die gleiche Aufgabenstellung im Dribbling mit einem Ball am Fuß umgesetzt werden.

20.3 HOCHHAUS BAUSTEIN #3

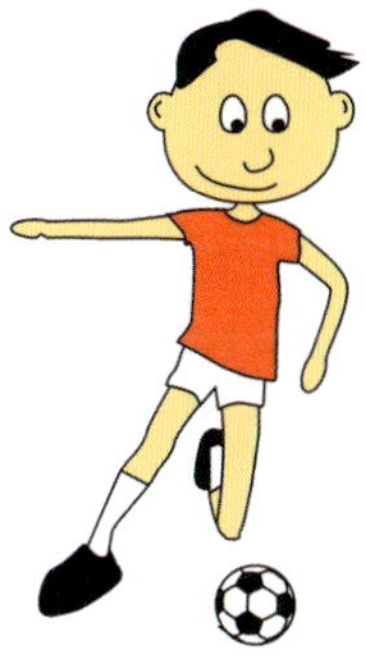

KOORDINATION ★
DRIBBLING ★★★★★
PASSSPIEL
TORSCHUSS
FREIES SPIEL ★

MATERIAL:
10 Markierungshütchen
4 Minitore
Bälle & Leibchen

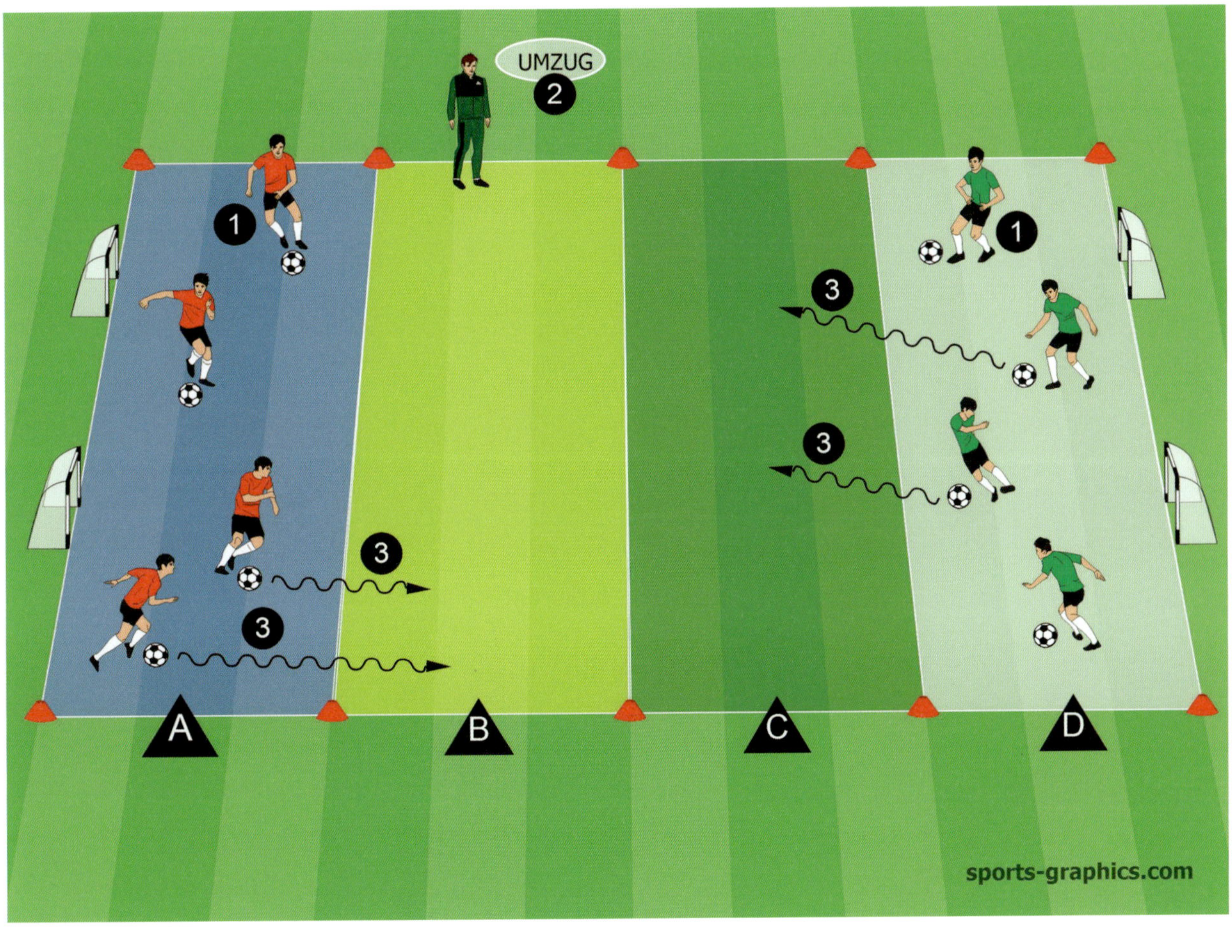

Die Bewohner des Hochhauses ziehen um und beladen mithilfe der Möbelpacker den Transportwagen.

Die Kinder werden in zwei Teams eingeteilt. Jedes Kind besitzt einen Ball. Die Teams positionieren sich in unterschiedlichen Zonen des Spielfelds. Die Kinder dribbeln frei in der jeweiligen Zone (vgl. 1). Auf ein akustisches oder visuelles Trainersignal (vgl. 2) dribbeln die Kinder in eine andere Zone (vgl. 3). Weiterführende Trainersignale können variierende Aufgabenstellungen einleiten. Dabei ist beispielsweise ein Felderwechsel mit der anderen Gruppe (Wohnungstausch) oder das Verlassen des gesamten Spielfelds (Feueralarm) denkbar.

20.4 HOCHHAUS BAUSTEIN #4

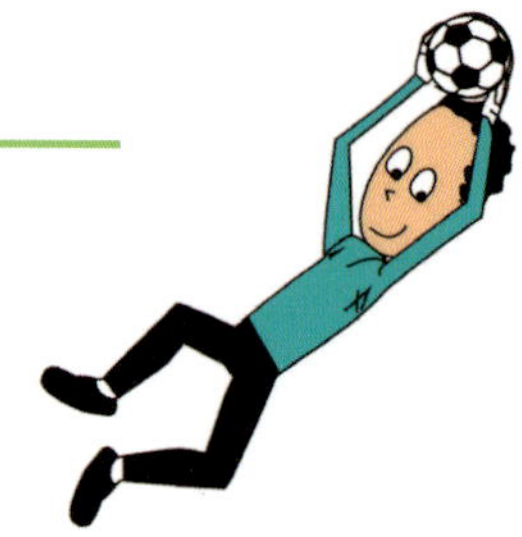

KOORDINATION	★★★
DRIBBLING	★★★★★
PASSSPIEL	★★
TORSCHUSS	★★★
FREIES SPIEL	★★★

MATERIAL:

10 Markierungshütchen

4 Minitore

Bälle & Leibchen

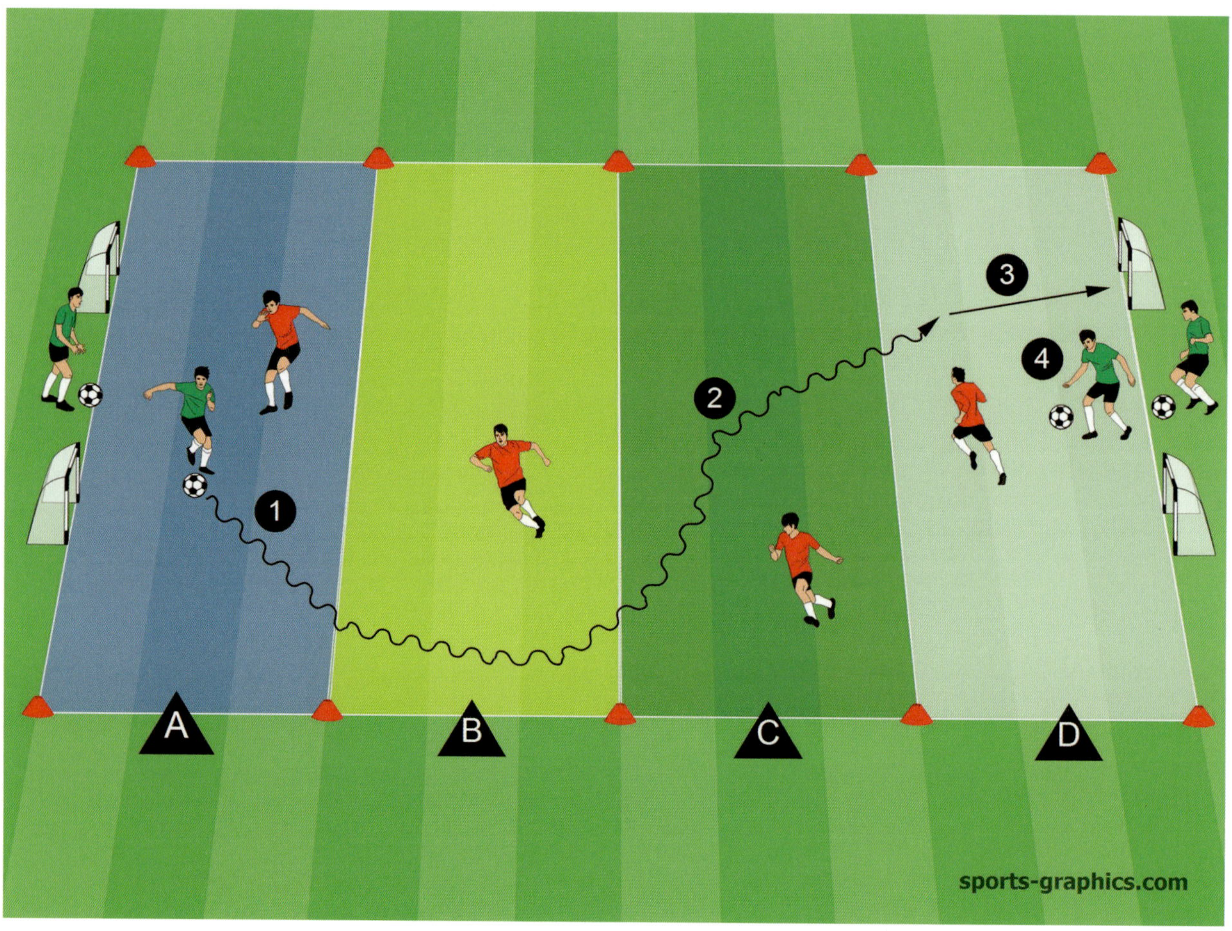

Der Postbote liefert Pakete ins oberste Stockwerk.

Die Kinder werden in zwei Teams eingeteilt. Die Kinder des roten Teams positionieren sich in den Zonen A, B, C und D. Sie dürfen diese Zonen nicht verlassen. Ein Kind des grünen Teams dribbelt in Zone A ein (vgl. 1) und hat nun die Aufgabe, alle Zonen zu durchlaufen (vgl. 2), ohne den Ball dabei an ein Kind des roten Teams zu verlieren. Ist das Kind ohne Ballverlust in der letzten Zone angekommen, schließt es auf eines der Minitore ab und gewinnt damit den Wettkampf (vgl. 3). Um eine gewinnbringende Wiederholungszahl zu generieren, können weitere Kinder zeitgleich von der anderen Seite des Felds starten (vgl. 4).

20.5 HOCHHAUS BAUSTEIN #5

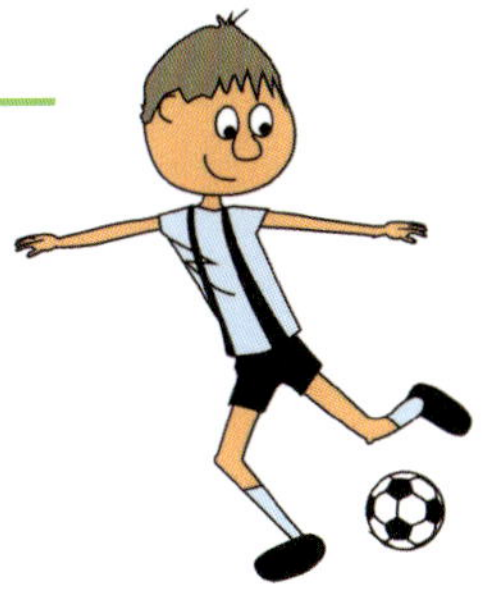

KOORDINATION	★
DRIBBLING	★★★
PASSSPIEL	★★★★
TORSCHUSS	★★★
FREIES SPIEL	★★★★★

MATERIAL:

10 Markierungshütchen

4 Minitore

Bälle & Leibchen

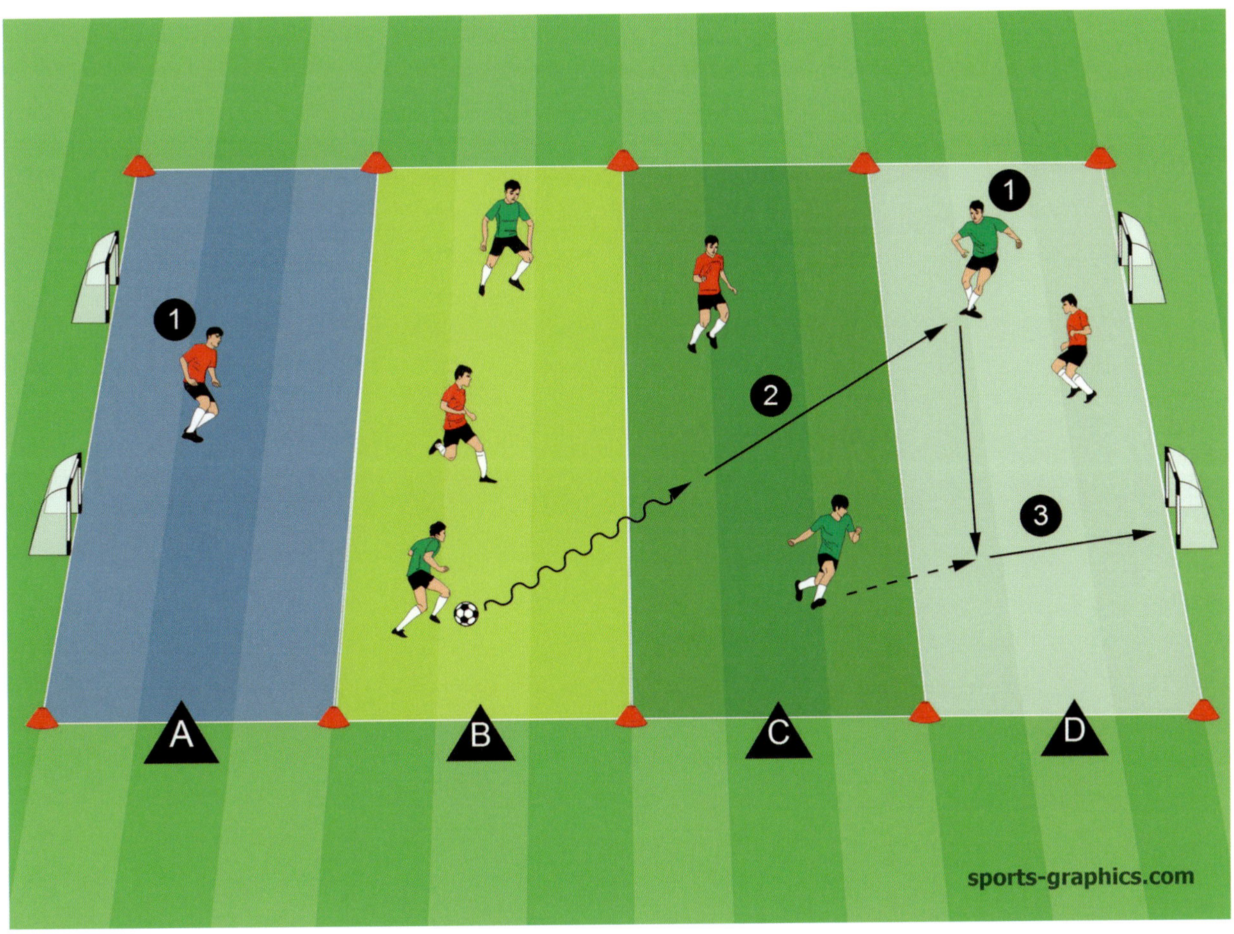

Die Bewohner des Hochhauses feiern gemeinsam und besuchen sich dazu gegenseitig in ihren Wohnungen.

Die Kinder werden in zwei Teams eingeteilt. Jedes Team verteidigt zwei Minitore. Ein Kind jedes Teams positioniert sich in der Zone vor den gegnerischen Toren (vgl. 1) und darf diese nicht verlassen. Die angreifende Mannschaft kann eine doppelte Torwertung erzielen, wenn nach einem Pass zum in der Zone positionierten Kind (vgl. 2) ein Treffer fällt (vgl. 3). Über die Zonierung des Spielfelds sind weitere Regeln möglich. So müssen sich beispielsweise alle Kinder beim eigenen Torerfolg in den beiden tornächsten Zonen befinden, ein Treffer steigt je nach Trainingsschwerpunkt in seiner Wertigkeit, je weiter oder weniger entfernt die Zone, aus der getroffen wurde, von den Toren entfernt ist, in die tornächste Zone muss je nach Trainingsschwerpunkt gedribbelt oder gepasst werden.

21 SCHNEEMÄNNER

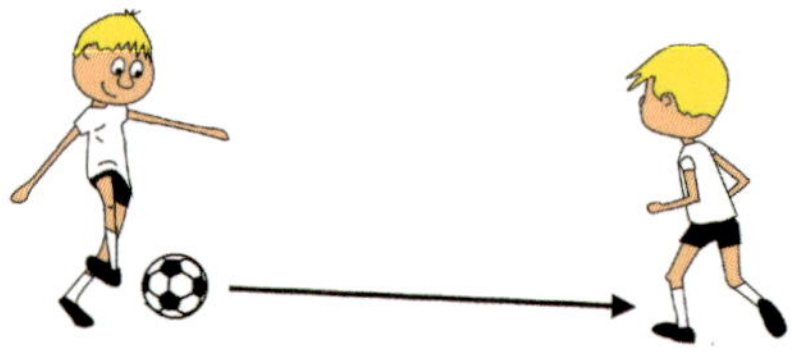

Der kreisrunde Feldaufbau wird durch einen zentralen Kreis, vier Stangentore, zwei Minitore und zwei Jugendtore ergänzt. Die Vielzahl der Tore ermöglicht eine torschussorientierte Aufgabenstruktur. Die unterschiedlichen Tore können demnach mit abweichenden Schusstechniken bespielt werden. Der zentrale Kreis bietet Möglichkeiten der Abstandsregelung beim Torschuss.

Schneemänner sind Kindern ein Begriff. In dieser Trainingseinheit fällt es den Kindern nicht schwer, in die Rolle des Schneemanns zu schlüpfen und sich im Kontext der gestellten Aufgaben entsprechend zu verhalten.

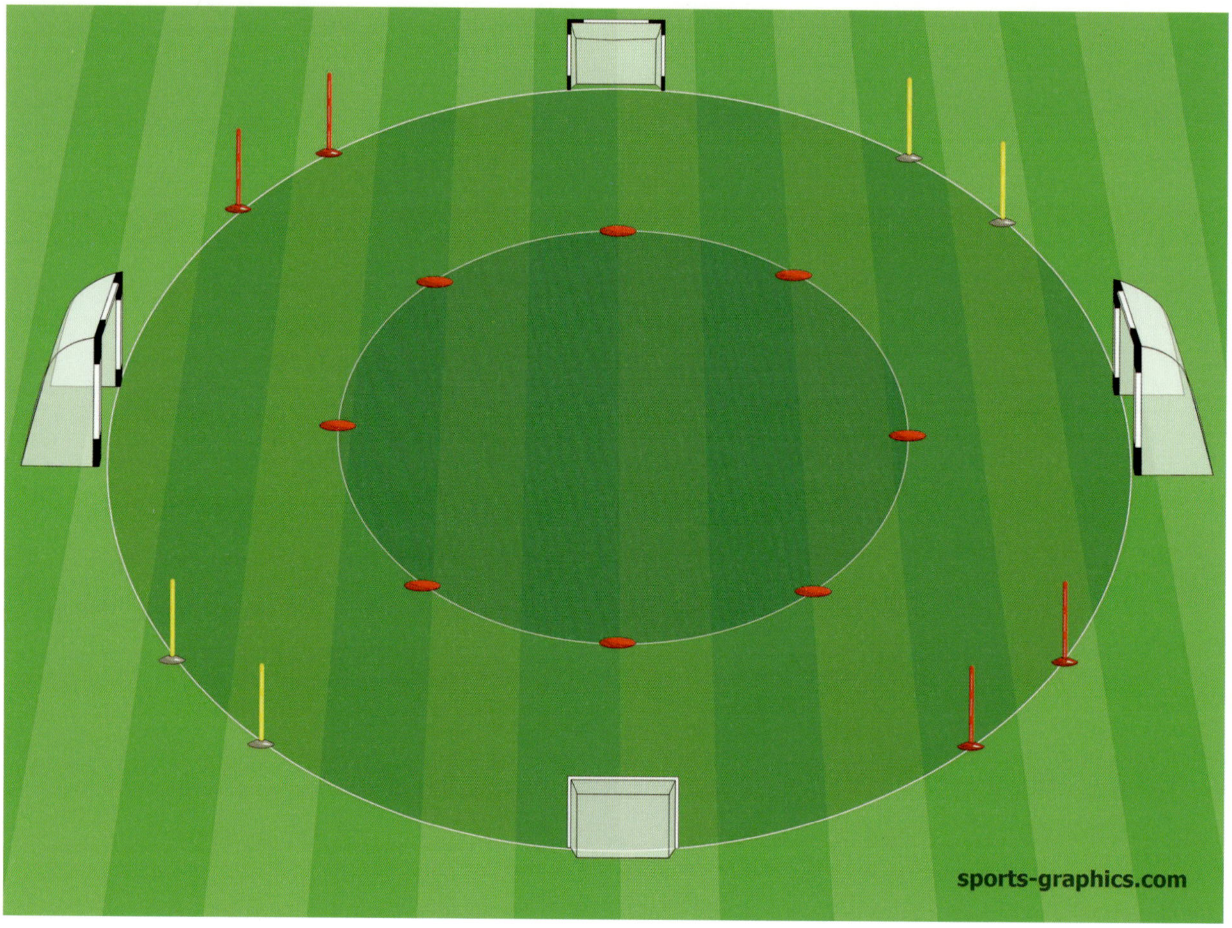

21.1 SCHNEEMÄNNER BAUSTEIN #1

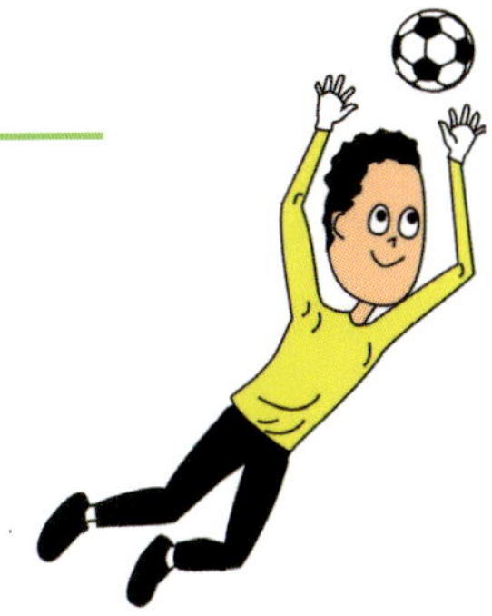

KOORDINATION	★★★★★
DRIBBLING	
PASSSPIEL	
TORSCHUSS	
FREIES SPIEL	★★

MATERIAL:

8 Stangen

8 Markierungspads

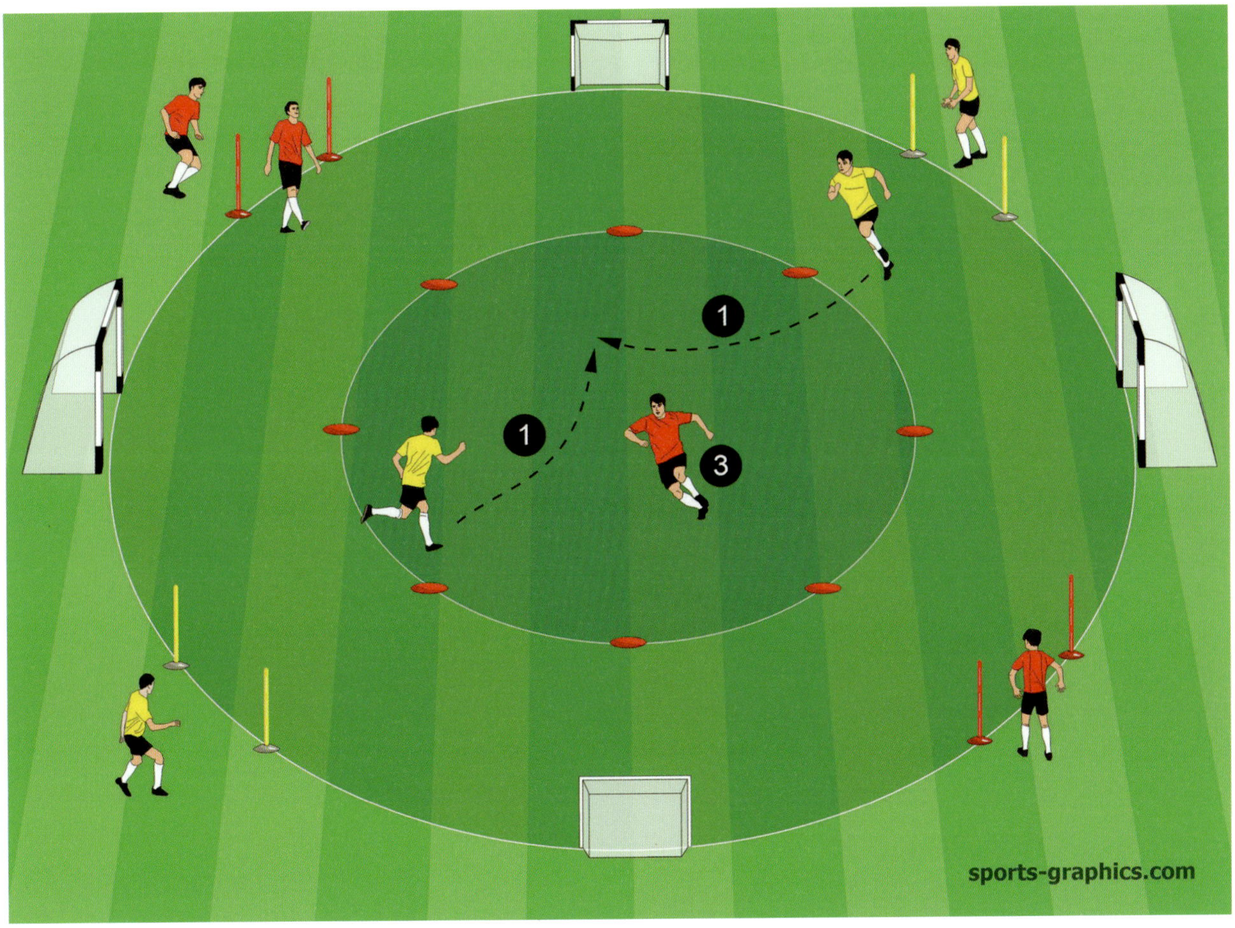

Die Schneemänner freuen sich über den ersten Schnee und spielen Fangen.

Die Kinder werden in zwei Teams eingeteilt. Die Teams positionieren sich an den Stangen gemäß ihrer Teamfarbe. Zwei Kinder eines Teams laufen von den gegenüberliegenden Stangen in den zentralen Kreis. Ein Kind des anderen Teams kommt hinzu und agiert als Fänger. Ziel der beiden gleichfarbigen Kinder ist es, innerhalb des zentralen Kreises miteinander abzuklatschen (vgl. 1), ohne dass einer der beiden zuvor vom Fänger mit der Hand berührt wurde. Im nächsten Durchgang ändern sich die Rollen der Teams.

21.2 SCHNEEMÄNNER BAUSTEIN #2

KOORDINATION ★★★★★
DRIBBLING ★★★★★
PASSSPIEL
TORSCHUSS
FREIES SPIEL ★

MATERIAL:
8 Markierungspads

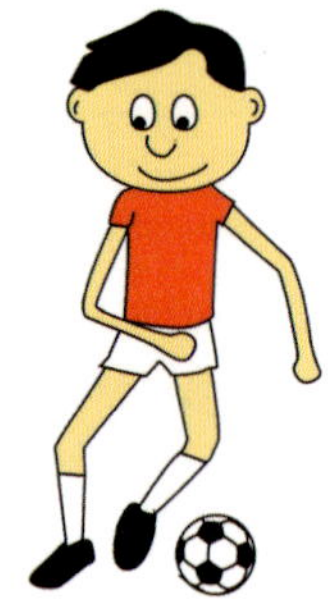

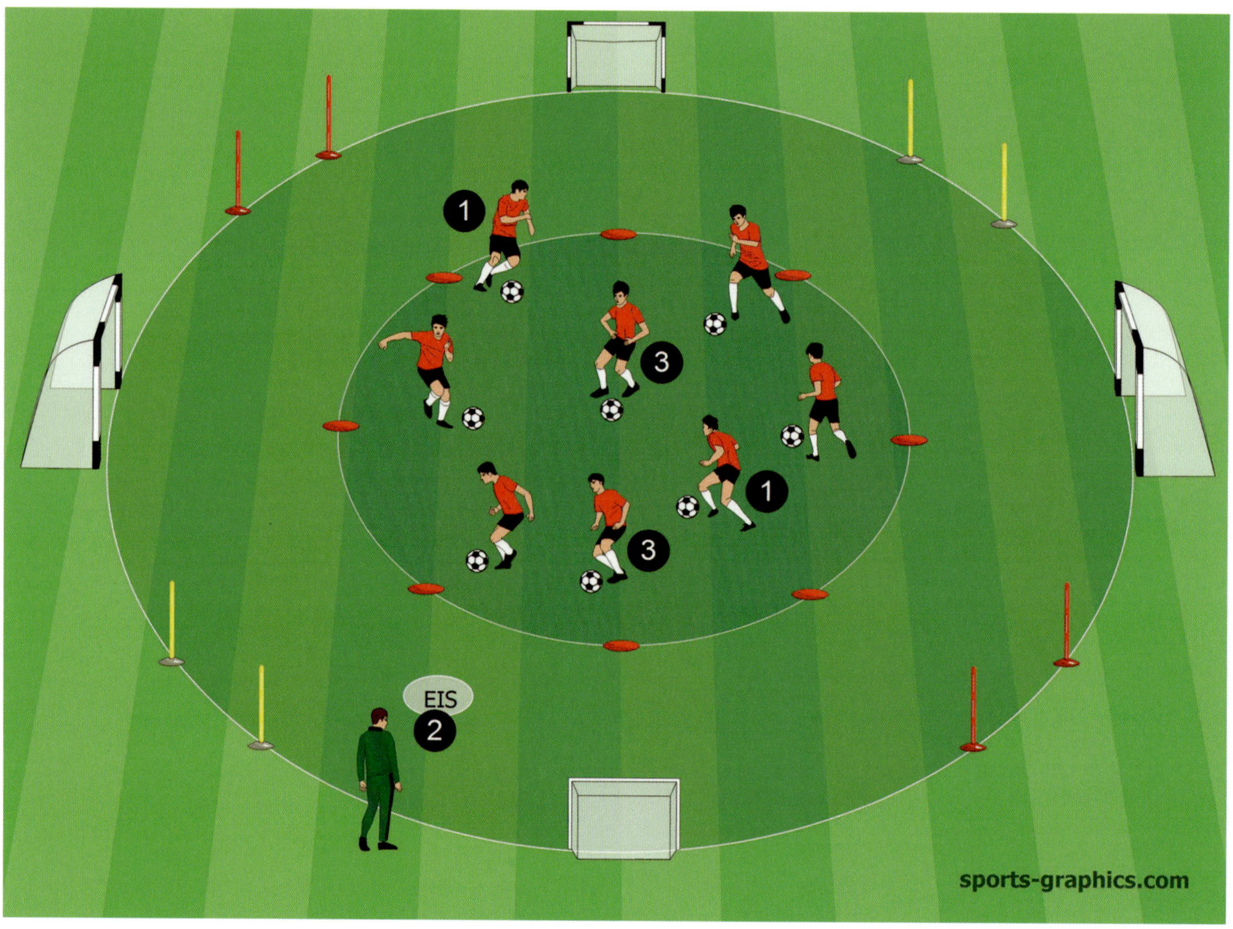

Den Schneemännern ist kalt. Also bewegen sie sich und spielen miteinander. Immer, wenn ein Mensch vorbeikommt, erstarren sie, um nicht aufzufliegen und eingeschmolzen zu werden.

Jedes Kind besitzt einen Ball. Die Kinder dribbeln variantenreich im zentralen Kreis (vgl. 1). Nach einem Trainersignal (vgl. 2) bleiben alle Kinder regungslos stehen (vgl. 3), wobei sich weder das Kind noch der Ball bewegen darf. Die Kinder, die trotz des Trainersignals noch eine Regung zeigen, verlieren und müssen eine Extraaufgabe erledigen, ehe sie wieder mitspielen dürfen.

21.3 SCHNEEMÄNNER BAUSTEIN #3

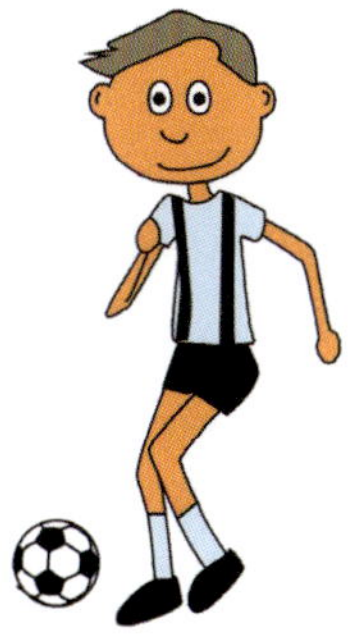

		MATERIAL:
KOORDINATION	★★★	2 Großtore, 2 Minitore
DRIBBLING	★★★★★	8 Stangen
PASSSPIEL	★	8 Markierungspads
TORSCHUSS	★★★★	Bälle & Leibchen
FREIES SPIEL	★★	

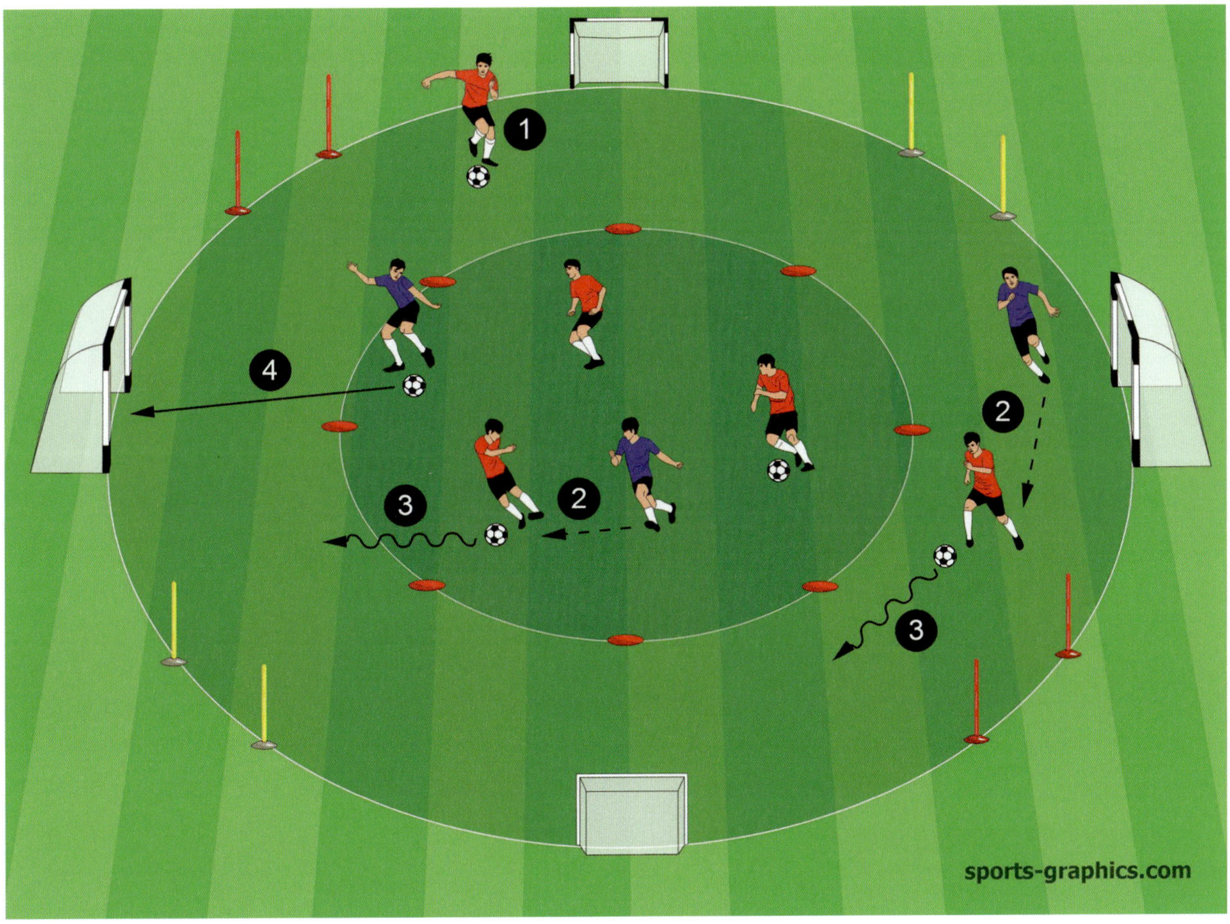

Die Schneemänner stehlen sich gegenseitig ihre Schneekugeln und Mohrrübennasen.

Die Kinder werden in zwei unterschiedlich große Teams eingeteilt. Dabei hat jedes Kind des roten Teams einen Ball. Die Kinder des blauen Teams haben keinen Ball und agieren als Jäger. Die Ballbesitzer dribbeln innerhalb des gesamten Kreises (vgl. 1). Die Kinder ohne Ball jagen die Ballbesitzer (vgl. 2). Die Ballbesitzer versuchen, den Ball zu behaupten (vgl. 3). Gewinnt ein Jäger den Ball, so muss er ihn aus dem inneren Kreis in eines der Tore schießen (vgl. 4).

21.4 SCHNEEMÄNNER BAUSTEIN #4

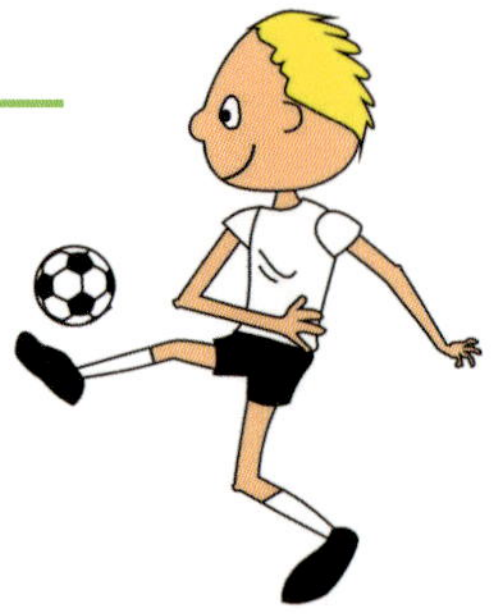

KOORDINATION	★
DRIBBLING	★★★★
PASSSPIEL	★
TORSCHUSS	★★★★★
FREIES SPIEL	★

MATERIAL:

2 Großtore, 2 Minitore

8 Stangen

8 Markierungspads

Bälle & Leibchen

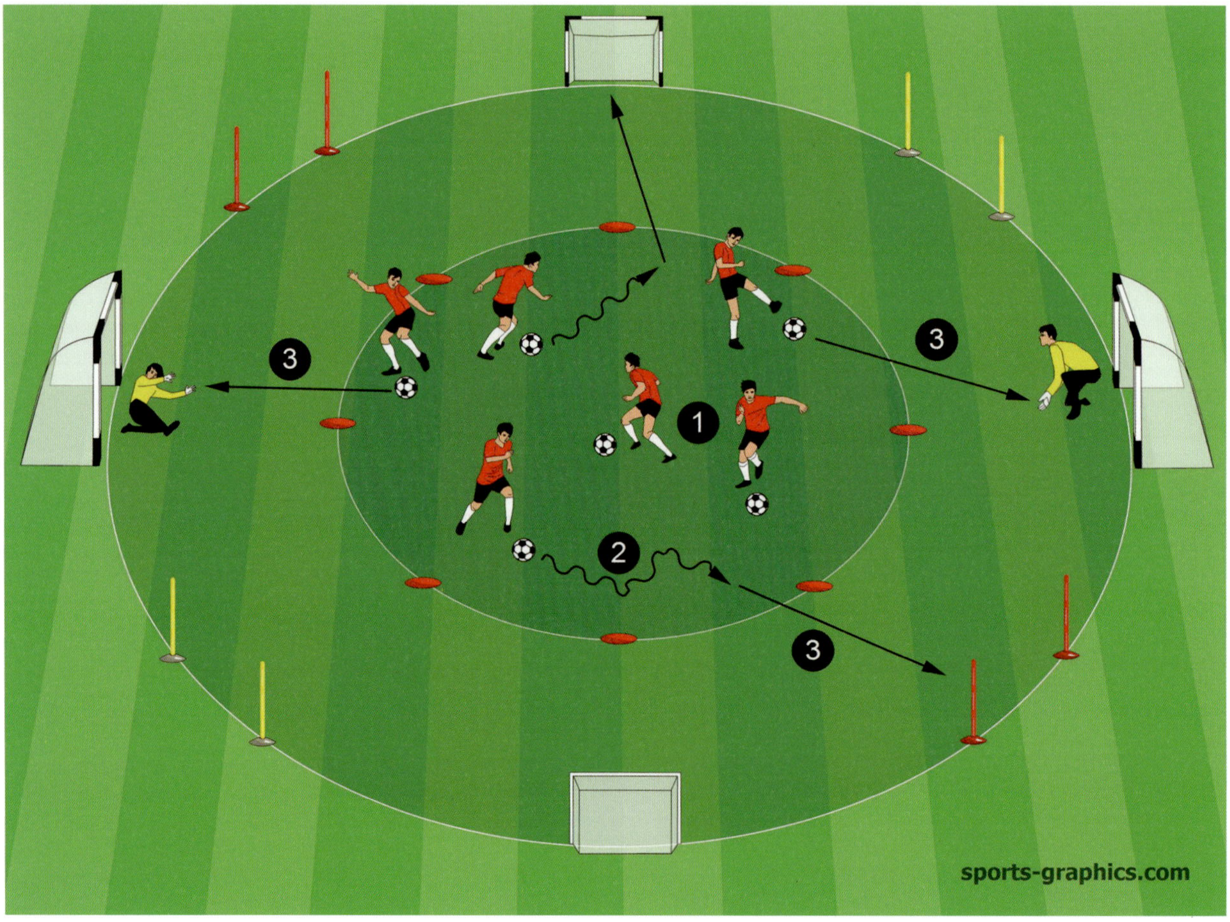

Die Schneemänner machen eine Schneeballschlacht.

Es werden zwei Torhüter benannt. Die Kinder dribbeln variantenreich im inneren Kreis (vgl. 1). Nachdem die Kinder eine Finte ausgeführt haben (vgl. 2), dürfen sie auf ein beliebiges Tor abschließen (vgl. 3). Eine Durchführung als Wettkampf ist möglich. Es gewinnt das Kind, welches in einer vorgegebenen Zeit die meisten Treffer erzielt hat. Weiterführend können den Kindern variierende Aufgaben gestellt werden. So können Aufgaben, wie Abschluss abwechselnd mit dem rechten und dem linken Fuß, Abschluss als Volley aus der Hand oder niemals in direkter Abfolge auf das gleiche Tor schießen, gestellt werden.

21.5 SCHNEEMÄNNER BAUSTEIN #5

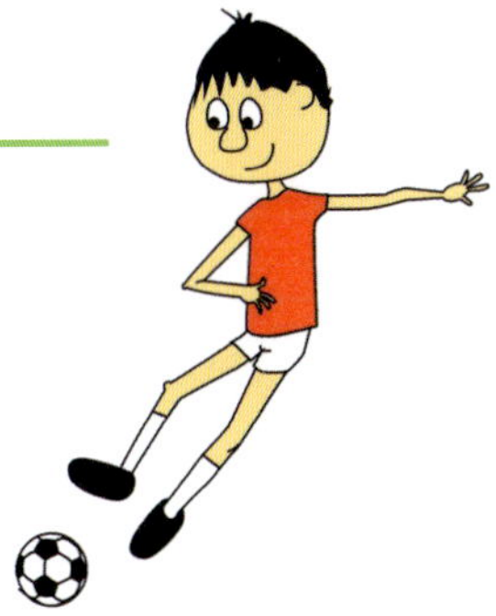

KOORDINATION	★
DRIBBLING	★★★
PASSSPIEL	★★★
TORSCHUSS	★★★
FREIES SPIEL	★★★★★

MATERIAL:

2 Großtore, 2 Minitore

8 Stangen

Bälle & Leibchen

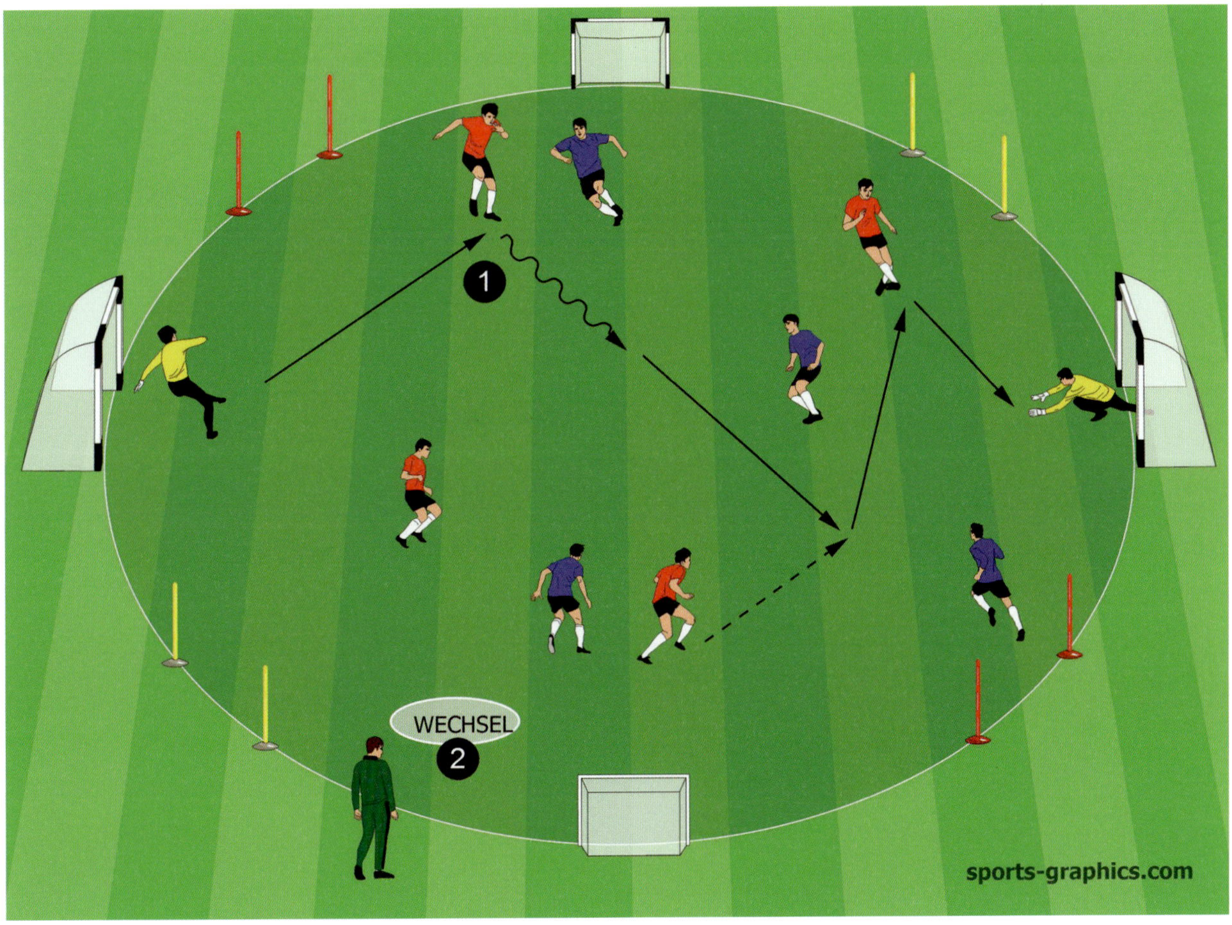

Die Schneemänner spielen miteinander.

Die Kinder werden in zwei Teams eingeteilt. Es werden zwei Torhüter benannt. Zunächst spielen die beiden Teams auf die Großtore. Durch ein Trainersignal (vgl. 2) werden die Tore gewechselt. Dabei ist zunächst ein einfacher Wechsel möglich. Dabei wird weiterhin auf die Großtore gespielt, die Teams tauschen auf das Signal hin die Tore. Weiterführend können Wechsel mit oder gegen den Uhrzeigersinn umgesetzt werden. Die Teams rücken je ein Tor in der angesagten Richtung weiter. Beim doppelten Wechsel je zwei Stangentore.

22 AUSSERIRDISCHE

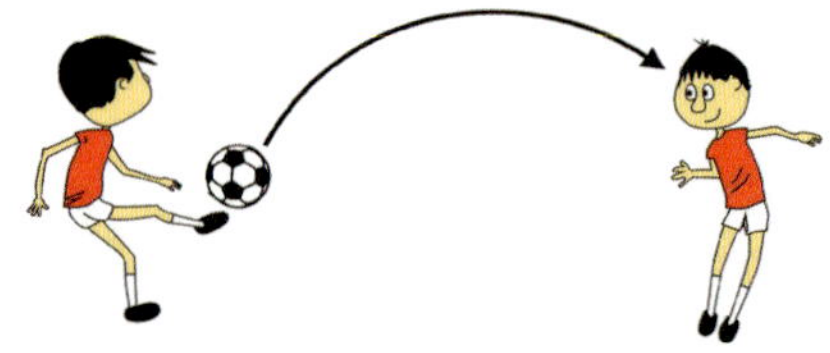

Der Feldaufbau beinhaltet insgesamt fünf wesentliche Aktionsräume, die jeweils in Kreisform dargestellt sind. Ergänzt werden diese noch durch vier Minitore. Die unterschiedliche Farbigkeit ist ein vielgenutztes und wirksames Tool für den Kinderbereich, um spezifische Aufgaben umsetzen zu lassen. Über den Abstand der Felder zueinander stellt sich bestimmtes Spielverhalten in Bezug auf Pass,- Dribbling- und Laufwege ein.

Die geheimnisvolle Welt der Außerirdischen stellt im Normalfall einen großen Reiz für die Kinder dar. Der Rollenwechsel fällt daher nicht schwer. Dem kindlichen Ideenreichtum sind diesbezüglich keine Grenzen gesetzt. Im gezeigten Feldaufbau können die kreisrunden Felder verschiedene Planeten darstellen.

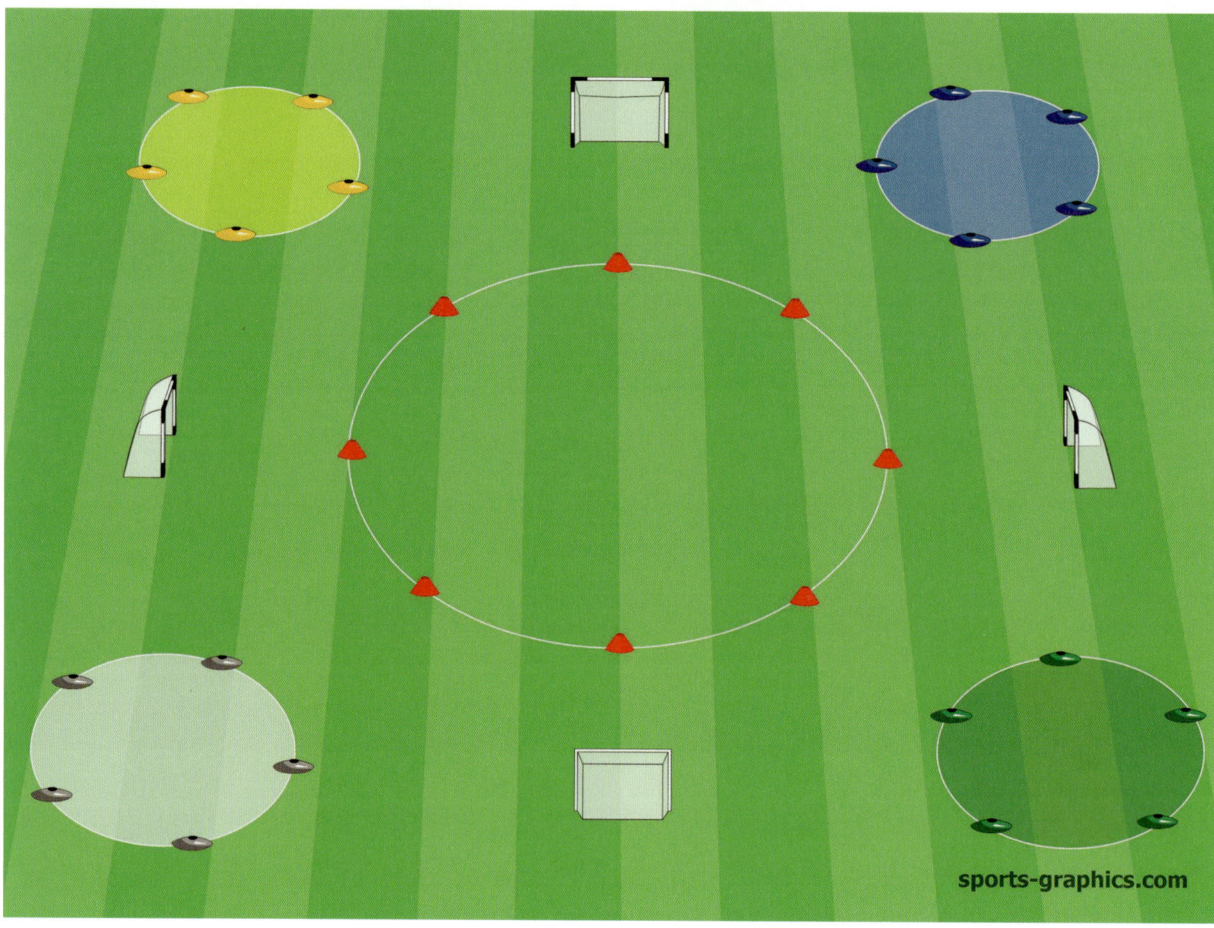

22.1 AUSSERIRDISCHE BAUSTEIN #1

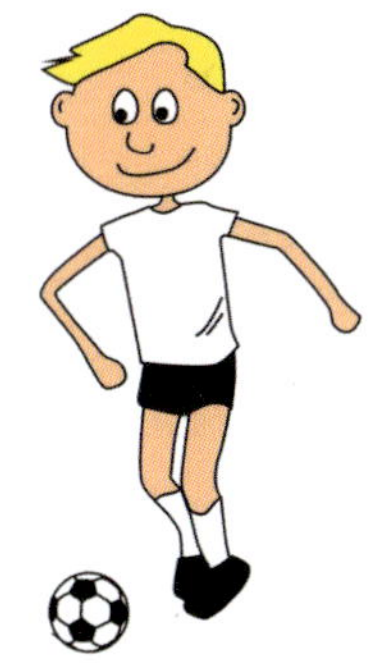

KOORDINATION	★★★★★
DRIBBLING	
PASSSPIEL	
TORSCHUSS	
FREIES SPIEL	★★★

MATERIAL:

8 Markierungshütchen

20 Markierungspads

Leibchen

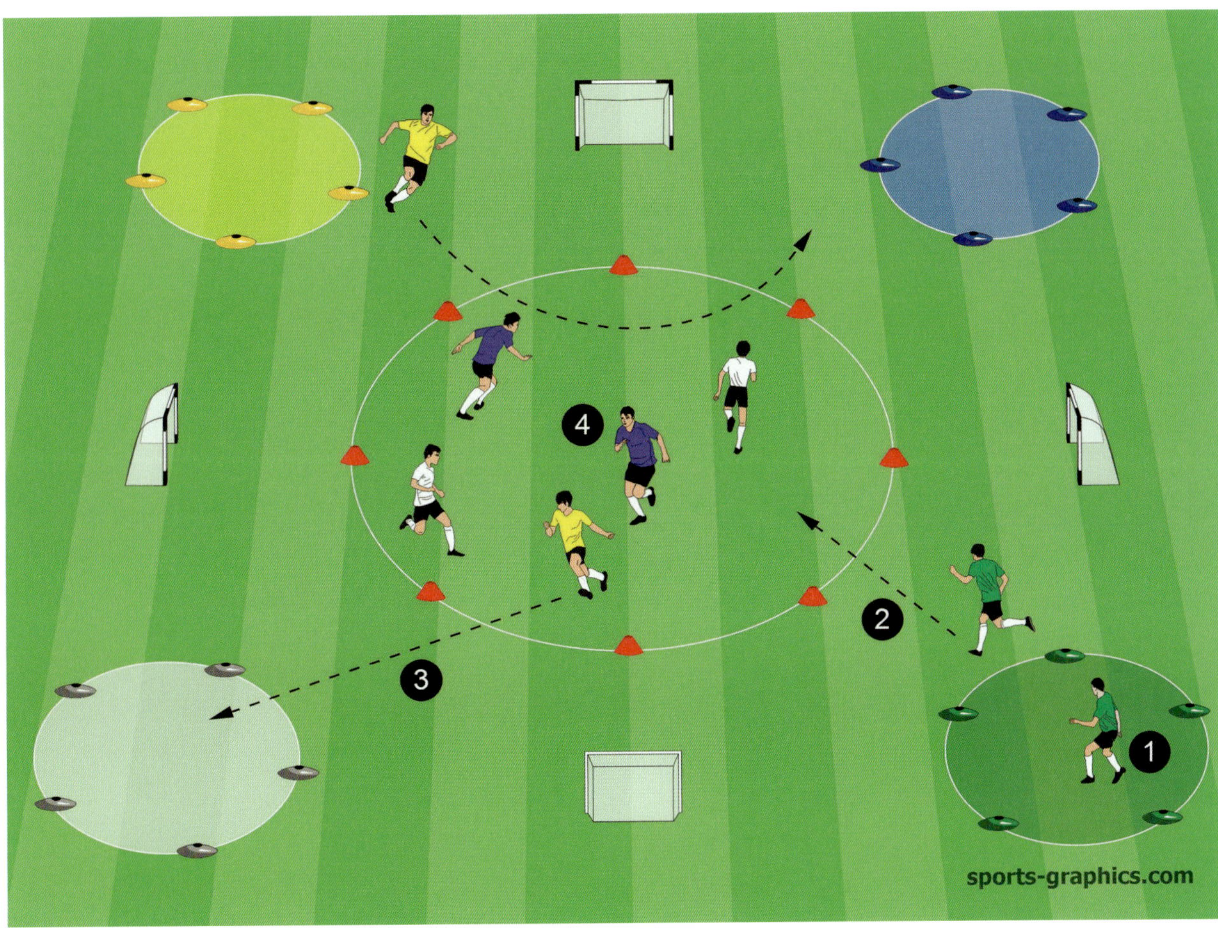

Die Außerirdischen kommen von ihren Planeten auf die Erde. Die Menschen dort sind misstrauisch und wollen die Außerirdischen fangen.

Die Kinder werden in vier Teams eingeteilt. Zwei Teams befinden sich innerhalb des zentralen Kreises. Die Kinder der übrigen beiden Teams positionieren sich entsprechend ihrer Teamfarbe in einem der äußeren Kreise. Die Kinder in den äußeren Kreisen starten und laufen in den zentralen Kreis (vgl. 2), durchqueren diesen und versuchen, in einen anderen äußeren Kreis zu gelangen (vgl. 3). Die Kinder im zentralen Kreis versuchen, dies zu verhindern, indem sie die Kinder mit der Hand berühren, bevor diese den zentralen Kreis verlassen haben (vgl. 4).

22.2 AUSSERIRDISCHE BAUSTEIN #2

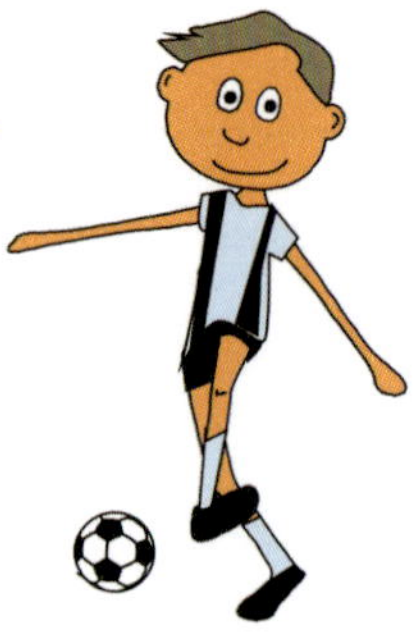

KOORDINATION	★★
DRIBBLING	★★★★★
PASSSPIEL	
TORSCHUSS	
FREIES SPIEL	★

MATERIAL:

8 Markierungshütchen

20 Markierungspads

Bälle & Leibchen

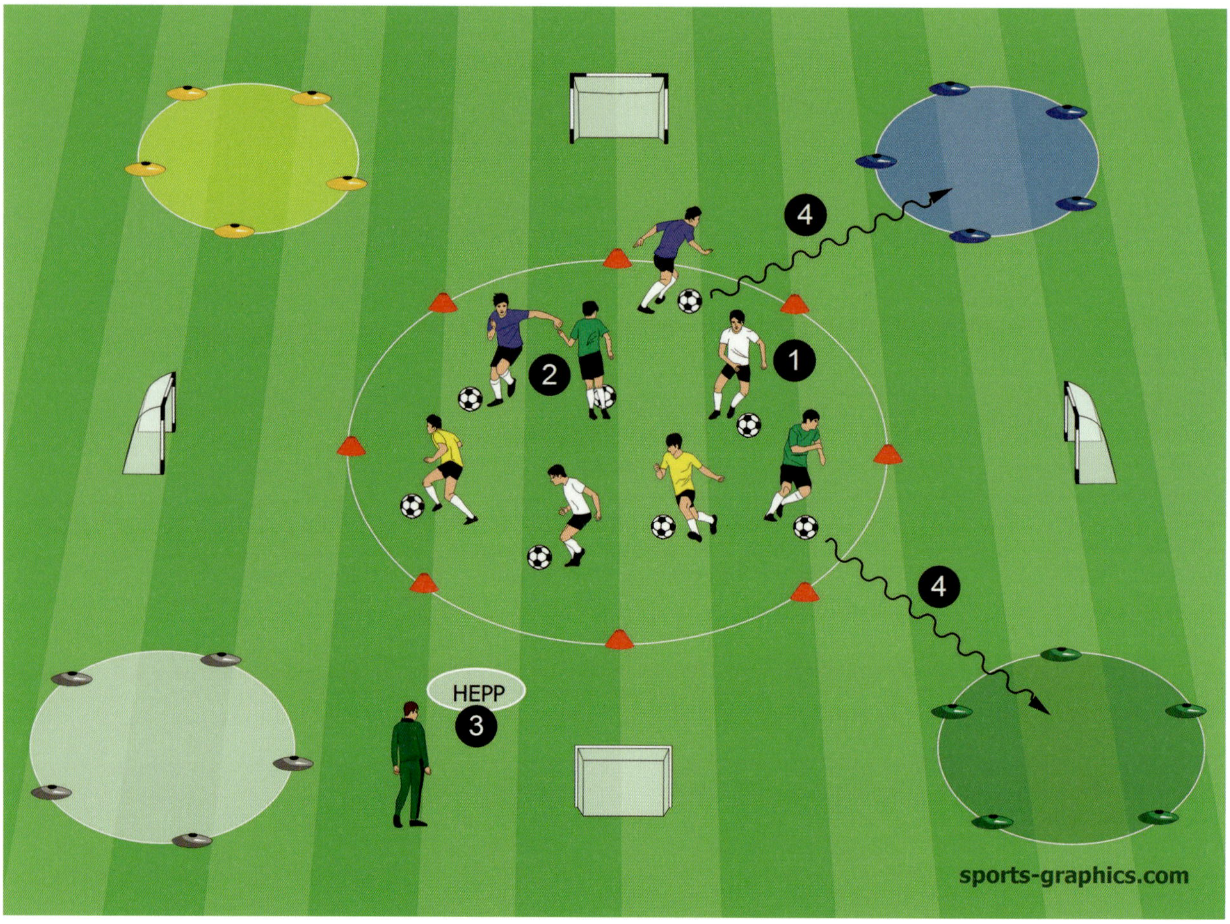

Die Außerirdischen fliegen auf ihre Heimatplaneten zurück.

Die Kinder werden in vier Teams eingeteilt. Alle Kinder befinden sich im zentralen Kreis. Jedes Kind besitzt einen Ball. Die Kinder dribbeln variantenreich im zentralen Kreis (vgl. 1). Begegnen sich zwei Kinder unterschiedlicher Teamfarben, so klatschen diese miteinander ab (vgl. 2). Auf ein akustisches oder visuelles Trainersignal (vgl. 3) dribbeln die Kinder in den ihrer Teamfarbe entsprechenden äußeren Kreis (vgl. 4). Das Team, welches zuerst vollständig im eigenen Kreis angekommen ist, gewinnt den Wettkampf. Zusätzlich kann ein Dribbling um eines der Minitore umgesetzt werden, ehe die Kinder einen Kreis ansteuern.

22.3 AUSSERIRDISCHE BAUSTEIN #3

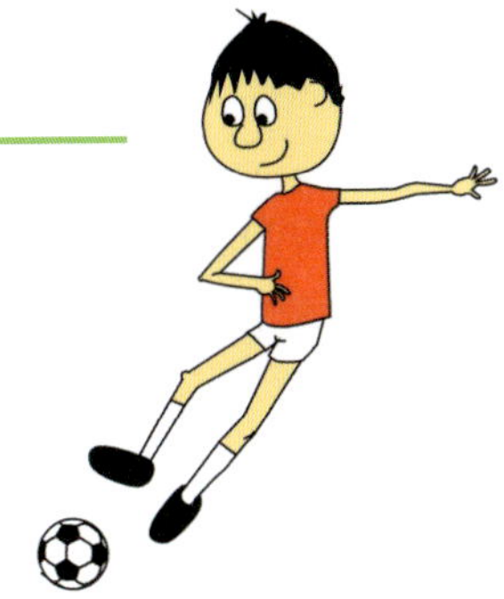

KOORDINATION ★★
DRIBBLING ★★★
PASSSPIEL ★★★★★
TORSCHUSS ★★★
FREIES SPIEL ★★★★

MATERIAL:
8 Markierungshütchen
20 Markierungspads
Bälle & Leibchen

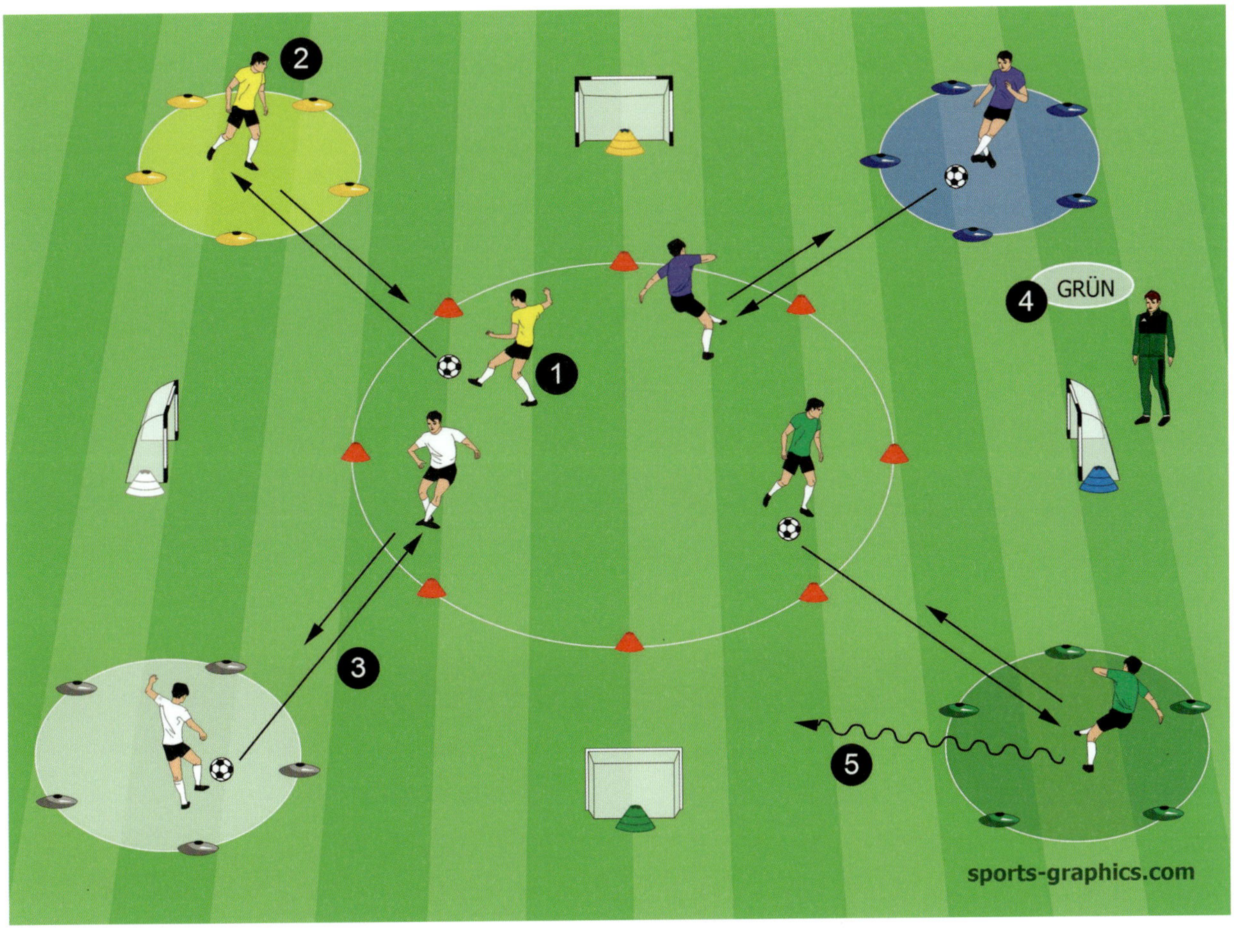

Einige Außerirdische sind auf der Erde verblieben. Sie schicken Raketenpost zu ihren Freunden auf den Heimatplaneten.

Die Kinder werden in vier Teams eingeteilt. Je ein Kind pro Team befindet sich im zentralen Kreis (vgl. 1). Ein weiteres Kind positioniert sich gemäß der eigenen Teamfarbe im äußeren Kreis (vgl. 2). Es werden zwischen den Teampartnern fortwährend Pässe gespielt (vgl. 3). Der Trainer unterbricht die Passübung und startet eine Spielsequenz mit einem akustischen oder visuellen Trainersignal, indem er eine Teamfarbe benennt (vgl. 4). Der Ballbesitzer des benannten Teams dribbelt ins Feld (vgl. 5) und versucht, mithilfe seines Mitspielers einen Treffer auf die Tore der übrigen Teams zu erzielen. Die gegenüber agierende Mannschaft wird als verteidigendes Team aktiv, sodass ein Spiel im 2 gegen 2 entsteht.

22.4 AUSSERIRDISCHE BAUSTEIN #4

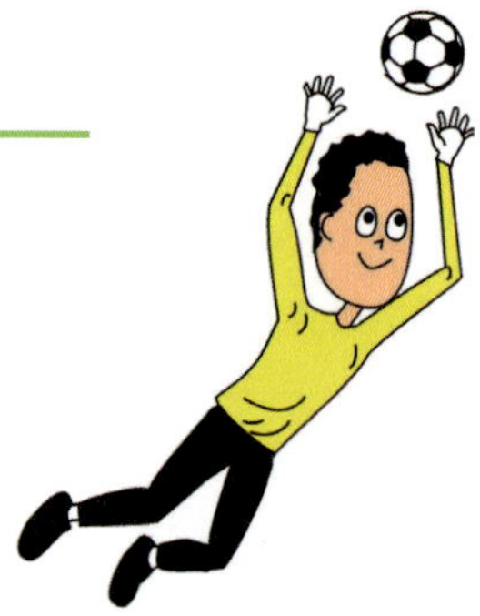

KOORDINATION	★★
DRIBBLING	★★★
PASSSPIEL	★★
TORSCHUSS	★★★★★
FREIES SPIEL	★

MATERIAL:

4 Minitore

12 Markierungshütchen

20 Markierungspads

Bälle & Leibchen

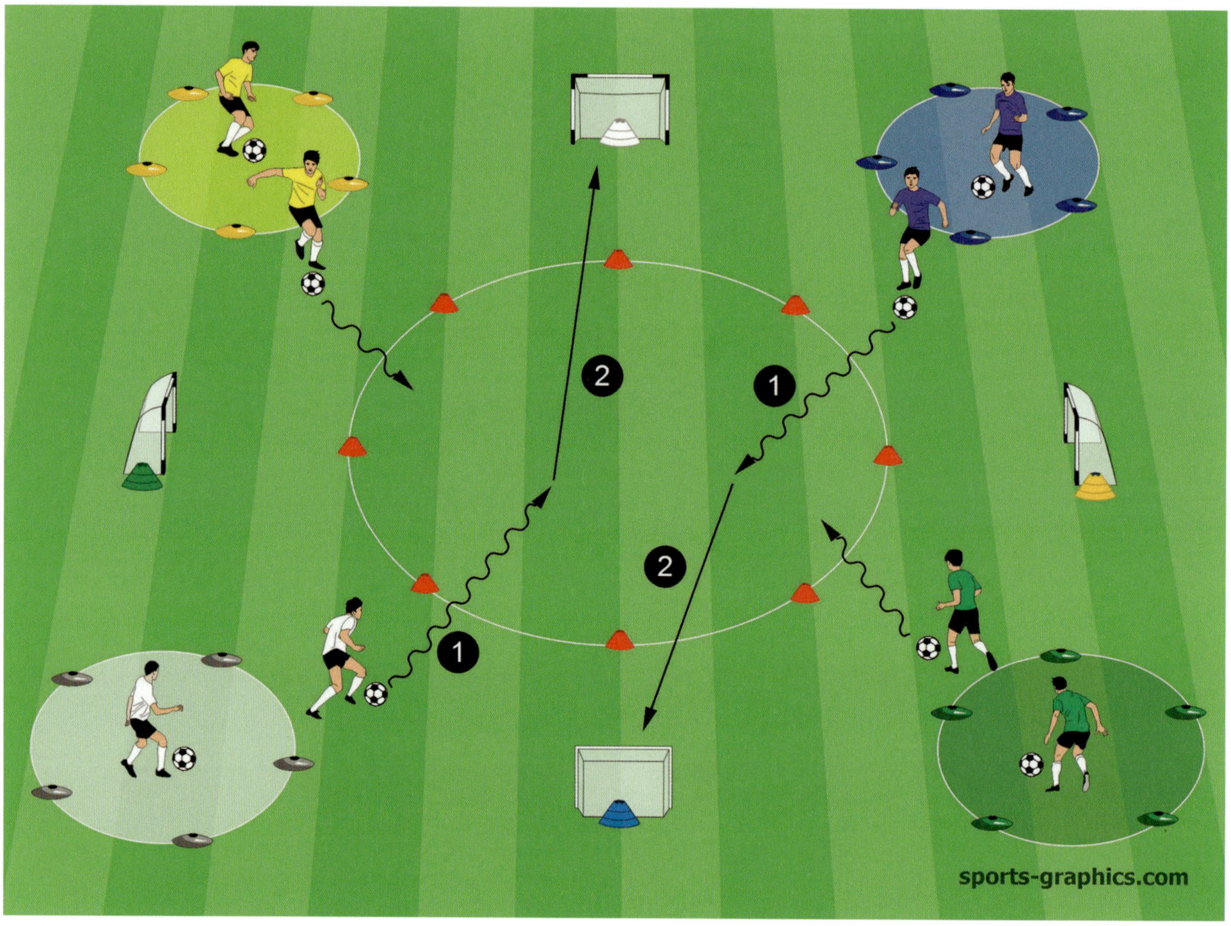

Die Menschen schicken Begrüßungspost zu den Raumschiffen der Außerirdischen.

Die Kinder werden in vier Teams eingeteilt. Jedes Team positioniert sich innerhalb des Kreises gemäß der eigenen Teamfarbe. Je ein Kind pro Team dribbelt an (vgl. 1) und schließt aus dem zentralen Kreis heraus auf das entsprechend markierte Minitor ab (vgl. 2). Ist der Abschluss erfolgt, startet das nächste Kind. Eine Durchführung als Wettkampf ist möglich. Es gewinnt das Team, welches zuerst eine zuvor vereinbarte Anzahl an Treffern erreicht hat.

22.5 AUSSERIRDISCHE BAUSTEIN #5

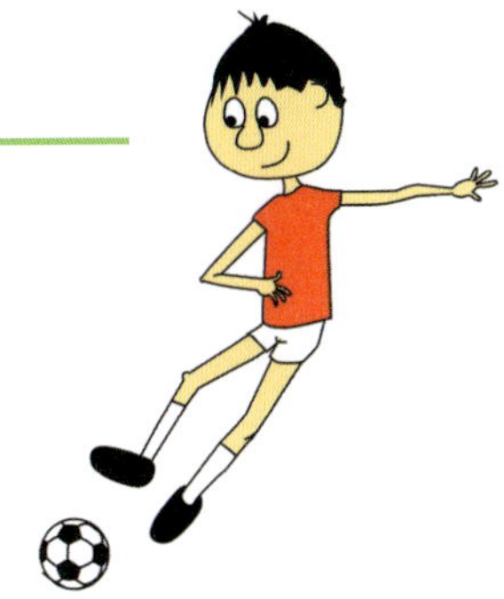

KOORDINATION	★
DRIBBLING	★★★★★
PASSSPIEL	★★★
TORSCHUSS	★★★
FREIES SPIEL	★★★★★

MATERIAL:

4 Minitore
8 Markierungshütchen
20 Markierungspads
Bälle & Leibchen

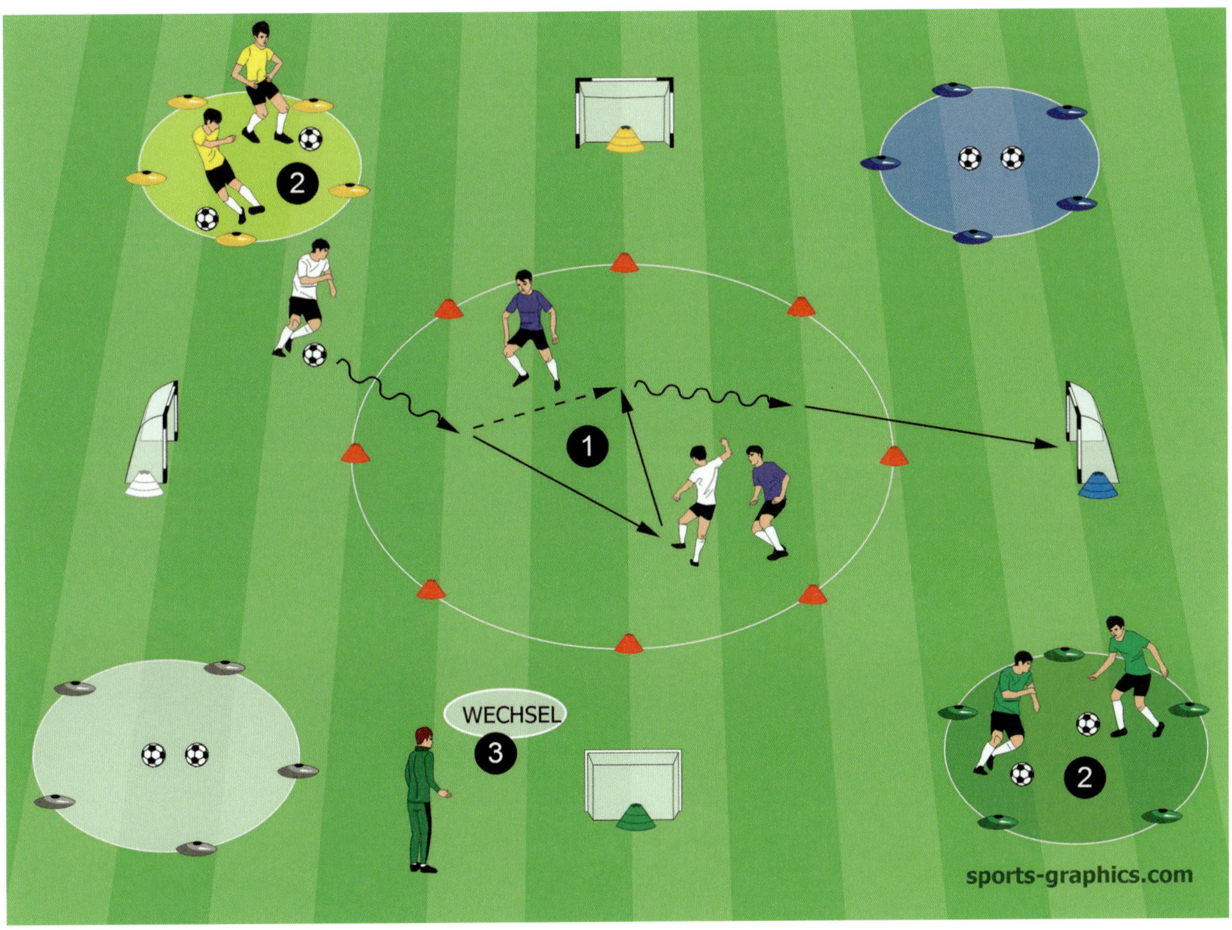

Die Außerirdischen treffen sich regelmäßig mit den Menschen auf der Erde, um miteinander zu spielen.

Die Kinder werden in vier Teams eingeteilt. Zwei Teams spielen im zentralen Spielfeld gegeneinander. Dabei verteidigen und bedrohen die Teams die entsprechend markierten Tore (vgl. 1). Die beiden übrigen Teams dribbeln variantenreich innerhalb ihres äußeren Farbkreises (vgl. 2). Ein Trainersignal (vgl. 3) leitet einen Aufgabenwechsel ein. Die Kinder der beiden Teams aus dem Spielfeld laufen in die entsprechende Farbkreise und beginnen zu dribbeln, während die Teams aus den Farbkreisen im Spielfeld gegeneinander antreten.

23 RENNFAHRER

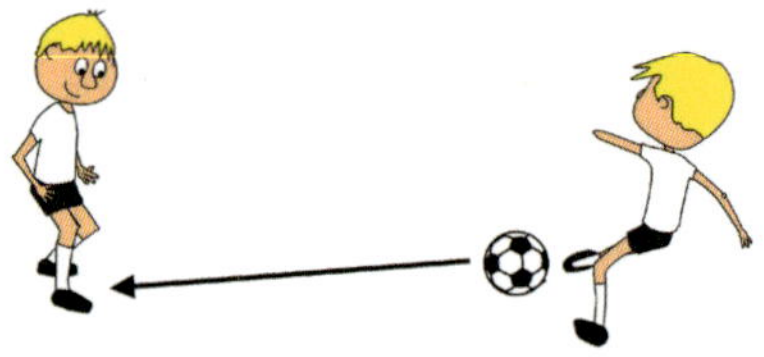

Dieser hallenbezogene Feldaufbau stellt einen Parcours aus Langbänken, Reifen und kleinen Kästen dar. Neben der Nutzung als Rundlauf ergibt sich auch ein innenliegendes Feld, welches für weitere Aufgaben genutzt werden kann. Die Hallengeräte können darüber hinaus in den bekannten Wirkungsweisen als Hindernis oder Prellwand genutzt werden.

Der thematische Rahmen des Rennfahrers bietet ein breites Spektrum für kreative Aufgaben im Kindertraining. Bereits im Rundlauf als Sinnbild für eine Rennstrecke können Lauf-, Bewegungs- und Technikaufgaben umgesetzt werden.

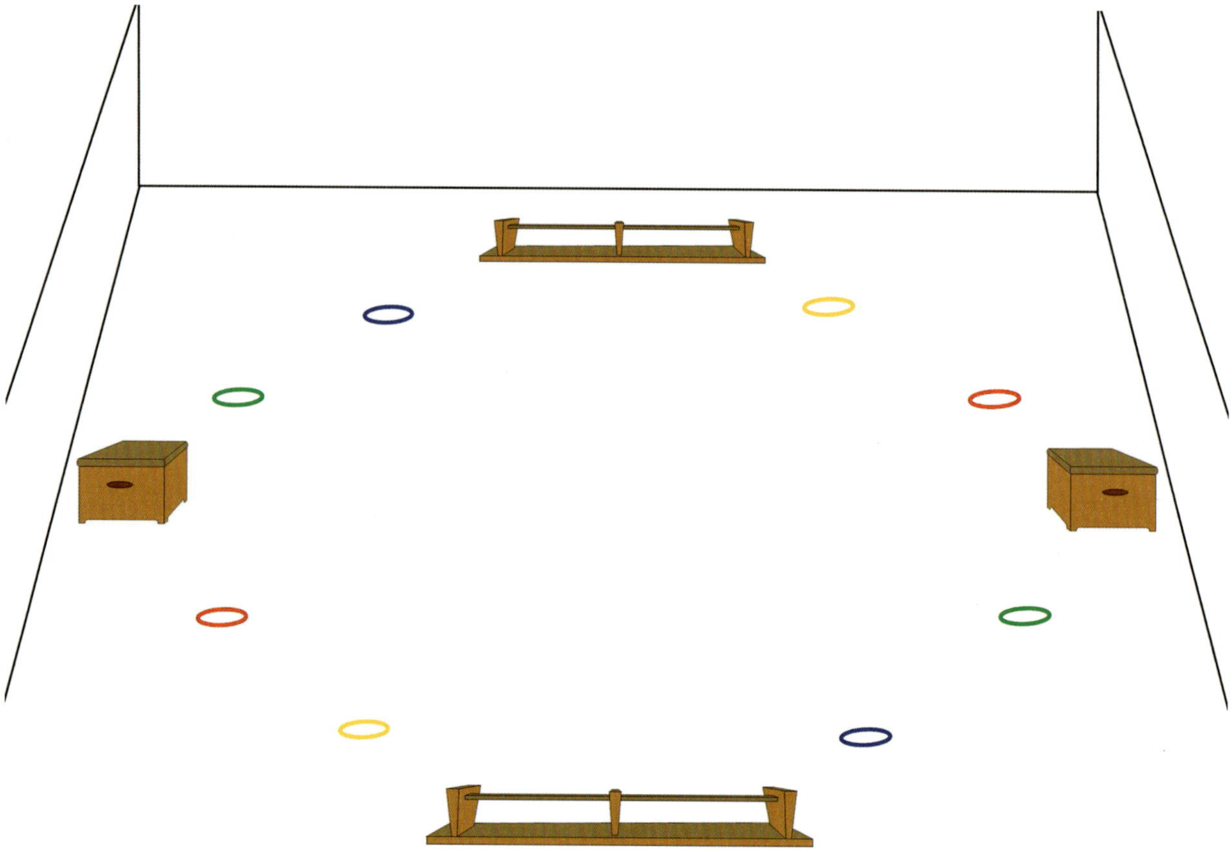

sports-graphics.com

23.1 RENNFAHRER BAUSTEIN #1

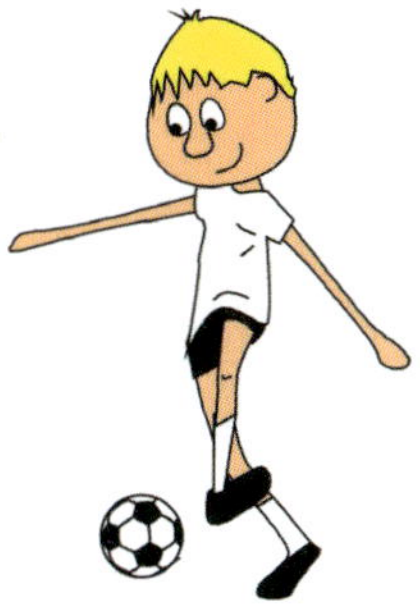

		MATERIAL:
KOORDINATION	★★★★★	2 Langbänke
DRIBBLING		2 Kästen
PASSSPIEL		8 Koordinationsreifen
TORSCHUSS		Leibchen
FREIES SPIEL	★	

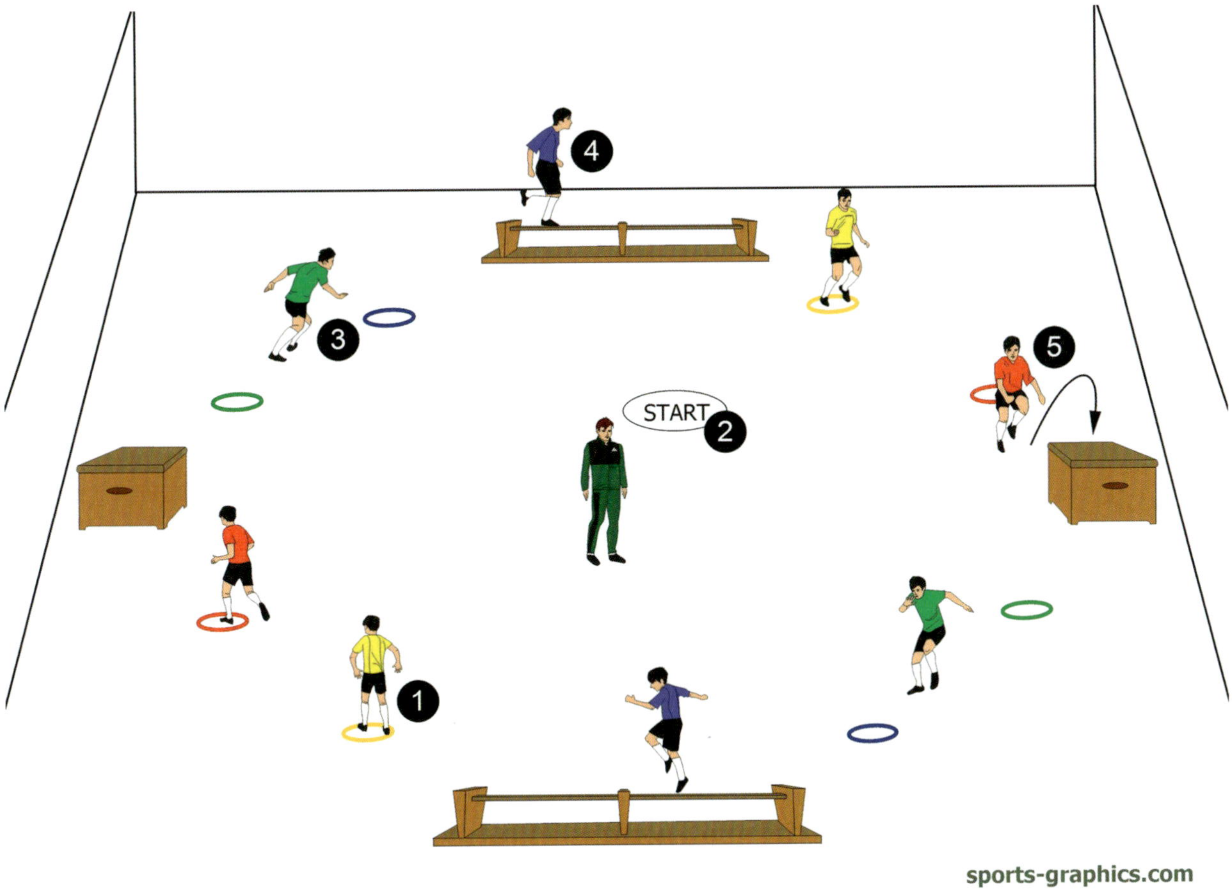

Die Rennfahrer machen auf der Rennstrecke einige Probefahrten.

Die Kinder werden in vier Teams eingeteilt. Jedes Kind positioniert sich in einem Reifen gemäß seiner Teamfarbe (vgl. 1). Nach einem akustischen oder visuellen Trainersignal (vgl. 2) starten die Kinder und durchlaufen den Parcours im Uhrzeigersinn (vgl. 3). Die Kinder balancieren dabei über die Bänke (vgl. 4) und springen auf den Kasten und wieder herunter (vgl. 5). Das Kind, das zuerst wieder in seinem eigenen Reifen steht, hat gewonnen. Dabei ist es erlaubt, andere Kinder zu überholen. Zusätzlich sind weitere Bewegungsaufgaben an den Hallengeräten möglich.

23.2 RENNFAHRER BAUSTEIN #2

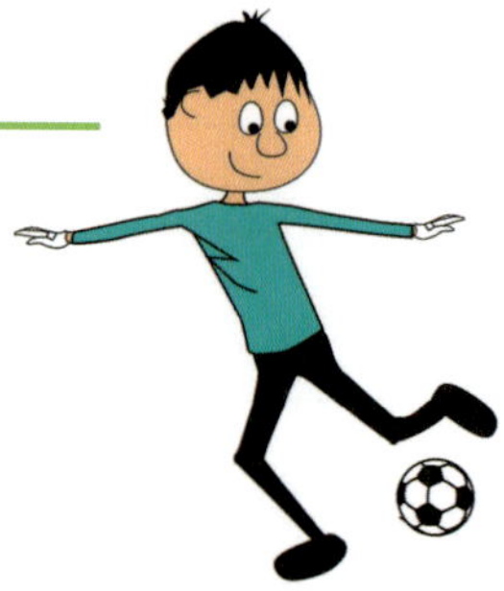

KOORDINATION	★★
DRIBBLING	★★★★★
PASSSPIEL	★★★★
TORSCHUSS	
FREIES SPIEL	★

MATERIAL:

2 Langbänke

2 Kästen

8 Koordinationsreifen

Bälle & Leibchen

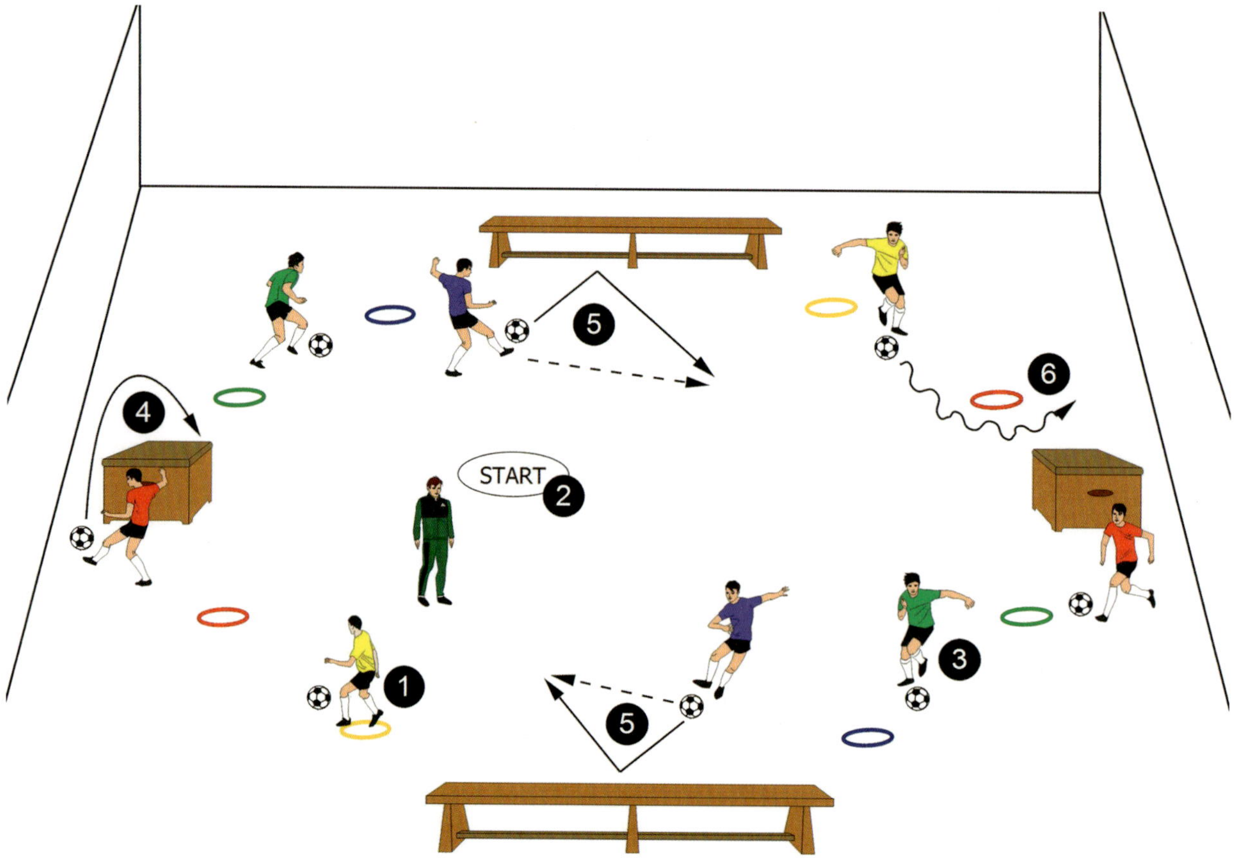

Die Rennfahrer starten von unterschiedlichen Positionen ins große Rennen.

Die Kinder werden in vier Teams eingeteilt. Jedes Kind positioniert sich in einem Reifen gemäß seiner Teamfarbe (vgl. 1). Jedes Kind besitzt einen Ball. Nach einem akustischen oder visuellen Trainersignal (vgl. 2) starten die Kinder und dribbeln im Uhrzeigersinn durch den Parcours (vgl. 3). Die Kinder lupfen den Ball dabei über die Kästen (vgl. 4), passen gegen die Bank und verarbeiten den zurückprallenden Ball (vgl. 5) und dribbeln um jeden Reifen herum (vgl. 6). Das Kind, welches seinen Reifen zuerst wieder erreicht hat, gewinnt den Wettkampf.

23.3 RENNFAHRER BAUSTEIN #3

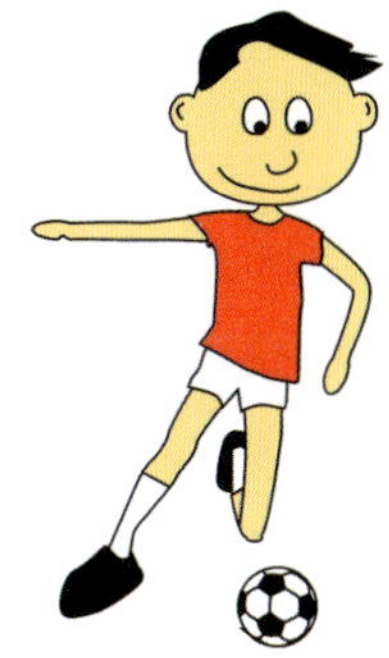

KOORDINATION	★
DRIBBLING	★★★★
PASSSPIEL	★★★★
TORSCHUSS	★★★★
FREIES SPIEL	★

MATERIAL:

2 Langbänke

2 Kästen

8 Koordinationsreifen

Bälle & Leibchen

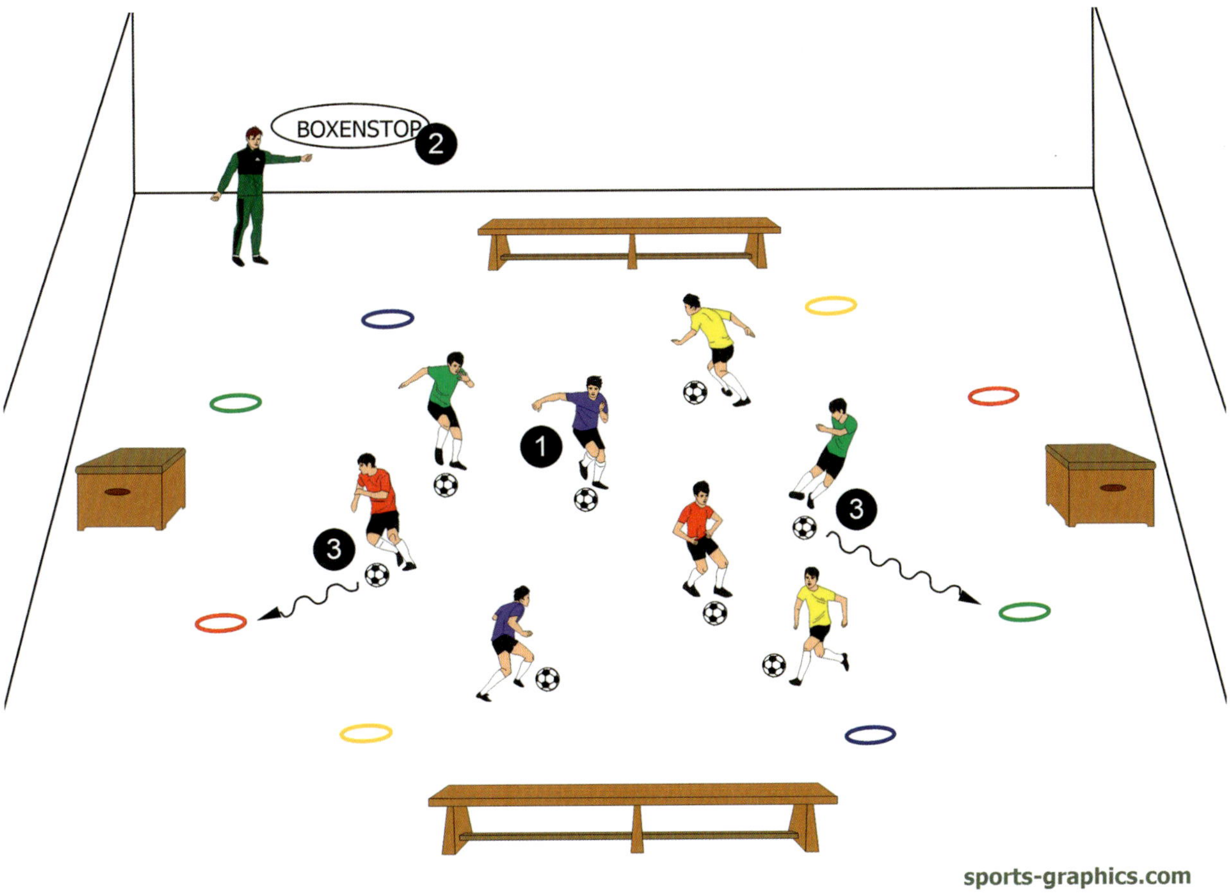

Die Rennfahrer befinden sich auf der Rennstrecke und geben Vollgas. Sie müssen auf die Kommandos der Rennleitung reagieren.

Die Kinder werden in vier Teams eingeteilt. Jedes Kind besitzt einen Ball. Die Kinder dribbeln variantenreich im Feld (vgl. 1). Nach einem visuellen oder akustischen Trainersignal (vgl. 2) dribbelt jedes Kind in einen seiner Teamfarbe entsprechenden Reifen (vgl. 3). Das Kind, welches seinen Reifen als Letztes erreicht, hat verloren. Weitere Kommandos, die zum Passspiel gegen die Bänke oder zu Technikaktionen an den Kästen sowie Reifen führen, können im Verlauf der Übung aufgenommen werden. Zusätzlich sind Mehrfachaktionen in der Kombination der Aufgaben an Kasten, Bank und Reifen möglich.

23.4 RENNFAHRER BAUSTEIN #4

KOORDINATION	★★★
DRIBBLING	
PASSSPIEL	★★★★
TORSCHUSS	★★★★
FREIES SPIEL	★

MATERIAL:

2 Langbänke

2 Kästen

Bälle & Leibchen

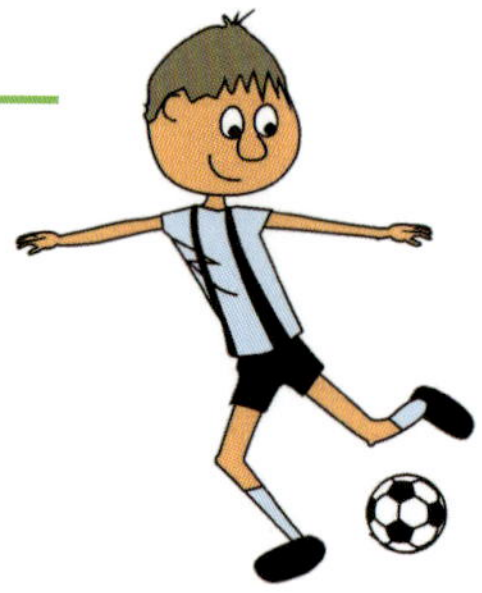

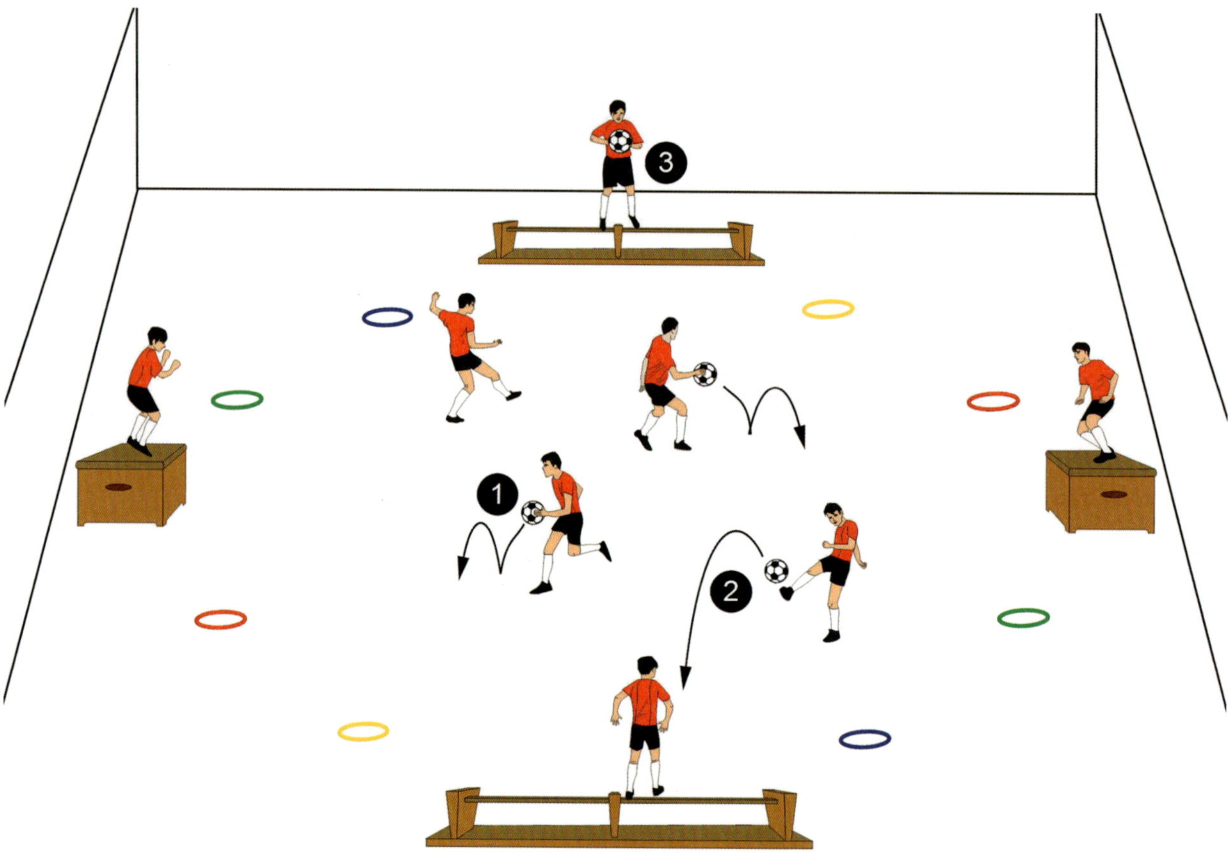

sports-graphics.com

Die Rennfahrer müssen ihr Auto auftanken und die Reifen wechseln lassen.

Die Hälfte der Kinder bewegt sich den Ball prellend durch das Feld (vgl. 1), die andere Hälfte der Kinder positioniert sich auf einem Kasten oder einer Bank. Die Ballbesitzer spielen die Bälle aus der Hand per Vollspann oder Innenseite zu einem auf dem Kasten oder der Bank stehenden Kind (vgl. 2). Die Kinder fangen den Ball (vgl. 3) und tauschen mit dem Passgeber die Positionen. Die Kinder können in die neue Aufgabenfindung aktiv eingebunden werden.

23.5 RENNFAHRER BAUSTEIN #5

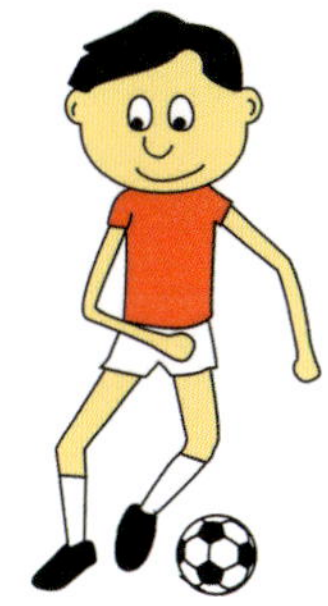

KOORDINATION	★
DRIBBLING	★★★
PASSSPIEL	★★★
TORSCHUSS	★★★
FREIES SPIEL	★★★★★

MATERIAL:

2 Langbänke

2 Kästen

Bälle & Leibchen

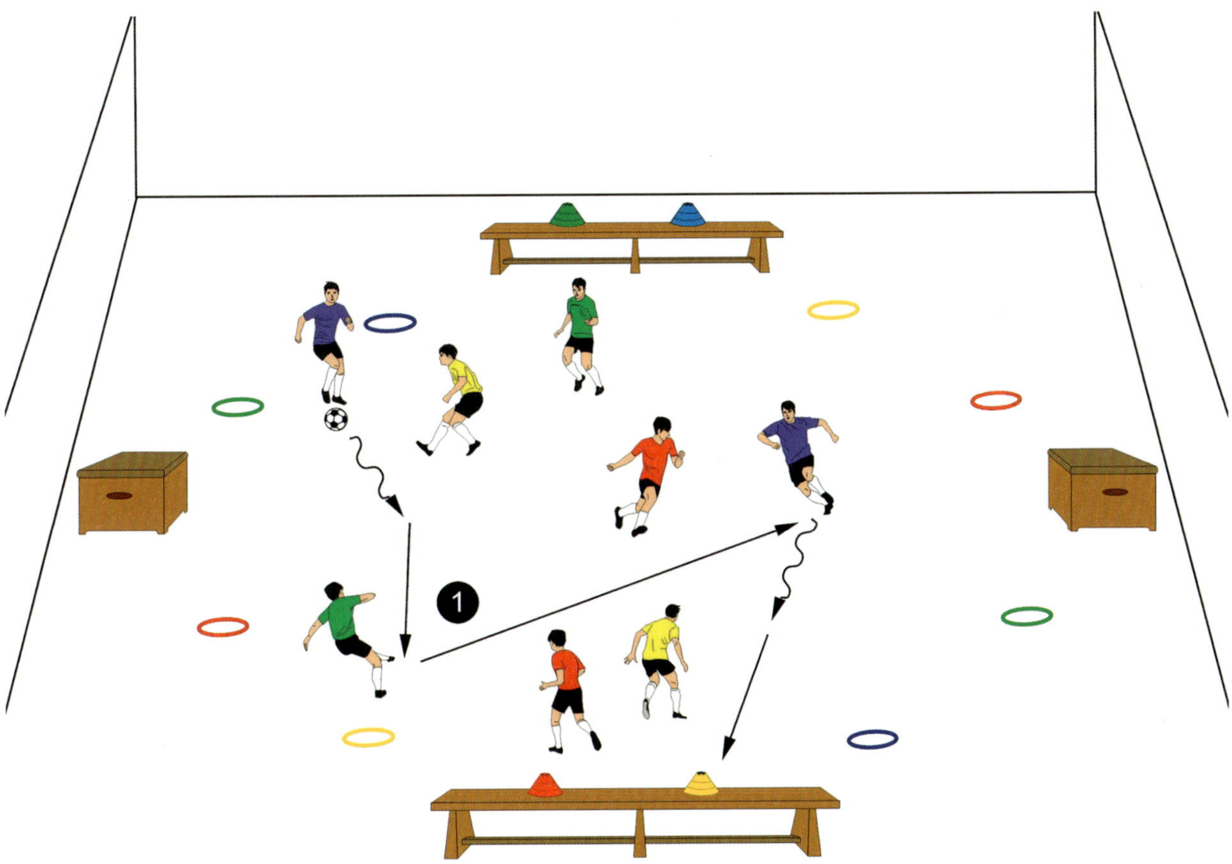

Die Rennfahrer feiern ein erfolgreiches Rennen.

Die Kinder werden in vier Teams eingeteilt. Je zwei Teams spielen zusammen. Team BLAU spielt mit Team GRÜN und Team ROT mit Team GELB. Die so entstehenden Teams verteidigen und bedrohen die entsprechend markierten Bänke als Tore (vgl. 1). Durch ein einfaches Trainersignal können die Teamzusammenstellungen fortwährend geändert werden. In diesem Fall benennt der Trainer die Teams, die von nun an zusammenspielen und setzt dann das Spiel fort.

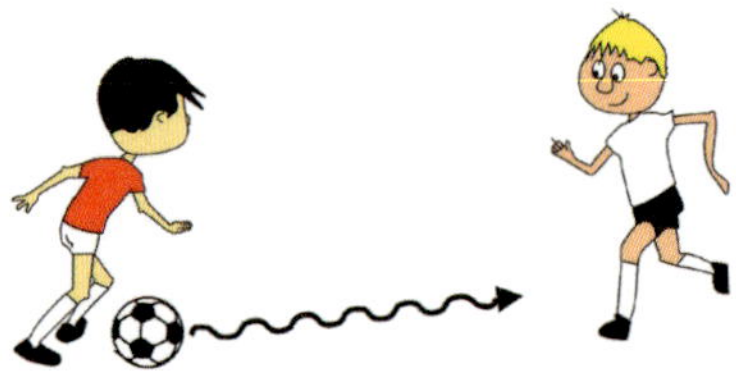

24 RITTERBURG

Der Feldaufbau zeichnet sich durch eine klare Feldbegrenzung und darin integrierte Aktionsräume mit den Kreisen aus. So ergeben sich insgesamt fünf wesentliche Handlungsräume für die Spieler. Im zentralen Feld finden die wesentlichen Spielhandlungen statt, während die äußeren Kreise dafür genutzt werden können, um beispielsweise Orientierungsspiele durchzuführen.

Der Feldaufbau gleicht einer Ritterburg schon sehr. Neben den vier Wachtürmen in den Ecken gibt es eine Burgmauer. Die Aufgaben in diesem Feldaufbau können im Sinne der thematischen Ausrichtung dahin gehen, Aktionen innerhalb der Ritterburg auszuführen oder diese gegen etwaige Angreifer von außen zu sichern.

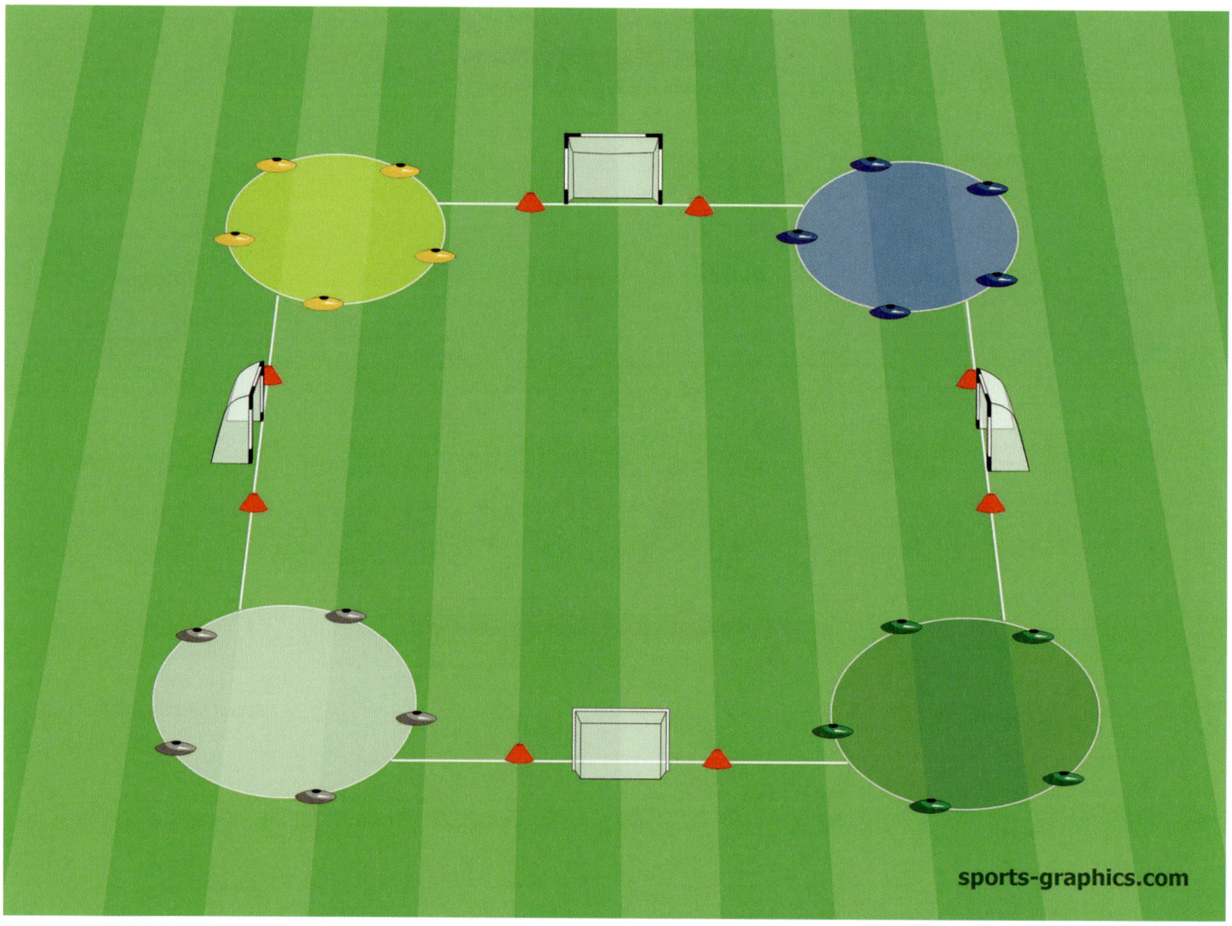

24.1 RITTERBURG BAUSTEIN #1

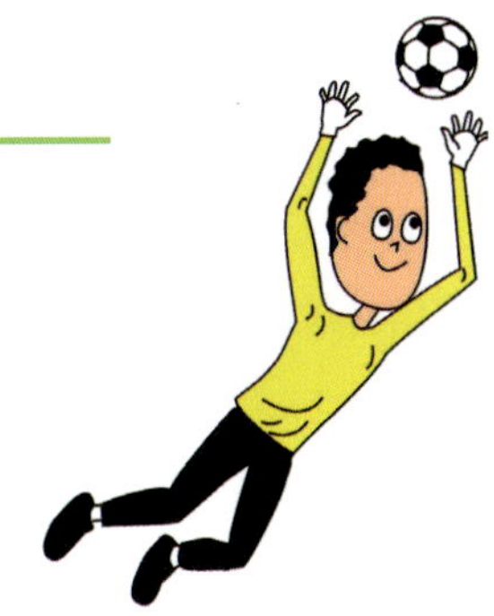

KOORDINATION ★★★★★

DRIBBLING

PASSSPIEL

TORSCHUSS

FREIES SPIEL ★

MATERIAL:

Bälle

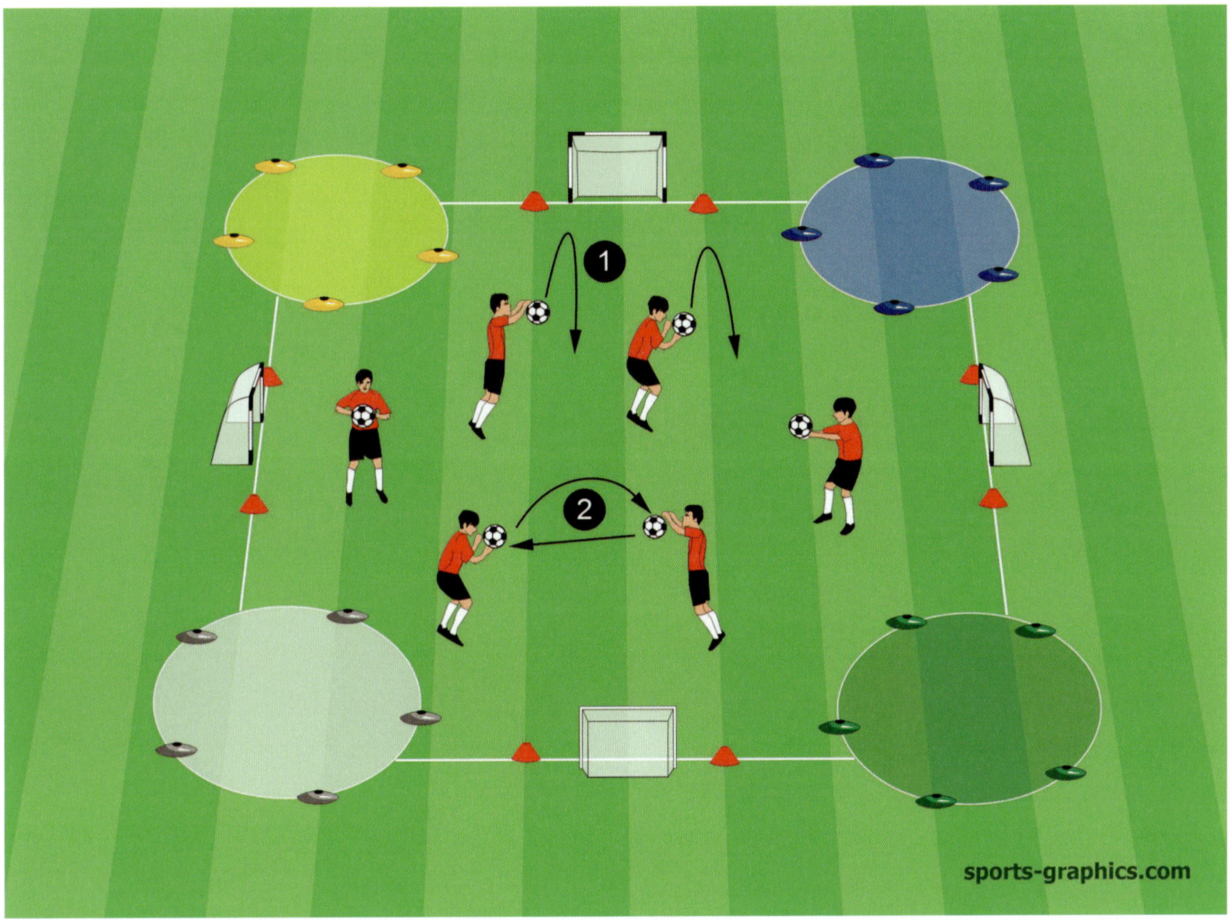

Die Hofnarren der Ritterburg zeigen ihre Kunststücke.

Die Kinder setzen verschiedene Aufgaben zum Werfen und Fangen um. Zunächst erhält jedes Kind einen Ball, wirft diesen in die Luft und versucht, so oft wie möglich in die Hände zu klatschen, bis es den Ball wieder auffängt (vgl. 1). Alternativ setzen sich die Kinder während der Flugphase des Balls auf den Boden und stehen wieder auf oder drehen sich um die eigene Achse. Als Steigerung agieren zwei Kinder gemeinsam. Beide Kinder besitzen einen Ball. Die Kinder werfen sich ihre Bälle gleichzeitig zu, ohne dass diese sich in der Luft berühren (vgl. 2).

24.2 RITTERBURG BAUSTEIN #2

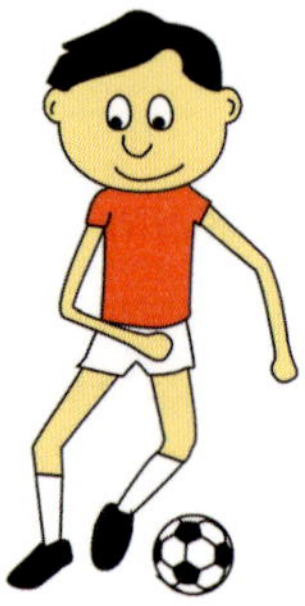

		MATERIAL:
KOORDINATION	★★★★★	4 Minitore
DRIBBLING		20 Markierungspads
PASSSPIEL		8 Markierungshütchen
TORSCHUSS		Leibchen
FREIES SPIEL	★	

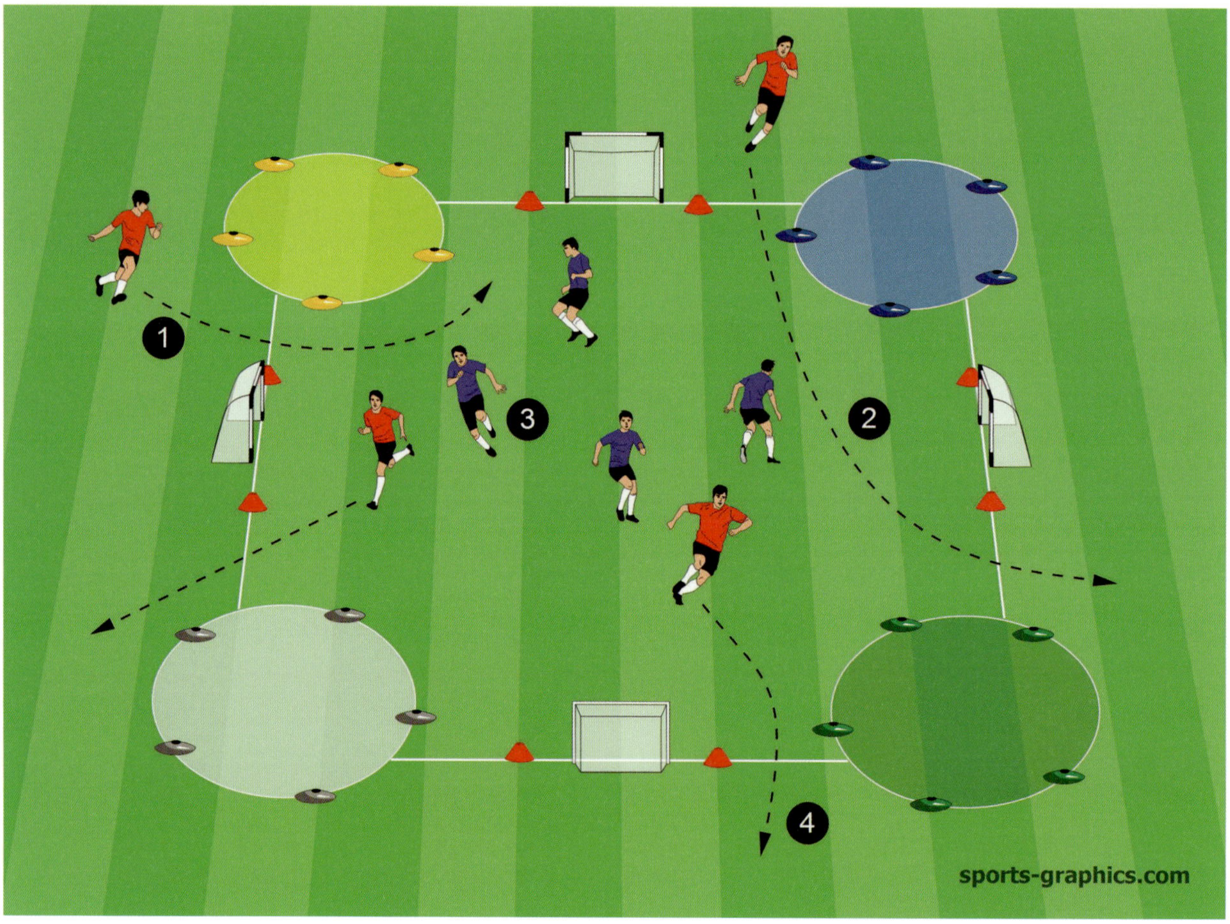

Die Ritter müssen ihre Burg gegen die Eindringlinge verteidigen.

Die Kinder werden in zwei Teams eingeteilt. Die Kinder eines Teams positionieren sich innerhalb des Felds und agieren als Jäger. Die Kinder des anderen Teams starten außerhalb des Felds. Diese Kinder laufen in das Feld hinein (vgl. 1) und versuchen, das Feld zu durchqueren (vgl. 2). Die Kinder innerhalb des Felds versuchen, die von außerhalb kommenden Kinder mit der Hand zu berühren (vgl. 3). Schafft es ein Kind, das Feld zu durchqueren, ohne von einem Jäger mit der Hand berührt zu werden, erhält es einen Punkt. Als zusätzliche Variante besitzt jeder Jäger einen Schaumstoffball und kann versuchen, die anderen Kinder abzuwerfen.

24.3 RITTERBURG BAUSTEIN #3

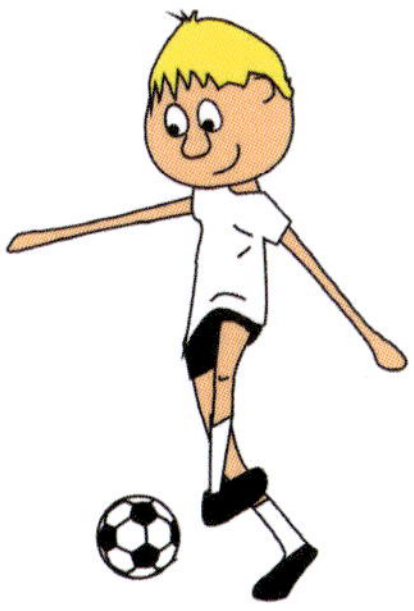

KOORDINATION	★
DRIBBLING	★★★★★
PASSSPIEL	
TORSCHUSS	
FREIES SPIEL	★

MATERIAL:

20 Markierungspads

8 Markierungshütchen

Bälle & Leibchen

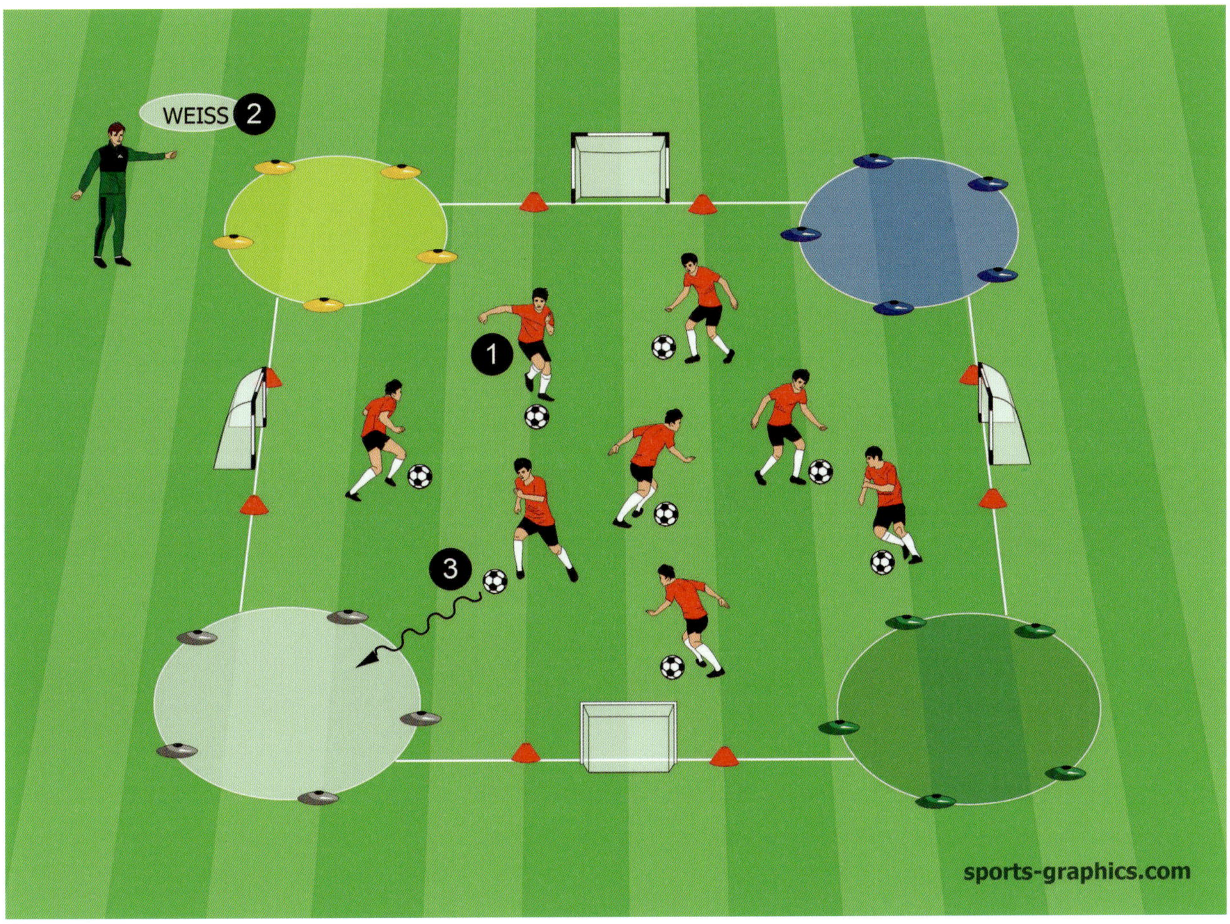

Die Ritter werden zu den Wachtürmen gerufen, um Ausschau nach Feinden zu halten.

Die Kinder dribbeln variantenreich innerhalb des Felds (vgl. 1). Der Trainer benennt über ein visuelles oder akustisches Signal eine Farbe (vgl. 2). Die Kinder dribbeln nun schnellstmöglich in den Kreis der benannten Farbe (vgl. 3). Zusätzlich kann der Trainer mehrere Farben benennen. In diesem Fall müssen die Kinder die Farben in der benannten Reihenfolge ablaufen. Als Zusatzaufgabe lassen die Kinder bei dem Trainersignal ihren Ball liegen, nehmen einen anderen Ball auf und dribbeln dann in den Kreis.

24.4 RITTERBURG BAUSTEIN #4

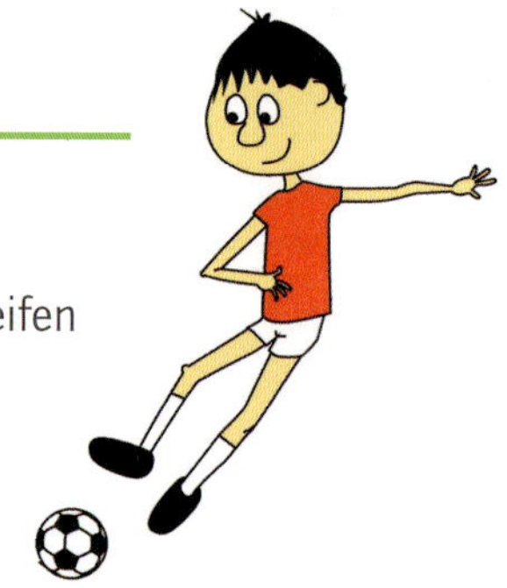

KOORDINATION	★★★
DRIBBLING	★★★
PASSSPIEL	★★
TORSCHUSS	★★★★
FREIES SPIEL	★★★

MATERIAL:

4 Minitore, 1 Koordinationsreifen
20 Markierungspads
8 Markierungshütchen
Bälle & Leibchen

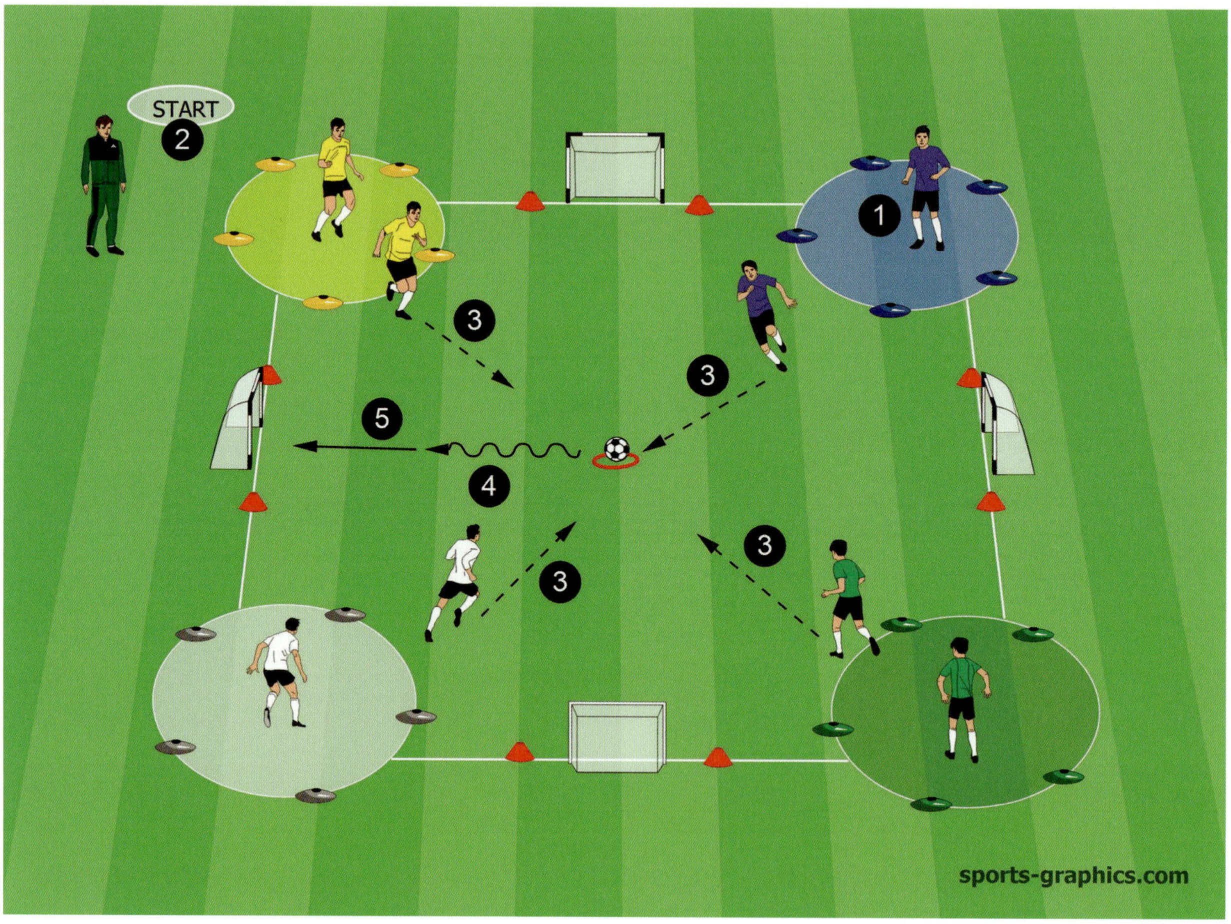

Die Ritter treffen sich zu den großen Burgfestspielen, bei denen die besten Ritter in verschiedenen Disziplinen gegeneinander antreten.

Die Kinder werden in vier Teams unterteilt. Jedes Team positioniert sich gemäß der eigenen Teamfarbe in einem der äußeren Kreise (vgl. 1). Nach einem Trainersignal startet ein Kind jedes Teams aus dem äußeren Kreis in Richtung des in der Spielfeldmitte positionierten Balls (vgl. 3). Das Kind, welches den Ball als Erstes erreicht, darf zunächst ohne weiteren Gegnerdruck andribbeln (vgl. 4) und auf ein beliebiges Minitor abschließen (vgl. 5). Weiterführend können die übrigen Kinder den Ballbesitzer am Torschuss hindern und ihrerseits mit dem gewonnenen Ball auf eines der Tore abschließen.

24.5 RITTERBURG BAUSTEIN #5

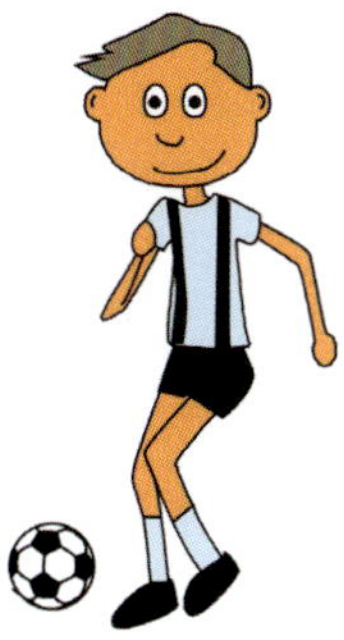

KOORDINATION	★
DRIBBLING	★★★
PASSSPIEL	★★★★★
TORSCHUSS	★★★
FREIES SPIEL	★★★★★

MATERIAL:

4 Minitore

8 Markierungshütchen

Bälle & Leibchen

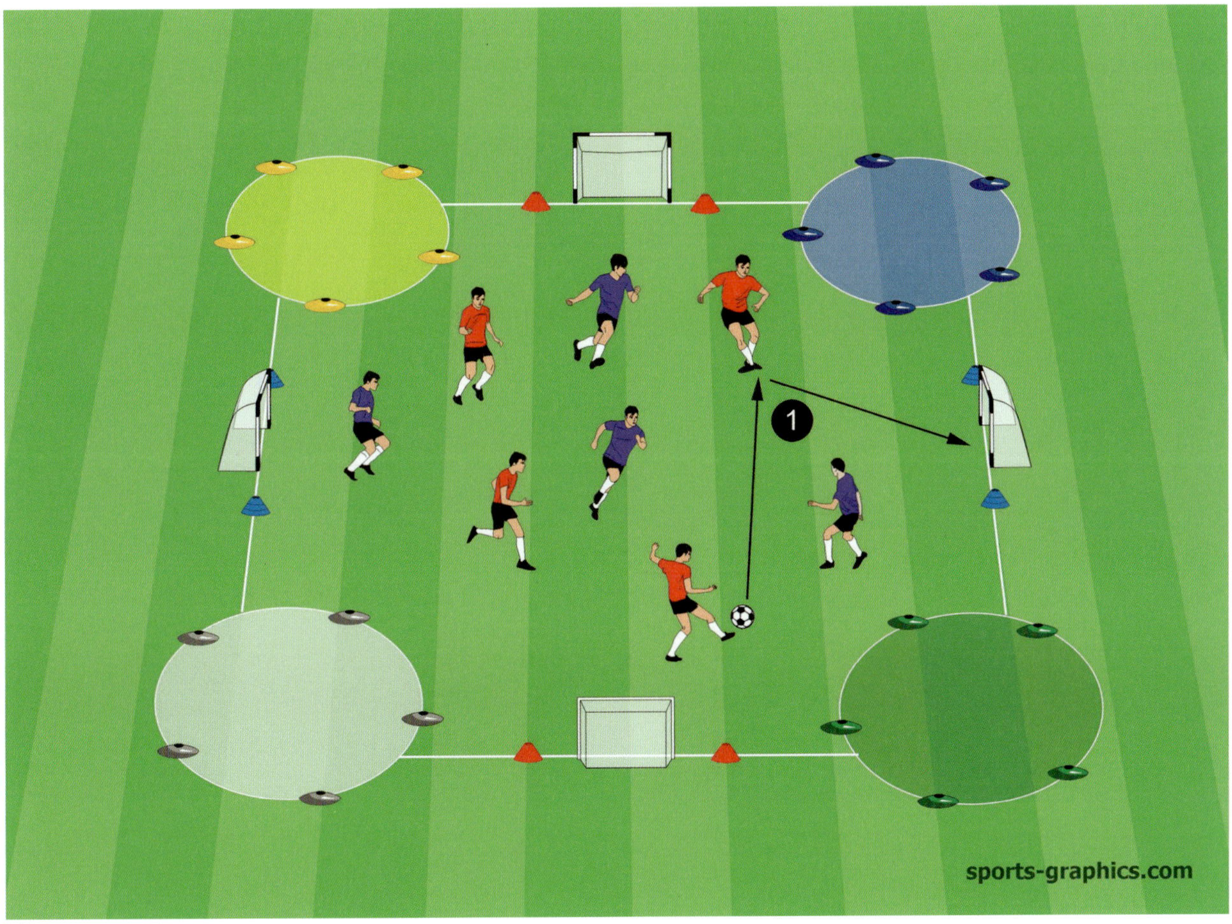

Das Burgfest geht zu Ende. Zum Abschluss feiern die Ritter gemeinsam mit dem König und der Königin.

Die Kinder werden in zwei Teams eingeteilt. Die Teams spielen gegeneinander (vgl. 1). Jedes Team verteidigt entsprechend der Markierung zwei Minitore, die sich gegenüberstehen. Alternative Anordnungen der Minitore sind möglich. So können sie vom Spielfeld abgewandt, seitlich, schräg, weiter auseinander oder näher zueinander gestellt werden. Die Stellung der Tore kann vom Trainer in kleineren Spielpausen laufend variiert werden.

25 MAUSEFALLE

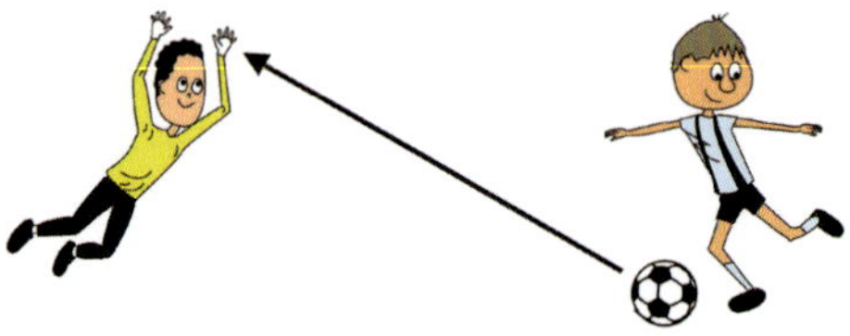

Die Nutzbarkeit von Reifen für das Kindertraining wurde im Kontext anderer Trainingsformen bereits erläutert. Der dargestellte Feldaufbau nutzt die Farbigkeit der Reifen in Verbindung mit den Markierungshütchen und den Minitoren. So sind jeder Farbe je ein äußeres Hütchen, ein Minitor und drei Reifen zugeordnet. Durch die entsprechende Positionierung im Feld ergeben sich vielschichtige Möglichkeiten für Technik- und Koordinationstraining.

Das Konfliktpotenzial zwischen Maus und Katze ist bei Kindern präsent. Unter Berücksichtigung dieser Thematik werden unterschiedliche Lauf- und Fangspiele umgesetzt und Technikbausteine bei den Kindern abgefragt.

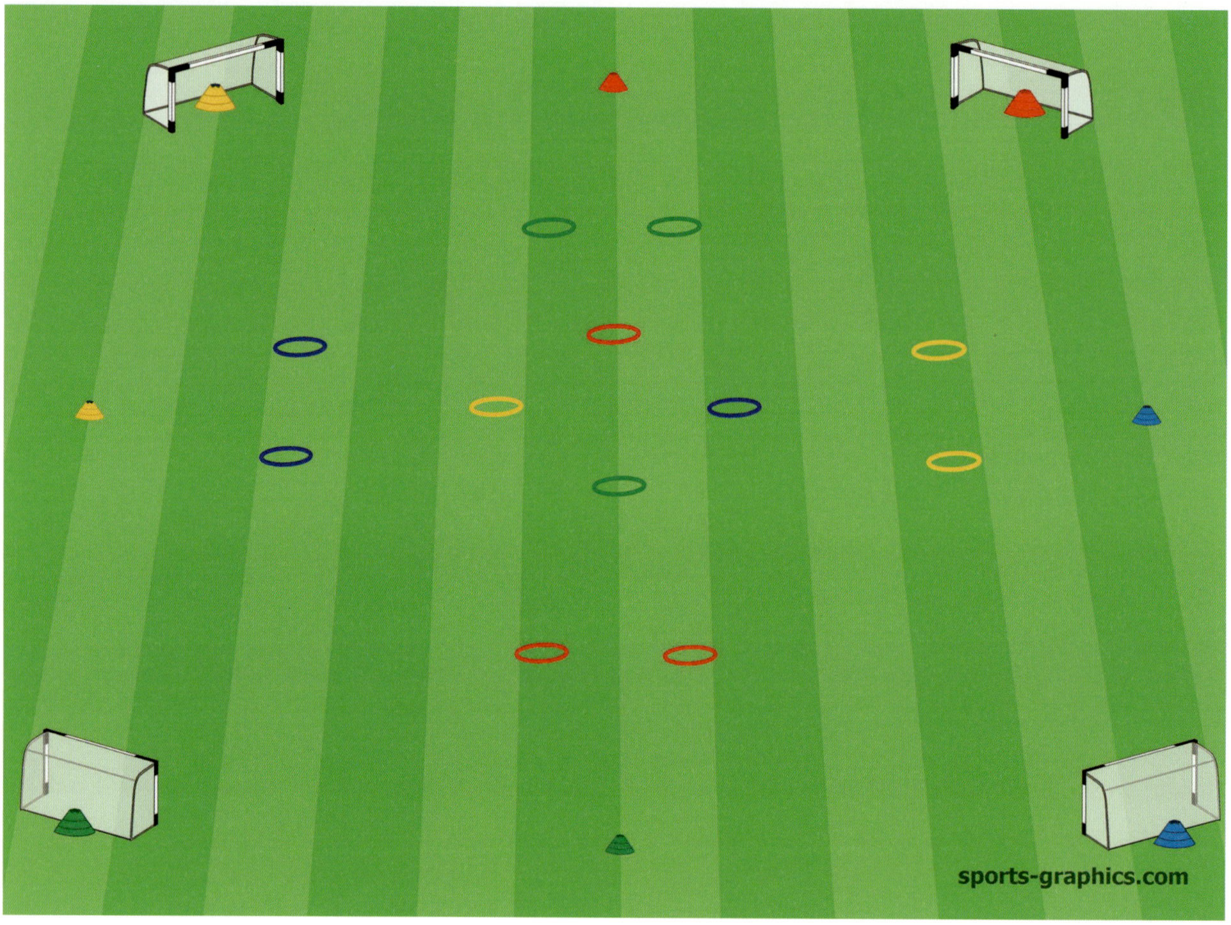

25.1 MAUSEFALLE BAUSTEIN #1

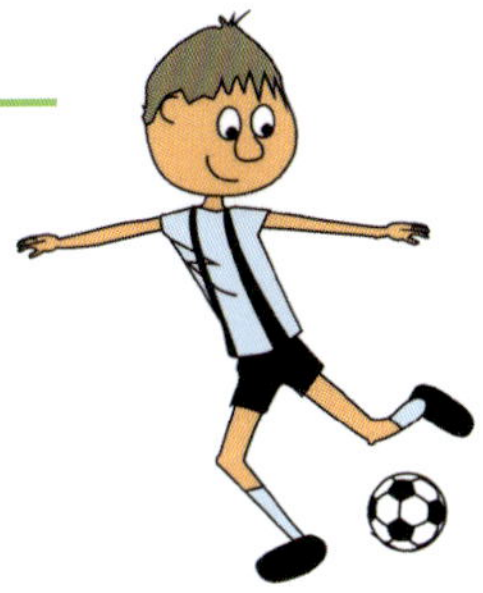

KOORDINATION ★★★★★

DRIBBLING

PASSSPIEL

TORSCHUSS

FREIES SPIEL ★★★

MATERIAL:

12 Koordinationsreifen

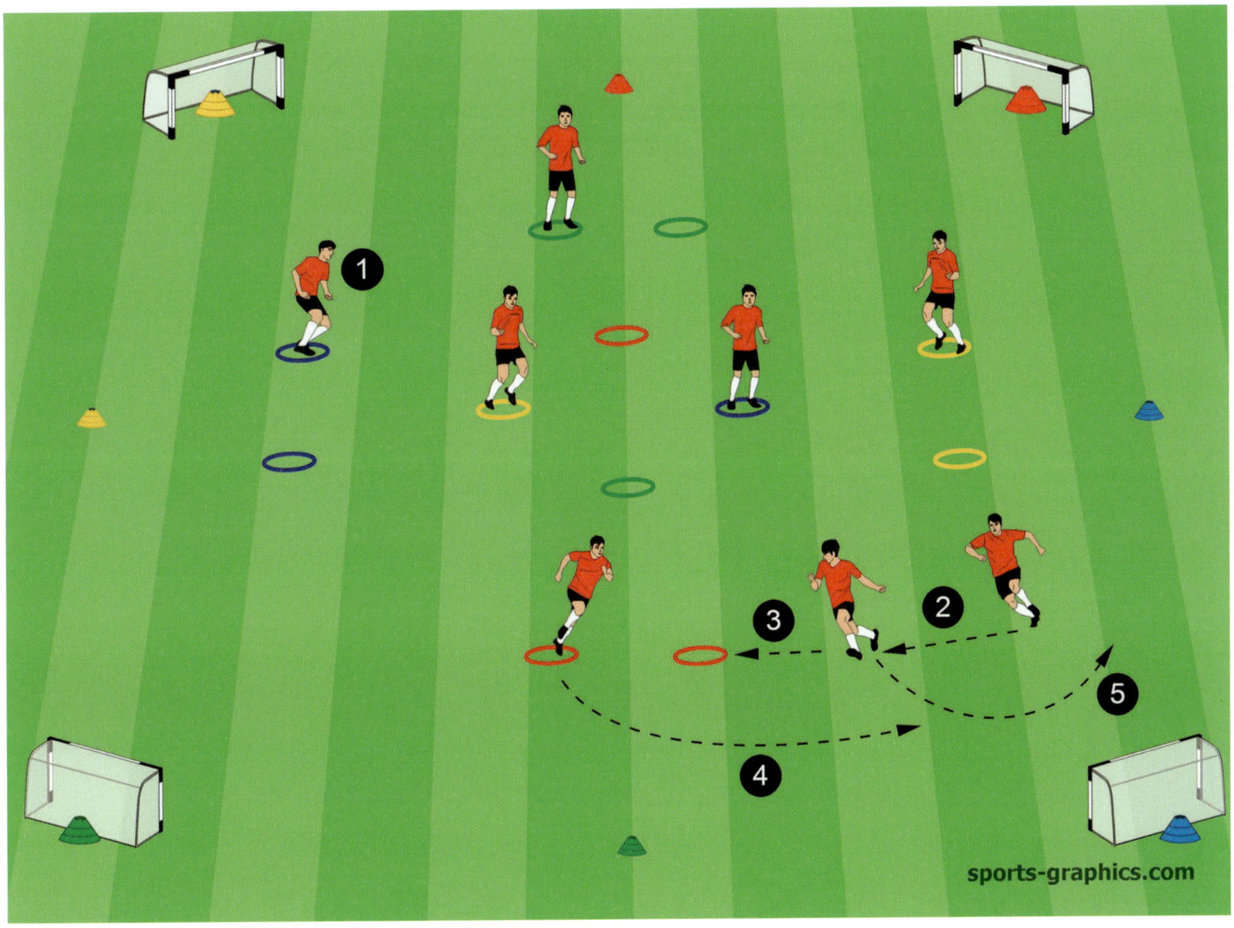

Die Maus hat die Katze geärgert. Die Katze jagt nun die Maus. Die Maus findet in den Löchern des Käses Zuflucht.

Die Kinder positionieren sich innerhalb der Reifen. Neben jedem Kind muss ein weiterer Reifen freibleiben (vgl. 1). Zusätzlich wird ein Jäger und ein Läufer benannt. Diese beiden Kinder positionieren sich nicht in den Reifen. Der Jäger versucht, den Läufer mit der Hand zu berühren (vgl. 2). Der Läufer kann sich retten, indem er sich in einen Reifen stellt (vgl. 3). Ist dies gelungen, ändern sich die Rollen. Das Kind, welches sich neben dem vom Läufer besetzten Reifen befindet, wird zum Jäger (vgl. 4). Der ehemalige Jäger wird zum Läufer und versucht seinerseits, in einen freien Reifen zu gelangen.

25.2 MAUSEFALLE BAUSTEIN #2

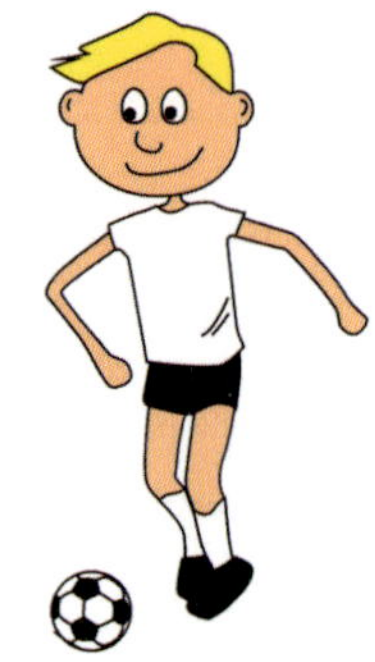

KOORDINATION ★★
DRIBBLING ★★★★★
PASSSPIEL
TORSCHUSS
FREIES SPIEL ★

MATERIAL:

4 Markierungshütchen

12 Koordinationsreifen

Bälle & Leibchen

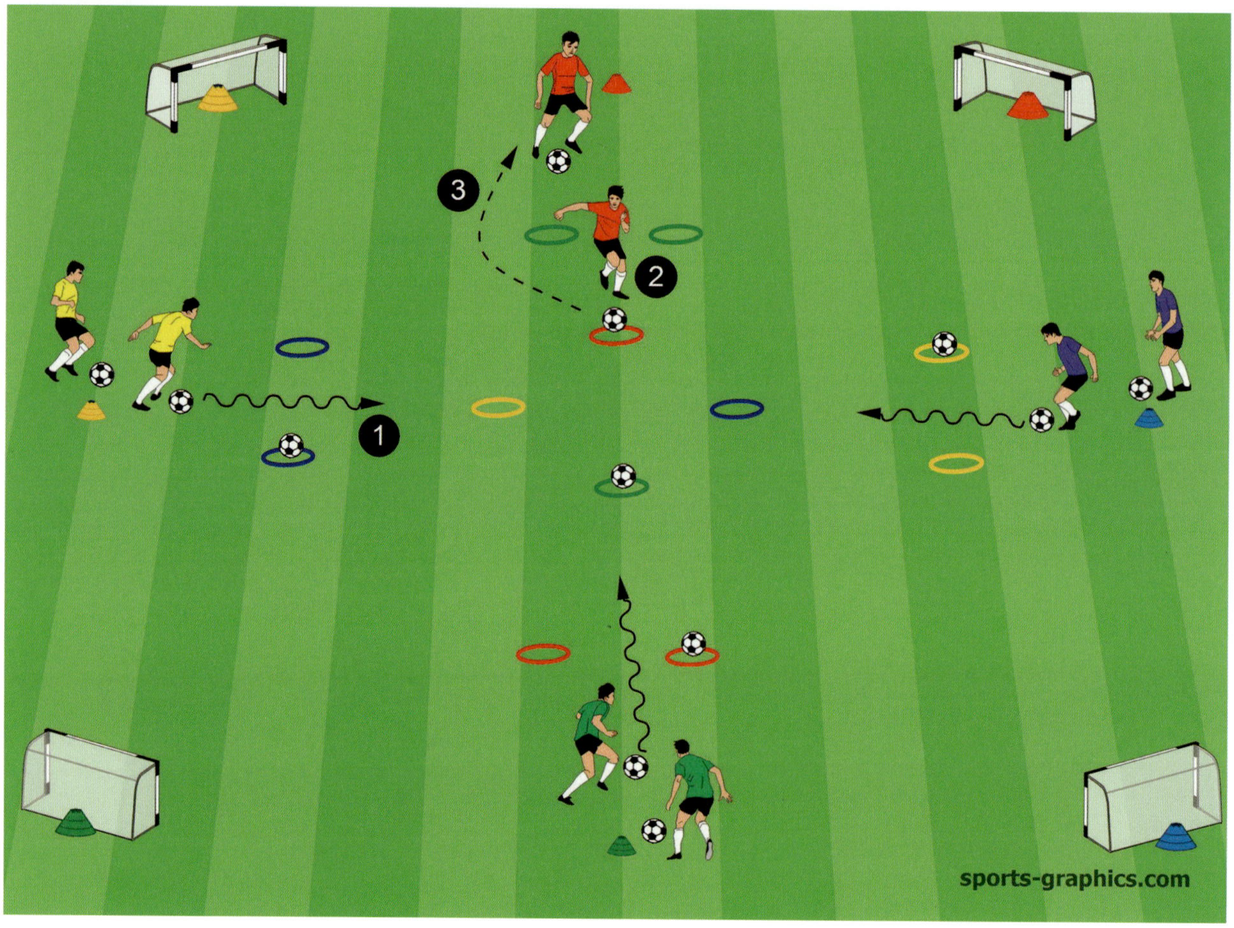

Die Mäuse legen wegen der gefräßigen Katze und dem kalten Winter einen Käsevorrat an.

Die Kinder werden in vier Teams eingeteilt. Die Kinder positionieren sich an dem Markierungshütchen gemäß ihrer Teamfarbe. Jedes Team besitzt drei Bälle. Die Kinder setzen einen Staffelwettkampf um. Je ein Kind pro Team dribbelt ins Feld (vgl. 1) und legt den Ball in einem der Reifen ab, welcher der eigenen Teamfarbe entspricht (vgl. 2). Anschließend läuft es ohne Ball zur eigenen Gruppe zurück und klatscht dort mit dem nächsten Kind ab (vgl. 3). Das Team, welches zuerst alle Bälle in den eigenen Reifen abgelegt hat und anschließend wieder eingesammelt hat, gewinnt den Wettkampf.

25.3 MAUSEFALLE BAUSTEIN #3

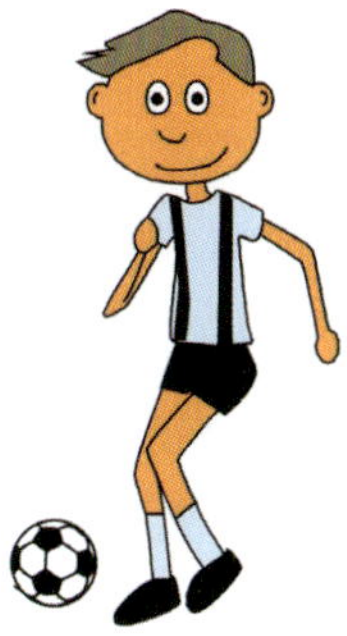

		MATERIAL:
KOORDINATION	★	4 Minitore
DRIBBLING	★★★★★	8 Markierungshütchen
PASSSPIEL	★★	12 Koordinationsreifen
TORSCHUSS	★★★★★	Bälle & Leibchen
FREIES SPIEL	★	

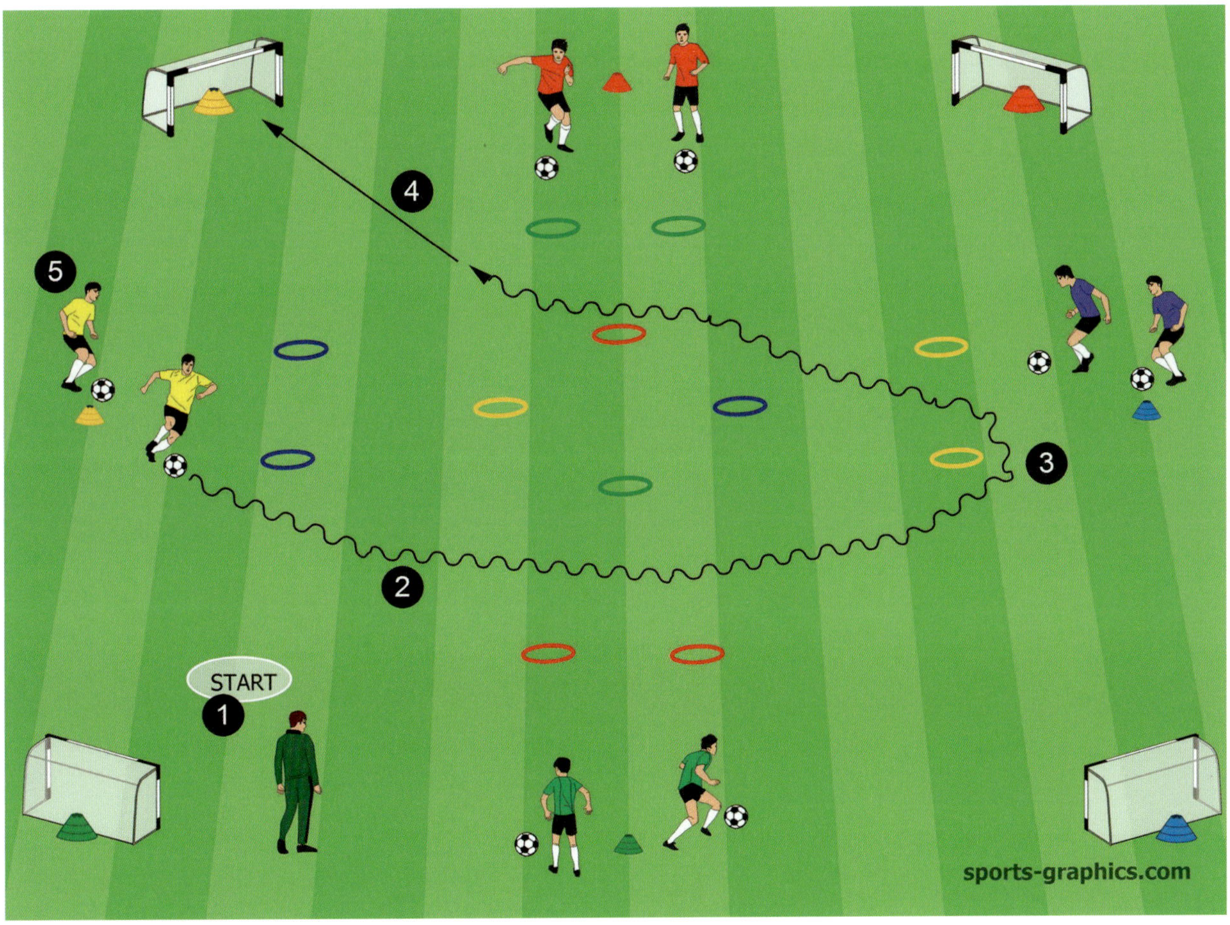

Die Mäuse haben die Katze abgeschüttelt und fressen sich nun durch den Käse.

Die Kinder werden in vier Teams eingeteilt. Jedes Team positioniert sich gemäß seiner Teamfarbe am Markierungshütchen. Jedes Kind besitzt einen Ball. Der Trainer startet mit einem akustischen oder visuellen Signal einen Staffelwettkampf (vgl. 1). Ein Kind pro Team dribbelt an (vgl. 2) und durchquert die Reifen entsprechend seiner Teamfarbe (vgl. 3). Anschließend schließt das Kind auf das Minitor gemäß seiner Teamfarbe ab (vgl. 4). Ist der Abschluss erfolgt, startet das nächste Kind des Teams (vgl. 5). Das Team, welches zuerst eine bestimmt Anzahl Tore erzielt hat, gewinnt den Wettkampf. Zusätzlich können unterschiedliche Varianten des Dribblings und des Torabschlusses abgefordert werden.

25.4 MAUSEFALLE BAUSTEIN #4

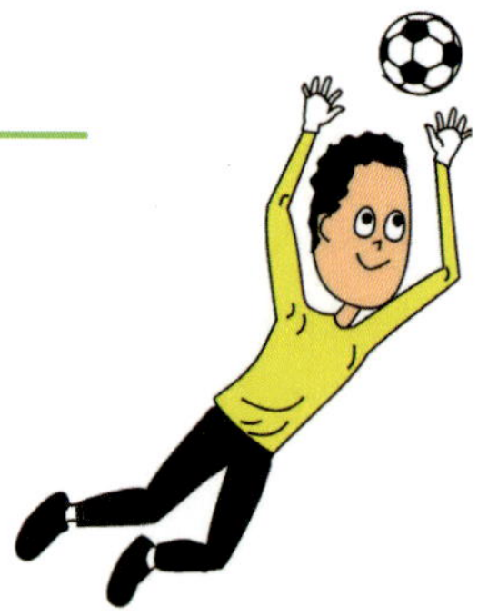

KOORDINATION ★
DRIBBLING ★★★★★
PASSSPIEL
TORSCHUSS
FREIES SPIEL ★

MATERIAL:
12 Koordinationsreifen
Bälle & Leibchen

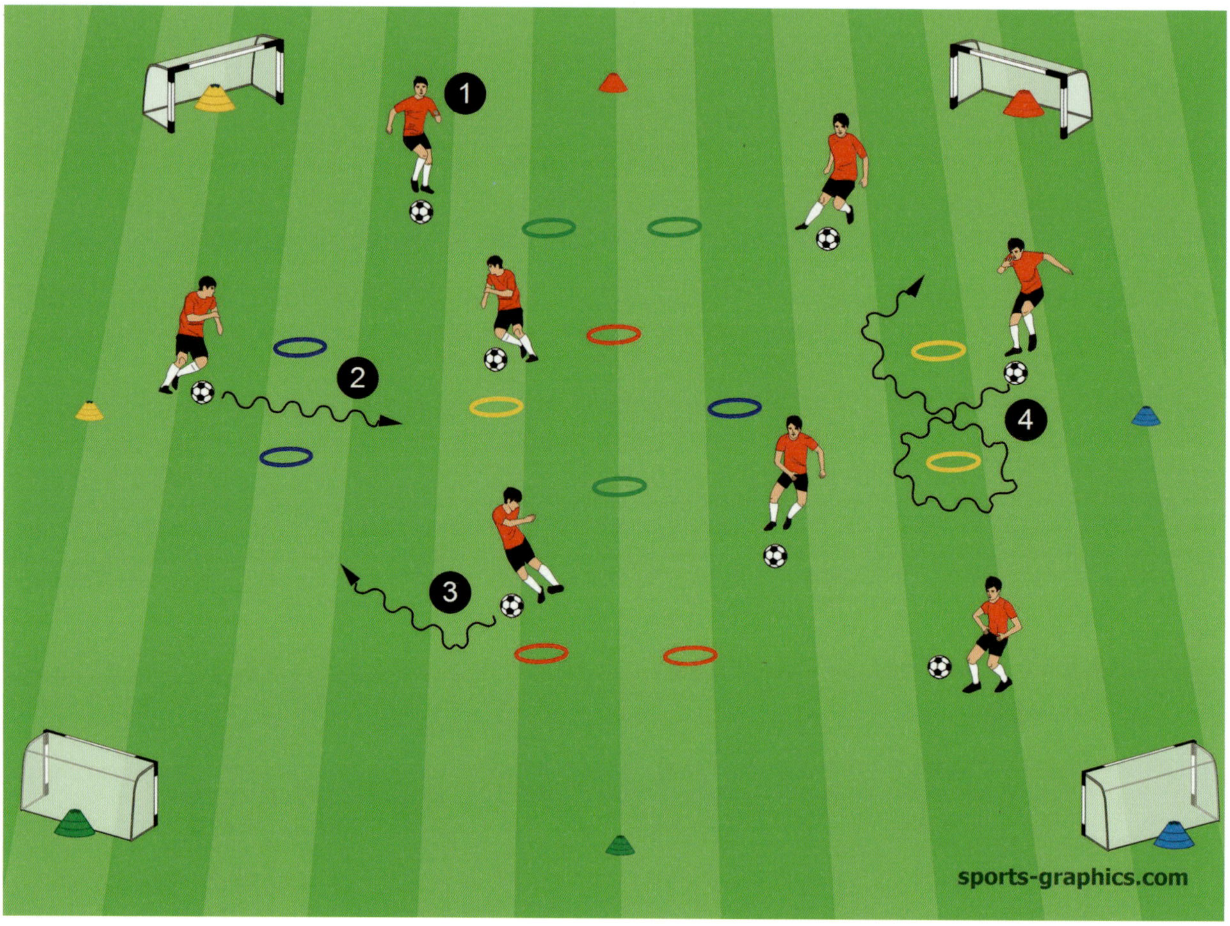

Die Mäuse haben noch nicht genug vom Käse, denn er schmeckt so lecker. Sie schlagen sich die Bäuche voll.

Jedes Kind besitzt einen Ball. Die Kinder dribbeln variantenreich im Feld (vgl. 1). Die Kinder nutzen die Reifen für verschiedene Technikaufgaben. Die Kinder dribbeln mit einer Tempoverschärfung durch zwei Reifen hindurch (vgl. 2). Die Kinder fintieren vor den Reifen (vgl. 3). Die Kinder umdribbeln die Reifen mit vielfältigem Fußeinsatz (vgl. 4). Eine Durchführung als Wettkampf ist möglich. Die Kinder müssen eine bestimmte Anzahl Technikaufgaben an den Reifen durchführen. Das Kind, welches die geforderte Aufgabenanzahl zuerst umgesetzt hat, gewinnt den Wettkampf. Der Gewinner macht anschließend eine neue Aufgabe vor.

25.5 MAUSEFALLE BAUSTEIN #5

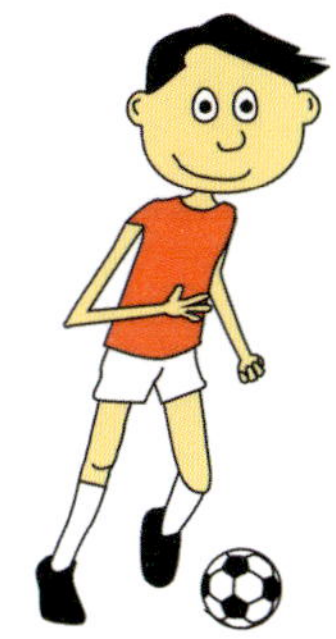

KOORDINATION	★
DRIBBLING	★★★★
PASSSPIEL	★★★
TORSCHUSS	★★★
FREIES SPIEL	★★★★★

MATERIAL:

4 Minitore

4 Markierungshütchen

12 Koordinationsreifen

Bälle & Leibchen

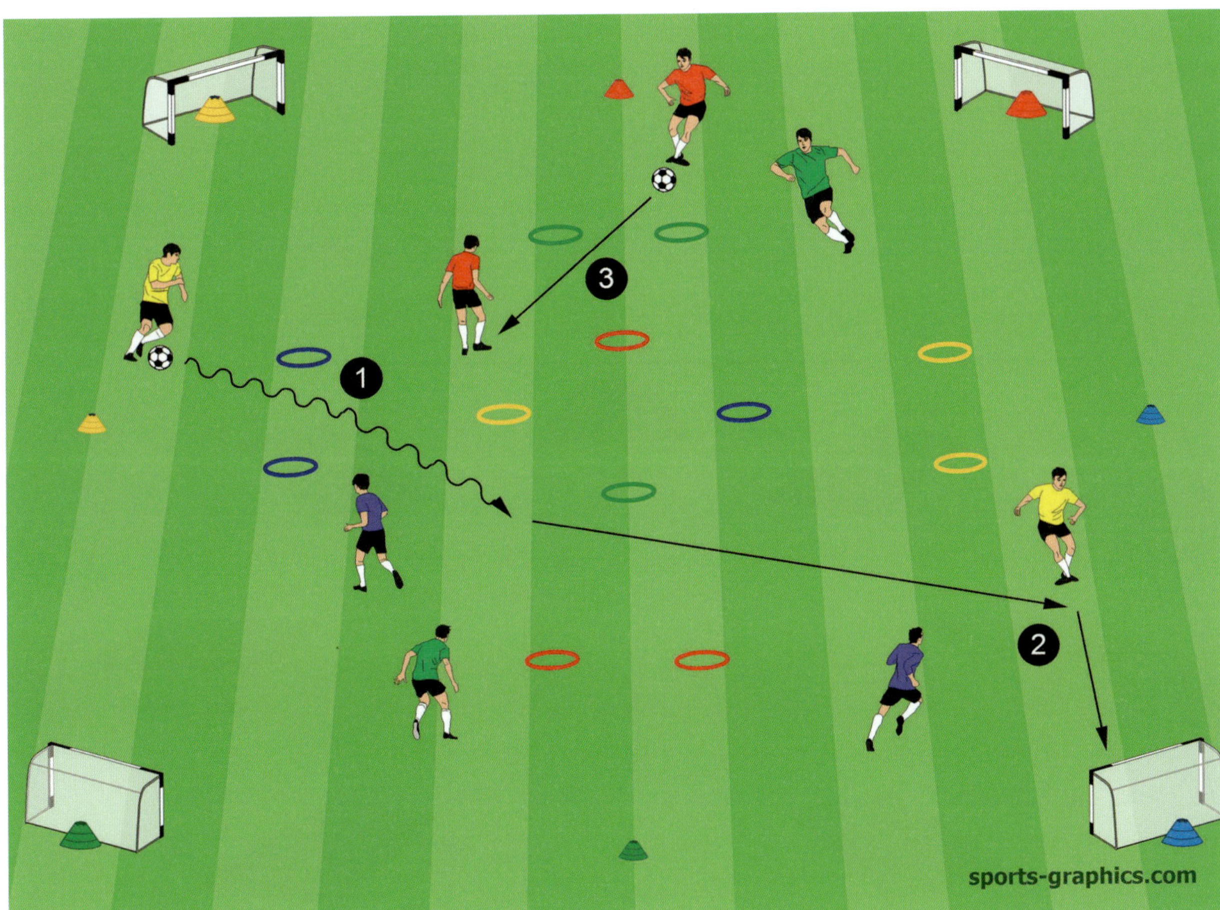

Mäuse und Katzen duellieren sich, denn es ist nur noch ein Stück Käse übrig.

Die Kinder werden in vier Teams eingeteilt. Je zwei Teams spielen gegeneinander. Jedes Team verteidigt dabei die entsprechend seiner Teamfarbe markierten Minitore. Ein Treffer erhält eine doppelte Wertung, wenn ein Kind zuvor zwischen zwei Reifen hindurchgedribbelt ist (vgl. 1) und anschließend ein Tor fällt (vgl. 2). Zusätzlich kann ein Pass zwischen zwei Reifen hindurchgespielt werden (vgl. 3).

26 FUSSBALLSTADION

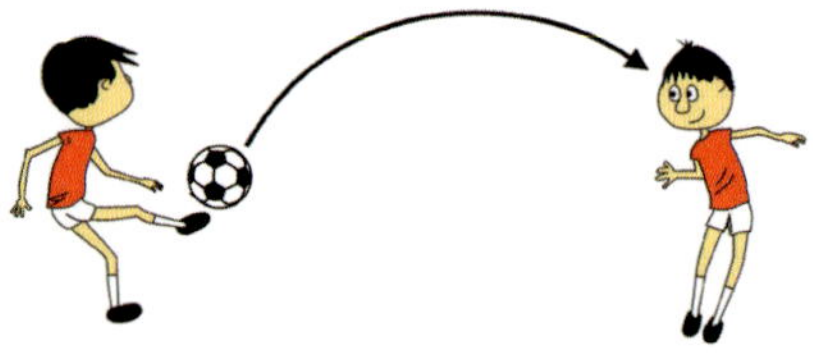

Ein recht einfacher Feldaufbau in der Halle mit acht Hallenmatten eröffnet vielschichtige Nutzungsmöglichkeiten für das Fußballtraining. Die Matten werden dabei gleichzeitig als Feldbegrenzung und als Aktionsfelder genutzt. Der kreisrunde Aufbau sorgt für Orientierung bei den Spielern.

Das Fußballstadion hat in der kindlichen Lebenswelt einen besonderen Reiz. Neben dem Ziel, selbst einmal Fußballprofi zu werden, beeindruckt die Kinder wohl die Größe und die Lautstärke innerhalb eines Stadions. Unter diesen Voraussetzungen lässt sich der gezeigte Feldaufbau ausgezeichnet im Sinne eines Fußballstadions nutzen, um entsprechende Aufgaben mit den Kindern durchzuführen.

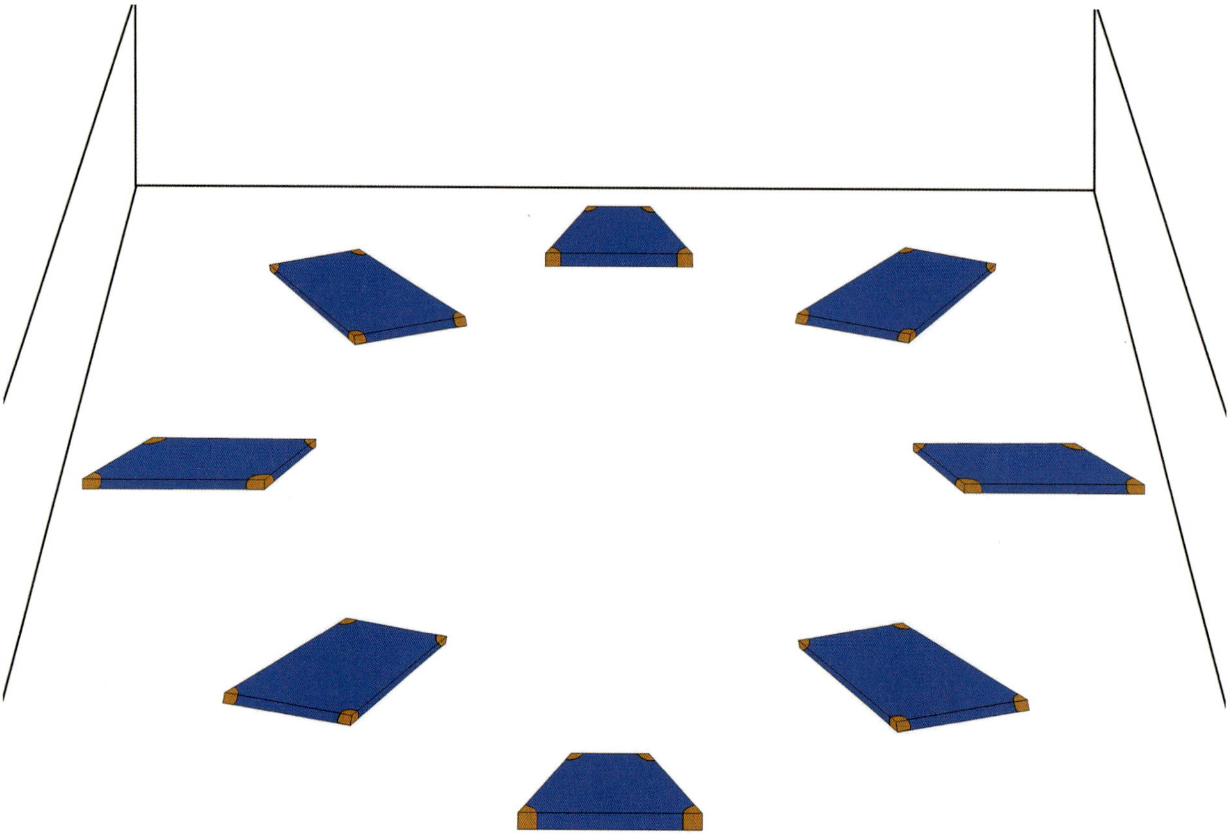

sports-graphics.com

26.1 FUSSBALLSTADION BAUSTEIN #1

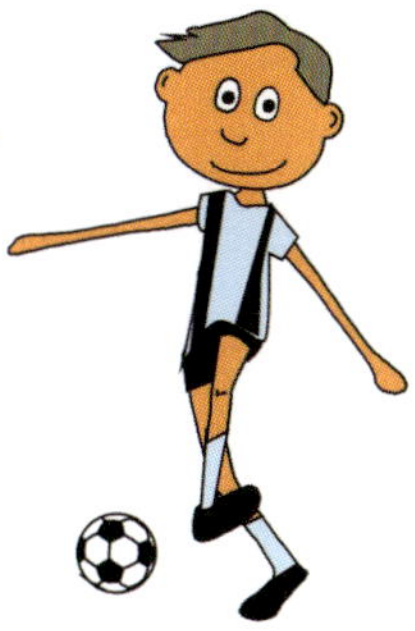

KOORDINATION	★★★★★	**MATERIAL:**
DRIBBLING	★★★	8 Matten
PASSSPIEL		
TORSCHUSS		
FREIES SPIEL	★	

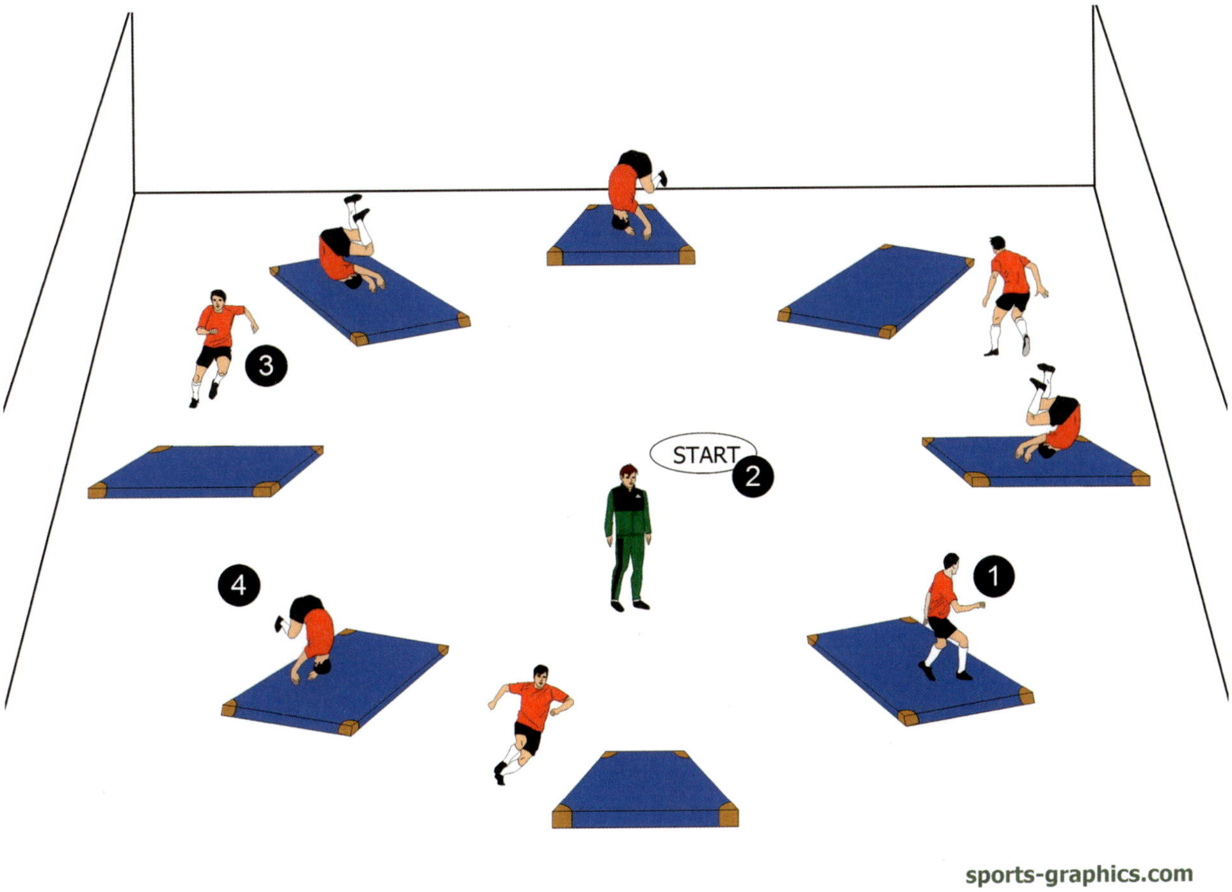

Die Fußballstars laufen sich im Stadion warm. Die Fans applaudieren und die Kinder zeigen einige Tricks.

Jedes Kind positioniert sich auf einer Matte (vgl. 1). Nach einem akustischen oder visuellen Trainersignal (vgl. 2) starten die Kinder und laufen gegen den Uhrzeigersinn von Matte zu Matte (vgl. 3). Auf jeder Matte setzen die Kinder eine Bewegungsaufgabe um (vgl. 4). Dabei sind vielfältige Aufgaben wie Vorwärts- oder Rückwärtsrollen, Sprünge auf oder über die Matten, Handstände, Radschläge, Umlaufen der Matte, hinlegen und wieder aufstehen möglich. Weiterführend können die Kinder Dribblingaufgaben an den Matten lösen. Das Kind, welches als Erstes ein anderes Kind eingeholt hat oder zuerst die eigene Matte erreicht, gewinnt.

26.2 FUSSBALLSTADION BAUSTEIN #2

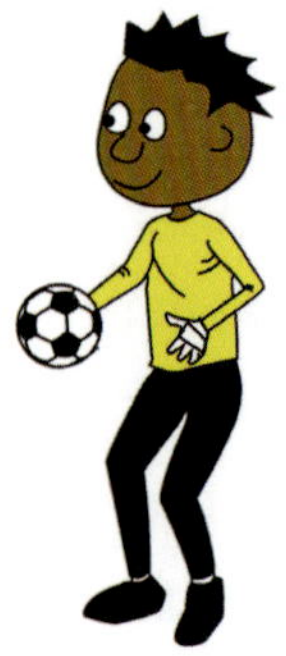

KOORDINATION ★★★★★
DRIBBLING
PASSSPIEL
TORSCHUSS
FREIES SPIEL ★

MATERIAL:
8 Matten
Bälle & Leibchen

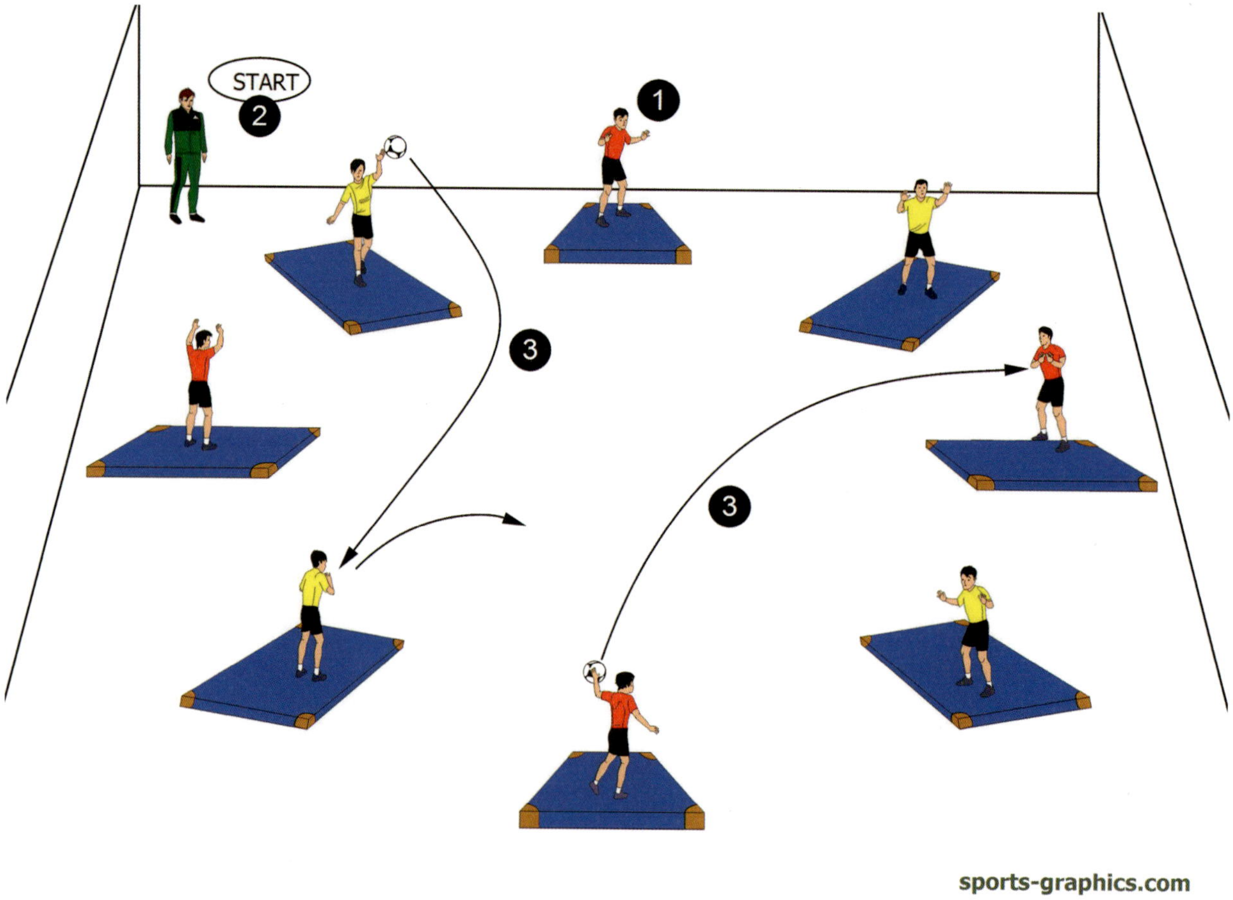

Die Fans beider Mannschaften kommen ins Stadion und jubeln den Spielern zu.

Die Kinder werden in zwei Teams eingeteilt. Jedes Kind positioniert sich auf einer Matte, wobei niemals zwei Kinder eines Teams nebeneinander stehen (vgl. 1). Je ein Kind pro Team hält einen Ball in der Hand. Der Trainer startet mit einem akustischen oder visuellen Signal (vgl. 2) einen Wettkampf zwischen den beiden Teams. Die Ballbesitzer werfen den Ball gegen den Uhrzeigersinn zu ihrem Mitspieler (vgl. 3). Das Ziel ist es, den Ball des jeweils anderen Teams einzuholen. Weiterführend können die Kinder Wurfvariationen, wie beidhändige Würfe, Würfe nur mit der rechten Hand oder nur mit der linken Hand und Würfe per Bodenpass, umsetzen.

26.3 FUSSBALLSTADION BAUSTEIN #3

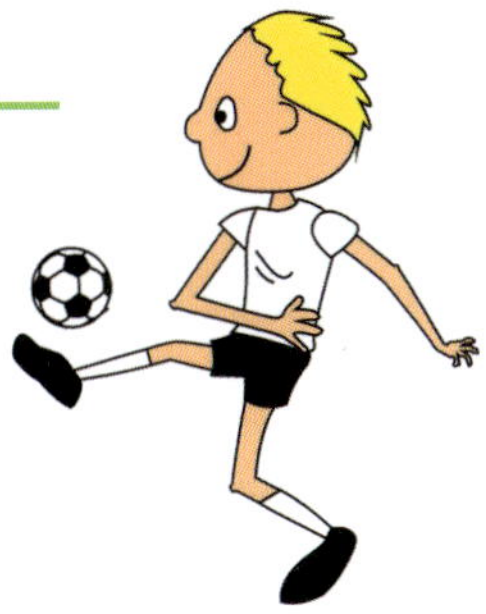

KOORDINATION	★
DRIBBLING	★★★★★
PASSSPIEL	
TORSCHUSS	
FREIES SPIEL	★

MATERIAL:

8 Matten

Bälle & Leibchen

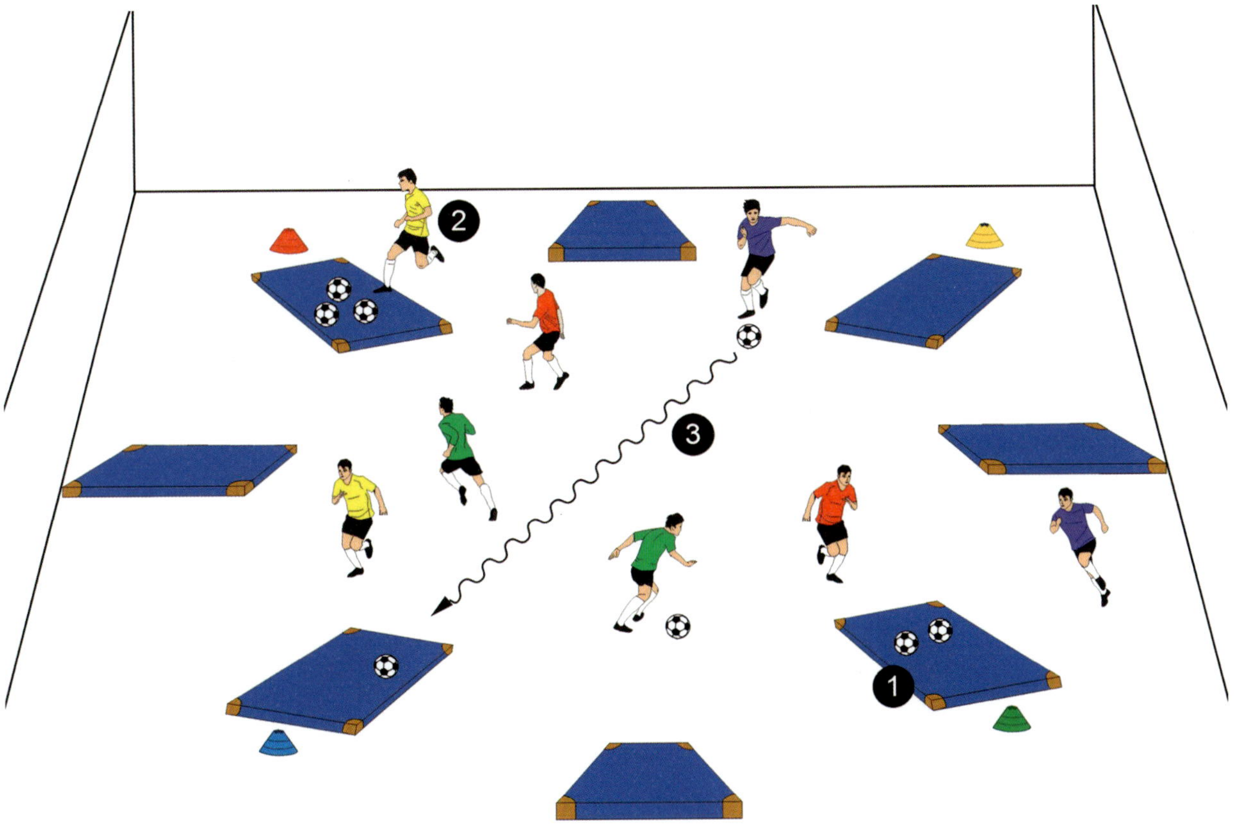

sports-graphics.com

Die Balljungen und Ballmädchen im Stadion bringen die Bälle an die richtige Stelle, damit das große Spiel reibungslos stattfinden kann.

Die Kinder werden in vier Teams eingeteilt. Jedem Team ist eine Matte zugeordnet, auf der je zwei Bälle positioniert sind (vgl. 1). Die Kinder laufen nun zu den Matten der übrigen Teams (vgl. 2), nehmen sich einen Ball und dribbeln mit diesem zur eigenen Matte (vgl. 3). Das Ziel ist es, nach Ablauf einer zuvor festgehaltenen Zeitspanne, die meisten Bälle auf der eigenen Matte zu haben.

26.4 FUSSBALLSTADION BAUSTEIN #4

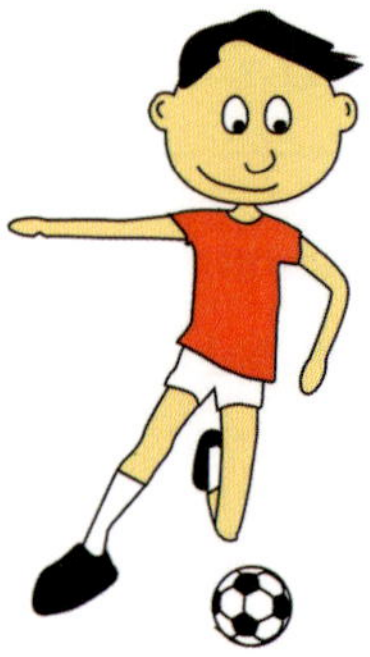

KOORDINATION	★
DRIBBLING	
PASSSPIEL	★★★★★
TORSCHUSS	
FREIES SPIEL	

MATERIAL:

8 Matten

Bälle

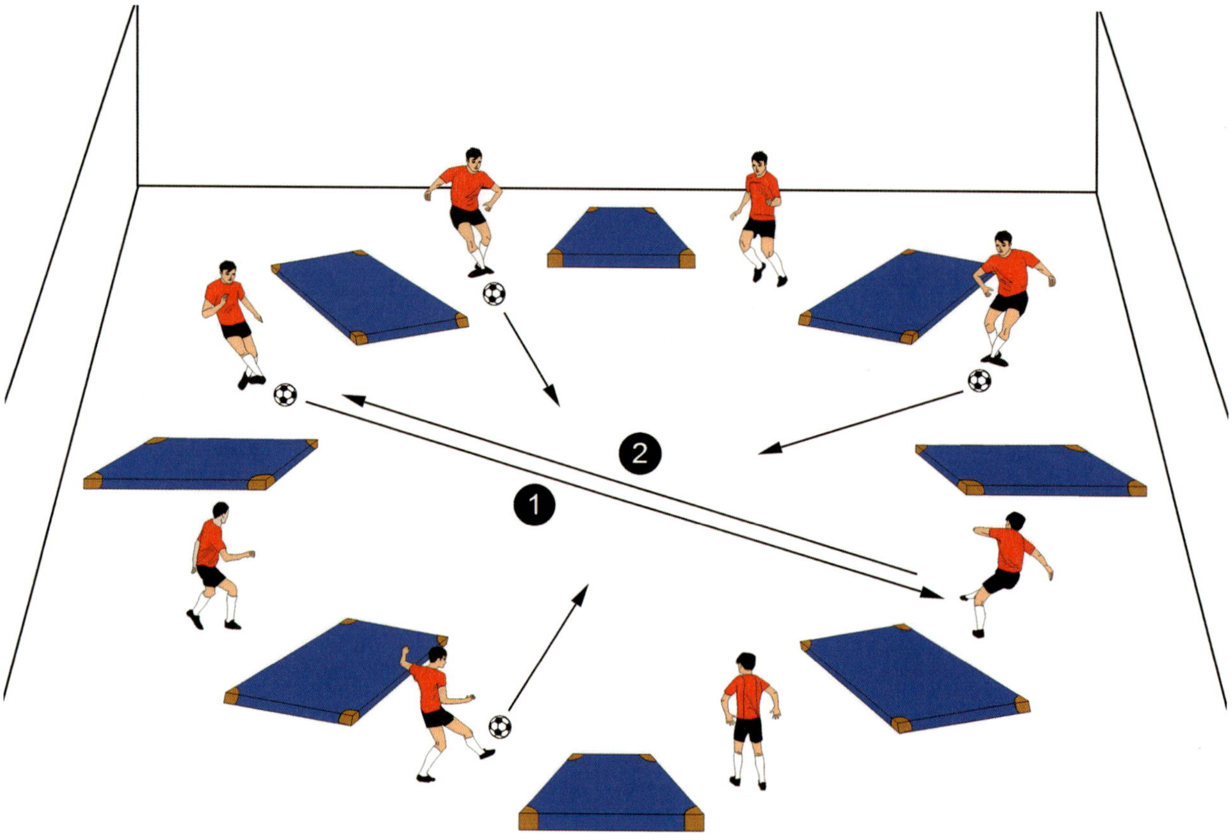

Die Fußballprofis spielen die letzten Pässe vor dem Anpfiff und schießen den Torwart warm.

Die Kinder positionieren sich zwischen den Matten. Die Hälfte der Kinder besitzt einen Ball. Die Kinder passen den Ball zum jeweils gegenüberstehenden Kind (vgl. 1). Dieses verarbeitet den Ball und passt den Ball zurück (vgl. 2). Zusätzlich können die Kinder nach Ballerhalt hinten um eine angrenzende Matte dribbeln und den Ball dann zum Partner spielen. Die Passtechniken können dabei zwischen Innenseite und Vollspann sowie rechtem und linkem Fuß variiert werden.

26.5 FUSSBALLSTADION BAUSTEIN #5

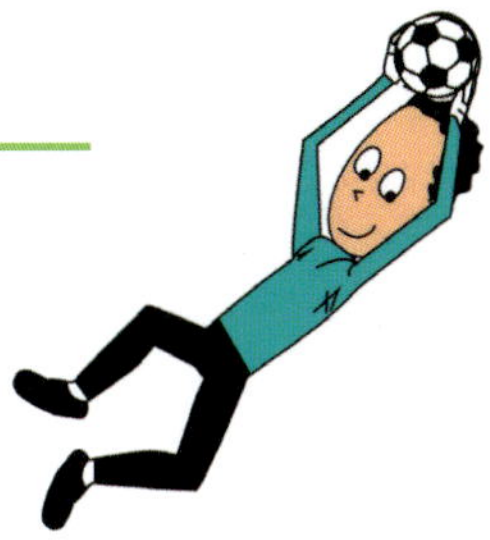

KOORDINATION	★
DRIBBLING	★★★
PASSSPIEL	★★★
TORSCHUSS	★★★
FREIES SPIEL	★★★★★

MATERIAL:

8 Matten

2 Kästen

Bälle & Leibchen

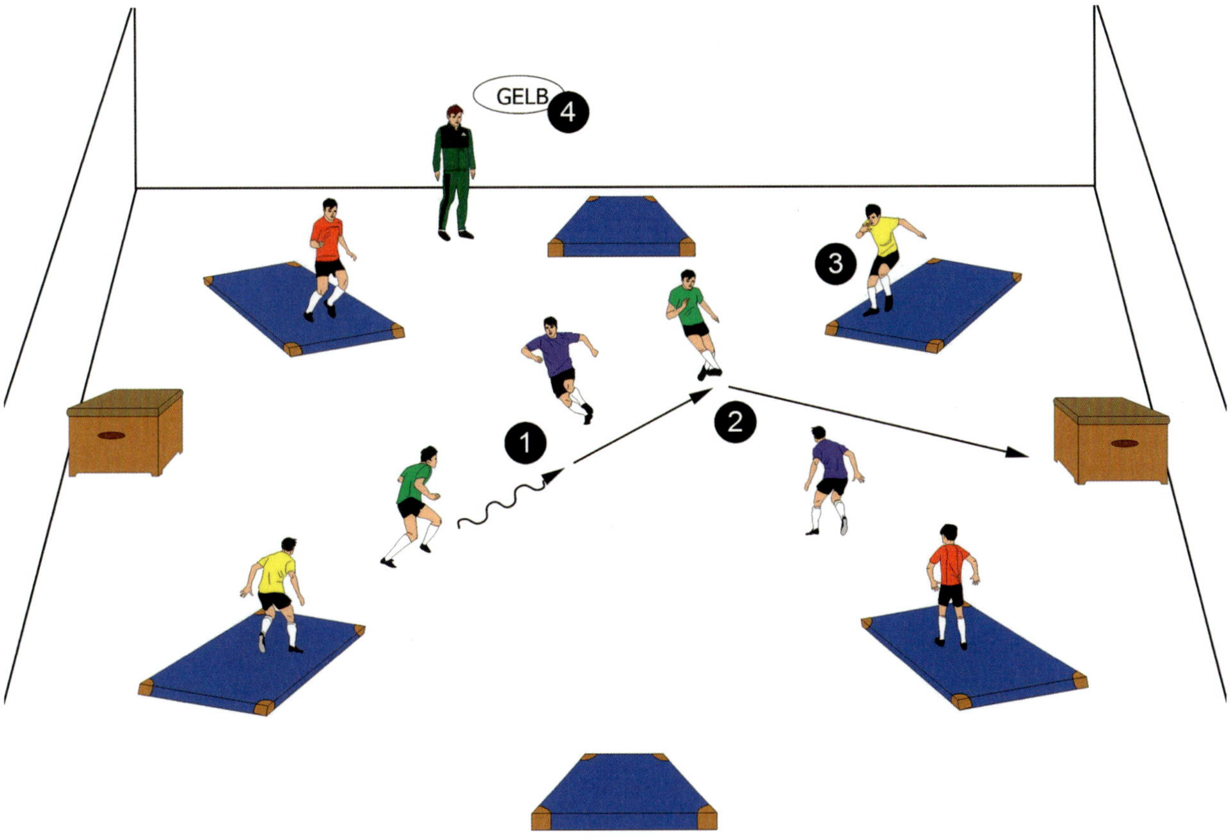

sports-graphics.com

Das große Fußballspiel geht endlich los. Die Fans jubeln und freuen sich auf das erste Tor.

Die Kinder werden in vier Teams eingeteilt. Zwei Teams spielen innerhalb des Mattenkreises gegeneinander (vgl. 1). Die Kästen fungieren dabei als Tore. Die Kinder der beiden übrigen Teams stehen auf den Matten und warten auf ihren Einsatz. Sobald ein Treffer erzielt wird (vgl. 2), verlässt das Team, welches den Treffer kassiert hat, das Spielfeld und eines der wartenden Teams betritt das Spielfeld (vgl. 3). Fällt kein Tor, kann der Trainer einen Wechsel einleiten (vgl. 4). Dabei kann er ein Team benennen, welches das Team ersetzt, das länger auf dem Spielfeld ist. Zusätzlich kann der Trainer auch beide spielenden Teams durch beide Wartenden ersetzen.

27 BAUERNHOF

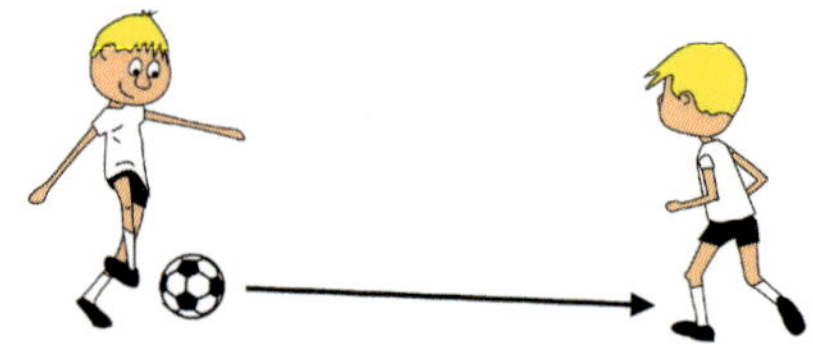

Der sehr einfache Trainingsaufbau mit vier quadratischen Feldern kann als klassischer Feldaufbau für den Kinderfußball betrachtet werden. Es bieten sich besonders gute Möglichkeiten für Lauf-, Orientierungs- und Sortierspiele. Das Feld kann darüber hinaus noch durch Tore ergänzt werden.

Überträge aus der Tierwelt besitzen eine hohe Verwertbarkeit für das Kindertraining. Durch die spezifischen Verhaltens- und Fortbewegungsarten der unterschiedlichen Tiere ergeben sich bereits Aufgaben für das Training. Den Kindern sind bereits die Gegebenheiten auf dem Bauernhof bekannt, sodass der Trainer zum einen auf die Vorerfahrung der Kinder aufbauen kann, aber auch Ideen aus den Reihen der Kinder abfragen und für das Training nutzen kann.

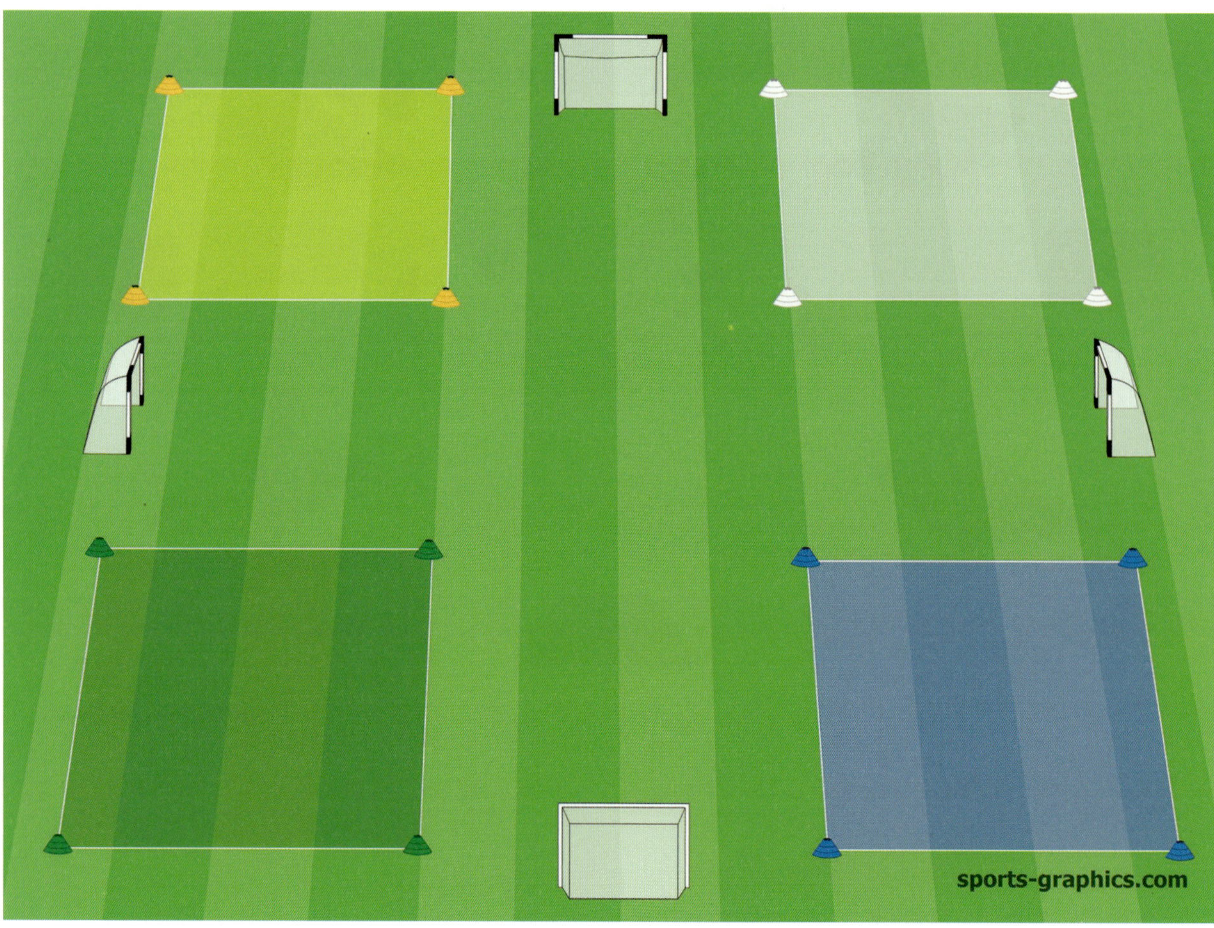

27.1 BAUERNHOF BAUSTEIN #1

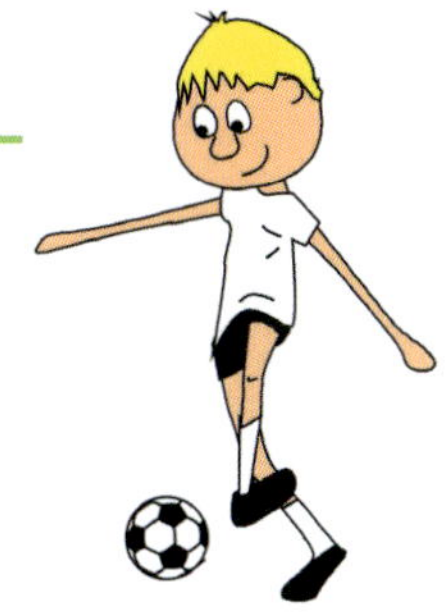

KOORDINATION	★★★★★	**MATERIAL:**
DRIBBLING		16 Markierungshütchen
PASSSPIEL		Bälle & Leibchen
TORSCHUSS		
FREIES SPIEL	★	

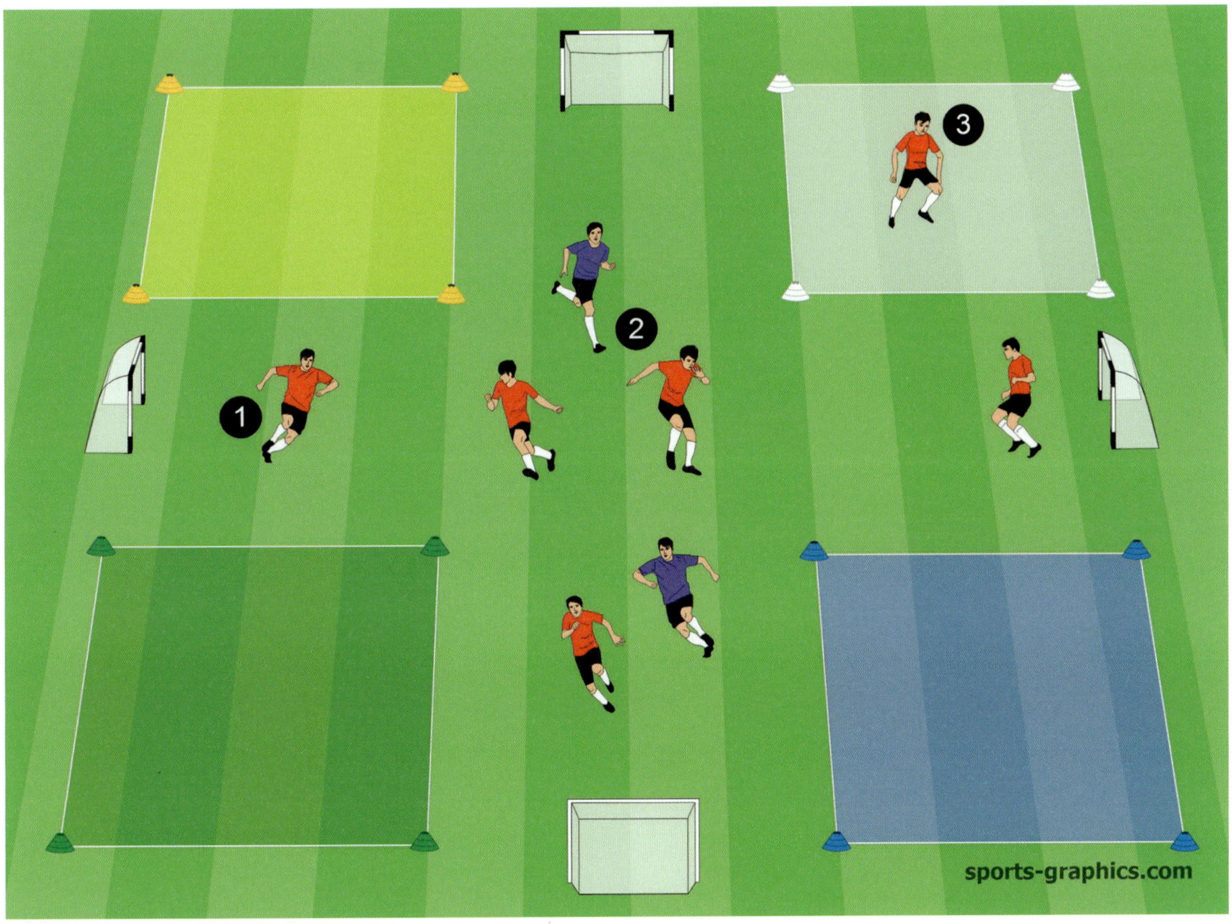

Auf dem Bauernhof sind die Hühner ausgebrochen und selbst der Hahn hat den Überblick verloren. Die Bauern versuchen, die Hühner wieder einzufangen.

Der Trainer benennt und kennzeichnet zwei Fänger. Die Kinder laufen im Feld (vgl. 1). Die Fänger haben die Aufgabe, die Kinder mit der Hand zu berühren (vgl. 2). Wurde ein Kind von einem Fänger mit der Hand berührt, so stellt es sich in eines der farbigen Felder. Der Durchgang ist vorbei, wenn alle Kinder gefangen wurden. Dann werden neue Fänger benannt und das Fangspiel beginnt erneut.

27.2 BAUERNHOF BAUSTEIN #2

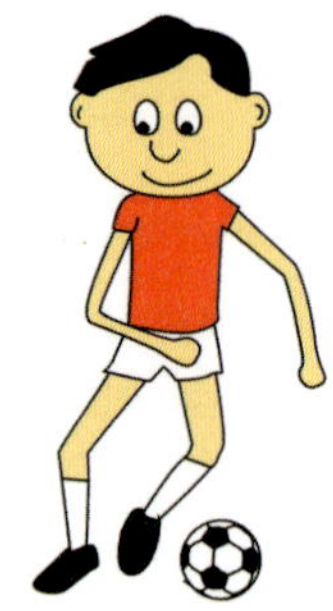

KOORDINATION	★★★
DRIBBLING	★★★★★
PASSSPIEL	
TORSCHUSS	
FREIES SPIEL	★

MATERIAL:

16 Markierungshütchen

Bälle

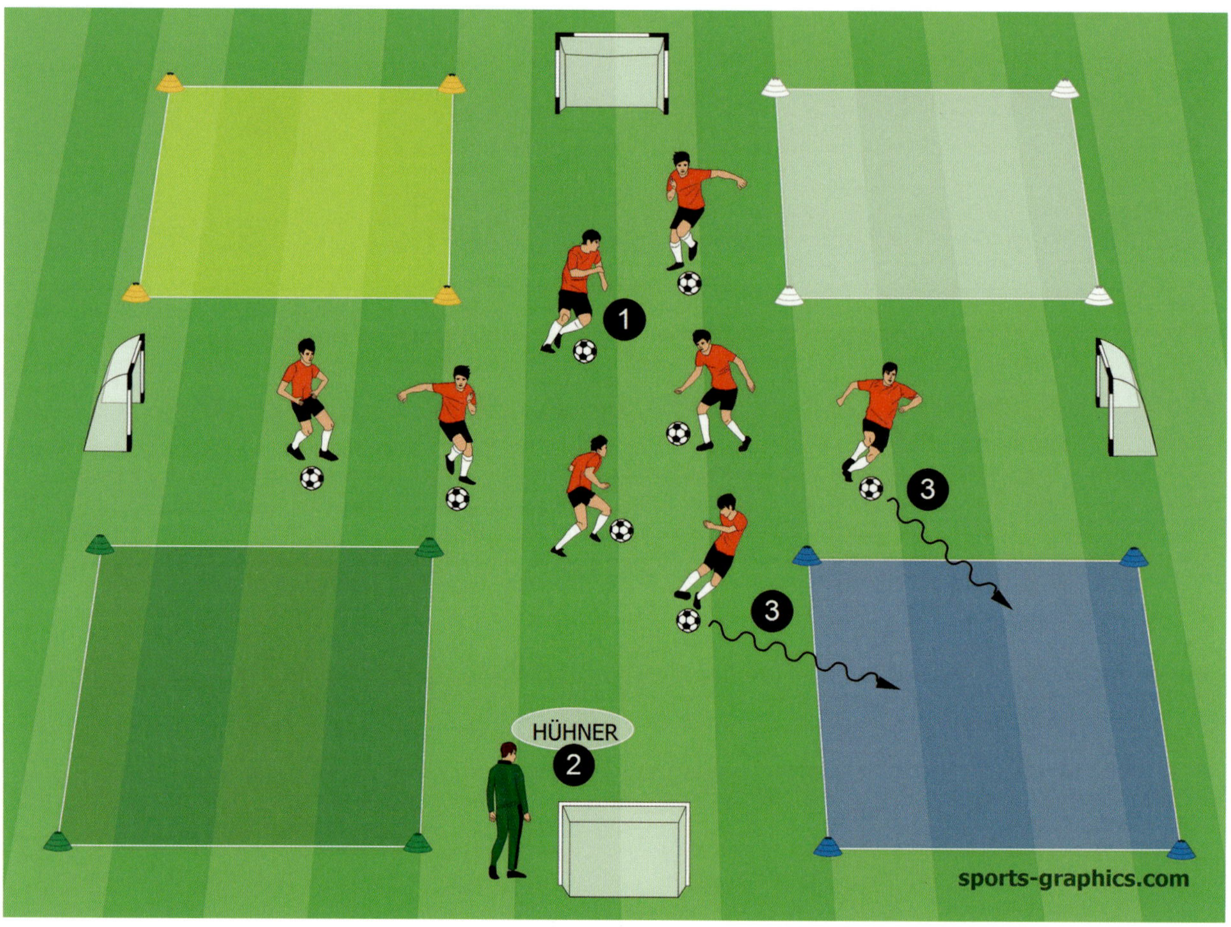

Auf dem Bauernhof tummeln sich die Tiere. Wenn der Bauer auf den Hof kommt, verschwinden die Tiere in ihren Stall.

Die Kinder dribbeln variantenreich im Feld (vgl. 1). Der Trainer benennt mit einem akustischen oder visuellen Signal eines der Felder (vgl. 2). Die Kinder dribbeln schnellstmöglich in das benannte Feld (vgl. 3). Das Kind, welches zuerst im Feld ankommt, gewinnt den Wettkampf und erhält einen Punkt. Anschließend wird das Spiel sofort fortgesetzt.

27.3 BAUERNHOF BAUSTEIN #3

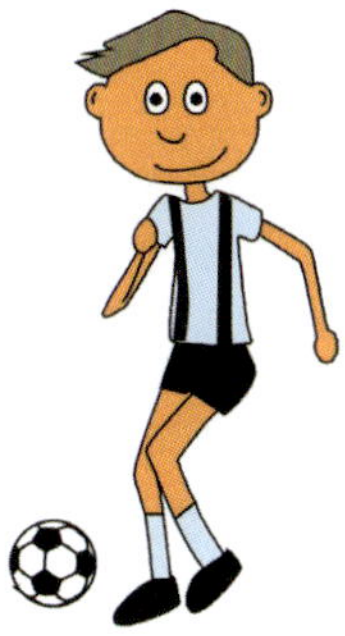

KOORDINATION	★★★★★
DRIBBLING	★★★★
PASSSPIEL	★★★
TORSCHUSS	
FREIES SPIEL	★

MATERIAL:

16 Markierungshütchen

Bälle & Leibchen

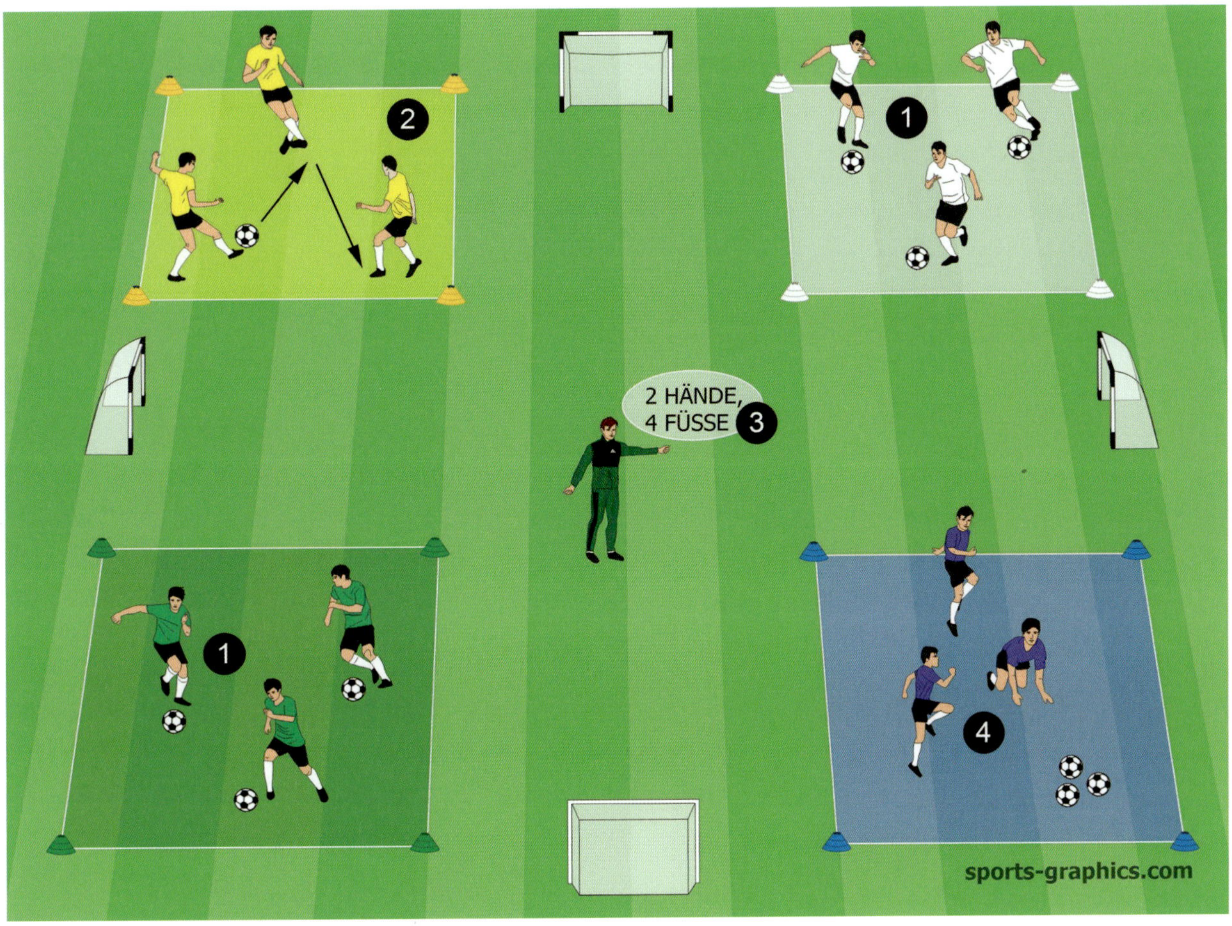

Die Tiere auf dem Bauernhof können besondere Kunststücke.

Die Kinder werden in vier Teams aufgeteilt. Die Kinder positionieren sich in dem Feld entsprechend ihrer Teamfarbe. Im Feld setzen die Kinder verschiedene Aufgaben um. Aus dem variantenreichen Dribbling (vgl. 1) oder dem gemeinsamen Passspiel (vgl. 2) gibt der Trainer ein Signal (vgl. 3). Er benennt verschiedene Körperteile der Kinder, die bei der gesamten Gruppe den Boden berühren dürfen (vgl. 4). Das Team, welches die vom Trainer benannte Aufgabe als Erstes umgesetzt hat, gewinnt den Wettkampf.

27.4 BAUERNHOF BAUSTEIN #4

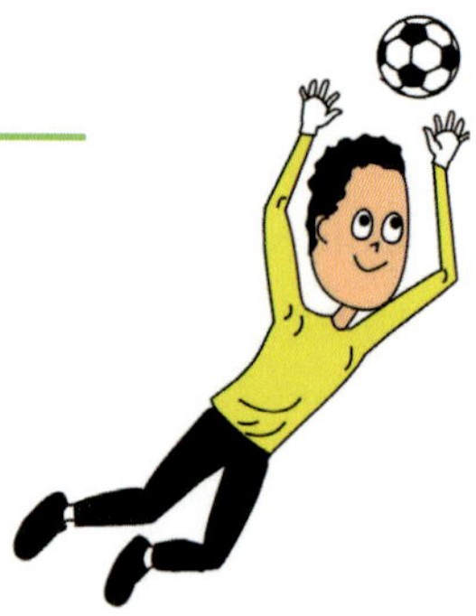

KOORDINATION ★
DRIBBLING ★★★★★
PASSSPIEL
TORSCHUSS
FREIES SPIEL ★

MATERIAL:
16 Markierungshütchen

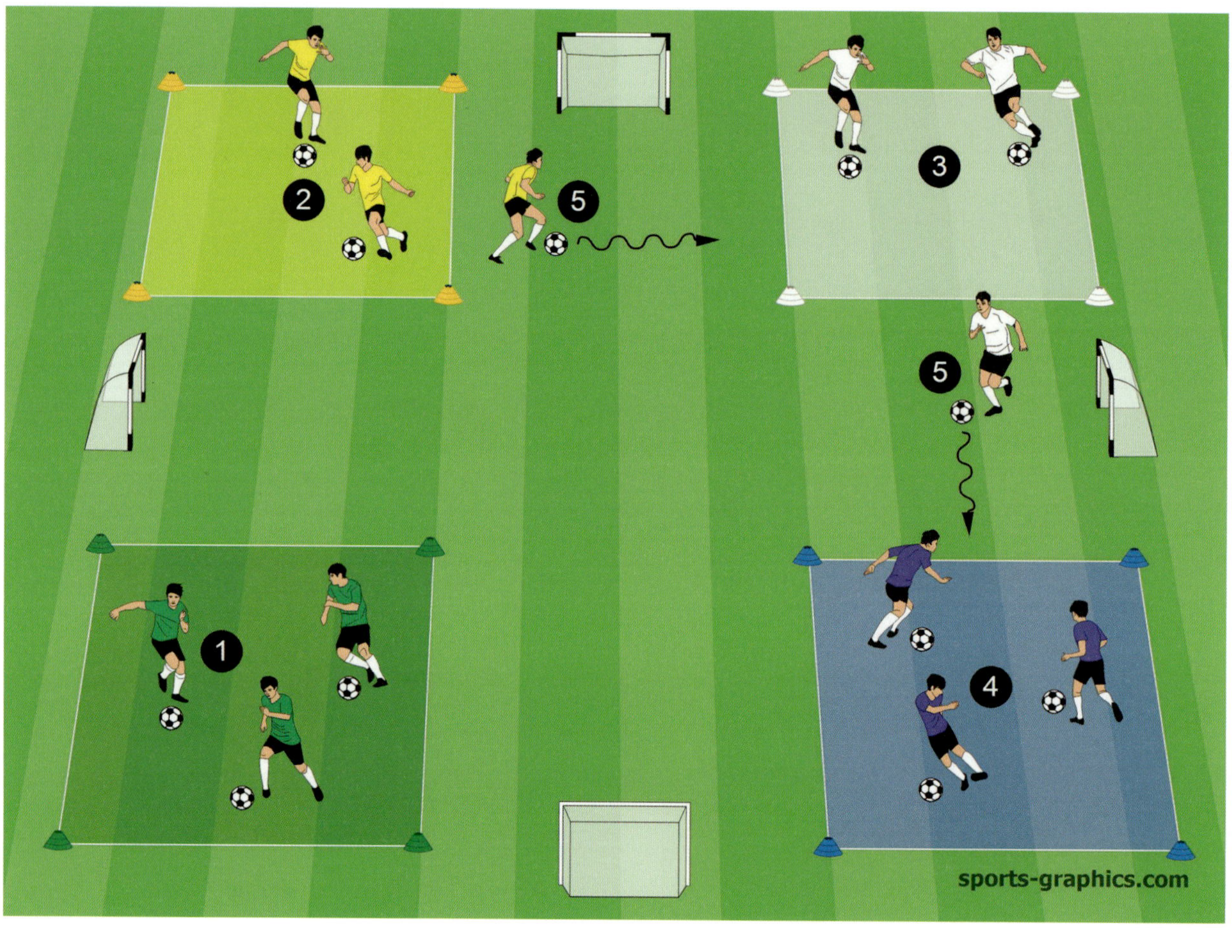

Die Tiere in den unterschiedlichen Ställen besuchen sich gegenseitig. Die Kinder dribbeln in einem Feld ihrer Wahl.

Jedem Feld ist eine bestimmte Dribblingaufgabe zugeordnet. So wird im grünen Feld nur mit der Sohle gedribbelt (vgl. 1). Im gelben Feld nutzen die Kinder abwechseln die Innen- und die Außenseite des Fußes (vgl. 2). Die Aufgabe im weißen Feld besteht darin, dass die Kinder den Ball rückwärts mit der Sohle hinter sich herziehen (vgl. 3). Im blauen Feld führen die Kinder unterschiedliche Finten aus (vgl. 4). Die Kinder können selbst entscheiden, wie lange sie die unterschiedlichen Aufgaben ausführen wollen. Sie können eigenständig das Feld wechseln (vgl. 5) und sich so einer neuen Aufgabe zuwenden.

27.5 BAUERNHOF BAUSTEIN #5

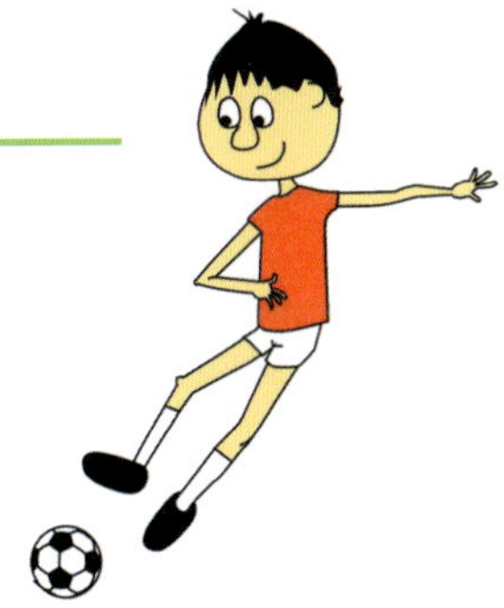

KOORDINATION	★★
DRIBBLING	★★★
PASSSPIEL	★★★
TORSCHUSS	★★★
FREIES SPIEL	★★★★★

MATERIAL:

4 Minitore

4 Markierungshütchen

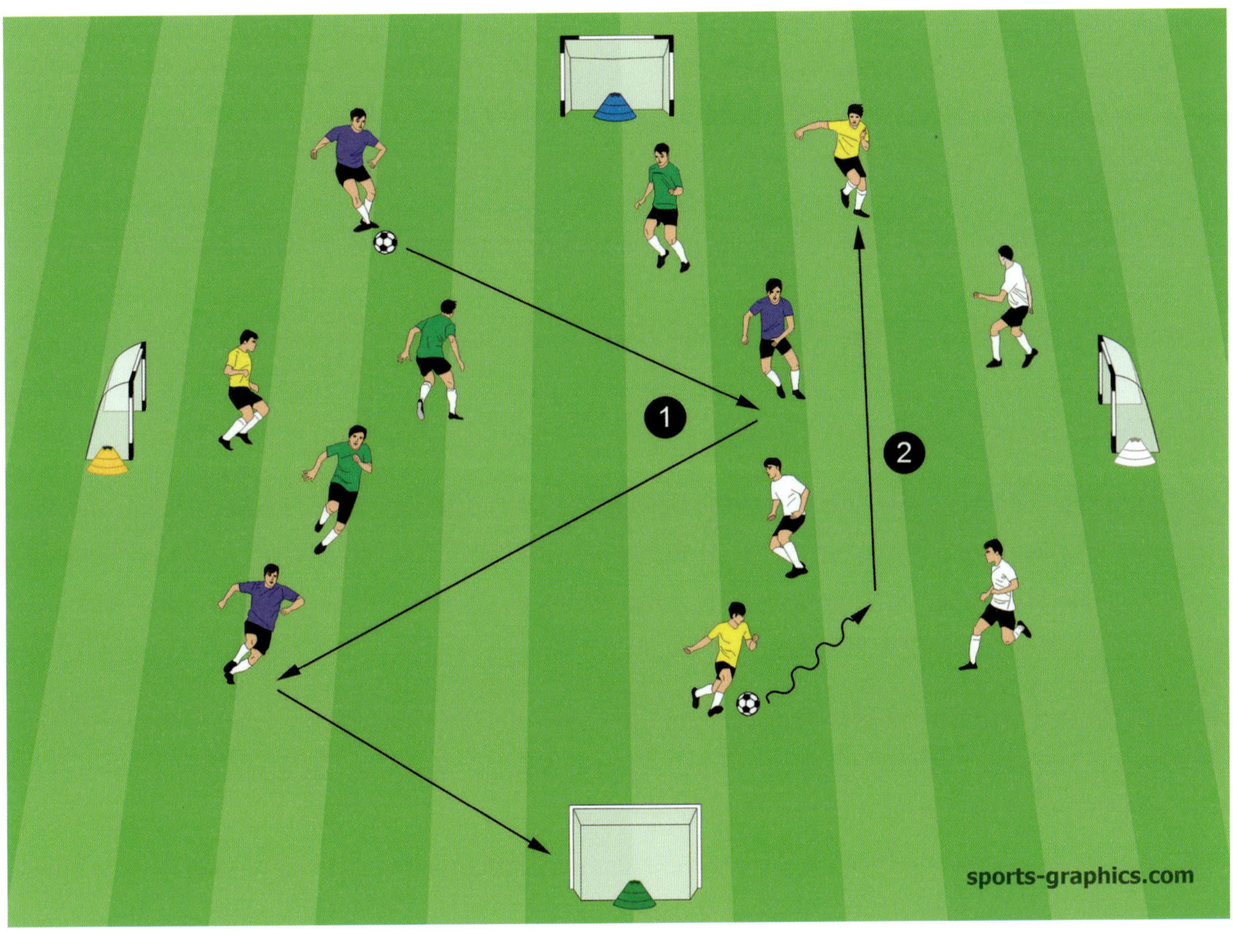

Die Tiere auf dem Bauernhof spielen auf der Wiese mit den Heuballen. Sie wollen herausfinden, welche Tierart am besten Fußball spielen kann.

Die Kinder werden in vier Teams eingeteilt. Jedes Team verteidigt das entsprechend markierte Minitor. So spielt Team BLAU gegen Team GRÜN (vgl. 1) und Team GELB gegen Team WEISS (vgl. 2).

28 BOLZPLATZFUSSBALL

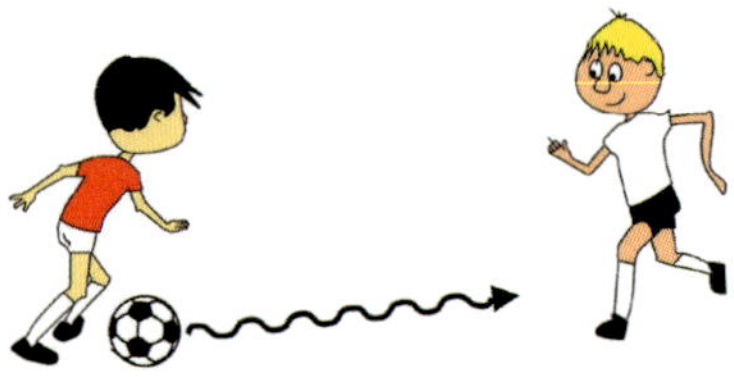

Als der niederländische Fußballspieler und Trainer Johann Cruyff nach der Wirksamkeit von Fußballtraining gefragt wurde, antwortete er mit einer Gegenfrage: „Ich habe 3-4 Stunden Fußballtraining gehabt und habe 3-4 Stunden Fußball auf der Straße gespielt. Was glauben Sie, wo habe ich das Fußballspielen gelernt?"

Der Bolzplatz oder die Straße als Ort für Fußballspiele weiß Kinder und Jugendliche so sehr in seinen Bann zu ziehen, dass der Einfluss nach entsprechender Anzahl gespielter Stunden auf das technische Leistungsvermögen, die Mentalität und Motivation sowie die sozialen Kompetenzen erheblich ist. Für viele Spieler aller Alters- und Leistungsklassen ist und war der Bolzplatz oder die Straße als Spielfläche ein zuverlässiger Begleiter des eigenorganisierten Fußballspiels.

Bei genauerer Betrachtung der Thematik gilt es, grundsätzlich zwischen dem Straßenfußball und dem Spielen auf dem Bolzplatz zu unterscheiden. Der Straßenfußball im klassischen Sinne ist wohl die ursprünglichste Form des eigenorganisierten Spiels und meint untypische Spielflächen, zumeist Straßen oder Plätze, aber auch einfachste Bedingungen, die von Spielkleidungen über den Spielball bis hin zu den Tormarkierungen alles einschließen, was von der Norm abweicht.

Infrastrukturelle, kulturelle und soziologische Veränderungen in der Gesellschaft haben zwar Einfluss auf den Straßenfußball in seiner Ursprungsform genommen, konnten ihn aber dennoch nicht vollends verdrängen. Bilder von Kindern, die auf Schulhöfen mit Schulranzen als Tormarkierungen und ohne entsprechende Sportausrüstung das Spiel spielen, sind auch aktuell noch präsent.

Das Spiel auf dem Bolzplatz findet im Vergleich zum klassischen Straßenfußball in einem organsierteren Rahmen statt, der sich vor allem in verbesserten infrastrukturellen Bedingungen zeigt. Der Bolzplatz lässt, genau wie der Straßenfußball, ein eigenorganisiertes Spiel zu und tritt somit die Nachfolge des klassischen Straßenfußballs an. Über Generationen hat sich neben dem Spiel zweier Mannschaften gegeneinander eine Vielzahl weiterer Spiele herausgebildet, die unterschiedliche Fähigkeiten voraussetzen und abfragen.

Im Folgenden sollen die Spiele auf dem Bolzplatz im Mittelpunkt stehen und in diesem Zusammenhang die Auswirkungen auf die Motivation, das Techniklernen und das Sozialverhalten dargelegt werden. Außerdem soll ein Blick auf den organisierten Trainingsbetrieb zeigen, welche Aspekte des Bolzplatzes für das Fußballtraining interessant und anwendbar sind.

28.1 DIE PRAKTISCHE BETRACHTUNG

Neben dem freien Spiel zweier Mannschaften in unterschiedlichen Zahlenverhältnissen gegeneinander sind über Generationen unterschiedlich geartete Spiele entstanden, die sich vom freien Spiel unterscheiden und verschiedene Fähigkeiten abfragen. Die Spiele mit ihren Namen, Ausführungen und Regeln sind regional unterschiedlich und können je nach Gegebenheiten individuell angepasst werden.

Die Ausführung der Spiele und die Durchsetzung der Regeln geschieht in diesem Zusammenhang nicht auf Grundlage von expliziertem Material, sondern richtet sich nach Kenntnissen, Fähigkeiten und Erfahrungswerten der Partizipierenden und die Regeln sind im Kontext der jeweiligen Situation veränderbar.

28.1.1 SPIELE AUF DEM BOLZPLATZ

Das freie Spiel in unterschiedlichen Zahlenverhältnissen ist das wohl grundlegendste und bekannteste Spiel des eigenorganisierten Fußballs. Hinzu kommen diverse weitere Spiele, welche die grundlegenden technischen Elemente des Schießens, des Passens, der Balljonglage und des Dribblings beinhalten, aber auch die spezifische Technik des Flugballs, des Köpfens, des Vollspann- und Innenseitvolleys, des Direktpasses und des 1 gegen 1 abfragen. Darüber hinaus sind in einigen Spielen zudem Elemente des Werfens, des Fangens und Parierens sowie konditionelle Fähigkeiten inbegriffen.

Die angeführten Bolzplatzspiele unterscheiden sich grundlegend in ihrer Aufgabenstruktur, ihrer Organisation und der benötigten Spieleranzahl. Dennoch sind einige übergeordnete Gemeinsamkeiten zu erkennen, die sich als Indikatoren für Bolzplatzspiele festhalten lassen. Im Vordergrund stehen dabei Kategorien, die sich auf jederlei Spiel anwenden lassen und die Bolzplatzspiele in einigen wesentlichen Punkten charakterisieren.

» Aktivitätsorientierung

Eine hohe Wiederholungszahl ist bei einer Vielzahl der Bolzplatzspiele in Abhängigkeit von der Zahl der Mitspieler gegeben. Die Anzahl der partizipierenden Spieler schließt dabei schon einige Spiele von vornherein aus. Längere Zeiten der Inaktivität entstehen dabei nur bei einigen Spielmodi oder bei einer im Kontext der Spiels zu hohen Teilnehmerzahl.

» Wettkampforientierung

Bei nahezu allen Spielen gibt es ein Wettkampfsystem, über das ein Sieger und/oder ein Verlierer bestimmt wird. Diese Klassifizierung wird dabei über unterschiedliche Modi vorgenommen, die eine Strafe für den Verlierer, eine Belohnung für den Gewinner oder nur die jeweilige Zufriedenheit oder Unzufriedenheit in Bezug auf den Spielausgang vorsehen.

» Technikorientierung

Grundsätzlich liegen jeder Spielidee ein oder mehrere technische Elemente zugrunde. Um ein Spiel erfolgreich zu gestalten, ist demnach die Anwendung der jeweiligen Technik oder einer adäquaten Alternativtechnik unumgänglich.

» Kurzweiligkeit

Je nach Regelauslegung und Zahl der Mitspieler bietet jedes Spiel die Möglichkeit der Durchführung in einem kurzen Zeitraum. Viele Spiele finden nach entsprechend kurzer Dauer einen Ausgang und können dann entweder abgebrochen oder weitergeführt werden.

ELFMETERKÖNIG
ELFMETER GEGEN DEN TORWART SCHIESSEN.

EIN AUF HOCH
GEMEINSAM JONGLIEREN UND AUS DER LUFT TORE ERZIELEN.

WELTMEISTER
ALLEINE ODER ALS TEAM GEGEN ANDERE AUF EIN TOR SPIELEN.

LATTENSCHIESSEN
AUS BESTIMMTEN ERNTFERNUNGEN DIE TORLATTE TREFFEN.

SCHNELLER ELFER
TORSCHÜSSE MIT STETIGEM TORWARTWECHSEL AUF EIN TOR ABGEBEN.

EINMAL BERÜHREN
ABWECHSELND PÄSSE GEGEN EINEN TEIL DER WAND SPIELEN.

FREIES SPIEL
IN VERSCHIEDENEN ZAHLENVERHÄLTNISSEN GEGENEINANDER SPIELEN.

28.1.2 REGELN AUF DEM BOLZPLATZ

Alle angeführten Bolzplatzspiele besitzen ein grundsätzliches Regelwerk, welches das Vorgehen innerhalb des Spiels festhält. Hinzu kommen regional unterschiedliche und individuell veränderbare Regeln, welche sich jedoch allesamt am Grundgedanken des Spiels orientieren. In Bezug auf das Regelwerk besteht eine enge Verbindung zu den Indikatoren für Bolzplatzspiele, bei denen es darum geht, Inaktivität zu vermeiden, Wettkämpfe zu erzeugen, die Technik in den Vordergrund zu stellen und kurzweilige Spielsequenzen zu generieren. Durch die individuelle und eigenständige Veränderbarkeit des Regelwerks lässt sich das Spiel an das vorhandene Leistungsniveau anpassen.

Zusätzlich lassen sich Alters- und Leistungsunterschiede individuell ausgleichen, die Dauer des Spiels festlegen und die vorhandenen Gegebenheiten nutzen. Neben den unterschiedlichen, spielbezogenen Regeln sind einige spielübergreifende Regeln und Vorgehensweisen entstanden. Diese können in mehreren Spielen Gültigkeit besitzen und den grundsätzlichen Umgang mit Spielfeldbegrenzungen, der Rolle des Torwarts, der Spielfortsetzung, dem Ballholen und dem Spielende festlegen.

DREI ECKEN, EIN ELFER

ELFMETER ALS KONSEQUENZ VON FEHLSCHÜSSEN ODER ECKBÄLLEN.

LETZTER MANN HÄLT

DER TORNÄCHSTE SPIELER HAT DIE RECHTE DES TORWARTS.

FLIEGENDER TORWART

DER TORWART DARF GLEICHZEITIG ALS FELDSPIELER AGIEREN.

WER HAT, DER HAT

DER BALLHOLER IST IM BALLBESITZ.

RETTEN IST PFLICHT

DER BALL MUSS NACH MÖGLICHKEIT VOR VERLASSEN DES FELDS VOM NÄCHSTEN SPIELER AUFGEHALTEN WERDEN.

SCHÜTZE HOLT

DER SPIELER, DER VERSCHOSSEN HAT, MUSS DEN BALL HOLEN.

LETZTES TOR ENTSCHEIDET

DAS TEAM, WELCHES DAS LETZTE TOR SCHIESST, GEWINNT DAS SPIEL.

LATTE/PFOSTEN RETTET

GEHT DER BALL VON DER LATTE ODER DEM PFOSTEN INS TORAUS, WIRD DER SCHUSS NICHT ALS FEHLSCHUSS GEWERTET.

Ähnlich zu den Bolzplatzspielen lassen sich auch bei den spielübergreifenden Regeln einige Trends erkennen, die maßgeblich für die Festlegung und Nutzung der Regeln zu sein scheinen. So gibt es einige Regeln, die sich mit Spielfeldbegrenzung und Spielfortsetzungen beschäftigen. Das gewählte Vorgehen in Bezug auf die genannten Bereiche hat maßgeblichen Einfluss auf den Charakter des Spiels. Grundsätzlich ist zu erkennen, dass die gewählten Regeln eine schnelle und unkomplizierte Spielfortsetzung anstreben.

Wartezeiten und Inaktivität können so minimiert werden. Der Umgang mit Spielfeldbegrenzungen steht dazu in enger Verbindung. Eine klassische Spielfortsetzung als Einwurf ist selten. In den meisten Fällen wird vollständig auf Spielfeldgrenzen verzichtet, um auch hier Spielfluss herzustellen und Wartezeiten so gering wie möglich zu halten.

Ein weiterer Trend der Regelfestlegung ist in Bezug auf eine regelbasierte Konfliktvermeidung zu erkennen. So gibt es für verschiedene Szenarien bereits formulierte Vorgehensweisen. So werden Konflikte bezüglich des Ballholens oder Spielfortsetzung vermieden. Interessant sind darüber hinaus die Regeln zu den Positionierungen. Die Torwartposition spielt dabei eine zentrale Rolle. Einige Regeln erlauben so einen ständigen Torwartwechsel, der abhängig von der Positionierung auf dem Feld ist. Auch hier scheint die Vermeidung der teilweise erhöhten Inaktivität der Torhüterposition eine entscheidende Rolle zu spielen.

28.2 DIE THEORETISCHE BETRACHTUNG

Viele in der Praxis beobachtbare Situationen, Verhaltensweisen, Entscheidungen, Anpassungsreaktionen und Interaktionen können mithilfe von grundlegenden sportwissenschaftlichen Erkenntnissen näher betrachtet und erklärt werden. Ein besonderes Augenmerk soll dabei auf der Motivation, dem Technikerwerb und dem damit verbundenen Lernen sowie der Interaktion der Spieler untereinander liegen. So soll in den benannten Bereichen geklärt werden, welchen Teil das Spielen auf dem Bolzplatz im Gesamtbild der fußballspezifischen Ausbildung einnimmt.

28.2.1 MOTIVATION

Die Selbstbestimmungstheorie von Deci und Ryan (1993) kann in ihrer Anwendung auf das Bolzplatzspiel entscheidende Hinweise zur Motivation partizipierender Kinder und Jugendlicher geben. Deci und Ryans Theorie beschreibt drei psychologische Grundbedürfnisse des Menschen, die als soziale Eingebundenheit, Autonomieerleben und Kompetenzerleben benannt werden.

Soziale Eingebundenheit meint im Zusammenhang der Theorie das Gefühl, mit anderen verbunden zu sein, für andere zu sorgen und Sorge zu empfangen sowie ein Gefühl der sicheren Interaktion. Als Autonomieerleben wird die Wahrnehmung beschrieben, selbst Ausgangspunkt des eigenen Handelns zu sein und das Handeln als Ausdruck der eigenen Interessen und Werte zu empfinden. Kompetenzerleben zielt auf die Bedürfnisse ab, Wirkungsmächtigkeit auszudrücken, sich effektiv zu fühlen, Herausforderungen zu suchen und Fähigkeiten durch Ausübung zu erhalten.

Die Ausprägungsstärke der einzelnen Grundbedürfnisse steht in Verbindung zur Motivation. Je höher die Ausprägung der einzelnen Bedürfnisse ist, desto höher ist schlussendlich auch die Motivation.

Viele der mit dem Bolzplatz zusammenhängenden Bedingungen, Gegebenheiten sowie Verhaltens- und Vorgehensweisen lassen sich einem oder mehreren psychologischen Grundbedürfnissen zuordnen.

» Soziale Eingebundenheit

Der Bolzplatz ist ein Spielraum für Gruppen. Ein Spiel ohne Partner oder Gruppe kommt zwar vor, ist aber eher die Ausnahme. Das Spielen in der Gruppe stellt im Sinne von Decis und Ryans Definition einen Verbund mit anderen dar. Verstärkend kommt hinzu, dass die Intentionen der einzelnen Spieler zumeist ähnlicher Natur sind, sodass auch über die individuellen Zielsetzungen eine entsprechende Verbundenheit entsteht.

Auch die Interaktion der Mitspieler untereinander bedient das Bedürfnis der sozialen Eingebundenheit. So müssen die Spieler bei der Auswahl des Spiels, der Festlegung der Regeln, der Gruppenbildung und anderen Entscheidungsfragen auch für das Wohl der Mitspieler Sorge tragen und erfahren im Umkehrschluss selbst Sorge für die eigenen Bedürfnisse.

» Autonomieerleben

Dieses Grundbedürfnis wird auf dem Bolzplatz stark angesprochen. Der Bolzplatz als Spielraum, der ohne direkte Aufsicht und Anleitung von Eltern oder Trainern definiert ist, gibt den Spielern große Freiheiten. Die Spieler haben so die Möglichkeit, einen individuellen Rahmen zu schaffen, der ihren Bedürfnissen, Interessen, Stärken und Schwächen entspricht. Entscheidungen bezüglich der Spielauswahl, der Regelfestlegung, des Spielraums, der Rollenverteilung und Gruppenbildung treffen die Spieler eigenständig und können so nach den eigenen Werten und Interessen handeln.

» Kompetenzerleben

Die Möglichkeiten der freien Gestaltung aller spielbezogener Gegebenheiten auf dem Bolzplatz haben auch Einfluss auf das Kompetenzerleben der Spieler. In diesem Zusammenhang steht die Regel- und Spielauswahl insofern im Vordergrund, als dass die Möglichkeit besteht, leistungsgerechte Bedingungen zu wählen und das eigene Handeln somit als wirksam zu empfinden. Auch die Zusammensetzung der Gruppe spielt hierfür eine übergeordnete Rolle. Eine homogene Gruppenzusammensetzung nimmt hier positiven Einfluss auf das Kompetenzerleben. Der Bolzplatz erlaubt es zudem, passende Herausforderungen an sich selbst oder seine Mitspieler zu stellen.

Die genannten Grundbedürfnisse werden auf dem Bolzplatz im Vergleich zum Schulsport, Vereinssport oder zu anderweitig organisiertem Sporttreiben verhältnismäßig stark angesprochen. Die Motivation zum Spielen auf dem Bolzplatz ist demnach entsprechend hoch. Nicht umsonst verbringen einige Kinder und Jugendliche weit mehr Stunden auf dem Bolzplatz als beim organisierten Fußballtraining.

Ein weiterer Befund aus der Motivationsforschung gibt zusätzlichen Aufschluss. Die Klassifizierung unterschiedlicher Motivationsqualitäten definiert die intrinsische Motivation als stärkste ihrer Klasse. Intrinsische Motivation liegt in Abgrenzung zur extrinsischen Motivation dann vor, wenn keine von der Handlung separierbaren Konsequenzen als Ziel gegeben sind und keine externen oder intrapsychischen Bekräftigungen vorhanden sind.

Es geht demnach nur um die Handlung als solche, die aus Neugier, Exploration, Spontanität, Freude an der Sache und Interesse betrieben wird. Insbesondere die Freude an der Sache trifft auf den Bolzplatz sehr genau zu. Sofern das Spielen auf dem Bolzplatz also lediglich aus reiner Freunde an der Tätigkeit des Fußballspielens geschieht, liegt intrinsische Motivation vor.

28.2.2 LERNEN

Lernprozesse vollziehen sich in verschiedenen Situationen, auf vielschichtigen Ebenen und in unterschiedlichen Qualitäten. Auch die Aneignung sportlicher Bewegungen und Techniken kann mithilfe einiger Lernmodelle erklärt werden. Dabei geht es nicht nur um das klassische Fußballtraining als Ort und Institution des Lehrens und Lernens, denn zweifelsohne kann auch das Spielen auf dem Bolzplatz einen Lernprozess darstellen oder anregen. Insbesondere die Abgrenzung vom Trainingskontext im Hinblick auf Bedingungen und Mechanismen des Bolzplatzes lässt dem Lernen eine neue Rolle zukommen.

» Motorisches Lernen

Das Modell des motorischen Lernens erklärt den Erwerb technischer Fähigkeiten. Als ein an Übungsprozesse gebundenes Vorgehen passt es nur bedingt zum Techniklernen auf dem Bolzplatz, kann aber trotzdem Einblicke in den Erwerbsprozess geben. Grundsätzlich beginnt demnach die Ausführung einer Bewegung mit der Programmierung eben dieser und einem Sollwert-Istwert-Vergleich, der dem Nervensystem die vorerst nötigen Informationen für die Bewegungsausführung gibt. Anschließend wird die Bewegung über eine efferente Impulsgebung eingeleitet und ausgeführt.

Äußere Einflussfaktoren können die Bewegung währenddessen noch beeinträchtigen. Anschließend meldet ein afferenter Impuls Informationen über die ausgeführte Bewegung an das Nervensystem zurück. So besteht die Möglichkeit der Bewegungsspeicherung im motorischen Gedächtnis und Bewegungsanpassung für den nächsten Versuch.

Im Hinblick auf die Ausführung von Bewegungen hat der Körper demnach ein Rückmelde- und Korrektursystem, welches es dem Sportler erlaubt, auch ohne entsprechende Anleitung Informationen über die eigene Bewegung zu erlangen.

Der beschriebene Prozess kann durch Trainerhandeln zwar beeinflusst werden, jedoch ermöglichen die grundlegenden Funktionsweisen ein eigenständiges Techniklernen, so, wie es sich auf dem Bolzplatz vollzieht. Afferente Rückmeldungen über die Bewegungen helfen dem Spieler so, die eigene Technik bewerten und verbessern zu können.

» Differenzielles Lernen

Die Sportwissenschaft hat diverse Lernmodelle hervorgebracht. Mit dem Modell des differenziellen Lernens lassen sich dabei die Lernprozesse auf dem Bolzplatz am besten beschreiben. Zusätzlich ist es über das Modell des differenziellen Lernens möglich, die Vorzüge gegenüber anderen Lernmodellen, aber auch dem klassischen Fußballtraining, hervorzuheben.

Die Forderung nach Variabilität der Lernsituationen steht im Mittelpunkt des differenziellen Lernens. Demnach soll eine von Versuch zu Versuch auftretende Ausführungsfluktuation erreicht werden, um der Optimallösung so nah wie möglich zu kommen. Der Bolzplatz erreicht aufgrund seiner Bedingungen bereits eine hohe Variabilität der Situationen. Schon die Infrastruktur mit abweichenden Torgrößen, unterschiedlichen Bällen, verschiedenen Bodenbeschaffenheiten und Qualitäten sorgt ohne besonderes externes Eingreifen naturgemäß für eine erhöhte Variabilität. Die gewählten Spiele und Regeln tun in diesem Zusammenhang ihr Übriges.

Im Übertrag zu den Anforderungen des Zielspiels sind auch hier variable Lösungen gefragt. Die Situationen, mit denen Spieler auf dem Spielfeld konfrontiert sind, unterscheiden sich voneinander, sodass eingeschliffene und konditionierte Lösungen nicht zielführend sind. Die sportliche Technik muss in diesem Zusammenhang also wirksam und effektiv sein, sodass der Technikerwerb über das differenzielle Lernen entscheidende Vorteile bringen kann.

» Implizites Lernen

Im Gegensatz zu den bereits vorgestellten Lernmodellen geht es beim impliziten Lernen vordergründig um die Art und Weise der Vermittlung. Implizites Lernen meint in diesem Zusammenhang ein unbewusstes Lernen, das von keinerlei Intentionen oder externen Einflüssen getragen wird. Besonders Kinder erwerben beispielsweise ihre Sprachkenntnisse implizit. Auch das sportbezogene Lernen funktioniert über implizite Vorgänge.

Lernen auf dem Bolzplatz vollzieht sich demnach fast ausschließlich implizit, denn nur in den seltensten Fällen werden Instruktionen bezüglich der technischen Ausführungen verbalisiert oder überhaupt in Erwägung gezogen.

28.2.3 INTERAKTION

Der Bolzplatz bietet erstklassige Möglichkeiten zur Interaktion und Integration. Wieder ist es das eigenorganisierte Verhalten, das Kinder und Jugendliche auf dem Bolzplatz, einem in der Regel öffentlich zugänglichen Raum, interagieren lässt. Das Zusammentreffen mit anderen, fremden Spielern oder ganzen Gruppen bietet Chancen der Kommunikation. Der häufig begrenzte Spielraum führt immer wieder fremde Gruppen in einem Spiel zusammen. Die Spieler müssen in diesem Fall eine Entscheidung bezüglich der Spielauswahl und der Regeln treffen und kommen so naturgemäß ins Gespräch, müssen die Bedürfnisse aller berücksichtigen und etwaige Kompromisse eingehen.

Natürlich ist auch der Bolzplatz kein konfliktfreier Raum. Der Unterschied zum Schul- oder Vereinssportkontext besteht in der Konfliktlösung. Wo sonst der jeweilige Anleiter oder sogar ein Elternteil aktiv zur Lösung des Konflikts beiträgt, sind die Kinder und Jugendlichen hier auf sich alleine gestellt.

Die Lösungsansätze können dabei grundverschieden sein. Vom Recht des Stärkeren über Diskussionen bis hin zum Parteiergreifen und Beschützen finden unterschiedlichste Ansätze Anwendung. Der Wettkampf und die Einordnung in eine Gruppe befriedigt zudem das Bedürfnis nach Hierarchie und kann konfliktgeladenem Verhalten vorbeugen.

Dem Bolzplatz kann auch integrativer Charakter zugeschrieben werden. Die Interaktion von Menschen unterschiedlicher Herkunftsländer, Religionen und Kulturen spielt dabei eine wichtige Rolle. Zusätzlich ist der Wert des Bolzplatzes für Menschen mit Migrationshintergrund oder Angehörige der bildungsfernen Schicht nicht zu verkennen. Wo sich Menschen durch das System, die Sprache oder die finanzielle Lage in ihrem Umfeld nicht gesehen oder beachtet fühlen, kann das Spielen auf dem Bolzplatz Teilhabe, Selbstwertgefühl und Aufmerksamkeit erzeugen.

28.3 ÜBERTRAG AUF DAS FUSSBALLTRAINING

Das Spielen auf dem Bolzplatz bringt sowohl motivationale als auch lernpsychologische Ansätze mit sich, von denen das klassische Fußballtraining im Verein profitieren kann. Das Maß und das Vorgehen bei der Integration verschiedener Bolzplatzelemente in den Trainingsbetrieb hängt dabei stark von der grundsätzlichen Alters- und Leistungsstruktur sowie einer gewissen situativen Angemessenheit ab.

» Eigenständigkeit und Eigenorganisation

Die Kinder schaffen es auf dem Bolzplatz, sich hinsichtlich der Gruppenzusammenstellungen, der Spiele und der entsprechenden Regeln eigenständig zu organisieren. Genauso werden ohne Hilfe von Eltern oder Trainern Konflikte gelöst oder kleinere Verletzungen versorgt. Diese Fähigkeit von Kindern zur Eigenorganisation kann großen Einfluss auf die Rolle des Trainers im klassischen Vereinstraining nehmen.

Der Trainer kann den Kindern so kleinere Entscheidungsprozesse überlassen. Die Kinder entscheiden zumeist gemeinsam im Sinne des Spiels, sodass der Trainer über ein entsprechendes Vorgehen sogar das psychologische Grundbedürfnis des Autonomieerlebens anspricht und so im besten Fall eine motiviertere Gruppe vorfindet. Der Trainer ist entsprechend aufgerufen, sich in einigen Situationen zurückzunehmen und nicht jeden Konflikt sofort zu lösen, sondern zunächst den Kindern eine Chance der Konfliktlösung einzuräumen.

Grundsätzlich sollte das Training mit Kindern so aufgebaut sein, dass durch die Auswahl der Übungen und Spiele ein hoher Freiheitsgrad entsteht. Weiterführend ist es möglich, Gruppen eigenständig Regeln oder Spiele für das Training entwerfen zu lassen.

» Wettkampf-, Regel- und Spielstruktur

Die Gesamtheit der bekannten Bolzplatzspiele bietet eine große Aufgabenvielfalt hinsichtlich der relevanten fußballspezifischen Techniken. Einige Regeln oder Spiele, die dem Bolzplatz entstammen, können auch Anwendung im Fußballtraining finden. So sind beispielsweise 1-gegen-1-Duelle auf ein Tor (Weltmeister), Jonglagewettkämpfe mit Torabschluss (Ein auf hoch) oder Torschussübungen mit Torwartwechsel (Schneller Elfer) auch im Fußballtraining sehr gut möglich. Grundsätzlich hilft es, die Indikatoren der Bolzplatzspiele Aktivitätsorientierung, Wettkampforientierung, Technikorientierung und Kurzweiligkeit auf alle Trainingsinhalte anzuwenden.

Auch die unterschiedlichen Regeln des Bolzplatzes können Vorbildcharakter für das Fußballtraining haben. Besonders die Regeln bezüglich der Spielfeldbegrenzung und der Spielfortsetzung sind im Fußballtraining denkbar. So erhöht auch im Training das Spiel ohne Spielfeldbegrenzung die Nettospielzeit wesentlich. Auch eine bolzplatzähnliche Regelung bezüglich der Torhüterposition hilft, vielfältige Spieler auszubilden und ein hohes Maß an Aktivität im Training herzustellen.

» Lehr- und Lernansätze

Besonders der beschriebene Ansatz des differenziellen Lernens kann den Technikerwerb im Trainingsprozess positiv beeinflussen. Um ähnlich variable Bedingungen wie auf dem Bolzplatz herzustellen, kann sich der Trainer unterschiedlicher Tore, Zonen, Linien und Regeln bedienen, mit denen er die Lernsituationen der Spieler regelmäßig verändern kann. Schon der Feldaufbau und die Organisation reichen auf niederschwelligem Niveau aus, um differenzielle Anforderungen an den Spieler zu stellen.

Der Spieler muss in diesem Zusammenhang viele andere Spieler wahrnehmen und zudem noch unterschiedliche Spielfeldzonen und Tore erkennen und zuordnen können. Der übende Ansatz mit Zonen und Linien führt dabei durch unterschiedliche Winkel und Entfernungen der Spieler zueinander zu einer variablen Aufgabenstruktur mit dem Ziel, den Spieler im Zielspiel handlungsfähiger zu machen.

28.4 ABSCHLUSSBEMERKUNG

Die Freizeitgestaltung von Kindern und Jugendlichen hat sich in den letzten Jahrzehnten gewandelt. Das Konzept der Ganztagsschule hat den eigenorientierten Zeitvertreib größtenteils verdrängt oder in geregeltere Bahnen gelenkt. Viele Kinder kommen so deutlich seltener in die Situation, selbst für ihre Freizeitbeschäftigung sorgen zu müssen.

Diese Entwicklung trifft auch den Bolzplatz. Auf dem Bolzplatz wird so grundsätzlich weniger Zeit verbracht und auch das eigenorganisierte Verhalten der Kinder geht verloren. Angeleitete Konfliktlösungen, Problembehebungen von Eltern und Lehrern und eine Aufgaben- und Bildungsstruktur mit wenigen Freiräumen lässt Kinder das eigenständige Entwickeln von Spielen und Regeln verlernen. So werden im besten Fall noch die bereits bekannten Spiele gespielt, doch die Weiterentwicklung eben dieser kommt immer seltener vor.

Der organisierte Sport muss entsprechend einige Aufgaben des Bolzplatzes übernehmen, aber auch den Versuch unternehmen, die Kinder wieder zu eigenorganisiertem Spiel zu motivieren. Dazu müssen einige grundlegende Fähigkeiten und Verhaltensweisen bei den Kindern, aber auch einige Gegebenheiten im System angelegt und verändert werden. Der Bolzplatz kann den Kindern zurückgeben, was ihnen das Schulsystem teilweise genommen hat, denn ein gewisses Maß an Eigenorganisation, Konfliktmanagement und purer Freude an der Sache hilft auch für die Zukunft – und das vielleicht mehr als so manche Stunde Schulunterricht.

ANHANG

1 Literaturverzeichnis

Blume, D. D. (1978). Zu einigen wesentlichen theoretischen Grundpositionen für die Untersuchung der koordinativen Fähigkeiten. *Theorie und Praxis der Körperkultur, 27 (1)*, 29-36.

Cooper, P. (2006). Why the 4v4 format is the answer for youth football. *Soccer Coaching International, 17*, 22-25.

Deci, E. L. & Ryan, R. M. (1993). Die Selbstbestimmungstheorie der Motivation und ihre Bedeutung für die Pädagogik. *Zeitschrift für Pädagogik, 39 (2)*, 223-238.

Seeger, F. (2016). *Spielnahes Fußballtraining. 350 Trainingsformen für alle Leistungsstufen.* Aachen: Meyer & Meyer.

Seeger, F. & Favé, L. (2017). *Kreatives Fußballtraining. 350 Trainingsformen für ambitionierte Leistungsstufen.* Aachen: Meyer & Meyer.

Seeger, F. & Fincke, A. (2018). *Intelligentes Fußballtraining. Spielnahe Trainingsformen zur Verbesserung von Technik und Taktik.* Aachen: Meyer & Meyer.

Kerber, S. & Seeger, F. (2018). *Kreisfußball. 100 Trainingsformen zur Verbesserung der Spielkompetenz.* Aachen: Meyer & Meyer.

Lüdemann, N. & Seeger, F. (2020). *Zonenfußball. Theorien, Methodik und Praxis. 200 Trainingsformen auf dem 9er-Feld.* Aachen: Meyer & Meyer.

Wein, H. (2016). *Spielintelligenz im Fußball kindgemäß trainieren.* Aachen: Meyer & Meyer.

2 Danksagung

Ich möchte mich herzlich bei Stephan, Maxi, Andree und Olli bedanken, durch die ich einen wahnsinnig lehrreichen und differenzierten Blick auf den Fußball erfahren habe. Weiter danke ich meinen Eltern Sven und Christiane und meinem Bruder Henning sowie den Kindern und Jugendlichen der Jahrgänge 2004 und 2012 in der Spielgemeinschaft Börnsen/Escheburg für unzählige gemeinsame Trainingsstunden.

Ein besonderer Dank gilt Fabian, der mir durch seine fortwährende Unterstützung im FSJ und darüber hinaus geholfen hat, auf Verbands- und Stützpunktebene Fuß zu fassen. Der stetige Austausch und die gemeinsame Arbeit sind bereichernd und helfen mir auf so vielen Ebenen weiter.

Abschließend möchte ich Anoush danken. Aus unserer gemeinsamen Trainerarbeit ist dieses Buch entstanden. Du hast viele kreative Ansätze und Ideen beigesteuert, die im Praxisteil Erwähnung finden. Darüber hinaus sind viele gemeinsam gemachte Erfahrungen und daraus gewonnene Erkenntnisse aus unserem Training in dieses Buch eingeflossen. Deine Verbindlichkeit und deine Zuverlässigkeit, dein Engagement und deine Begeisterung, deine Kreativität und dein Ideenreichtum sind beeindruckend.

3 Bildnachweis

Covergestaltung: Katerina Georgieva

Coverfoto: easy Sports-Graphics

Innenlayout: Katerina Georgieva

Grafiken: Alle Grafiken zu den Trainingsformen wurden mit easy Sports-Graphics (www.easy-sport-software.com) erstellt.
Abb. 9: aus Lüdemann & Seeger (2020). Zonenfußball - Theorie, Methodik und Praxis, S. 274

Satz: www.satzstudio-hilger.de

Lektorat: Dr. Irmgard Jaeger

SPIELKOMPETENZ UND FUSSBALLWISSEN STEIGERN

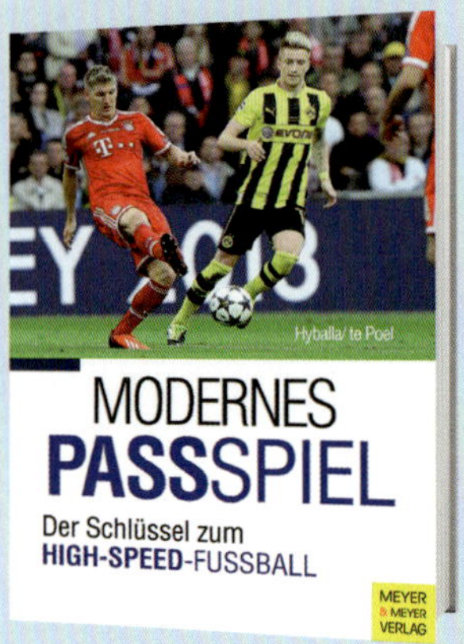

ISBN 978-3-89899-717-1
€ [D] 24,95/[A] 25,70

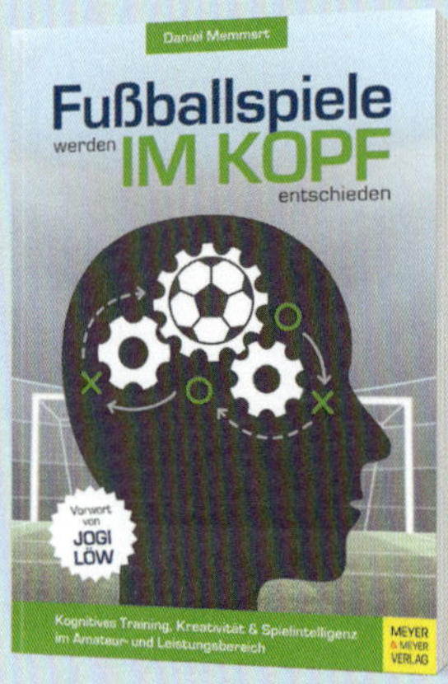

ISBN 978-3-8403-7656-6
€ [D] 20,00/[A] 20,60

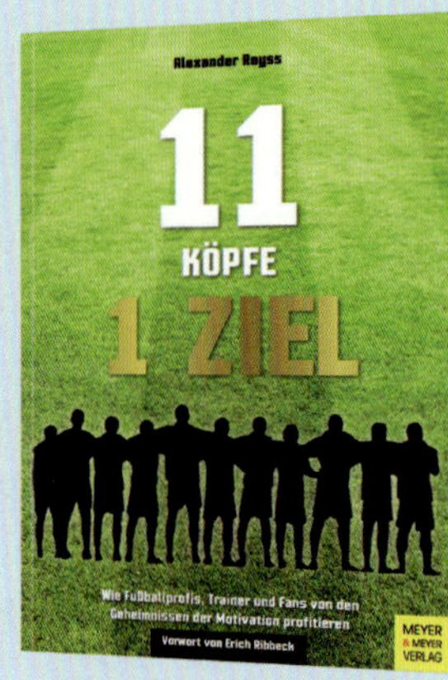

ISBN 978-3-8403-7595-8
€ [D] 16,95/[A] 17,50

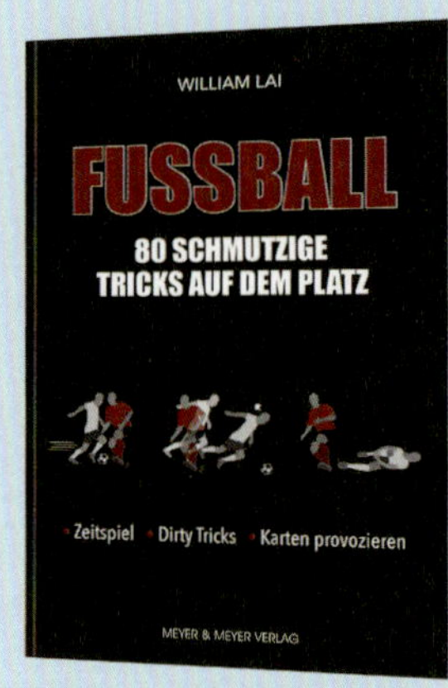

ISBN 978-3-8403-7702-0
€ [D] 16,00/[A] 16,50

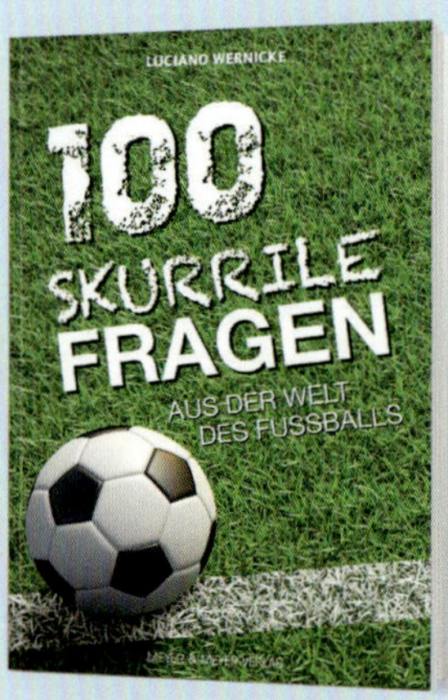

ISBN 978-3-8403-7630-6
€ [D] 16,00/[A] 16,50

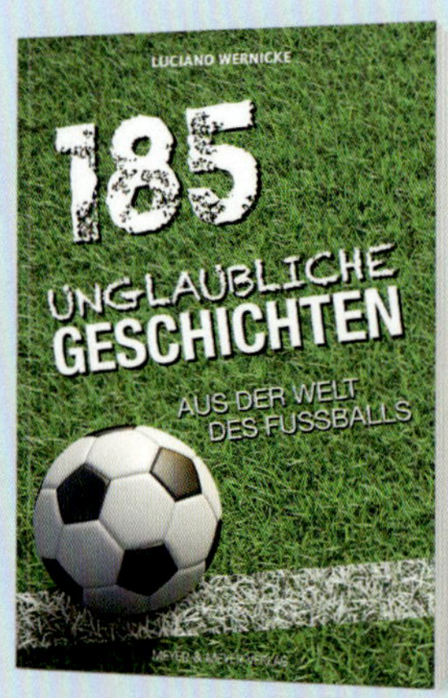

ISBN 978-3-8403-7685-6
€ [D] 16,00/[A] 16,50

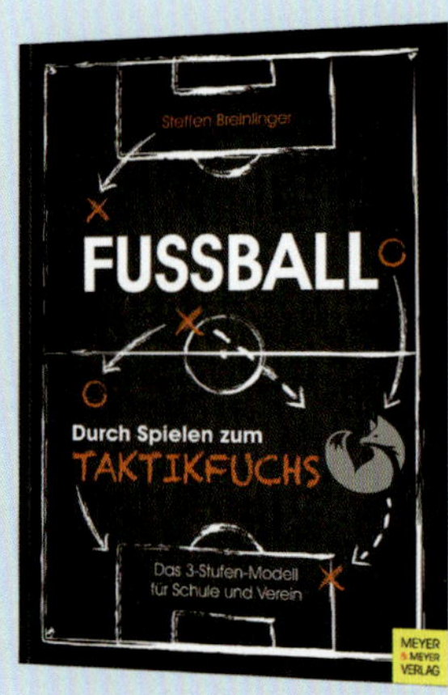

ISBN 978-3-8403-7642-9
€ [D] 22,00/[A] 22,70

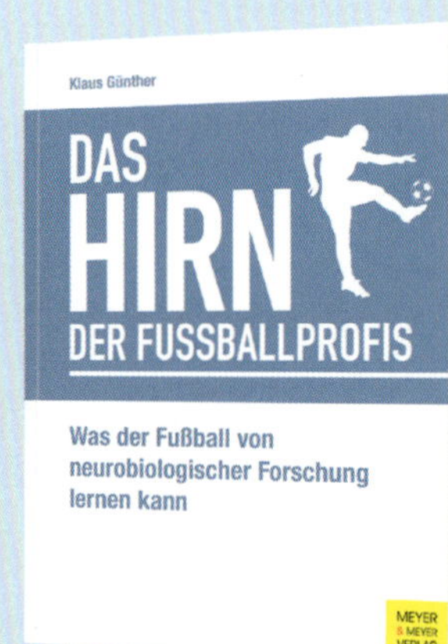

ISBN 978-3-8403-7505-7
€ [D] 24,95/[A] 25,70

SO VERBESSERN SIE IHRE SPIELINTELLIGENZ

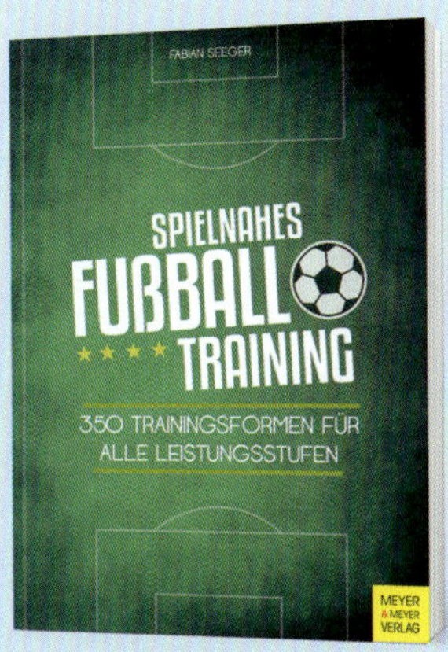

ISBN 978-3-89899-922-9
€ [D] 29,95/[A] 30,80

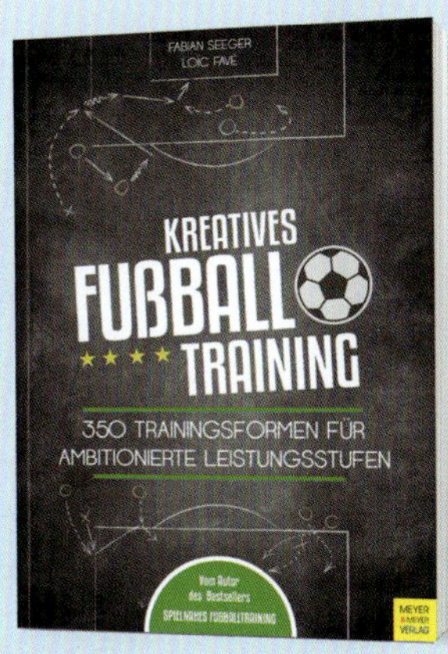

ISBN 978-3-8403-7549-1
€ [D] 35,00/[A] 36,00

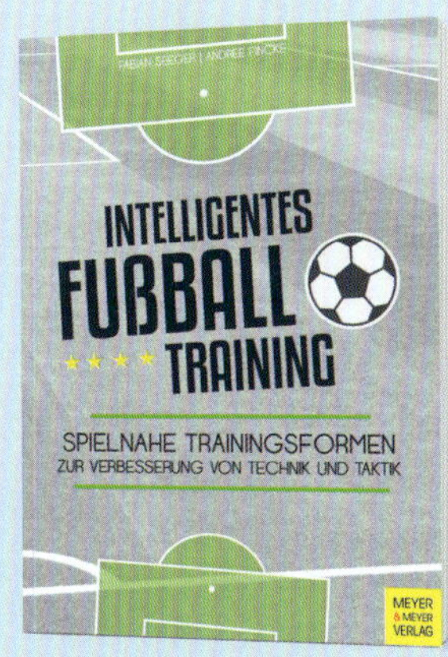

ISBN 978-3-8403-7593-4
€ [D] 19,95/[A] 20,60

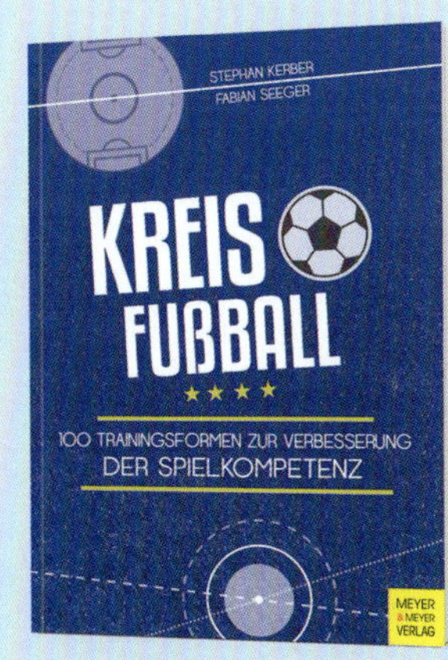

ISBN 978-3-8403-7594-1
€ [D] 29,95/[A] 30,80

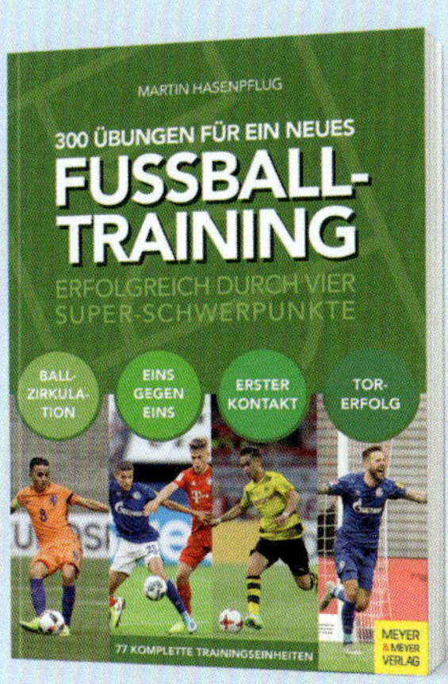

ISBN 978-3-8403-7704-4
€ [D] 25,00/[A] 25,70

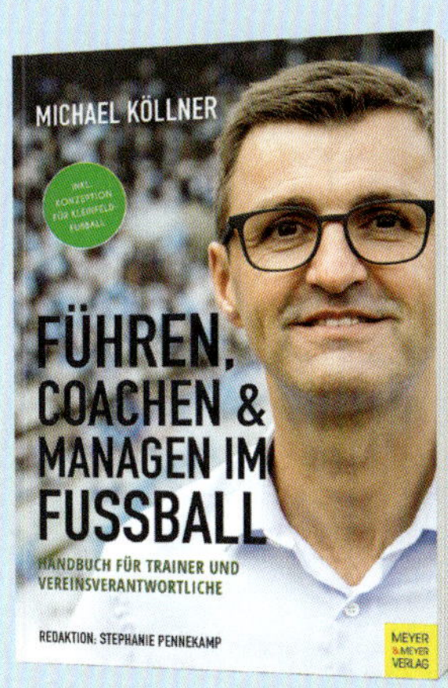

ISBN 978-3-8403-7715-0
€ [D] ca. 24,00/[A] ca. 24,70

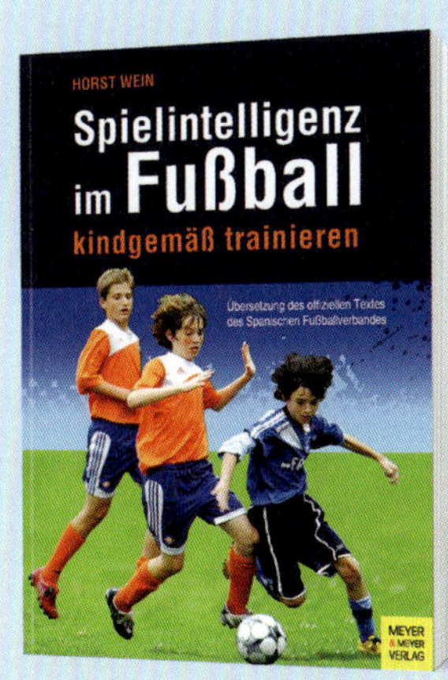

ISBN 978-3-89899-946-5
€ [D] 24,95/[A] 25,70

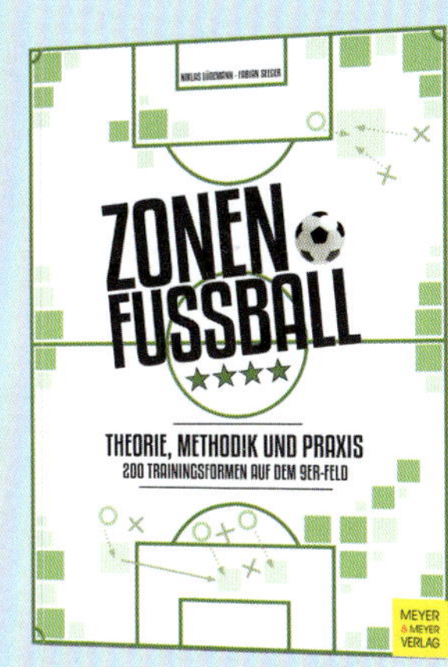

ISBN 978-3-8403-7720-4
€ [D] 32,00/[A] 32,90

MEYER & MEYER Verlag
Von-Coels-Str. 390
52080 Aachen

Telefon 02 41 - 9 58 10 - 25
Fax 02 41 - 9 58 10 - 10
E-Mail vertrieb@m-m-sports.com
E-Books www.dersportverlag.de

MEYER & MEYER VERLAG